NF

食べる人類誌

火の発見からファーストフードの蔓延まで

フェリペ・フェルナンデス＝アルメスト
小田切勝子訳

早川書房

6705

NEAR A THOUSAND TABLES

A History of Food

by

Felipe Fernández-Armesto

Translated by
Katsuko Odagiri
Published 2010 in Japan by
HAYAKAWA PUBLISHING, INC.
This book is published in Japan by
arrangement with
DAVID HIGHAM ASSOCIATES LTD.
through THE ENGLISH AGENCY (JAPAN) LTD.

生きるために食べるのではなく、食べるために生きるべきだ。

――モリエール『病は気から』

料理をしていると自然の神秘を学びますが、さて何をお話ししましょうか。……人は夕食の支度をしながら哲学的思索にふけることができるのです。そんなことを考えるとき、わたしはよくこう言います。「アリストテレスが料理をしたなら、もっとたくさんの著作を残しただろう」

――ファナ・イネス・デ・ラ・クルス『フィロテアへの手紙』

よくこう考えました（いつも空想にふけっていたのです）
ついに安息の地をみつけた
「死ぬまでずっとここに住もう
果てしなく広がる水辺を歩き
天国以外のすべてと縁を切って、ここで暮らそう
そして穏やかな水辺で人生を終えよう」
そんな夢を壊すように、船は目的地に着きました
宿無しのわたしは千軒の家の傍らにたたずみ
千の食卓の傍らで食べる物もなく飢えていました

――ウィリアム・ワーズワース
『罪と悲しみ、あるいはソールズベリ平原でのできごと』

目次

食べる人類誌

火の発見からファーストフードの蔓延まで

はじめに

偉大な新聞王ノースクリフ卿は記者たちにこう教えていた。大衆の興味が長続きするテーマは四つある。すなわち犯罪、愛、金、そして食べ物だと。そのうち、根本的で普遍的なテーマは最後のひとつだけである。犯罪に興味を持つのは、どれほど統制のない社会であってもごく一部の人間にすぎない。また、金をともなわない経済や愛のないセックスは想像できるが、食べ物のない生活は考えられない。そのうえ、食べ物を世界で最も重要なテーマとみなすのに充分な理由がある。大部分の時代の大部分の人にとって、最も大きな問題は食べ物なのだ。

だがこれまでのところ、食べ物の歴史はあまり正当に評価されていない。ほとんどの学術機関はいまでも食べ物を軽んじている。(1) 食べ物の研究に最も寄与しているのは誰かといえば、その多くが素人や古物研究家である。大方の意見が一致したアプローチというのも存在しない。栄養摂取と栄養不良、生命維持に必要なものと病気といった観点からすべてを見る者もあれば、軽薄のそしりを受けることを気にせずに、食べ物とはつまりは料理だと考える者もある。経済史学者から見れば、食べ物とは生産され、取り引きされる商品であり、食べ物を食べる段階には彼らは興味がない。社会史学者にとっては、食事は分化や階級関係の変化を表わす指標である。文化史家は食べ物がどのようにして社会や個人を養うか、つまり食べ物がどのようにアイデンティティを養い、集団を定義するかにますます大きな関心を寄せている。政治史の観点から見れば、食べ物は属国関係にとってきわめて重要であり、その分配と管理が権力の核心をなすと考えられる。環境史学者――まだ数は少ないが、果敢な取り組みによって研究者の数も増えつつある――は食べ物を存在の鎖をつなぐもの、つまり人間が懸命に支配しようとしている生態系の本質だととらえている。人間が自然環境と最も密接に関わるのは食べるときである。食べ物は愉悦と危険をもたらすものなのだ。

種々のアプローチによって研究活動が多様化し、統合がいっそう困難になる傾向は、近年ますます高まっている――フランス歴史地理学のアナール学派が食物の重視を歴史学者に訴えはじめたのは第二次世界大戦の前であり、実際にはそのころからこうした傾向が存在していたのだが。今日、概論を書こうと思えばすばらしい資料が手に入るが、その扱いは簡単ではない。《アナール》誌の例にならい、歴史関係の多くの雑誌に頻繁に関連記事が掲載されている。専門誌《料理小話》は創刊以来二〇年を超えている。アラン・デイヴィッドソンとセオドア・ゼルディンが創設した「オックスフォード食物史シンポジウム」は、関心のある研究者にテーマを提供し、定期的に議事録を刊行している。食物の歴史を概観したすぐれた書物としては、一九七三年に出版され、その質の高さからいまも広く読まれているレイ・タナヒルの『食物と歴史』、一九八七年に出版されたマグロンヌ・トゥーサン＝サマの『世界食物百科――起源・歴史・文化・料理・シンボル』、J＝L・フランドランとM・モンタナーリの編集で一九九六年に出版された『栄養の歴史』がある。

だが、新しい資料が次から次へと現われるため、過去数十年に出版されたすぐれた書物についてさえ、定期的に改訂して充分な最新情報を盛り込むことは困難になっている。タナヒルの本はそのタイトルに反して、「来し方を振り返る」伝統をかたくなに守り、多くの読者がとくに興味をそそられる側面――食べ物の歴史と歴史一般との関係――にはあまり触れていない。トゥーサン＝サマの著作は知識の宝庫としてはすばらしいが、おもにエッセイとしてさまざまな食べ物の歴史をとりあげたものなので、まとまりに欠ける。フランドランとモンタナーリの意欲的な試みはそれまでで最も学術的、専門的なものだったが、彼らが対象としたのは西洋文明とその古代の前身における食物の歴史だけだった。複数の著者による書物のほとんどがそうであるように、この二人の本も非常に興味深いが、同種の書物に見られる統一性には欠けている。本書が完成に近づいた二〇〇〇年末には『ケンブリッジ版食物の世界史』が出版された。これは、その約一年前に刊行されたアラン・デイヴィッドソンの『オックスフォード版食物必携』とともに、リファレンスとして非常に貴重であり、拾い読みするには絶好の書籍である。だが、大部である点でも無類であり、また、食物を文化としてではなく栄養源として研究することに最大の力点が置かれている。

本書は、食べ物の歴史を扱ったほかの書物に取って代わることを意図したものではない。筆者が目指したのは、従来のものとはまったく異なる有益な書物を読者に提供すること、真にグローバルな視点をとること、食べ物の歴史を世界史の一テーマとして扱い、人間どうし、あるいは人間と自然とのあらゆる相互作用から切り離せないものとしてとらえること、生態、文化、料理の観点から見た食べ物についての考えを公平に扱うこと、広く概観しつつ、ときに個別の事例をくわしくとりあげること、過去の食べ物と現代の食生活とのつながりをすべての段階について突きとめること、そして、これらすべてを簡潔におこなうことである。

本書では八つの大きな「革命」を項目としてたて、その下に題材を分類するという方法をとった——革命というのは筆者の命名だが、八つの革命を見ていけば食べ物の歴史全体を概観できると思う。この方法をとることにより、産物、地域、時代ごとにテーマを分ける従来のアプローチよりも簡潔な書物にできたと考える。八つに分類したものを革命と呼ぶからといって、ごく狭い範囲の時代に限定される急激に起こった出来事だというわけではない。すべての革命がある特定の時期にはじまったのは間違いないだろうが、むしろみな最初はとぎれとぎれにはじまり、長い年月をかけて発展して、永続的な影響をもたらしたのだ。革命の中には、その起源が果てしない先史時代に紛れてわからないものもある。異なる時代に、異なる場所ではじまったものもある。ずっと昔にはじまり、いまも進行中のものもある。執筆にあたってはごくおおまかな年代順の構成をこころがけたが、読んでいただければわかるように、各革命は順番に起こったわけではなく、不規則かつ複雑に重なりあっていた。ここでとりあげる革命はすべて、ある意味で食べ物の歴史の一部だが、それだけにとどまらず、世界史のその他の面に明らかな影響をおよぼしている。こうした連続性を強調するため、過去から現在へ、またある地域から別の地域への移行という視点を失わないようにつとめた。

第一の革命は調理の発明である。筆者の考えでは、これは人間が自然から自己分化したことを示す出来事であり、社会変動の歴史の幕開けを告げる事件である。次に扱うのは、食べ物は生命を維持するだけのものではない、という発見である。食物の生産、分配、調理、消費が儀式や魔法を生み、食べるという行為が儀式化されて理性を超えた不合理なものになる。第三の革命は「牧畜革命」、つまり食用に適した動物種の家畜化と選択的飼育である。第四の革命としては植物による農業をとりあげるのだが、農業よりも先に牧畜を扱うのはそのほうが都合がよいからであり、また、少なくとも一種の畜産——巻き貝の養殖——が一般に認められているより早い時期に導入されていたことを論じ、読者の注意を引くためである。第五の革命は、社会分化の手段や指標として食べ物が使われるようになったことである。この項では、おそらく旧石器時代に食べ物をめぐる争いに特権が生まれたことからはじまって、現代の宮廷料理やブルジョア料理にいたるまでの一連の流れをたどる。第六の革命は遠隔地貿易と、文化交流で食べ物が果たす変容効果の役割である。第七の革命としてとりあげるのは、過去五〇〇年間の生態革命——現在は一般に「コロンブスの交換」と呼ばれている——とそこで食べ物が占める位置である。最後に、十九、二十世紀の「発展途上」諸国の工業化をとりあげ、工業化に寄与したのはどんな食べ物だったのか、また工業化は食べ物にどのような影響をおよぼしたのかを検討する。

本書はおもに、二〇〇〇年に休暇中の宿題として執筆した。そのほとんどは前著『ミレニアム――文明の興亡 この一〇〇〇年の世界』のための準備から生まれた副産物のようなものだ。前著は文明と環境の関係についての研究で、イギリスで二〇〇〇年に、アメリカで二〇〇一年に出版された。オランダ人文社会科学研究所の特別研究員として、またミネソタ大学のユニオン・パシフィック客員教授として招かれたことで、考えをまとめ、問題を解決することができた。すばらしく刺激的で働きがいのある研究環境を提供してくれた両機関に深く感謝する。

二〇〇一年一月一日　フェリペ・フェルナンデス＝アルメスト

第一章　調理の発明——第一の革命

セイウチいわく「ひとかたまりのパン
それがなにより必要だ。
そのうえコショウと酢があれば
こんなに嬉しいことはない。
準備はいいかい、牡蠣くんたち
よければ食事にとりかかろう」

——ルイス・キャロル『鏡の国のアリス』

これでなにもかもわかるはずだ。生の食べ物と火の化学作用は——清潔好きのわめき声を静めるだけでなく、部屋を陽気にする。

——ウィリアム・サンソム『ブルー・スカイズ、ブラウン・スタディーズ』

火の変質作用

牡蠣を食べるのはたいへんだ。上品ぶった人がレストランで牡蠣を指でつまみ、綿モスリンのナプキンでレモンを濾して汁をたっぷりとかけ、変わった風味の酢を加え、目がくらんで息もできないほど辛い、赤いタバスコの類の鮮やかな色の薬味をふりかけている。これは、その二枚貝をわざと怒らせて、死を前にしてもう一度生き生きさせようとしているのだ。このちょっとした拷問を見ていると、ときどき生け贄が身もだえしたり、のたうったりするような気がする。次に、スプーンやへらを器用にあやつって牡蠣を殻からかき出し、冷たい銀の丸い面へとすべらせる。牡蠣のつやと銀食器の輝きがぶつかったところで、つるんとした滑らかなその軟体動物は口へと運ばれる。

ほとんどの人はこんなふうにして牡蠣を食べるのを好むが、それでは牡蠣をほんとうの意味で充分に味わうのを放棄しているようなものだ。食器を捨て、殻を口へもっていき、頭をそらせ、牡蠣を殻から歯でかき出し、塩辛い汁を味わい、少し上顎に押しつけてから、生のまま呑みこむのだ。そうでなければ、歴史的に有名な経験をしそこねる。歴史をふりかえるとたいていどの時代でも、牡蠣を食べる人は殻の中の少し臭い、つんとする匂いを楽しんだ。酸っぱくて香りの強いドレッシングでごまかすことはなかった。四世紀の詩人で旅行家でもあるアウソニウスも、「海の感じと混じりあった甘みのある汁」ごと食べるこの食べかたを好んだ。また、現代のある牡蠣の権威の言葉によれば、牡蠣を食べる目的は「鋭い直観によって海や、海藻やそよ風」を感じることである。「食べているのは海なのだ。そう、海水を一口飲んだ感覚だけが魔法のように漂ってくる」(1)

現代の数ある西洋料理の中で、調理をほどこさずに生きたまま食べるのは牡蠣だけだと言っていい。牡蠣は、われわれが食べている料理の中で〝自然な〟食べ物に最も近い。皮肉抜きで〝生のまま〟と呼ぶのにふさわしい唯一の料理である。もちろん、レストランで食べるときには殻がこじあけられ、文明の装いが凝らされている。ふさわしい技術を身につけた熟練の専門家が、神聖な儀式でもつかさどるかのように、上品で華やかな飾りつけをほどこすのである。レストランに運ばれる前の牡蠣は、海中の石のタイルや格子状に組んだ木材の上で育てられ、養殖場に移されて、専門家に見守られながら何年も飼養され、熟練の手によって収穫される。自然からの褒美として潮だまりからむしり取られるわけではない。それでも、牡蠣はわれわれと祖先とをつなぐ食べ物——人類という種の出現以来、人はこうして栄養をとってきたのだろうと思われるやりかたで食べる料理——なのだ。

梨やピーナッツを手づかみで生のまま食べると梨やピーナッツの悲鳴が聞こえるような気

がするという人でも、現代の西洋料理の中で牡蠣ほど〝自然〟だと思える食べ物はまず見つけられないだろう。一部のキノコや海藻など若干の例外はあっても、われわれが食べている果物や野菜は——木から摘んだ〝野生の〟キイチゴでさえ——何世代もの非常に長い年月をかけて、人間が選択的に品種改良した成果である。その点、牡蠣は自然淘汰の産物であって、人の手はほとんど加えられておらず、海域ごとに種類が著しく異なる。そのうえ、われわれは牡蠣を生きたまま食べる。ほかの文化にはこの種の食べ物がもっとたくさんある。オーストラリアの原住民は、ウィチティ・グラブと呼ばれる蛾の幼虫をゴムの木からつかまえて夢中で食べる。まるまるとふくれた幼虫の腹には、消化されかけてどろりとなった木がつまっている。シベリアのネネツ族は、(2)身体についた生きたシラミをつまみあげて「キャンディーのように」むしゃむしゃ食べる。スーダンのヌエル族の恋人たちは、頭からシラミをとって食べさせあうことでたがいの愛情を示すといわれる。マサイ族は生きた牛の傷から血を絞って飲む。エチオピア人は、まだ生きた幼虫が部屋の中に入っているハチの巣を好む。そして、われわれは牡蠣を食べる。サマセット・モームはこう書いている。牡蠣を食べるときには「恐ろしいほどの厳粛さがあり、それは鈍い想像力ではとても把握できないものだ」(3)。その厳粛さの中で、セイウチはきっと、偽りでない涙を流すだろう。そのうえ、生の食べ物としてはかなり珍しいことに、牡蠣はふつう加熱調理によって駄目になる。イギリス人は牡蠣をステーキ・アンド・キドニー・プディングに入れたり、ベーコンで包んで串に刺したりする。オイスターズ・ロックフェラーとかオイスターズ・マスグレーヴという料理では、さまざまな種類のチーズ・ソースをたっぷりと牡蠣にかける。中国の厦門(アモイ)地方には、牡蠣をオムレツにつめた名物料理がある。また、感謝祭の七面鳥にこまかく刻んだ牡蠣をつめることもある。こうした料理はみな、牡蠣の味を殺しているのだ。ときには独創的なレシピが大成功することもある。以前ロンドンのアテナウム・ホテルで食べたみごとな牡蠣料理は、ワインビネガーで軽くゆでて、ホウレンソウ風味のベシャメルソースをかけたものだった。こうした試みは楽しみとしてはかまわないが、それによって美食術の最前線が前進することはまずない。

牡蠣は極端な例だとしても、生の食べ物が魅力的なのはそれが奇異だから、つまり文明以前の世界、いや人類が出現する以前の進化の段階へと逆戻りするように思われるからだ。人間固有の特異な習慣というのは比較的少ないが、調理はそのひとつである。ここで特異だというのは、自然の尺度ではかった場合、つまり一般的な栄養摂取の方法を基準にして考えてのことだ。歴史上最も長く最も不運な探求のひとつは、人間性の本質の追求だった。人間を人間たらしめ、ほかの動物からはっきりと区別する決定的な特徴が探し求められたが、その努力は無駄に終わった。人類がほかの種とは違うことを客観的に証明できる事実は、ほかの種と交尾してもうまくいかないことだけだ。よく挙げられる特徴はほかにもあるが、そのほとんどは認めがたいもので、説得力に欠ける。一見もっともらしいが完全とはいえないものもある。たとえば、人類には〝意識〟があるというが、それが何なのかはっきりしないし、ほかの生き物にそれがあるかどうかもわかっていない。言葉を使えるのは人類だけだという説もあるが、ほかの動物と話ができたなら、彼らは異議を唱えるかもしれない。人類は工夫して問題を解決する能力が比較的高く、多様な環境に住むための適応力も割合に高く、道具――とりわけミサイル類――をかなり器用に使いこなす。また、美術品など、想像を具象的に表現することにかけてはかなり意欲的である。このように考えると、いくつかの点では、人類とほかの種では行動に大きなへだたりがあり、それは質の違いと見なしてもいいほどである。ただし、人類の真に特異な点は、火を利用することである。チンパンジーなどのほかの霊長類も、火の使いかたを教わればタバコに火をつけることや香を焚くことぐらいはできるし、火を消さずにおくことさえできる。だが、これは人間が教えて初めてできるのであり、自発的に火を利用したのは人間だけである。(4)人間の属性を表わす指標はいくつか考えられるが、調理は、少なくともほかの候補にひけはとらない。ただし、重大な制約がひとつある。悠久の人類史の中では、調理が発明されたのは最近のことなのである。調理の発明が五〇万年以上前だという可能性のある証拠はないし、約一五万年以上前だという絶対に確実な証拠も見つかっていない。

もちろん、これはみな、調理という言葉が何を意味するかで変わってくる。農耕は調理の一形態だと考える人もいる。ローマの詩人ウェルギリウスが「地を焼く」と言ったように、(5)農耕とは焼けつく太陽に土くれをさらし、土をかまどにして種子を焼く行為だというのだ。しかるべき強靱な胃を持つ動物は、喰い戻しを嚙むことで食べられるようにする。なぜこれは調理に分類されないのだろう。狩猟社会では、獲物を仕留めた男たちが、獲物の胃の、なかば消化された内容物を報酬として食べることがよくある。猟で費やしたエネルギーをすぐさま補給しようというわけだ。これは一種の自然な原調理――知られているかぎり、加工された食物を食べる最古の例――である。人類をはじめとする多くの種に、幼児や病気の仲間が食べられるようにするため、食べ物を嚙みくだいて吐きだす行為が見られる。口の中で温められ、胃液と混じりあい、咀嚼によってすりつぶされた食べ物は、過熱処理された食べ物と同じ特性を帯びる。木の実を洗うサルもいるが、水で食べ物を洗うその瞬間から、加工がはじまる。実際、生の食べ物を極端に愛する人たちは、泥がついたままのほうがいいと言う。トマス・ハーディの小説『遙か群衆を離れて』に出てくる農民オークと同様、「自然のままの泥のことで大騒ぎすることはない」と、言うのだ。

レモン汁をかけたとたん、牡蠣は変わりはじめる。舌触りと味が変化するのだ。おおまかな定義では、これも調理と呼べるかもしれない。マリネは、長時間漬けこめば、加熱したり燻製にしたりするのと同じくらいの変質作用がある。肉をつるして熟成させたり、放置して少し腐らせたりするのは、口当たりをよくし、消化しやすくするための加工法である。この方法は明らかに、火を使った調理より古い。つるして熟成させる方法の特殊なかたちに風乾（ふうかん）があるが、これは食べ物に大きな生化学的変化をもたらす。土の中に埋める方法も同様だ。かつては発酵をうながすためによく使われたこの方法は、韓国料理店でキムチを食べたことがある人にはなじみが深いだろうが、現代の西洋料理ではめったに使われない。もっとも、スカンジナビアのグラヴラクス――文字どおりには「サーモンの墓」――の名にその名残りをとどめている。調理に準ずるものとしての埋める方法は、伝統的に土の中で保存されたチーズの暗い色合いにもその影響を残しているが、チーズのこの色は現在では化学的な方法でつけられている。一部の騎馬遊牧民は、遠乗りの際に肉を鞍の下に置く。こうすると肉が馬の汗と混じりあいながら温められ、押しつぶされて、食べられるようになるという（一七〇ページ参照）。攪乳（かくにゅう）は、錬金術的といっていいほど不思議な方法である。液体が固体になり、白から金色に変わるのだから。もっと不思議なのは発酵だ。主食となる味気ない穀物からできる飲み物は、人の行動を変え、抑制をはずし、幻覚をもたらし、想像の世界を解き放つ。このように食べ物を変質させる驚くべき方法がたくさんある中で、燃える火による調理が特別扱いされるのはなぜだろう。

その答えがあるとすれば、それは火で調理した食べ物の社会的効果にある。調理が歴史上の偉大な革命的発明のひとつと呼ばれるのにふさわしいのは、食べ物を変質させるからではなく——食べ物を変質させる方法はほかにもたくさんある——社会を変容させるからである。生の食べ物が調理されるときから、文化がはじまる。焚き火は、そのまわりで人びとが食事をともにするとき、親交の場となる。調理とは、たんに食べ物を煮炊きする方法ではなく、決まった時間に集団で食事することを中心にして社会を組織する方法なのである。調理によって新しく専門的な役割が生まれ、楽しみや義務が共有されるようになる。そうなると、食事をともにするだけより、社会的な結びつきが生まれやすい。社会への愛着を強める儀式として、食事をともにすることよりも調理が重要になることさえある。人類学者として最初に太平洋の島に目を向けたブロニスラフ・マリノフスキーは、トロブリアンド諸島で調査していたときにとくに印象深い儀式をいくつか目にしたが、そのひとつがキリウィナ島で毎年おこなわれるヤムイモの収穫祭だったという。キリウィナ島では、ほとんどの儀式が食べ物の分配というかたちをとった。太鼓の音が鳴り響き島民が踊る中、山のように積みあげられた食べ物は、その後それぞれの家に運ばれ、家族だけで食べられる。ほとんどの社会では祝宴と呼ばれるものの最高潮は実際に食べることだが、ここではそれが「地域住民全体でなされることはない。……祝宴の要素は調理にある」[6]のだ。

調理が人生の変化の隠喩として使われる社会もある。たとえばカリフォルニアの諸部族は、出産したばかりの女性と思春期に達した娘を地面に掘ったかまどに入れ、敷物と熱した石で蓋をした[7]。また、食べ物の調理が神聖な儀式となり、それによって社会をつくりあげるだけでなく、たちのぼる煙や湯気を天への供え物とする文化もある。アマゾン川流域で暮らす人びとは、「調理は天と地、生と死、自然と社会のあいだをとりもつ営み」だと考える[8]。これはかなり一般化した見方だが、たいていの社会では、少なくともいくつかの調理行為について同じような考えが見られる。

日本語で食事をさす一般的な言葉「ごはん」は、文字どおりには「貴い米飯」という意味である[9]。このことからは、日本で主食のコメが普及し重視されていることがわかるだけでなく、食事の持つ社会的性質——さらにいえば社会的地位——もうかがえる。日本には、人生の節目ごとに、食事に関するさまざまなしきたりがある。子どもが生まれると、親戚や近所の人たちはお祝いに赤飯を贈る。一歳の誕生日には、その子が踏んだ餅を切り分けて親戚や隣近所に配る。家を新築するときには供え物として魚を二匹用意し、落成すると近所の人たちに食事をふるまう。婚礼の客は、長寿の象徴である鶴と亀の餅や、鶴と亀をかたどったかまぼこをみやげ物として持たされる。そのほか、葬式や年忌供養の際にも食事がふるまわれる[10]。

ヒンドゥー教徒の社会では「社会的な境界線や区別をはっきりさせて維持するために、食べ物に関する規則はきわめて重要である。カーストは純粋性にもとづいて序列がつけられ、それによってほかのカーストと共有できる食べ物や共有できない食べ物が決まる。……生の食べ物はすべてのカースト間で交換できるが、調理された食べ物はそういうわけにはいかない。関係するカーストの純粋性の地位に影響をおよぼすおそれがあるからだ」。調理された食べ物はさらにこまかく分類される。水で調理された食べ物と溶かしバターで揚げた食べ物は区別され、後者は前者より広い範囲の集団間で交換できる。共有や交換が可能な食べ物を定めた規則とは別に、それぞれの地位の集団に固有の食習慣や食事に関する規定がある。たとえば、菜食主義は最高位の「最も純粋な」カーストにふさわしく、「一方、肉食や飲酒は純粋性の低い地位の習慣だとされる。いくつかの不可触カーストの最も明白な特徴は、牛肉を食べることである」[11]。ネパールのダン地区に住む第三階級のタルー族は、自分たちより低いカーストと食べ物を交換することはなく、家で彼らに食べさせることもないが、豚肉やネズミを食べる。禁忌の複雑さから人類学の研究対象としてよくとりあげられるようになったフィジーでは、いくつかの種類の集団が食事をともにするときは、補いあうような食べ方しかしない。族長は、兵士がいるところでは、つかまえたブタは食べるが魚やココナッツは食べず、兵士のためにとっておく[12]。

今日、現代文化を自認する社会では、生といわれる食べ物のほとんどが念入りに調理されてテーブルに運ばれる。わざわざ〝生といわれる食べ物〟とことわるのは、〝生〟というのは文化的につくられた概念であり、少なくとも文化によって手を加えられた概念だからだ。たいていの果物や一部の野菜は、ふつう最低限の調理をほどこして食べるが、それは文化的にはごく当たり前のことなので、われわれはその果物や野菜は当然〝生〟だと思っている。生のリンゴとか生のレタスなどと言う人はいない。ふつうは調理するが生でも食べられる物についてだけ、生のニンジンとか生のタマネギというように具体的に言う。欧米では肉や魚を生で食べることはめったにないので、生の肉や魚がテーブルにならぶと、破壊や危険、野蛮な習慣や未開状態といった余計なイメージが頭に浮かぶ。中国人は昔から、未開民族をその文明の程度に応じて〝生〟と〝熟〟に分類した。これと同じように世界を観念的に分類する考えは、欧米でよく見られる。欧米の文学的伝統ではずっと、生肉を食べたがるのは未開で血に飢えた、胃袋の欲求を抑えきれない人間だとされてきた。

西洋料理の代表的な〝生の〟肉料理といえばタルタルステーキだろう。この名前は、中世にその残忍さで知られたモンゴル人からきている。モンゴル人は当時、その一部族の名前からタタールとも呼ばれた。タタールという言葉は中世の民族誌学者にタルタロス[13]（ギリシア神話の地獄）を連想させ、地獄の名で呼ぶのはいかにも敵にふさわしいと思わせた。だが、今日知られているこの料理には、過剰なほど文明の手が加えられている。たとえば、肉はやわらかく縮れた鮮やかなミンチにされるし、調理は通常、生であることを埋め合わせるかのように、レストランのテーブル脇で儀式のようにおこなわれる。香辛料、新鮮なハーブ、春タマネギやタマネギの芽、ケーパー、アンチョビー、酢漬けのコショウの実、オリーブ、卵といった風味を増すための材料を、ウェイターが仰々しい手つきでひとつずつ混ぜ合わせていく。これは邪道だが、ウォッカを加えると風味がぐっとよくなる。このほかにも文明によって認められた生の肉料理や魚料理はあるが、みな等しく自然の状態とはかけ離れている。ありのままの状態にかなり手が加えられ、手の込んだ仕上げによって未開状態がやわらげられる。〝生ハム〟は燻製によってかなり保存処理されている。カルパッチョは洗練された手際でごく薄くスライスされる。オリーブオイルをふりかけ、飾りにコショウとパルメザン・チーズをのせるまでは、誰もそれを食べようとは思わない。グラヴラクスの場合、いまでは土に埋めることはなくなったが、塩とディル、コショウをはさみ、自然に出てくる汁に数日間つけて、やっと食べられるようになる。ブリヤ＝サヴァランの一八二六年の著作はいまも美食家のバイブル、食道楽の弁明の書となっているが、その中で彼は「はるか昔の祖先たちは肉をすべて生で食べていたのかもしれないが、われわれもその習慣をすっかり失ったわけではない」と書いている。「舌の肥えた人が喜びそうなものに、アルルやボローニャのソーセージ、ハンブルクの牛肉の燻製、アンチョビー、新鮮なニシンの塩漬けなどがある。これらはみな火を使った調理はされていないが、それでいて食欲をそそる(14)」

欧米でいま流行のスシは、ほんとうに生の魚を使う。調理するといっても酢とショウガをほんの少し使うだけだ。だが、スシを構成するのはおもに白飯である。生の状態に戻っているという点では刺身のほうが上だが、それでも調理は非常に手がこんでいる。魚は切れ味のいい包丁で透けるほど薄く切らなければならず、盛りつけはあくまでも美しくなければならない。だからこそ、生のものを食べているのにかえって洗練されたものを食べているような感じが強くするのだ。つまは細く、こまかく切らなければならず、その切りかたは何通りもある。そのうえ、工夫を凝らしたたれを何種類もならべなければならない。デンマーク人は生の卵黄をかけたり、飾りに使ったりするのが好きだが、これとて白身と分けられている。ローレンス・ヴァン・デル・ポストがエチオピアで招かれた「際限のない生肉の饗宴」では、調理は最低限しかほどこされないものの、宴の進行はすみずみまで形式にのっとったものだった。「生き血をしたたらせた、まだぬくもりの残る生肉が、客から客へとまわされる。生肉を受けとった男は、肉の端を歯でしっかりくわえ、鋭いナイフを下から上へ動かして、一口分を切りとる。うっかりすると鼻の皮をそいでしまいそうだ」[15]。切りとった肉は何もかけずに食べるのではなく、ベレベレというソースをつけて食べる。このソースはとても辛く、「肉に火がとおりそうなほど熱い感じがする」。このソースをシチューに加えると、「ほんとうに耳から血が出そうなくらい辛い」煮物になる[16]。ときどき男の肩越しに、うしろに静かに立っている女や子どもに肉が渡される。こうした食べ物はみな、きわめて狭い定義でのみ生と呼べる。なんであれ自然な状態とはかけ離れているから、われわれが思い描く、手に入ったものはなんでも食べていたであろう人類の祖先には、たぶんそれが何だかわからないだろう。調理が発明されて以来、世界の大半で、生のものすら高尚になったようだ。

たいていの文化では、調理の起源をたどると神の贈り物、プロメテウスが天から盗んだ火、文化英雄の幸運にいきつく。火は、オリュンポスにそむいた者が漏らした秘密である。古代ペルシアでは、猟師の放った矢が的をはずれて岩に当たり、その岩の中心から火が現われた。北米インディアンのダコタ族の場合、ジャガーの神がその鉤爪で大地を打つと火が現われた。アステカ族の場合、最初の火は太陽だった。原始の闇の中にいた神々が太陽に火をつけたのだという。クック諸島では、マウイ神が地中深くに降りて火をもたらした。オーストラリアのある原住民は、トーテムの動物のペニスに火が隠されているのを見つけた。また別の部族によれば、火は女たちが発明したものだった。男が猟に出かけて留守のあいだ、女は火を使って料理をし、料理が終わると火を陰部に隠したのだという。[17]「誰にでもその人だけのプロメテウスがいる」[18]し、ほとんどすべての文化にそれぞれのプロメテウスがいるのだ。

火の使用のほんとうの起源はわかっていない。[19]それに関する説はどれも、まるで火打ち石が打たれたみたいに突然の啓示でひらめいたとしか思えない。最も記憶に残り、しぶとく生き延びたのは、〝近代古生物学の父〟である神父アンリ・ブルイユの説だった。一九三〇年、ブルイユの弟子に若きピエール・テイヤール・ド・シャルダンがいた。イエズス会士であり人類学者でもあったテイヤールは、ブルイユに代わって二十世紀を代表する学者のひとりになる。テイヤールは中国で、イエズス会のすぐれた伝統を受け継いで科学の研究と宣教師の仕事を両立させ、〝北京原人〟――五〇万年前、おそらくまだ道具をつくったり火を使ったりしていない時代の原人――が住んでいた洞穴を発掘していた。テイヤールが雄ジカの枝角をみせて意見を求めると、ブルイユはこう答えた。「切りとられてまもなく火で焼かれたのだろう。そして粗雑な石器で、おそらく燧石ではないだろうが、原始的な礫器のようなもので加工されたのだ」

「でも、そんなことはありえません」とテイヤールは答えた。「これは周口店で見つかったんです」

師はきっぱりと言った。「どこで見つかったかは関係ない。それは人間がつくったもので、その人間は火の使いかたを知っていたのだ」[20]。火の使用がはじまった年代に関するほかのすべての説と同様、この説についても近年疑問の声が高まっている。しかしブルイユは、周口店で発掘された灰の堆積をもとに、高度な知性を持つ原人を再現してみせた。それは魅力的だが非現実的である。ブルイユが想像した周口店の生活はこうだ。女が火打ち石をつくり、「北京原人はシカの枝角を切っている」。そのそばでは、ひと組の男女が火をおこしている。まず男が摩擦によって火花を出し、女が乾燥した草や葉の束を差しだして火を燃え移らせる。「女はそれを、男と自分のあいだにある丸い小石でかこんだ炉へと運ぶ。彼らのうしろでは別の火があかあかと燃え、イノシシの肉が焼かれている」[21]。実際には、その遺跡の年代以降数十万年にわたって、火打ち石がつくられたという証拠も、火が使われていたという証拠も見つかっていない。

火の使用の当然の延長として調理がはじまったように思われるかもしれない。現代の欧米で最も広く信じられている神話のよい例が、チャールズ・ラムの『豚の丸焼き考』の、調理の起源についての架空の物語だ。豚飼いが不注意で大火事を起こし、ひと腹の子豚を焼き殺してしまう。そして、

父親になんて言おうかと考えながら、早死にした子豚の一匹の、まだ煙が出ている残片の上でもんもんと両手をもみあわせていると、それまでに嗅いだことのあるどの匂いとも違う匂いが彼の鼻をついた。……同時に、先走ったよだれが下唇からあふれでた。彼にはなんのことだかわからなかった。そこで、生きている気配はないかと身をかがめてブタに触ってみた。すると指をやけどして、その指を冷やそうとおそるおそる口に入れた。指についていた焦げた皮のかけらもいっしょに口に入った。そして、生まれて初めて(実のところ世界で初めて、というのも、彼より前にそんなことをした人間はいなかったから)ローストポークのぱりぱりとした皮を味わったのだ。[22]

「噂はたちまち広まり」、「家に火をつける風習」が生まれたが、やがてある賢人が現われてその風習はすたれた。その賢人は「ブタの肉は、いやほかのどの動物の肉も、家を全部焼きつくさなくても料理できる(彼らの呼び方では「焼ける」)ことを発見したのだ」。[23]ラムがこの重要な技術の起源を中国に求めたのは奇妙な感じがする。中国は実際、有史全体を通じ

ないからだ。広く浸透しているのは、調理の発明は偶然によるものだとする仮説のほうだ。近年の歴史書では偶然が復権している。量子物理学とカオス理論によって明らかになったランダムな世界では、実際、つきとめられない原因から予測できない結果が起こると考えられるためだ。クレオパトラの鼻はチョウの羽と似ている。チョウの羽は嵐を引き起こすことがある（カオス理論でいわれるバタフライ効果「北京で蝶が羽を動かすとニューヨークで嵐が起こる」）し、クレオパトラの鼻がたまたま数センチ低くて気品を欠いていればローマ皇帝は現われなかったかもしれない。〝仮想史〟を扱う歴史家は昨今よくこう書いている。あれこれの偶然がなければ歴史の流れ全体が違ったものになっただろう、釘が一本足りないために諸王国は滅びる、と。だが実は、現状をありのままに認めるならば、偶然は歴史の文献にしか見あたらない。俗に変化のない愚かな社会だと思われている〝原始〟社会の変化を説明するとき、われわれは偶然を持ちだす。けれども、発明が偶然によってなされることは、あったとしてもごくまれである。つねに、それを実現する想像力がはたらき、実際的な観察者が居合わせているのだ。

人間が火を自由に使うようになる以前から、一種の加熱調理がおこなわれていた可能性がある。多くの動物は自然発火の残り火に集まり、焼けて食べられるようになった種や豆を探す。現代の野生のチンパンジーを観察しているとよく気がつくことだが、彼らが使っている技術は人間の狩猟採集民のものと同じだと考えてさしつかえない。[24] 充分な知能を持つ器用な動物にとっては、焼きつくされた森林に特有の灰の山や燃え残った倒木の幹は天然のかまどのようなもので、くすぶっている火は手に負えないほど熱くはなく、そこで殻のかたい種や皮のかたい豆、嚙みくだけない豆やかたくて嚙めない肉を調理できたと思われる。

調理革命は最初の科学的な革命だった。実験と観察によって、風味を変え、消化を助ける生化学的変化が発見されたのだ。〝台所の化学〟と呼ばれるのも理由のないことではない。飽和脂肪は身体に悪いと脅す現代の栄養学者には評判がよくないが、人体の栄養源として肉にまさるものはない。だが、肉は繊維質で筋がある。ところが加熱調理すると筋繊維のタンパク質が溶け、コラーゲンがゼラチン化する。最古の料理人はおそらくそうしていたのだろうが、直火をあてると、肉汁が濃縮されて肉の表面がカラメル化したようになる。これは、加熱によってタンパク質が凝固し、タンパク質鎖のアミン類と脂肪に含まれる天然の糖分のあいだで〝メイラード反応〟がはじまるためである。また、デンプンは有史以来ほとんどの時代で大半の人類のエネルギー源だったが、加熱調理しないと効率が悪い。加熱すると、デンプンは糖に分解される。同時に、火が直接あたった部分ではデンプンのデキストリンが茶色になり、いかにも調理したというおいしそうな見た目になる。ほとんどの社会、ほとんどの時代で、焼く以外の主な調理法は煮ることである。煮ると、肉の筋繊維はやわらかくなり、炭水化物の粒はふくらんで、およそ八〇度になるとくずれて溶けだし、そのため煮汁が濃くなる。そのほかの食べ物は熱によって構造が変わり、嚙みくだいたり手で簡単に切ったりできるようになる。「ナイフとフォークや箸が使われるようになるずっと前の、食習慣の文明化における最初の飛躍」[25]だ。加熱調理は食べ物を消化しやすくするので、食べられる量が増える。現代では、人が生涯に食べる量は五〇トンだという。その結果、ある程度人間の能力は高まった。だが、それ以上の効果は食べ過ぎの機会が増えたことだ。これが社会に与えた影響については、あとでとりあげる（二一七ページ参照）。

加熱調理は、食べられるものの消費を増やすだけでなく、さらに鮮やかな魔法によって有毒なものを食べられるようにすることができる。火によって毒が消え、食べられるようになるものがあるのだ。有毒な植物を食べられるようにする魔法は、人間にはとくに有益である。毒のある食べ物は、保存しておいてもほかの動物に奪われる心配がないし、人間が食べるときには毒を消せばいいからだ。この文化の強みを利用して、古代のアマゾン川流域ではビターキャッサバが主食とされ、オーストラリアのアボリジニはデンジソウの根を食用として珍重した。アマゾン川流域の人びとの主食だったビター・キャッサバは、ふつうはタピオカの原料とされるが、一食に相当する量を食べればどんな人でも死んでしまうほどの青酸を含んでいる。だが調理の際にするように、すりつぶしたり、すりおろしたりしたものを水につけて加熱すれば、青酸を消すことができる、この植物を最初に栽培し、主食とするようになったのはインド人だが、彼らはどうやってこうした特性を発見したのだろう。それは非常に興味深い問題だが、答えを見つけることはできない[26]。火を通すことで、有害な寄生虫が体内に入るのをほぼ防止できる。豚肉には、人体に入ると旋毛虫病を引き起こす虫が寄生していることが多いが、加熱調理すれば害はない。サルモネラ菌はすばやく充分に火を通すことによって、リステリア菌は高温加熱によって死滅する。例外の中でとくに重要なのは、致死性の高いボツリヌス菌だ。ボツリヌス菌はほとんどの調理プロセスではそこなわれず、伝統的な料理で使われる範囲の温度なら例外なく生き延びる。ただし、酸性の強い食材を使う調理法なら増殖を抑えられる。

熱が食べ物におよぼす効果が人間の眼前に明らかになりはじめるとすぐに、調理の将来が予示された。フォーカス（中心）という言葉のもともとの意味は〝炉〟である。火を制御できるようになると、必然的な結果として、共同体がひとつにまとまった。火を管理するには分担して仕事をする必要があったからだ。火が中心としての機能を果たすようになったのは調理に使われはじめる前のことであり、調理とは関係がなかったと思われる。火には、調理以外にも人を集める作用——明るさや暖かさ、有害な動物や肉食動物からの保護——があるのだ。調理は、これらの作用に栄養の向上を加え、それによって火の持つ社会的磁力を完成させた。食事は、決まった時間に決まった場所で、集団でおこなう社会的活動となった。それまでは、集団で食事をする理由はほとんどなかったと考えていいだろう。集めた食べ物はその場で食べることもできたし、隠しておいて好きな時に食べることもできた。骨に群がるハゲタカのように、死んだ動物の生肉をかこんだ人間が宴を楽しんでいるさまを想像することはできるが、調理が発明されるまでは、食事はかならずしも共同体をつくりあげる要素ではなかった。猟や集団の安全を守るための活動など、協力が必要な冒険のためには集団で行動を起こしても、獣を仕留めたりあさったりしたあとは解体して分配し、別々に食べただろう。だが、火と食べ物が結びついたとき、共同体の生活に、人を否応なく引きつける中心が生まれた。食事は、集団でおこなうが協力はともなわないという、独特なかたちの社会の営みになった。調理によって食べ物の価値が高まると、食べ物はたんなる栄養源ではなくなり、新たなすばらしい可能性が開かれた。食事は、犠牲の共有、親睦、儀式の場となり、火がもたらす不思議な変化のきっかけにもなるのだ。それまで対抗していた者たちをひとつの共同体にまとめることも、そうした変化のひとつである。

現代でも、人と人とを結びつける火の力の原初の感覚を取り戻し、再体験することができる。それは一九三〇年代の〝農民哲学者〟ガストン・バシュラールの子ども時代の回想に表われている。

火は、自然の存在というよりも社会的な存在だ。……わたしは火を食べた。その黄金色を食べ、その香りを食べ、パチパチするその音さえも食べていた。湯気を立てている焼き菓子が歯のあいだでさくさくと音をたてているときに。そしていつもこんなふうに、贅沢な喜びのようなもので……火はその人間性を証明する。火はただ焼くだけでなく、ビスケットをさくさくとした食感にし、黄金色にする。火は人間の祝い事に具体的なかたちを与える。どれほど時代をさかのぼっても、食べ物の価値としてはつねに美食が栄養にまさっている。人間はその精神を、痛みではなく喜びに見出すのだ。……鎖の歯から黒い大釜がつりさげられていた。熱い灰の上には三脚の鍋が置かれている。祖母が頬をふくらませて鉄の管を吹き、眠った炎を呼び覚ます。すべてが同時に煮炊きされていた。ブタのためのジャガイモと、家族で食べるために選り分けたジャガイモ。わたしのためには、産み立ての卵が灰の下で料理されていた。[27]

最初の食品技術

火の使用と加熱調理の発明のあいだにある現実的、概念的なへだたりを越えるには、独創的な想像力が必要だった。なかには、火をすぐにおこすことができる気候もある。また、場所によっては、適当な火打ち石とたきつけが手近にあればかなり確実に火を打ちだせる。だが遠い昔には、火をおこすのに理想的な条件をそなえた社会はほとんどなかった。火は、聖火のように蓄え、守らなければならないものだった。現代の社会でも、名誉ある死者を追悼する際や〝オリンピックの理想〟を讃えるときなどに聖火を燃やしつづけることがある。昔はたいていの時代、たいていの地域で、火を燃やしつづけておいて持ち運ぶほうが、必要に応じて火をつけるより簡単で確実だった。火をつける技術を失った民族や、そうした技術を一度も持たなかった民族もいる。あるいは、火はとても神聖なものだから、自分たちでおこすことなど考えられないだけかもしれない。タスマニアやアンダマン諸島、ニューギニアの部族の場合はこれが理由だといわれている。彼らは火が消えると自分たちで火をおこそうとはせず、火をもらいに近くの部族を訪ねていく。カトリック教会と正教会では、復活徹夜祭のミサは暗闇の中の光の祭儀ではじまる。キリスト教の伝統がこの祭儀によって伝えているのは、社会から火が失われたときに、もう一度初めから火をおこすのはどれほどたいへんかという昔の記憶である。

たとえ必要なときに火が手に入るとしても、それを調理に利用するのは簡単ではない。[28] 裸火であぶったり、煙の中につるしたり、おき火で焼いたりすることで充分に火が通る食べ物もある。こうした方法を手軽に使えるのは、篝火とか、暖をとるためとか、肉食動物や悪魔を寄せつけないためとか、ともかく何か別の目的のために火を燃やしつづけている場合だ。これは、固体燃料が使われない場所では無理だし、最新の設備を誇る現代のハイテク・キッチンにも向かないが、きわめて洗練された料理をつくることのできる調理法である。最初の美食文学者とされるジェラのアルケストラトスのお薦めは、カツオを少しのマジョラムといっしょにイチジクの葉で包み、葉が黒くなって煙が出るまでおき火で焼いたものだった。[29] あぶり焼きは単純なようだが、応用範囲は広い。火であぶる前にペーストを塗ったりマリネにしたりすることもできるし、選りすぐりの酒やソースをかけることもできる。これは最も古いかたちの料理法かもしれないが、いまでも非常に食欲をそそる料理法のひとつだし、きわめて広く普及した料理法のひとつであることは間違いない。途切れることなくつづいてきた伝統が、郊外でのバーベキューやキャンプファイアをかこんでフランクフルトを焼くパーティと、西洋文学で最も有名な宴会――『オデュッセイア』にでてくる、戦車の御者ネストルがアテナを讃えて催した宴会――とをつないでいる。

斧が若雌牛の首の腱を切り裂くと、雌牛は倒れた。これを見て、女たちが祝いの歓声をあげる。……黒い血がほとばしり、命が雌牛の体を離れると、彼らはすばやく死んだ雌牛を解体し、ならわしどおりに大腿骨を切りとって、折りたたんだ脂肪で包み、その上に生肉を置いた。老賢王はそれを薪で焼き、炎に赤いブドウ酒をふりそそぐ。一方、若い男たちが五叉のフォークを手に、まわりに集まる。腿が焼きあがり、内臓を味わうと、残りを小さく切り分けて串に刺し、とがった端を持って、すっかり焼けるまで火にかざした。[30]

これは最も原始的な調理技術だと思われるが、これには明らかな欠点がある。この方法では、かぎられた種類の料理しかできないし、ゆっくりと火を通す必要のある食べ物は扱えない。また、その場で動物を解体する必要があるので無駄なエネルギーを使う。そのうえ燃料を大量に消費する。この方法は、肉を焼く前に原始的な解体しかしない場合はとくに、明らかに残忍なイメージをともなう。一九一〇年に南米の大草原パンパを訪れたあるイタリア人は、ガウチョ（スペイン系の血の混じったインディオのカウボーイ）が「血や肉汁をこぼさないように」皮をつけたまま肉を調理し、木の幹に腰掛けてかみそりを使って食べるのを見て、その「まったく原始的な」やりかたに衝撃を受けた。[31]

昔の料理人はこの問題を解決するために、熱した石を焼き板として使う方法を考案した。[32]火で石を熱し、焼けた石の上で食べ物を調理するのである。この方法がとくに効果的なのは、自然の状態で何かに覆われていて火が通るあいだ水分が保たれる食べ物だ。たとえば、貝殻に包まれた貝類とか、厚い皮や繊維質の多い皮で包まれた果物、野生の穀物などである。また、おき火で調理するときのように葉で包むこともできる。このスタイルの料理法では、石を積みあげて食べ物を覆った状態で熱することもできる。といっても、焼けた石がおき火と同じはたらきをするわけではなく、石の重みが食べ物にかかると悪影響がでる。これを避けるために空洞をつくると、エアポケットができて熱の効果全般が弱まってしまう。こうした問題をうまく解決するために、昔から手ごろな葉や草、泥炭、動物の皮などを蓋として使う方法がとられてきた。現在でも、ささやかな冒険心を持つ旅行者がこのスタイルの調理法を目にするのはさほどむずかしいことではない。数年前、クック諸島を訪れたヒューゴー・ダン＝メネルが体験したのは、キャッサバ、パンノキ、タロイモ、タコ、サツマイモ、子豚、ブダイ、鶏肉をグアバの果汁に漬けて葉で包み、地面に掘った穴にココナツの殻を敷いてその上に軽石をのせて焼いたものだった。地面に掘った穴を一世紀半以上使いつづけている家もあった。ココナツの殻に火をつけるときは、バナナの木の小枝をこすりあわせるのだという。(33)

現代文明では、少なくとも最近まで、石焼き料理を再体験するのに最も適した場面といえば焼き蛤パーティだった。十九世紀末から二十世紀初頭にかけてのニューイングランドには、ほんとうの意味での共同社会の、つまり市民が参加する行事があって、初期の移民が先住民から学んだ習慣を途絶えることなく伝えていた。町の遠足を舞台で演じてみせたのが、ロジャースとハマースタインによるミュージカル《回転木馬》だ。「まったく、とても楽しい焼き蛤パーティだった」。飲み騒ぐ人たちは「ほんとうにとても楽しい時間を過ごした」。このミュージカルは無邪気で純真なロマンスをたくみに表現したものだが、伝統的な焼き蛤パーティを思い起こさせるものでもあった。焼き蛤パーティに参加した人たちがそれぞれの仕事に夢中になっているところを描いたウィンズロー・ホーマーの絵もそうだ。砂を掘って蛤を採っているあいだに、流木と海藻で火をおこし、石を熱しておかなければならない。蛤の殻は加熱すると開くので、蓋として使うのは水分を通さないものでなければならなかった。水分を通すものだと、蛤の汁が蒸発してまずくなってしまうからだ。

石焼き料理の歴史が大きく進歩したのは、穴を掘って調理する方法が考案されたことによる。この新しいやりかたを考えだすには独創性が必要だったが、実際につくるのに必要なのは地面を掘る道具だけだった。乾燥した穴を石で熱すれば、かまどができた。地下水面より下に穴を掘って同じように熱すれば、煮物や落とし卵をつくる鍋ができた。これはきわめて重要な改革だった。その後現在にいたる調理の歴史の中で、これにならぶ技術革新はない。この方法のおかげで食べ物を煮るという新しい調理法が簡単になった。少なくともそれまでは、それに近い方法として、牛の胃袋や皮に水を入れて火の上につるし、鍋として使うしかなかったのだ。時代はくだるが代表的な実例は、アイルランドのコーク州バリーボーニーで一九五二年に発見されたものだ。ここは地下水面が高いため、穴から水がしみ出すことがなかった。ここでは、紀元前一〇〇〇年～二〇〇〇年のものと思われる、泥炭地を掘って材木をならべた水槽が見つかっている。その近くから、乾燥した土を積みあげて穴を掘り、そこに石をならべてつくったかまどが見つかった。[34] アイルランドだけで、同じような遺跡が少なくとも四〇〇〇はある。[35] 現地でおこなった実験では、泥炭で蓋をし、焼いた石を何度も交換すれば、数時間で大きな肉片に充分火が通ることがわかった。この方法では、二五〇リットル余りの水がおよそ三〇分で沸点に達する。粘土質の土では穴の内側が焼けて陶器のようになる傾向があり、側面は水を通さなくなって、穴に水をそそいでもだいじょうぶだった。自然のままではこのようなことはない。また、穴の内側に粘土を塗りつけ、焼いてかたくすることもできた。

地面に掘った穴で調理した食べ物を手に入れるのは現代の西洋ではむずかしく、野外で実験するしかない（もっとも、アメリカ南西部ではたまに、地面に穴を掘って伝統的なバーベキューを楽しむことがある）。ジェームズ・H・クックは二十世紀初頭までカウボーイをしていたが、その当時はブタの頭を「インディアン・スタイル」で食べるのがごちそうだったという。深さ七五センチほどの穴を掘り、その中に数時間、燃えている石炭といっしょに埋めておくという料理だ。「木炭の山みたいな穴でつくったとはいえ、その味は、いつもそれを食べている未開拓地の美食家にはこたえられないものだった」[36]。地面に掘った穴で調理する方法はいまも、太平洋の大部分とインド洋の一部で、農村地域の伝統的な料理に好んでもちいられている。だが、文明化とともにすたれる傾向にあることは認めざるをえない。この方法の大きな欠点は、あまり加熱する必要のない少量の料理やシンプルな料理は別にして、たとえ水を使わずに焼くだけの料理であっても、穴の外で火をおこし、焼けた石を運んで加熱しなければならないことだ。それでも、地面に掘った穴で調理するのとほぼ同様の効果を得られるものもある。インドや中東でふつう〝タンドール〟というような名前で呼ばれる粘土でできたかまどだ。タンドール料理は間違いなく、地面に掘った穴による調理法から発展したものだ。タンドールは本質的に、地面の上につくられた調理用の穴なのだ。火は内部でおこす。上部の開口部は、火に酸素を送りつづけられる程度の大きさが必要だが、火を消すときには、あまり温度が下がらないように重い蓋で簡単に密閉できる程度の狭さでなければならない。タンドールが熱くなっているうちにパン生地を外側の壁に張りつけると、平たいパンができる。火が消えたあとは、熱を保つかまどの特性を利用して肉や魚や野菜を焼いたり、蒸し焼きの鍋料理を煮込んだりできる。

これらの技術――おき火、裸火、焼いた石、地面に掘った穴、直火での調理――はみな、間違いなく、専門の調理器具がつくられる前のものだ。古代には貝殻を手ごろなスープ鍋として使えたかもしれないが、効率よく調理するのに充分な大きさの貝殻がある場所は世界でもごくわずかしかない。製品化された鍋の前身と呼べるのは、カメなどの甲羅だけである。鍋は、木を切ってつくったものも含めて、人類の歴史の中では比較的最近の発明だと考えなければならない。粘土や金属の鍋ができたのは、当然のことながらもっとあとの時代だ。葉や草を織る技術を身につけるのは比較的簡単なので、適当な種類の植物さえあれば、アメリカ北西部でいまでも使われているような完全防水の容器をつくることができる。大昔の陶器の発明については、小枝で編んだ容器に粘土を塗りつけて、火の上につるしても燃えないようにしたのだという説明がよくなされる。

かごは朽ちやすいため、鍋を使った料理法の起源をたどり、その年代を推測するのは不可能である。だが、それよりも古くから、もっと単純なものが使われていた。動物の皮や反芻胃、腹膜のひだ、胃袋などに詰めて調理していたのである。動物の皮はたいてい防水性があまり高くないので、調理する前に死体から剥いでなめし、衣服や袋、天幕として使ったほうが値打ちがある場合が多い。だが、内臓は天然の調理容器である。水は絶対に通さないし、ほとんどの四足動物の内臓は伸縮性があって、それ以外の食べられる部分を全部入れてもまだ余裕があるほどだ。内臓には水を入れられるので煮炊きの道具として使えるし、たとえば小腸に詰めて大腸の中に入れれば、便利な二重鍋になる。もっとも、熱が直接あたりすぎて破れないようにする工夫は必要だ。今日のきわめて洗練された料理にも、この古い料理法の名残りがみられる。高級なソーセージはいまでも細長い内臓の管に詰めてつくられる。上質の血（ブラッド）のソーセージはかならず腸に詰めてつくられる。いま人気の甘いプディングでよく使われる（調理中に中身を包んでおくための）綿モスリンの布は、かつて外皮として使われた胃袋や膀胱の代用品である。型ではなく袋を使うプディングは臓物を利用した料理である（同様の料理で血を使うものもある）。臓物は加熱調理せずにおいておくとすぐに腐ってしまうので、遊牧民の料理にはこのプディングがよく登場する。〝プディング一族の族長〟と呼ばれるハギスもその一種で、これは今日、スコットランド移民がいるところならどこででも食べられる。実際のところ、ハギスのつくりかたは原始時代のやりかたを再現したものではなく、定住耕作民の食べ物であるオートミールをたくさん混ぜてつくる。だが、それ以外は典型的な材料——切り刻んだ肺、肝臓、心臓——が使われる。純粋な遊牧民の食べ物では血と脂肪を詰めるところを、ハギスではオートミールを詰めるのである。

遊牧生活では炊事道具がじゃまになる。だから、内臓を鍋として使いつづけている人たちがいるとすれば遊牧民だ。少なくとも、遊牧民の台所では、製品化された鍋がその原始的な前身に完全に取って代わったことはない。とはいえ遊牧民も、簡単に持ち運びできるという条件つきながら、金属製容器の価値は認めているようだ。多ければいいというものでもないが、料理の種類が多いことは、ほとんど万人が認める贅沢の一形態なのである。いずれにしても、内臓や胃に何かを詰めたものを調理するには、鍋は便利な容器である。トルコの人たちは珍しい調理器具を持っている。文字どおりには「くり抜いたもの」を意味するカザンは、ブリキでできた大きな容器で、馬に縛りつけやすいように脚がつくりつけられている。トルコ人にとっては、トルコ風餃子を蒸すときに、直火の上に置く台をのせるものとしてもカザンは欠かせない。トルコ人は昔、盾を料理の盆として使っていた。その名残りはサジュと呼ばれる盾形の広くて浅い皿に残っている。槍は食材を焼くための長柄のフォークとしても使える。棒切れを串として使ったのが発展して料理用の焼き串ができたのだと想像したくなるような文化もある。ユーラシアのステップ地帯のほとんどは木がまったくなく、また、棒切れは貴重品だ。シシカバブ——中央アジア料理が世界にもたらした贈り物——は、おそらく古くは短刀で調理していたのだと思われる。[37]

もっとも、儀式張った宴会では、ほとんどの民族がごく伝統的な食べ物を食べる傾向があり、ステップ地帯の遊牧民にとっては、これは皮や胃袋や内臓を使った調理に逆戻りすることを意味する。シャロン・ハジンズの著書には、ステップ地帯での食事の経験が非常に生き生きと記されている。一九九四年にハジンズが招かれたブリヤートの宴会では、毛や皮がついたままのヒツジの頭が出てきたという。ハジンズの夫はヒツジの頭の歌を歌うのを免除してもらった。これは神の怒りを静める儀式の名残りで、たいていどこでも、厳粛な食事と切っても切れないしきたりになっているようだ。神酒がそそがれ、脂肪の切れ端が火に投げこまれる。乾杯の酒には、近隣の定住民から手に入れた穀物でつくる酒が好まれ、乾杯するときは歌を歌う。次にでてきた料理は、牛の乳、ヒツジの血、にんにく、春タマネギをヒツジの胃袋に詰めて腸で結んだものだった。

> テーブルをかこんだブリヤート人はみな、わたしが最初の一口を食べるのを待ち受けていた。でも、わたしにはどこから食べればいいのかわからなかった。とうとう女主人が身を乗りだして、胃の一番上のところを切りとってくれた。中身は充分に火が通っておらず、染みでた血が皿に流れた。女主人は大きなスプーンを手にとると、凝固しかけたそのかたまりをスプーンですくい、手渡してくれた。……ほかの客はわたしが次の行動に移るのを待っていた。不意にひらめいた。料理をまわすのだ。それはまさに、彼らが

望んでいたことだった。[38]

腸に詰めてつくる料理の一部は西洋の食通のあいだでいまも高い評価を受けているというのに、不合理なことに、胃袋に詰めて調理したソーセージは、いまでは美食家にふさわしくない食べ物とみなされている。原始時代のものだということがすぐにわかる田舎の料理というわけである。アンドゥイユやアンドゥイエットと呼ばれる類のソーセージは、ブタの大腸に主としてこまかく切った小腸を詰めたものだが、その高い評価が失われることはない。フランスの白いソーセージ、ブーダン・ブランは非常に繊細な食べ物である。食通は血を使ったスペインのモルシージャを賞味して感動を覚えるかもしれないが、オデュッセウスがレスリングの腕前をほめられて褒美に与えられた、血と脂肪を詰めて焼いたヤギの腹などは粗末なものだと考える。[39]

レヴィ＝ストロース[40]は煮炊きには「容器、つまり文化的なものを使う必要がある」と考えたが、それは正しい。煮炊きの道具として使われた皮や胃袋は、実際のところ人間の想像力によって人工品に変わっているし、地面に穴を掘って煮炊きする方法では土を掘って石や木をならべる作業が必要で、これは実質的に一種の装置だといっていい。だが、同じ基準で考えると、焼き串はもちろん、おこした火さえも文化的なものだと言えるし、直火焼きや網焼きはほかの方法と同様、〝文化的〟で〝文明化した〟方法に分類しなければならない。こう考えると、文化への過渡期、つまり〝文明化のプロセス〟の初期段階で煮炊きよりも大きな前進をもたらしたのは、油を使う調理法だったと言える。これには加工した容器が必要だった。内臓は煮炊きの道具としては使えてもフライパンとしては使えないからだ。加工した容器の存在を示す最初の証拠は、最古の陶器の破片である。日本では、鍋のものだと判別できる最古の破片は紀元前一万年にさかのぼるとされ、アフリカや中東ではそれより約三〇〇〇年あとのものが見つかっている。[41] ギリシアや東南アジアでは、最古の陶器の破片はおよそ紀元前六〇〇〇年のものとされる。この技術の進歩により、現代の台所用品が基本的に全部そろったことになる。火にかけることができて水を通さない陶器の鍋を料理人が手に入れると、ロースト、煮込み、網焼きというレパートリーに炒め物や揚げ物が加わった。われわれとしては加速度的に変化をとげる現代技術を誇らしく思いたいところだが、陶器の発明以降、調理道具として考案されたもので陶器ほど生活を豊かにしたものはないし、電子レンジが発明されるまでは、ほんとうの意味で新しい調理法の可能性を開いたものはない。その間にわれわれが手に入れた道具や器具は、料理のプロセスを簡単にはしたが、料理の範囲を広げることはなかった。

侵食する波

調理は個人にとっても社会にとっても非常に役に立つものだから、調理革命が現代までつづいたのは当然のことのように思われる。だが、どんな習慣でも、有益だからといって、それに対する疑念がなくなるわけではない。調理は今日、批判の的となり、調理が持つ社会化の効果は技術の変化による脅威にさらされている。

調理の終焉は涙ながらに予言され、熱望されてきた。おおまかに反調理運動と呼べるようなものは、いまや一〇〇年以上の歴史を持つ。女性を台所から解放し、家族をより大きな共同体で置き換えようとする男女同権論者や社会主義者のあいだではじまったものだ。シャーロット・パーキンス・ギルマンは料理を、彼女の言葉によれば「科学的なもの」にしようと考えた。要するに、ほとんどの人の生活から料理をなくし、食料戸棚とレンジの光景や音や匂いから引き離して台所のない部屋に閉じ込め、その一方で、食事は工場でつくり、社会の労働に必要な活力が維持されるように専門家が管理すればよいと考えたのだ。彼女はこう書いている。「世界の半分を占める女性は残りの半分である男性のために素人料理人の役割を果たしているので、科学的な正確さを高めたり高度な専門技術を身につけることは不可能だ」[42]。進歩的な評論家だけでなく、偏見を抱いた原始主義者もまた調理を非難した。ガンジーは調理をさげすみ、調理せずに食べられる充分な食事を探し求めて、果物や木の実、ヤギの乳やナツメヤシの実を試した。ガンジーがそのような選択をした根底には、おそらくバラモン的な虚栄心があったのだろう。『インドへの道』のゴドボール教授があらゆる食べ物に無関心なふりをしたのも、それと同じ種類の虚栄心からだった。ゴドボール教授はおびただしい量を食べながらも上の空で、〝まるで偶然のように〟食べ物を見つけた。昨今は〝自然な〟もの――したがって前文化的とされるもの――を偏重する傾向がある。あまりにも人工的な生活様式のためにエデンの園を追われ、エデンの園に戻りたがっている現代の都市生活者にとって、生の食べ物が魅力的に映るのもこのためだ。硬直化したように思われる文明の限界を超えるひとつの方法は、生の状態を取り戻すことである。理想主義的な原始主義は環境への配慮と結びついている。中流階級のアフリカ系アメリカ人が好んで食べるソウルフードは様変わりし、ブタの脂身で膿んだようなコラード・グリーンや、ササゲを添えた豚足などの脂肪の多い米国南部の伝統料理はすっかり姿を消して、生野菜や野菜のマリネが人気を得ている。しゃれたレストランではオードブルに生野菜をだすのが流行り、大衆向けの飲食店には胸の悪くなるような〝サラダ・バー〟があって、しおれた葉っぱやサラダ用のみじめたらしい野菜が不衛生な状態でならんでいる。これを見れば、生の食べ物がどれほど好まれるようになっているかがわかるだろう。

生の食べ物が人気だからといって、調理がなくなるわけではない。しかし、そのほかの圧力によって見分けがつかないほど変わってしまう可能性はある。調理が価値ある発明なのは、共同体をつくりあげたからだ。だが現代の食習慣は、この成果を白紙に戻すおそれがある。ファーストフードは精力的な活動をよしとする価値観を養い、脱工業化社会の混沌とした状況をはぐくむ。人はみな、何かほかのことをしながら、誰とも目を合わさずに食べる。通りで次の約束に急ぎながら、あるいはぶらぶらと次の遊びに向かいながら。デスクでコンピュータのモニターを凝視しながら。講義やセミナーでホワイトボードや画面を見つめながら。朝、家を出る前も、家族と朝食をともにしない。出勤時間がばらばらだからかもしれないし、スケジュールがいっぱいで朝食の時間がとれなかったからもしれない。夜、家に帰っても、いっしょに食べるための食事は用意されていないかもしれない——食事が用意されていたとしても、いっしょに食べる人がいないかもしれない。サンドイッチ・ショップは社交の場にもなる。昔ながらのサンドイッチ・ショップでは、列にならんで待っているあいだに気さくに言葉を交わすこともあったし、順番がくれば直接注文してサンドイッチをつくってもらった。店内は、客どうしの話し声や、ばったり会った知り合いと挨拶を交わす声で少しざわついていた。だが、工業化のすすんだ現代の欧米で需要が多いのは、人間味のないサンドイッチだ。冷蔵された陳列棚から出来合いのサンドイッチをとって、独りきりで、急いで腹に詰め込むのだ。

ファーストフードを孤独に食べることは、非文明化につながる。食べ物は非社会的なものになりつつある。電子レンジのある家では、家庭料理は消える運命にあるようだ。食事をともにしなくなれば、家庭生活は崩壊するにちがいない。かつてカーライルはこう書いた。「魂が胃のようなものだとすれば、食事をともにすることのほかにどんな精神的交わりがあるだろう」。電子レンジを見くびってはならない。この装置には社会を変える力がある。その普及は驚くほど速かった。一九八九年にフランスで実施された調査では、電子レンジと霜取り器が家にあると答えた人は二〇パーセントに満たなかった。[43]一年後、その数字は二五パーセント近くに増え、一九九五年には五〇パーセントを超えていた。こうした傾向を見るとなんとなく不安になるが、少なくともその一部は的中する気がする。もちろん、厳密にいえば、電子レンジの技術は調理の一形態にすぎない。火が出す赤外線の代わりに、電磁波を食品に当てるのである。これは、ほんとうの意味で新たな調理法をもたらしたものとして、フライパン以来の画期的な技術である。美食家は、電子レンジの登場を喜ばしいできごととして受けとったはずだ。だが、結果はあまり胸躍るものだったとは言いがたい。たいていの電子レンジ料理の見た目は食欲をそそるものではない。電磁波では食べ物に焦げ目をつけられないからだ。でてきた料理の口当たりにはうんざりさせられる。電子レンジの調理では食品をパリパリさせられないし、それどころか、どんな種類の口当たりも期待できない。ほとんどの台所では、電子レンジは料理を温めなおすためにだけ使われている。カレーやキャセロール料理など、温めなおしておいしく食べられる比較的かぎられた料理についてはそれでいいかもしれない。だがたいていの料理は、再加熱すると見た目はくたびれ、独特の匂い――土くさいような、少し鼻につく匂い――がする。

こうした欠点があるにもかかわらず電子レンジが好まれるのには、二つの理由がある。どちらもいいものではない。ひとつ目の理由は、それが〝便利〟だからだ。電子レンジを使えば、パックに入った調理済み食品をすぐに加熱でき、台所が汚れることもない。そのひとつの結果として、現代の欧米では、見た目だけいい、過剰に加工された、うんざりするような食べ物の市場が急速な成長をとげている。もちろん、すべてが電子レンジの責任というわけではない。見た目のよさが人を引きつけるのは、食べ物だけでなく食文学の世界でも同じだ。ブリヤ゠サヴァランを読むような人は、高級キッチン用品店ウィリアムズ・ソノマのカタログを選ぶ。電子レンジは、言うならば〝見た目文化〟の一部なのだ。歴史を通して、都市化の進んだ社会では、さまざまなかたちの調理済み食品が求められる傾向がある。電子レンジの登場は、いまの時代に調理済み食品の人気が復活した原因であると同時に、結果でもある（四三九〜四五五ページ参照）。電子レンジ崇拝者の目から見た電子レンジの大きな利点の二つ目は、人間の解放である。電子レンジのおかげで、人間は、手に入る出来合いの食品を加熱して食べるという選択肢を手にした。現代の欧米の都市には、調理済み食品があふれている。相手と好みが同じかどうかを気にする必要はない。女であれ男であれ、家長が家族の仲裁をすることはない。家族の中で誰かが誰かに従う必要はない。そのうえ、二人いても同じテーブルでいっしょに食べる必要はない。この新しい調理法は、驚くほど反革命的だ。食事を社交の場にした調理革命をくつがえし、その意味で、われわれを前社会的な進化の段階へと引き戻す。

食べ物は栄養を与える。調理革命は食べられる物の範囲を広げ、消化しやすくすることによって、食べ物のこの効果を拡大した。食べ物は喜びをもたらす。その喜びを、調理は増すことができる。食べ物は社会をつくる。このはたらきが顕著なのは、調理によって社会に中心が生まれ、組織ができるときだ。調理が発明されたあと、次に起こった大革命は、食べ物にはこのほかにも美徳と悪徳があるということ、つまり食べ物は意味を符号化できるということの発見だった。食べ物を食べることには、生命維持に必要な栄養を摂取するという以上の益があり、また、毒よりも悪い害がある。食べ物は生命を維持するだけでなく、生命の活力を高め、ときには低める。食べ物は、よかれあしかれ、食べる人を変えるのだ。食べ物には精神的、形而上学的、道徳的な効果があり、変容をうながす効果がある。奇妙なことだが、この発見を最もよく表わしているのは、おそらく食人種である。次章は、食人種についての話からはじめる。

第二章　食べることの意味——儀式と魔術としての食べ物

カニバリズムは問題だ。多くの場合、この風習の根底にあるのは儀式や迷信であって、美食ではない。だが、すべてがそうともかぎらない。十七世紀にフランスのドミニコ会修道士が目にしたカリブ人は、敵の優劣についてきわめて明確な考えをもっていた。案に違わず、ずば抜けておいしいとされたのはフランス人だ。愛国心を考慮に入れても、これは驚くにあたらない。その次は、嬉しいことにイギリス人だ。オランダ人はさえない味で胃にもたれるし、スペイン人は筋が多くて、煮込んだところで食べられたものではなかった。悲しいことに、こうしたことはみな大食の印象を与える。[1]

——パトリック・リー・ファーマー

わたしはいつも二冊の本から元気をもらう——料理の本と聖書だ。

——ヘレン・ヘイズ　映画《マイ・サン・ジョン》（一九五二年）より

カニバリズムの必然性

それは公式に認められた。食人種――人肉を食べる人間――は実在したのだ。長いあいだまことしやかに語られ、伝聞に支えられてきた食人種の存在が、事実として報告された。コロンブスの二度目の大西洋横断に同行した乗組員のほぼ全員が目撃したと証言しているのだから、議論の余地はなかった。船医が故郷へ送った手紙には、現在のグアドループ島で人喰い人種に捕らえられて解放されたアラワク族の話が記されていた。

その島の住人に捕らえられていた女たちに、島民はどんな種族なのかと尋ねると、女たちは「カリブ人です」と答えた。そういう種族は人の肉を食べるという悪習を持っているからわたしたちは嫌悪しているのだと知ると、彼女たちは嬉しそうだった。……女たちの話によれば、カリブ人の男は彼女たちを信じられないくらい残酷に扱うのだという。彼女たちに産ませた子どもは食べてしまい、地元の妻とのあいだにもうけた子どもだけを育てるのだそうだ。敵の男を生け捕りにできたときは家に連れ帰っておいしく食べ、戦いで死んだ男は戦いが終わったあとで食べつくす。人間の肉はとてもおいしい、世界中でこれほどおいしいものはほかにない、と彼らは言いきる。その証拠に、家々で見つけた人骨は、しゃぶれるものはすべてしゃぶりつくされ、かたすぎて食べられない部分以外は何も残っていない。ある家では、男の首が鍋の中で料理されているのをみた。……カリブ人は少年を捕虜として連れ去ると、性器を切り取り、彼らを太らせて成長するのを待ち、大きな宴会を開きたくなると殺して食べる。彼らに言わせると、女や子どもの肉はおいしくないらしい。あちこちの家を訪ねていると、そんなふうにして手足を切断された三人の少年がわたしたちのところへ逃げてきた。(2)

その前の航海で、コロンブスはアラワク語の〝カリバ〟を〝カニバ〟と聞き間違えた。〝カニバル（人喰い人種）〟と〝カリビアン（カリブ海）〟はどちらも同じ名前からきた言葉なのだ。

その後も同じような話はたくさん伝えられ、ヨーロッパ人による探検の範囲が広がるとともにカニバリズムの報告は増えつづけた。オデュッセウスが遭遇した人喰いや、ヘロドトス、アリストテレス、ストラボン、プリニウスの著作にでてくる食人種の信憑性は、新しい報告がもたらされるたびに高まった。ルネサンスの「人間の発見」には、人喰い人種としての人間の発見も含まれていたわけだ。ベスプッチの『航海記』の最古の版には、人喰い人種のバーベキューを描いた木版画が挿し絵として使われている。メキシコ中部のアステカ族から直接情報を集めようと奮闘した好意的な観察者によれば、彼らは饗宴になると、わざわざそのために買って「肉がおいしくなるように」太らせた奴隷を特別に用意したという。[3]チチメカ族の腹は「人肉の墓」と言われた。[4]アマゾン河口のトゥピナンバ族は「最後の指の爪にいたるまで」敵を食べつくすと言われた。[5]一五五〇年代に彼らに捕らえられたドイツの旅行家ハンス・シュターデンがそのときのことを書いた本は、ベストセラーのスリラー小説かサスペンスの連載小説のようだった。著者自身が人喰い人種の饗宴で生け贄にされそうになり、それが何度も先延ばしされたのだ。食人種の儀式の描写は恐ろしいものだった。犠牲者は女たちの自慢話に耐えながら、自分を料理するための火の番をしなければならない。そして脳味噌が飛びだすほど殴られ、殺される。すると女たちは、

彼の皮膚をすっかり剝ぎとって真っ白にし、木の切れ端で肛門をふさいで何も出ないようにする。こんどは男が……両腕を切りとり、両脚を膝の上から切り落とす。すると、切断された各部を四人の女が運び去り、それを手にして歓声をあげながら小屋のまわりを走る。……内臓は女たちのものだ。それを煮てミンガウという濃厚なスープをつくる。女と子どもはこれを飲み、はらわたと頭の肉をむさぼり喰う。脳や舌や、そのほかの食べられるところは子どもたちに与えられる。これが終わると、みなそれぞれの分け前をもって家に帰る。……わたしはその場にいて、すべてをこの目で見た。[6]

十六世紀の終わりごろには、アメリカ大陸旅行を描いたテオドール・ド・ブリーの版画が評判になったが、その多くをにぎわしたのが、人間の手足が切り落とされて焼かれる光景や、人喰いの女たちが血をすすり内臓にかぶりついている光景だった。十七世紀には、この伝統につらなる新しい作品はほとんど生まれなかった。食人の恐怖はおなじみのものとなり、注目に値するような新しい食人種や食人習慣が見つかることもなかったからだ。だが十八世紀になると、ヨーロッパ人はふたたび心を奪われる。食人種の発見が相次ぎ、また哲学の分野では、未開のすばらしさを謳う新しい学説と食人の風習を結びつけようとする動きがあった。文明化のすすんだエチオピアのキリスト教帝国にさえ、食用の人肉を専門にした行商人がいるとヨーロッパ人は想像した。(7) 十八世紀の北米のインディアン戦争では、マサチューセッツ州軍のある兵士が、自分の仲間が敵に「ひどく悲しいペースで」少しずつ焼かれるのを見てふるえあがった。(8) 新しい事例が最も集中して報告されたのは、航海への野心が高まって南太平洋各地の探検がおこなわれたころだった。メラネシアのカニバリズムについては十八世紀に数多くの報告が集まったが、これはほかの事例にくらべると現実的な感じがする。捕虜となった敵の臓器は、食べられるところは残らず口がつけられたし、骨は帆布を縫うのにちょうどいい針として利用された。キャプテン・クックが最初にマオリ族に会ったとき、彼らは人骨についた肉をきれいにたいらげる方法を身ぶり手ぶりで教えてくれたという。この話は疑り深いヨーロッパ人には信じがたいものだったが、捕虜の命という犠牲を払って、事実であることが確認された。フィジーのカニバリズムは、十九世紀初めの宣教師たちの報告によってヨーロッパでよく知られるようになったが、悪行という点では、それまでに知られていたどのケースにもまさると思われた。報告の数が多く、また食人の饗宴が定期的に催されたため、文化的な酌量の余地はなかった。あるメソジスト教徒は一八三六年にこう断言した。「彼らがその行為にふけるのは、忌まわしい復讐の念からではない。人間の肉をほかの食べ物よりも圧倒的に好むからだ(9)」

ひとつひとつ調べていくと、こうした報告はみな、その信憑性が疑わしかった(10)。カニバリズムが出てくるとおもしろい恐怖物として読めるので、退屈な旅行記でも売り上げが伸びる。中世末期から十六世紀、十七世紀にかけてはしだいに効果が衰えていったものの、敵がカニバリズムの風習を持っていると考えるのはきわめて好都合だった。男色や神への冒瀆と同様、カニバリズムは自然の理法に反するものと見なされたからだ。人肉を食べる者は法の保護外に置かれた。このためヨーロッパ人は、罰を受けることなく彼らを攻撃し、奴隷にし、強制的に支配下に置き、財産を取りあげることができた。だがときには〝人喰い伝説〟の返礼を受けることもあった。白人の探検家は〝先住民〟が自分に食人の疑いをかけているのに気づくと驚いた。先住民もまた、カニバリズムを恐怖の目で見ていたのだ。イギリスの探検家ローリーはギアナで、彼を迎えてくれたアラワク族に食人種と間違えられた(11)。ガンビアのマニ族は、ポルトガル人があれも貪欲に奴隷を欲しがるのは、人肉を食べるのが途方もなく好きだからだろうと考えた(12)。一七九二年にジョージ・バンクーバーがダルコ海峡の住民を食事に招いてシカの肉を出したところ、彼らはそれを人肉ではないかと疑い、食べるのを拒んだ。(13) ニューギニア高地のク・ワル族は彼らを〝発見〟したオーストラリア人のことを、「ほかの種族を食べる種族」だと思っていた。「彼らはわれわれを殺して食べるためにやって来たのにちがいない。みんな夜は出歩かないようにといっていた」(14)。カニバリズムの申し立ては、他の犯罪統計と同様、割り引いて聞くべきである。でっちあげられたものもあれば、話に尾ひれがついたものもあると思わざるをえない。

とはいえ、確かな根拠のある事例が数多くあることから、おおまかな点での疑念は払拭される。カニバリズムは存在したのだ。社会的慣習としてのカニバリズムが現実に存在したことについては、疑いの余地はない。そのうえ、考古学の資料から判断すると、それはきわめて広い範囲でおこなわれていたと考えられる。どの文明でも、石の下を探せば、骨髄を取り出すために折られた人骨が見つかるようだ。確認された事例の数が増えるとともに、カニバリズムは本質的に常軌を逸した行為であって、自然の法則に反する異常なものだとする仮説の立証はむずかしくなった。

もちろん、西洋社会で起きた社会通念に反する凶悪事件についても多くの報道があった。〝犯罪としてのカニバリズム〟と呼べるのは、非道な行為だという意識があってなされたものだ。たとえば、〝悪魔のような〟床屋が客を殺し、その人肉でつくったパイを売る（映画《スウィーニー・トッド》のもとになった実話）。狂った暴君は、究極のサディズムを求めて、敵の妻子の肉と血でつくった料理を敵の食卓にならべる。スリルを求めてカニバリズムを実行する者もいる。因習の打破に知的な喜びを見出す者や、人肉を食べることで性的な興奮を得る性倒錯者などだ。最も猟奇的なのは、ロッキー山脈の鉱山師アルフレッド・パッカーの事件だ。これは一八七四年に起きた悪名高い事件で、パッカーは眠っている仲間の頭をたたき割った。ひとりだけ、背後から射殺された者もいる。そして、死んだ仲間から金品を奪い、死体を食べて生き延びた。一八年の刑期を終えて出所すると、世の中はすっかり変わっていた。彼は珍しい存在として歓迎され、「年老いた山の住人」として尊敬すら受けた。いまも彼の墓を訪れる人は途絶えないし、ボールダーのコロラド大学にある食堂には、食欲をそそられる人もいるのではないかという皮肉をこめて、アルフレッド・パッカー・メモリアル・グリルという名がつけられている。[15] ハンニバル・レクター博士と同じような人物は、それ以前にも実在した。一八四七年に、妻を殺害された復讐としてアメリカ・インディアンのクロウ族を襲った「肝喰いジョンソン」や、一九八一年にじゃまな恋人を殺した「ブーローニュの森のカニバル」佐川一政などだ。一九九一年にミルウォーキーで起きたジェフリー・ダーマーの事件では、警察が踏み込んだとき、カニバリズムだけでなく屍姦やサディズムの趣味もあったダーマーの家の冷蔵庫は、ばらばらにされた人間の死体でいっぱいだった。[16]

西洋の近代史にも、カニバリズムの一形態が社会的に認められ、慣習としておこなわれ、長期にわたって法律で許されていた時代がある。[17] 包囲攻撃を受けたり退却を余儀なくされたりして窮地に陥ると、生きている者は死者を食べる。船の難破や飛行機の墜落事故で生き残った人たちが、死んだ犠牲者の肉のおかげで生き延びることはよくある。極限状況になると、飢えをしのぐために、みずからの命をさしだす者をくじ引きで決めることもある。近代の初め、帆船による長く危険な航海の時代には、生き延びるために人肉を食べることが「社会的に認められた船員の慣習」、つまり「海の慣習」となった。[18] たとえば、一七一〇年にノッティンガム・ガレー号が難破したときには、生存者は死んだ船大工の死体を食べたあと、「凶暴で残忍」になったという。十九世紀にも、ときおり同様の事例が報告された。船の惨事を描いた絵画のなかで最も有名なジェリコーの『メデューズ号の筏』のスケッチには、人肉食の場面が描かれていた。もっともこの場合、確実な証拠があったわけではない。小説は事実を超えようとつとめた。『白鯨』のエイハブ船長が白鯨モービー・ディックにとりつかれたのは、クジラが尾をひと振りしたあとで起こった気落ちする体験が頭から離れないからだった。この小説のもとになったのは、現実に起きたエセックス号難破の体験談である。エセックス号の乗組員は、一八二〇年に同様の惨事にみまわれたあと、たがいを食べる順番をくじ引きで決めたという。一八三五年には、転覆したフランシス・スペイト号の同名の船長が救助されたが、伝えられるところでは「見習い船員の肝臓や脳を食べているところ」だったという。[19] 一八七四年には、廃棄された石炭輸送船ユークシン号のボートがインド洋で救助され、ロッカーからばらばらにされた乗組員の死体が見つかった。コンラッドの小説の邪悪な主人公フォークによく似た人は、現実にもたくさんいた。一八八四年、「海の慣習」はついに非合法な行為となった。ミニョネット号というヨットの沈没事故で生き残った二人が、甲板のない船で救助を待っている二四日のあいだに仲間の乗組員を殺して食べたという罪で刑を宣告されたのだ。二人は心底驚いたそうだ。[20]
海の慣習に相当するものは陸にもあったが、因習的な道徳はこれに関してあいまいだった。たとえば一七五二年、ニューヨークの植民地軍を逃げ出した脱走兵の一団がフランス領をめざしたが、途中で道に迷って食糧がつき、四、五人の仲間をみんなで食べたという。[21]一八二三年、タスマニアの囚人アレクサンダー・ピアスは仲間を殺して食べたことを認めた。それは生き延びるためではなく、以前に脱走を試みたときの経験で味をしめてのことだった。その前の脱走では、八人の仲間のうち、灌木の茂みから生きて帰ったのは彼ひとりだった。アルフレッド・パッカーのような非道なケースは別として、必要に迫られてのカニバリズムは、十九世紀に北アメリカの辺境地帯で行方不明になった鉱山労働者や御者の死の多くを説明する。マーク・トウェインの小説には、これを風刺して、セントルイスとシカゴを結ぶ列車が遅れ、上品な乗客たちがカニバリズムに頼らざるをえなくなった話がでてくる。この種の例で最も新しいのは、一九七二年にウルグアイのラグビー・チーム「オールド・クリスチャンズ」を乗せた飛行機がアンデス山中に墜落した事故である。このときも、生存者は死んだ仲間を食べて生き延びた。[22]
たんに「人間を食べるのはよくないことだ」と断言するだけでは決して充分ではない。人がほんとうに餓えているときには、〝自然に反する〟からというだけでは充分に強い抑止力とはならないように思われる。船上での（あるいは刑務所内での）同性愛や、独りでいるときの自慰行為にたいする抑止力と同じように……それに、セックスしないことが原因で死んだ者はいない。それを異常だと感じる人がいるかもしれないが、正常だと思う人もいる。カニバリズムには、つねに擁護者がいた。彼らはときに、海の慣習の弁護者と同じく、必要性に訴える。つまり、カニバリズムの説明として、人肉は栄養の供給源であって、つきつめればそのほかの食べ物と道徳的に区別できるものではないと主張するのだ。また場合によっては、擁護の根拠として文化相対主義をもちだし、人肉をたんなる食べ物以上のものと考える文化もあるという認識を示す。人肉を食べる行為が正当化されるのは、それによって個人の生命が維持されるからではなく、それが共同体を育て、神に祈り、魔術を利用することになるからだというのだ。

近代の初め、社会がカニバリズムを認めていた時代には、西洋思想はカニバリズムを受け入れざるをえず、〝原始人〟が利用されたり犠牲にされたりする状況を変えようとする改革家たちによって、たくみな擁護論が提示された。新世界の征服者の不正を弾劾して彼らをしつこく悩ませたバルトロメ・デ・ラス・カサスは、カニバリズムはほとんどすべての社会が通る発達の一段階にすぎないと主張し、説得力のある証拠としてギリシア、カルタゴ、イギリス、ドイツ、アイルランド、スペインのはるか昔の例を挙げた。ブラジルの食人種に捕らえられて生き延びたジャン・ド・レリーは、サン・バルテルミの虐殺の話を聞けば彼を捕らえた食人種たちは感情を害するだろうと述べた。モンテーニュの随筆『人喰い人種について』は、アメリカ大陸征服による異文化との出会いとルネサンスの「人間の発見」によって西洋の自己認識が根本的に変わったことを示す例として、しばしば引用される。モンテーニュが示したのは、カニバリズムの倫理性はヨーロッパ人のお題目となんら変わらないという考えだ。ヨーロッパの人びとはキリスト教の教育や哲学の伝統といった優れたものをもっているにもかかわらず、そのお題目のもとで、自分だけが正しいとかたくなに信じてたがいに虐殺しあったではないか。フランスでは対立する宗派どうしが相手を拷問にかけたり焼き殺したりし、「人を生きたまま食べた」。「死んだ人間を食べるより、生きた人間を食べるほうが野蛮だろう。……理性の法則に照らせば、これらの人びとを野蛮人と呼んでもさしつかえないだろうが、われわれ自身にひきくらべれば、そう呼ぶことはできない。われわれはあらゆる蛮行で彼らを上回っている」。ロビンソン・クルーソーは従僕フライデーに情けをかけ、食人の習慣をやめさせることに成功した。ロビンソン・クルーソーは最初、人喰い人種は「残忍で忌まわしい野蛮な」連中だから、出会ったら皆殺しにしてやりたいという衝動にかられた。だが熟考の末、こう悟る。「彼らは罪としてこれを犯しているのではない。良心の呵責を感じているわけでもなく、彼らを照らす天の光に非難されるものだと思っているわけでもない。……彼らが人肉を食べることを罪だと考えないのは……われわれがヒツジの肉を食べるのを罪だと考えないのと同じだ」[23]

カニバリズムについての知識が増えるほど、提起される問題は深刻になるようだ。ほんとうに興味深い問題は、カニバリズムが実在するかどうかではなく、その道徳性をめぐるものでもない。その目的に関するものだ。カニバリズムは栄養摂取――人にタンパク質を供給するための摂食習慣――の歴史に属するものなのだろうか。それとも、この章で示すように、食べ物の歴史に属するもの——食事のためではなくその意味のためにおこなわれる儀式であり、身体的な効果以上のものをねらった栄養摂取——なのだろうか。この問題についてはおびただしい文献がある。全体を通じた堅実な線は、食人種は単純に身体の栄養のために人を食べることがあり、ときどきは実際にそうするのだ、という無難な結論にいたる。だがそれは、食人の風習がいくつかの文化で神聖視されるにいたった理由ではない。ほとんどのケースにはそれ以外の目的がある。自己の変容、力の獲得、食べる側と食べられる側の関係の儀式化などである。そうなると人肉は、生きつづけるために必要だからではなく、自己を改善したいから、すぐれた価値の分け前にあずかりたいから食べるものとして、ほかの食べ物と同列に置かれる。さらにいえば、食人種と現代のある種の人びと——自己改善や世俗的成功をめざして、あるいは品行を良くし、より美しくなるために、あるいは身体を清浄にするために〝健康食品〟を食べる人びと——は同列の存在となる。奇妙なことだが、食人種と菜食主義者には共通点が多いことがわかる。彼らを結びつける伝統が、この章のテーマである。

ニューギニアにはいまも、かつて食人の習慣をもっていた人びとが——なかには現在もその風習を保っている人びとも——生きていて、襲撃と饗宴の記憶をとどめている。彼らは人類学者に、自分たちにとって敵は「猟の獲物」だと語っている。[24] 一九七一年、裁判所は、隣村の住民の死体を食べたガブシ族の男たちにたいして、それは彼らの文化では正常な習慣だという理由で無罪の判決をくだした。[25] カニバリズムが社会的な機能をもちうるという事実と、人肉を食べ物として利用することとは矛盾しない。

「飢餓状況のカニバリズム」は最近まで、

ニューギニアの近くのマッシム諸島や、東南アジア、太平洋のその他の社会でよく見られたし、いまでも見られるだろう。(26)だが、自分たちは敵を「食べ物として」食べるのだと民族誌学者に語った人のほとんどは、その行為の根底にある象徴や儀式の論理を隠しているのだと思われる。たとえばパプアのオロカイバ族にとっては、それは死んだ戦士の代償として「霊魂をとらえる」方法である。(27)オナバスル族が人を食べるときの食事には、はっきりとした儀式の特徴はなかった。人肉は、腸が捨てられることを除けば、ブタや猟の獲物と同じように調理された。だが彼らは、魔女を除けば、仲間を食べることはなかった。(28)この差別の例からも、タンパク質の摂取以外の動機が働いていたことがうかがえる。ニューギニアのファ族が仲間の死体を食べるのは、自然のままでは再生できないと信じられている生命の液体、ヌーを無駄にしないためである。(29)

パプア高地のギミ族の女性はかつて、男たちが死ぬとその死体を食べていた。この風習は一九六〇年代までつづき、いまでも人形を死体に見たてて食べるふりをすることで再現されている。彼女たちの説明を聞くと、名誉ある死者に敬意を表して死体を食べたアレクサンダーと賢人たちの有名な話を思い出す。「男を腐らせておいたりしませんでした」と女たちは断言する。「かわいそうじゃないですか」。「わたしのところへ来れば、地面で腐らせたりしませんよ。わたしのなかであなたの身体を溶かしなさい」。だが、この儀式で大切なのは、死体を作法どおりに処分することや、ぞっとするような性の回想だけではない。ある説によれば、これはタンパク質を摂取するための食人の典型的なケースだという。減少する森の食糧をしだいに男たちが独占するようになると、女は男を食べることで食事をおぎなったのだ。いまでも、男たちは儀式の一環として、男の肉を食べた場合と同じ割合で女たちに豚肉を分け与え、そうすることで女たちの寛大さに応えているようだ。豚肉を渡しさえすれば、男がカニバリズムの犠牲になることなく、女たちの飢えをいやすことができるのだ。カニバリズムの饗宴は、集団で死を嘆いてから四、五日後にやっとおこなわれる。場所は男たちの家である。ふつう女は入ることができないのだが、饗宴のあいだ女たちは男として扱われる。このことから考えると、この食事がもつ象徴的な意味は、男児を産むことによって女性が男らしさを内包できることと関係があるようだ。死んだ男が生け贄となって女性の身体に取りこまれることは、子宮への回帰であり、生殖力の循環を不思議なかたちで保証する。[30]

カニバリズムが正常とされるところでは、通常、その背景には戦争がある。それは食糧を得るための狩猟とは違う。対立する捕食者どうしの衝突である。きわめて熱心にカニバリズムの風習を守っている人びとでも、ふつうは軽々しく人を食べたりはしない。また、犠牲者の身体のどの部分がカニバリズムの食卓に供されるかについては、たいてい厳しい選別がなされ、ほんの数片しか使われないこともある。その場合、心臓が使われることが多い。こうしたことのすべてが、厳密に儀式化される傾向がある。アステカ族にとっては、戦いで捕らえた敵の肉を食べるのは、その人間の勇気を手に入れるためだった。また、それをより完全なものとするために、犠牲者の皮膚をはいで身につけた。そうすると、手首のところで犠牲者の両手が装身具のようにひらひらと揺れた。フィジーでも、キリスト教が入る前はカニバリズムが広くおこなわれ、族長や有力な戦士といった一部の人間が、食事をおぎなうのに好都合なものとして人肉を食べていたのではないかと思われる。現存する当時の人骨には、きまって拷問を加えられた跡や生け贄にされた痕跡がある。すばやく効率よく殺されたほかの動物の骨にはそうした跡はないため、人骨かそうでないかはすぐわかる。一八四七年にこの地を訪れた人が聞いた話では、ラキラキ地区の族長ラ・ウドレウドレは人を食べるたびにその記録として石を置いていったという。その石の数は九〇〇にのぼった。(31)だが、そうやって人目を引くかたちで特別に記念するのにふさわしいというその事実が、カニバリズムが通常の食事とは別の範疇に属することを示している。人肉は神の食べ物であり、カニバリズムは神との親交の一形態なのである。(32)カニバリズムを「支配を象徴するメタファー」の一形式に属するものと考えれば納得がいく。あるいは、ふたたびフィジーの例をあげれば、「生の女と調理された男を交換するという巧妙な循環」によって維持される「社会の神話的な特権」の一部と考えてもいい。(33)

食人種とそれを批判する人びとは、ひとつの点でつねに意見が一致している。それは、カニバリズムには何らかの意味があり、食べる人に影響をおよぼすという点だ。批判的な人たちは、その影響は堕落をもたらすものだという。食人種の食べ物をちょっと味見したシンドバッドの仲間たちがそうだった。彼らはたちまち「大食狂のように」ふるまいはじめ、「数時間がつがつ食べたあと」は「未開人も同然」になった。(34)一方、食人種にいわせると、それは自己改善の手段である。食人種の論理では、カニバリズムは人目を引くが、普遍的な事実を示すひとつの例にすぎない。その事実とは、食べ物が身体のための栄養を超えたものとして再解釈されたということ、つまり、食べることの理由として栄養の摂取に代わって象徴的価値や魔力が持ちだされ、食べ物には意味があることが発見されたということである。これはおそらく、調理革命に次ぐ、食べ物の歴史における第二の大革命である。重要性のうえでは二番目だが、もしかするとその起源は調理の起源より古いかもしれない。どんな人も、どんなに餓えていても、その影響から逃れることはできなかった。現在では、生きるためだけに食べている社会はない。どの社会でも、食べることは文化的な変化――ときには魔術的な変化――をもたらす行為である。そこには独自の錬金術がある。個人の集まりを社会に変え、病気の人を健康にする。人の性格を変える。一見世俗的な行為を神聖なものにする。儀式のような機能を果たし、儀式そのものになる。食べ物を神のものにすることも、悪魔のものにすることもできる。力をおこすことができる。きずなをつくることができる。復讐や愛を表わすことができる。アイデンティティをはっきり示すことができる。食べることが実用的な行為にとどまらず儀式にもなったとき、人類史上最大の革命的変化が起こった。食人種からホメオパシー支持者や健康食品愛好家にいたるまで、みな自分の人格を磨き、力を伸ばし、寿命を延ばすのに役立つと思う食べ物を食べているのである。

食習慣や食生活は文化の一部であり、それだけを切り離すことはできない。とくに宗教や道徳、医学とは相互に影響しあっている。また、〝魂を養う〟食のセミナーの精神的悟りや、健康、美、フィットネスといった通俗的な理想とも関連がある。健康食品愛好家をはじめとして、現代には流行にのって食べ物に美や知力、精力、心の安定や精神性を求める人びとがいるが、彼らは食人種と同じ範疇に属する。すぐれた効果を求めて食べ物を食べるという点では同じなのだ。したがって彼らもまた、食べることに最初に意味を見出した、いまもその影響を残す大革命の一部なのである。

神聖な食べ物と世俗の食べ物

ほとんどの社会には神聖な領域に属する食習慣がある。敬虔になって神や死者の霊と親しく交わるために食べるものと、肉体と精神のあいだにあって神との距離を広げるものとがあるのだ。主食は、人間がそれなしには生きられないため、かならずといっていいほど神聖な食べ物とされ、神の力があるとされる。主食になるものはふつう、人間が耕作しなければ収穫できないが、そのことで主食の神聖な地位が脅かされることはないようだ。なぜなら、耕作（cultivation）は崇拝（cultus）だからだ。それは最もみじめな種類の崇拝で、人は毎日、畑で腰をかがめて農作物の世話をする。土地を耕し、種をまき、草をむしり、苗を植え、刈り入れる。そうして育てられた神々は、わが身を捧げて人間の口に入るとき、よみがえりが近いことを確かに知っている。神を食べることは無礼なことではない。それは神を祀る方法なのである。

神聖視される食べ物の例はいくらでもある。キリスト教世界では、聖餐式には小麦でつくったパンだけを使う。同様に、トウモロコシは、ほとんどのアメリカ人にとって伝統的に神聖な食べ物である。またアメリカ先住民にとって神聖なだけではなく、その神秘性はさらに遠くへ広まっている。トウモロコシを主食とする文化圏は西半球の熱帯地方と亜熱帯地方にわたるが、それ以外の地域でもこの食べ物が尊ばれているのを見ることができる。たとえば、アンデスの高山にある聖地では伝統的に、儀式に使うためのトウモロコシが神殿の庭で小規模に栽培されていた。そこは食用作物が生育可能な高度をはるかに超えた場所である。トウモロコシの神話は、北はセントローレンス川から南はネグロ川にいたる各地にあるが、すべてに共通する要素がある。それは、神の起源と神の契約だ。メキシコの数州にまたがって点々と居住する高地民族ウイチョル族によれば、トウモロコシはもともと太陽の贈り物だった。太陽の息子が人間に惜しみなく与え、太陽の娘が栽培のしかたを教えたのだという。人間がその恩を忘れた罰として、実るのに長い時間がかかるようになり、栽培はきつい仕事になった。ウイチョル族のお気に入りの笑い話に、男根のような掘り棒でくぼみをつくり、そこにトウモロコシの種をまくと大地が妊娠する、という話がある。トウモロコシの茎は「子鹿の枝角」と呼ばれる。食糧源はみなトウモロコシになぞらえられ、トウモロコシのかたちをしているとさえ考えられているのだ。欧米人が食べ物のことを一般に〝パン〟と呼ぶようなものである。トウモロコシには感覚、意志、意思があるとされる。収穫期になると、シャーマンはトウモロコシに食べるための許しを請う。(35) アステカ族の女性は、トウモロコシを食べる前に慰撫の儀式をおこなった。トウモロコシが怒って「主に訴える」ことのないように、こぼれた粒を拾い、トウモロコシが火を怖がらないように、息を吹きかけてから調理した。[36]キリスト教に改宗すると、厳密にはトウモロコシを神として崇拝できなくなり、神を食べることの象徴には小麦でつくった聖餐式のパンを使わなければならなくなった。だがウイチョル族はその後も、近隣の諸民族が食べているトウモロコシにくらべて自分たちのトウモロコシが上質なのは神の寵愛のしるしだと考えている。いまでも占いにはトウモロコシの粒が使われる。マヤ族でもそうだが、トウモロコシには超越的な世界に入る特別な力があるとされるからである。

そのほかの社会では、神秘的なものとして崇拝されるのが食べ物であることはまれだ。儀式に使われる肉がかならずしも神聖だとはかぎらない。欧米のクリスマスではガチョウや七面鳥を食べるのが一般的だが、だからといってガチョウや七面鳥が神聖視されるわけではない。過ぎ越しの祭りの子羊はみずからを犠牲にした神のメタファーだが、子羊とキリストの聖体が混同されることはない。過ぎ越しの祭りの祝宴(セデル)とは、年に一度、この祭りのときにとる食事のことで、その席でユダヤ人はエジプト脱出の物語を語る。中央の皿には儀式で重要な意味をもつ食べ物がならべられるが、どれも、この席以外ではめったに食べることのないものである。マツァと呼ばれる種なしパンは、パンを発酵させる時間もないような状況でイスラエルの民が出発したことに由来する。苦い野菜は、奴隷生活の厳しさをしのぶものであり、ハロセットと呼ばれる、木の実とリンゴとブドウ酒を混ぜた練り物は、事実かどうかはともかく、エジプトの建物で使われたと伝えられるレンガを模したものである。北アメリカの草原地帯に住むオグララ族は子犬を食べるが、そのときの食事は本質的に神聖な食べ物と見なされる。犬を食べる饗宴は神の摂理を実現するものであり、犬を殺す前に、友を失うことを嘆く儀式がとりおこなわれる。「この世界で情け深いすべてのものを表わす……赤い道」を象徴する線を赤く塗られた犬は、西へ向けられる。両側に立つ女たちが犬の首にまわしたロープを引いて首を絞め、同時に、祈禱師が背後から一撃を食らわせる。「犬を殺す行為は雷に打たれることになぞらえられ、犬の魂が解放されて西方に向かい、そこで雷の民―生と死を支配する力を持つ、稲妻で象徴される精霊―の一員となることが保証される」。犬の肉は調味料を加えずにゆでる。これはどの文化にも見られる神聖な食べ物の特徴である。神聖な食べ物は味わうためではなく、救済のために食べるのだ。[37]

評判の高い食べ物は神聖なものとされることが多く、既知の文化ではほぼ例外なく、生け贄とされ神聖視される食べ物が食べられる。だが、神聖であることと食用にされることのあいだには何の関係もない。ヒンドゥー教徒は、最下層のカーストを除いて、神聖な牛を尊んで牛肉を食べない。だが、肉食動物や昆虫や齧歯動物などの、やはり禁じられている不浄な肉も、食べないという点では、神聖な肉と同じである。特定の食べ物が禁じられる理由を説明する、合理的で科学的な解釈が絶えず求められてきた。キケロにつらなる理論家たちは、それを経済的な動機によるものとして説明した。たとえば、牛やスイギュウは非常に役に立つので食べるには惜しく、それらの動物を神聖視する社会はそうすることで牛を保護している[38]のだという。だが、そんなはずはない。耕作や輸送や酪農に牛が欠かせない多くの地域で牛肉が食べられている。そのうえ、ヒンドゥー社会のように牛を神聖視する社会では、牛の実際的な価値は結果的に大きく下がっている。また、特定の動物を食べることに嫌悪感をおぼえるのは、その動物が人間と親しい関係にあるからだと説明されることもあるが、犬や猫を食料として扱う社会もある。そのほかによく見られる説は、少なくともいくつかのタブーの理由は衛生だとするもので、とくに、『レビ記』でユダヤ人に課せられた、困惑するほどこまかく選別された禁止と関連づけて説明されることが多い。マイモニデスはこう書いている。「律法で禁じられる食物は健康によくないものだ、とわたしは主張する。豚肉は必要以上の水分を含み、余分なものが多すぎる。……［ブタの］習慣や食べ物は非常に汚く、忌まわしいものだ」[39]。この言葉は、悪意がないとはいえ、女性には乳房が二つあるからそれに対応して子宮も二つあるというマイモニデスの別の主張と同じくらいナンセンスである。モーセが禁じた肉と許可した肉には、おしなべて、両者を区別するような清潔さの違いはまったくといっていいほどないのだ。説得力のある合理的な説明として一番使えそうなのは、人類学者メアリー・ダグラスの説である。それによれば、食べるのを禁じられた動物はそれぞれの種類のなかで特異な存在だとされる。陸生なのに地面をのたくる動物や、足が四本あるのに空を飛ぶ動物、ブタやラクダのようにひづめが割れているのに反芻類でない動物には、神聖であるために必要な完全さがないのだという[40]。

食べ物についての制限に、合理的で具体的な説明を求めるのは無意味だ。食べ物に関する制限は本質的に理性を超えた、抽象的なものである。食べ物が持つとされる意味は、すべての意味と同様、合意によって用法を決め、それが慣例となったものであり、つまるところ恣意的に決められたものなのである。といっても、食べ物に関するタブーが社会的な機能を持たないわけではない。それらはみなトーテム的な象徴として、タブーを守る人びとを結びつけ、タブーを犯す人びとに烙印を押す。許された食べ物はアイデンティティを養い、禁じられた食べ物はアイデンティティを明確にするのを助ける。こうしたタブーは通常、社会の存続を助ける集団的信仰とかかわりがあり、そうした信仰を支えている。食べ物についての制限で禁じられるのは、一般に、〝不純物〟を含んでいるために神聖な世界に入る妨げになると考えられる食べ物である。エデンの園のリンゴのような悪魔の食べ物もある。これは、見たところは健康によさそうだが、人間を堕落させて神々を遠ざける。また、連想によって汚れているとされたり、状況に応じて食べることができたり破滅をもたらしたりする料理もある。フィジーでは、どんな人でも自分のトーテムである植物や動物を食べることは許されないが、近隣の人間は自由に食べてかまわない。また、聖地の近くに生えている植物も食べてはならないが、同じ植物でも別の場所で収穫したものなら食べてもかまわない。さらに、墓地に実った果物を食べることも禁じられる。こうしたものを食べると口に潰瘍ができるという。妊娠中の女性に禁じられている食べ物もあるが、それには医学的な根拠があるという。カニやタコを食べると発疹やいぼができるし、ココナツの汁を母親が飲むと赤ん坊が咳をするようになるおそれがあるというのだ(41)。ザンビアのベンバ族の女性は、用心深く調理用の炉を守り、性交渉のあとで浄めの儀式をしていない人間が近づかないようにしなければならない。そうしないと、料理を食べた子どもが死んでしまうという。[42] アステカ族には、肉が鍋の側面にくっついたら、それを食べた男の槍は命中しなくなり、食べたのが女の場合は赤ん坊が子宮にしがみついてしまうという言い伝えがあった。[43] このようにさまざまな影響が想定されているわけだが、根拠を無視してただ起こるはずだと考えられている点では、まるで魔法と同じである。想定される影響の多くと密接な関係があるのは、食べ物のもつ不思議な力にたいするきわめて広く浸透した信仰——文明化の程度に関係なくあらゆる社会に見られる、食べ物とセックスの相互依存関係への信仰——である。

　食事とセックスはおぎないあい、欲情を高めあうように思われるが、媚薬というのはみな暗闇でのキスのようなものである。どれもみな、科学的な裏づけと呼べるようなものはない。たとえば、トリュフには性欲をかきたてる力があると広く信じられている。ブリヤ＝サヴァランの逸話のひとつに、トリュフの評判がほんとうかどうかを調べたときの話がある。「この種の調査がいくぶん下品であるのは間違いないし、おそらくは冷笑されるだろう。だが、思い邪(よこしま)なる者に禍あれだ。真実の追究はつねに称賛に値する」。彼が話を聞いたある女性は「ペリゴールのトリュフを添えたすばらしい鶏肉料理」を夕食に食べたあと、ふだんはそんなことをしない客からしつこく迫られたと告白した。「何と言えばいいのでしょう。すべてはトリュフのせいだと思いました」。しかし、ブリヤ＝サヴァランの非公式調査委員会はこう結論をくだした。「トリュフは真の媚薬ではない。だが、場合によっては女性をよりやさしくし、男性をより思いやり深くする」。[44] それでも、媚薬信仰はあらゆる社会の食の魔術師によって守られてきた。旧石器時代の洞穴で脱穀された植物の種子が大量に見つかったことの説明として、媚薬が持ちだされる。(45) 女たらしはみなその食料戸棚に、

大商船がフェズから運んだマンナやナツメヤシ
絹のサマルカンドから杉のレバノンまでの
香料入りのあらゆる珍味

などを用意しておく必要がある。ピタゴラスは、西洋の伝統では数学者であり最初の科学者だった人物として神話化されているが、実は魔術師だった。弟子たちは、彼は神を両親にもち、身体は金でできていると信じていた。ピタゴラスがさだめた戒律のひとつに「なんじ哀れな者よ、豆を食べるなかれ」というのがある。この食の魔術の処方からうかがわれるピタゴラスの思想は、かつてロンドンの目抜き通りを歩きまわって「欲情をそそるタンパク質」に警告を発するチラシを配っていたサンドイッチマンのそれと同じである。食事に関する医者の指示では、胃腸にガスがたまる場合を除けば、どんな病気のときもたいてい豆は食べるなといわれる。また、連想をかきたてるとされる食べ物がある。たとえば、アスパラガスの先端やムール貝は、熱くなった目には男性性器や女性性器のように見えるし、ねばねばした食べ物は、その気になった心にはぴちゃぴちゃと音をたてる性器や精液を思い出させる。だが、ただそれだけのことだ。そうした食べ物で性的な興奮が起こることはまずない。また、

性欲をうながすと信じられている食べ物があるのと同じように、貞節を支えるとされる食べ物もある。だがやはり、共感魔術の教えによらないかぎり、その効能は認められない。ギラルドゥス・カンブレンシスは、十二世紀の終わりにカンタベリーを訪れたとき、聖職者のための質素な食事にふさわしいとされていたカオジロガンの名誉を回復した。それまでは、カオジロガンは交尾せずに繁殖するから、不適切な欲情をもよおすことなく栄養を摂取できるという誤った説が信じられていたのである。このあとすぐに見るように、十九世紀に近代栄養学がはじまったのは、ひとつには、貞節を守る助けとなる食事をつくろうとする試みの結果だった。

病気に効く食の魔法

食べ物に関するタブーの多くが病気や奇形へのおそれからきているということは、ある面から考えると、食べ物のタブーは健康維持法と同じ範疇に入るということだ。健康維持法はたいていの社会に見られるが、とくに現代の欧米社会では顕著である。古代エジプトのレシピで唯一いまも残っているのは病人食のつくりかたで、医学論文に記されている。それによると、肝臓病の場合はチコリを加え、血が悪いときはアイリスを、大腸炎の人の食事にはウイキョウを加えるという。ギリシアとローマで医療としての栄養学を支配していたのは体液理論だった。それは実際、西洋世界の食事の伝統に長く多大な影響をおよぼした。(46) 古代ギリシア・ローマ時代に病人のための献立を考えた人は、〝冷〟と〝温〟が過剰な場合は温かく乾燥した食べ物を与え、逆の場合も同様にした。ガレノスが勧めた食べ物の組み合わせの例は、ビバリーヒルズ・ダイエットと同じくらい非科学的な感じがする。小麦粉とバターでつくった菓子は蜂蜜をたっぷりかけなければ健康によくないとされ、果物は子どもには向かず、授乳中の母親にも不適当とされた。

食べ物には多様な特性があり、完全な健康のためにはそのバランスをとらなければならないという考えは、他の多くの文化の関心を引いた。このため、多くの社会で食事についての体液理論が調剤書の伝統的枠組みとなっているが、細部はそれぞれに異なり、たがいに矛盾することもままある。イランでは、塩、水、紅茶、一部のキノコを除いて、それ以外のすべての食べ物が〝温〟または〝冷〟に分類される。この用語はガレノスをしのばせるが、こうした体系がみなそうであるように、分類には一貫性がなく、世界の他の地域での食物の分類法とは関連がないようだ。牛肉は〝冷〟で、そのほかキュウリ、デンプンの多い野菜、コメなどの穀物も、同じく〝冷〟に分類される。しかし、羊肉と砂糖は〝温〟で、そのほか乾燥した野菜――クリ、麻の実、ヒヨコマメ、メロン、キビ、アワなども〝温〟である。[47] インドの伝統的な体系では、砂糖は〝冷〟、コメは〝温〟だとされる。マレー半島では、コメはどれにも属さない。中国では、魔術的だとして道教を信じない集団でも、陰と陽のバランスをとるという道教の理想が料理に反映されていて、ほとんどの食べ物がいずれかに分類される。そのうえ、伝統的な漢方医学には体液理論がある。いまは使われなくなったが、おそらく西洋に起源を持つものだろう。食べ物の分類にあたって共通の感覚が働くのは避けられなかった。どの社会でもショウガ、コショウ、肉、血は〝温〟に、白菜、クレソン、その他の青野菜は〝冷〟に分類された。この理論はときに、患者に悲惨な結果をもたらす。たとえば、下痢という病気は〝冷〟だから肉と香りの強いスパイスで治すのが一番だという理由で、下痢に苦しんでいる人が野菜を食べるのを禁じられたりする。[48]マレーの方式では、便秘を治したければオクラ、ナス、カボチャ、パパイヤなどの〝冷〟の食べ物をとってはいけないとされる。[49]

ほとんどの社会の伝統的な栄養学は、恣意的な分類にもとづいている。そのため非科学的であり、少なくともふつうの意味での科学とはいえない。カニバリズムの魔術に似た、変容の魔術の一種と考えたほうがわかりやすいだろう。つまり、食べたものの性質を手に入れる方法なのだ。ホット・サンドとコールド・サンドが売り物のファーストフード店〈ジャック・スプラット〉のサンドイッチみたいに、〝熱い〟気性や〝冷たい〟性格の人間になることだってできる。その一方で、常識的に考えれば食べ物は健康と結びついている。「医術でないとしたら」調理とはいったい何だろう。こう疑問を呈したのは、古代の偽ヒポクラテスの書だ。[50]確かに、課税や規制の関係で、政府がこの二つは違うのだとどんなに言い張ろうとも、食べ物はある意味で薬である。イギリスの現代美術家ダミアン・ハーストは、〈薬局〉というおよそ食欲をそそらない名前のレストランを開き、そこを鋭い風刺作品に仕上げた。そこでは、食べ物はドラッグストアの商品のように包装されて出てくる。同様の意味で、食べ物は毒でもある。世界中どこを見てもわかるように、過食や拒食は健康に悪く、命取りになることもある。食べ物と毒の共通点はほかにもいくつかあるが、あまりにわかりきったことなので科学的とはいいがたく、かといって迷信と呼ぶにはあまりに理にかなっている。ガレノスは、中年を過ぎた人は下水道でとれた魚や、[51]かたくて嚙みにくい肉のような消化しにくい食べ物を食べないようにと指示した。[52]特定の食べ物と特定の健康状態との対応を正確に表にまとめようとすれば、食べ物と薬の歴史の大半を書くことができるだろう。

食べ物と健康との関係が最も明らかになるのは、食べ物の摂取不足がもとで特定の病気が生じ、したがって食事の調節によってその病気を治療できる場合である。白米を主食として、それに頼りすぎると脚気になる。これは、白米にはビタミンB_1が不足しているからだ。ビタミンAが欠乏すると——まれに、極端にかたよった食事ばかりとっているとビタミンAが不足することがある——ドライ・アイになり、場合によっては失明することもある。ビタミンDが不足すると、くる病になる。ナイアシンが欠乏するとペラグラになる。食べ物のミネラル成分のうち、ヨウ素は甲状腺腫を防ぐのに必要である。また、カルシウムは骨粗鬆症の予防に、鉄分は貧血の予防に欠かせない。歴史上最も顕著な例は壊血病だ。壊血病はビタミンC（アスコルビン酸）の不足によって起こる、きわめて単純な欠乏症である。どの社会でも、歴史のほとんどを通じて壊血病は取るに足らない問題だったが、十六世紀から十七世紀、十八世紀までの世界の歴史では、いつになく深刻な問題となった。探検と交易のために前例のない長い航海に出たヨーロッパの船員が壊血病にかかって衰弱し、多数の死者がでたのである。

たいていの動物は、ブドウ糖からなんなくビタミンCを合成できる。だが、人間はサルやモルモットと同様、これができないので、食事から直接ビタミンCを摂取しなければならない。体内に自然に蓄えられたビタミンCはふつう、補給されないで六週間から一二週間たつと危険なレベルまで減少する。ビタミンCは体内のさまざまな作用に関与しているが、最も重要な機能は、細胞どうしをつなぐコラーゲンの生成の維持である。ビタミンCが欠乏すると、コラーゲンの二つのアミノ酸の量に影響し、その結果、コラーゲンの融解温度が低下する。そうなると、毛細血管の壁が壊れて、体中の細胞から出血する。こうして毛細血管どうしをくっつけている〝接着剤〟がなくなると、壊血病の症状が現われる。まず倦怠感を感じるようになり、つづいて膿疱ができ、出血し、関節が腫れる。一番ひどい症状は口のまわりに集中する傾向がある。歯肉炎になり、歯ぐきが腫れて黒ずみ、やわらかくなって歯が沈み、痛くてものが噛めなくなる。フランスの探検家ジャック・カルティエは大西洋を横断してセントローレンス川に着いたが、一五三五年から三六年にかけての冬のあいだ氷に閉じこめられてしまう。そのときの船員たちの症状は典型的な壊血病である。脚は腫れて炎症を起こし、「腱は収縮して石炭のように黒くなり」、また「口の症状はひどく、歯ぐきは根まで腐った」。(53) 九〇日以上たつと、この病気で命を落とすこともある。

十六世紀になると、ヨーロッパの大西洋側から世界を横断する新航路が開かれたが、これによって船乗りは、それまでよりはるかに長い外洋航海をつねに強いられることになった。

インド洋を目指す場合は、通常、中間港にまったく立ち寄らなくても最低九〇日はかかった。ふつうはもっと長い航海になり、一五〇日から一八〇日というのが標準だった。太平洋横断航路の主要な港から港へは、通常、九〇日以上かかり、海上で六ヵ月過ごすこともまれではなかった。大西洋横断航路のほうが距離も航海期間も短かったが、それでもカリブ海を横切ってまっすぐ進む航路をとった場合や船団を組んだ場合などには、壊血病で命を落とさずにいられる期間である九〇日を超えることがあった。スペインのセビーリャからメキシコのベラクルスまでの航海には、ふつう一〇〇日から一三〇日かかった。これほど長い期間の航海は前例がなく、予想されたこともなかった。どんな問題が起こるかは誰にもわからず、まして、どう対処すればいいかを知る者はいなかった。この歴史の初期には、探検隊の食糧がつきるのはしょっちゅうだった。壊血病に効く食品を船に積むことなどはふつうはなかったし、そもそも不可能だった。現代の欧米でふつうに手に入るとされる食べ物のうち、壊血病に一番いいのは間違いなくクロフサスグリである。これはビタミンCをオレンジやレモンの四倍、ライムの八倍も含んでいる。だが、これらの果物はもちろん、ビタミンCを豊富に含んでいるそれ以外の果物も、たいてい船の必需品とは見なされていなかったし、たとえ船員たちがその特性を知っていたとしても、船内に長期間貯蔵しておくことはできなかっただろう。長い航海でのビタミンC摂取の問題を複雑にするのは、最も貯蔵に適した加工法である加熱によってビタミンCが破壊され、数日たっただけで果物に含まれるビタミンC量が激減するという事実である。空気にさらしたり、鉄のナイフで切ったりすると、酸化によってビタミン

Cの損失はますます速まる。

一四九七年から九九年にかけて、バスコ・ダ・ガマが初めてインドへの往復航海をなしとげたときは、行きも帰りも外洋で九〇日以上過ごさなければならなかった。壊血病が初めて大きな厄災をもたらしたのはこのときだ。この航海中に一〇〇人の隊員が病気で命を落としたが、そのほとんどは壊血病によるものだった。航海中、隊員たちは腫れた歯ぐきをなんとかしようと、指揮官の指示にしたがって自分の尿で口をすすいだ。一五二〇年、記録に残る最初の太平洋横断でマゼラン一行がグアムに着いたときには、ネズミの尿でふやけ、ゾウムシのついたビスケットを食べ、壊血病でぶくぶくになった歯ぐきで帆桁の端を覆う革をかじるしかないような状況に陥っていた。病気にならずにすんだ船員はごくわずかで、二一人が死亡した。壊血病はその後二五〇年にわたり、長距離の航海に出る人間の敵として消え去ることがなかった。

包囲攻撃の犠牲者や長期の軍事行動に参加した兵士にも同じ症状が見られることがわかっていたが、長い航海ではかならずといっていいほど壊血病が発生したため、この病気の原因を探る医者の目は湿気と塩分に向けられた。混雑した船内の状況を考えあわせると、伝染病だという確信が強まった。新鮮な食べ物が役に立つかもしれないという考えが最初に提示されたのは、十六世紀の終わりのことだ。おそらく、ガレノスの文献によるものだっただろう。ガレノスは果物を毛嫌いしていたが、健康法で重視したのは、患者の体液の冷性と粘液質のバランスをとることだった。通常の分類を修正したものでは、とくにこのことが強調されている。ガレノスは、レモンは〝冷〟の病気に効く〝温〟の果物であると認めた。そして、壊血病は〝冷〟の病気に分類されていた。それでも、患者の気質がそれに適していないかぎり、果物を与えるのは賢明でないと考えられていた。(54)

一方、適切な治療法を見つけるうえできわめて重要な進歩が、スペイン語圏アメリカの医者によってもたらされた。彼らはかなり多数の患者を診ており、また植物の特性に関する現地人の知識にもとづいて薬物類を使いこなせるようになっていた。症状と治療の両方について最もよく書かれているのは、フランシスコ会の傑出した作家ファン・デ・トルケマダが一五六〇年代に出版した本である。彼はもだえ苦しむ男たちを治療する恐怖を鮮やかに描写した。みな、触れられることにも、服を着ることにも耐えられず、固形物を食べられないために衰弱している。彼が勧めた不思議な治療薬は野生のパイナップルの一種で、彼はそれを現地の名前でソコフィッツレと呼んだ。

神がこの果物に与えたもうた力とは、歯ぐきの腫れをひかせ、歯がぐらつかないようにし、歯ぐきをきれいにし、歯ぐきの腐敗や膿をすべて追い払う力である。この果物を二、三口食べれば、患者はしっかり食べられるまでに回復し、どんな食べ物でも問題なく、痛みもなく食べられるようになる。

一五六九年にはすでに、太平洋探検家セバスチャン・ビスカイノは壊血病の治療や予防のため、あらゆる機会をとらえて新鮮な農産物を補給するように気を配っていた。太平洋横断の厳しい航海を終え、メキシコに戻って上陸するとすぐ、

司令官は新鮮な食べ物を船上の乗組員のもとへ運ばせた。雛鳥、雌鶏、子ヤギ、パン、パパイヤ、バナナ、オレンジ、レモン、カボチャ、ベリーなど……港で九日か一〇日過ごすうちに、みな健康と体力を回復し、ベッドから起きあがった。そして、船がふたたび出航するころには索具や舵の配置につき、時計をとって見張りの任務につけるようになった……医者や薬剤師が出す薬はなかったし、治療法も医者の処方箋もなかったし、この病気を人間の手で治す方法はなにもなかった。治療法があるとすれば、それは新鮮かつ大量な食べ物だけだった。[55]

一五九二年、修道士で薬剤師でもあったアグスチン・ファルファンはその著書の中で、レモンとダイダイを半々で割ったジュースに焼きミョウバンを少し加えたものを勧めた。そのころには、こうした治療法の有効性は広く知られていた。イギリスやオランダの航海士は、乗組員のためにレモンやオレンジなどの果物をできるかぎり手に入れるようにつとめていた。だが、補給や貯蔵の問題、それに海軍管理者の立場からすると費用の問題もあり、これらはすべて解決されないままだった。

壊血病の歴史の転換点となったのは、一七四〇年から四四年にかけて世界一周の航海に出

たジョージ・アンソンが、一九〇〇人の乗組員のうちおよそ一四〇〇人を失ったことだった。壊血病は欠乏症という厄災のなかの最悪のものにすぎず、ほかにも脚気、失明、「痴呆、精神異常、けいれん」などの欠乏症があったが、アンソンの航海がきっかけとなって、ついに治療法の組織的な研究がはじまった。(56) 西インド諸島で海軍医の任務についていたジェームズ・リンドは、航海中に一二人の患者をサンプルとして、それまでに提案されていた治療法のなかから選んだ多数の治療法を試してみた。なかには、海水や「硫酸のエリキシル剤(硫酸溶液)」、ニンニクとマスタードとラディッシュとキニーネを混ぜた怪しげなものなど、あまり見込みのない方法もあった。

できるだけ症状が似ている者を選んだ。みなおしなべて歯ぐきが悪臭を放ち、発疹ができて倦怠感があり、膝が弱っていた。彼らは同じ場所で横になっていた……食事は全員共通だった。朝は砂糖で甘味をつけた水粥、昼の正餐はできたてのヒツジのスープが多く、それ以外のときはプディングや砂糖を加えて煮たビスケットなどで、夕食は大麦とレーズン、コメとカレンズ、サゴデンプンとワインなどだった。二人には、それぞれ毎日一クォートのリンゴ酒を飲むように命じた。別の二人には、一日三回、胃が空っぽのときに硫酸のエリキシル剤を二五滴飲ませ、喉をいためないように酸味の強いうがい薬でうがいをさせた。別の二人には、一日三回、胃が空っぽのときにスプーン二杯の食用酢を、酸味をつけた薄い粥などの食べ物といっしょに服用させ、やはり喉をいためないようにうがいをさせた。最も症状のひどい二人の患者には……海水を与えることにした。毎日半パイントの海水を飲ませたところ、ときどきおだやかな下剤のような作用がみられた。別の二人には、それぞれ毎日オレンジを二個とレモン一個を与えた。とくに時間は決めず、胃が空っぽのときに食べるよう指示したところ、がつがつと食べていた。六日たって、彼らに分け与えられるだけの量を食べつくしたところで、このコースは終了した。残りの二人の患者には、一日三回、大きなナツメグをとらせた。これは病院の外科医が勧める練り薬で、ニンニク、カラシナの種、ワサビダイコン、ペルーの香油〝ガム・ミルラ〟でできている。飲むときはふつう、タマリンドでよく酸味をつけた大麦湯を使った。その煎じ薬に酒石英を加えたため、治療中に三、四回、おだやかな下剤の作用があった。これらの結果、最も急速かつ明白によい効果が認められたのは、オレンジとレモンを与えた患者だった。ひとりは、六日後には任務につくことができた。(57)

リンゴ酒を飲んだグループにはわずかに改善が見られた。それ以外はみな悪化した。

リンドによって治療法は発見されたが、予防法が見つかったわけではなかった。乗組員の健康を守るには、航海中オレンジやレモンを貯蔵しておく必要があるが、それほど長い期間貯蔵しておく方法はまだなかったからだ。また、リンドの研究からは、柑橘類がすべての患者に効くのかどうかは定かでなかった。医師たちの心にはいまだに体液理論の残滓が残っていて、万人向けの治療はいんちきだとして信用されなかった。一七五〇年代から一七六〇年代の初めにかけて、壊血病の治療法に関する出版物が、英国だけで少なくとも四〇点刊行された。リチャード・ミードは、アンソンの記録や回想を調べた結果、治療法を見つけるのをあきらめ、海の空気が健康に悪いのだから手の打ちようはないと結論づけた。リンド自身は、濃縮したレモン果汁を配給することを提案した。だが、この方法ではビタミンCが破壊されたうえ、必要な費用は海軍本部がこころよく出せる範囲を超えていた。ジョン・ハクスハムは船の備蓄食糧にリンゴ酒を追加することを勧めたが、この飲み物はもともとそれほど効き目がないうえに、船で貯蔵するとそのわずかな効果さえ失われた。ギルバート・ブレインは、果汁がもつ治療効果が航海中に失われないように強化する必要があると考え、アルコールを加えることを提案した。この方法では、その煎じ薬自体は飲める状態に保たれたものの、治療効果が回復することはなかった。デイヴィッド・マクブライドが提案したのは発酵していない麦芽だった。英国海軍はその安さが気に入ってこれを採用したが、効果はまったくなかった。これを熱心に支持したのは、一七七二年から七五年にかけて、クックの航海に船医として同行したヨハン・ラインハルト・フォルスターだった。[58] もっとも、日誌の出版にあたっては、これを勧める言葉は削除された。ロシアの北極探検に同行した経験をもつある船医は「トナカイの温かい血、凍った生魚、運動」を勧め、野菜類が手に入ればそれも食べるようにと助言した。[59] ジャン＝フランソワ・ド・ラ・ペルーズは一七八五年から八八年まで太平洋の各地を航海していたが、そのあいだよいと信じて実行したのは、「陸の空気」を吸うことと、糖蜜と「麦汁、スプルース・ビール、それにキニーネの浸出液を乗組員の飲み水に加えること」だった。[60]〝スプルース・ビール〟というのはクック一行が発明した代用ビールで、ニューファウンドランド島でとれるトウヒ（スプルース）のエキスに糖蜜とシャクジョウソウを加え、アルコール類を少したらしてつくる。だが、これにはビタミンCはほとんど含まれていなかった。

野菜を使った食べ物のうち、酢漬けの状態でそこそこのビタミンC量を保っているのはザウアークラウトだけである。十八世紀初めには、この食べ物を食糧に加えていたのはオランダの海軍だけだったが、効果はあったようだ。一七六〇年代から一七七〇年代の初めにかけて、何度か試した結果、キャプテン・クックはこの特効薬の効能を確信するにいたった。ならぶもののないクックの名声のおかげで、ザウアークラウトは長距離航海の定番の備蓄食糧となる。クックは推奨されるすべての治療法を熱心に試し、壊血病による死者を事実上なくした。クックのこの成功を助けたのは、鉄の規律で維持された清潔な管理態勢だった。だが、柑橘類の果汁を安価に、しかもビタミンCを破壊せずに貯蔵する方法が見つかるまでは、どの代用品もかぎられた価値しかなかった。唯一の効果的な治療法は、機会あるごとに新鮮な食糧を補充し、船が寄港できるところにはかならず立ち寄って手に入るかぎりの青物野菜を食べることだった。そのため、船員たちが〝壊血病の草〟と呼んだかろうじて食べられる雑草を求めて、不毛の島々を荒らしまわることになった。一七八九年から九四年にかけてのアレッサンドロ・マラスピーナの航海は、十八世紀におこなわれた最も野心的で科学的な探検だった。このときは船団で壊血病が発生することはほとんどなかったが、これは軍医ペドロ

・ゴンサレスが新鮮な果物、とくにオレンジとレモンが治療に欠かせないと確信していたおかげだった。全行程を通じて一度だけ、アカプルコからマリアナ諸島までの五六日間の航海中に壊血病が発生した。メキシコで赤痢にかかって衰弱していた五人の乗組員が壊血病になったのである。もっとも、症状が重かったのはひとりだけだった。グアムに上陸し、野菜やオレンジやレモンをたっぷりとって三日がたつと、重症のひとりもよくなった。[61] しかし、大きな植民地帝国を築いて頻繁に寄港できる強みをもっているスペインとは違い、そのほかの国の海軍はいまだに別の診断と簡単な治療法を必死に探し求めていた。スペインの船員たちは絶えず柑橘類を摂取するという治療の恩恵に浴していたというのに、一七九五年になってもまだ、ジョージ・バンクーバーは船で壊血病が発生したのは脂身に豆を添えて食べるという乗組員の「有害な」習慣のせいだとした。[62] とはいえ、バルパライソに着いたのをいい機会に、ブドウやリンゴやタマネギを乗組員に食べさせたのではあるが。イギリスの海員にレモン果汁が配給されるようになったのは、その翌年のことだった。

食べ物の魔術

壊血病の治療に成功したことで、食べ物の役割を見直して、たんに栄養を与えるものというだけでなく、治療効果のあるものという位置づけに格上げしてもいいのではないかという考えが強まった。食べ物による健康が探求されはじめると、新興の科学が永遠の宗教と出会うことになった。食べ物による健康は、似非科学であると同時に神秘主義でもあった。似非科学だというのは、十九世紀の西洋では科学が新たな威信を獲得していたからである。神秘主義だというのは、食べ物による健康は、たいてい宗教的な霊感を受けた夢想家が根拠もなく発展させたものだったからである。食べ物が身体の健康にとって鍵となるなら、精神の健康にとっても鍵となるにちがいないというわけだ。[63] 古代の賢人たちは品性を養うものとして節制というタブーを打ち立てたが、十九世紀、二十世紀になって彼らの後継者が現われたのである。

昔から、権威づけのため、薬効のある食べ物は希少で高価でなければならなかった。たやすく手に入る治療薬はあまり効かないことが多い。患者がそれを信じようとしないからだ。どの病気にも心理的な側面があり、心理的効果をあげるためには、治療薬は心情的に納得できるものでなければならない。十七世紀の傑出したイエズス会士で旅行家でもあったジェロニモ・ロボは、携えている便覧以外には医学の知識がないことを認めていたが、行く先々で病気を診てくれる人として尊敬を集めた。これは、故郷を離れた〝聖人〟に共通する体験だった。カトリック教徒が迫害を受けていた一時期、ロボはエチオピアに身をひそめ、「まわりをイバラでかこみ、盗賊や野生動物に襲われないようにした。どちらも、そこにはたくさんいた」。ちょうど四旬節だったため食べ物はあまり必要なかったが、ミサのための小麦と復活祭のための子羊がほしかったので、それと引き換えに農民の喘息を治療してやった。催吐剤は役に立たないことを納得させるのは一苦労だった。「彼の役に立ちそうなものの多くは不足していたが、ひとつ、あり余るほどあって、しかも非常に手に入りやすいものがあった。ヤギの尿というシロップ剤だ。朝、胃が空っぽのときに飲めば……かならず望みどおりの効果が得られた」。ロボはその治療が効いたかどうか確かめなかった。「わかっているのは、その後は報酬をもらえなかったことだけだ」[64]。健康的な食事をめざす現代西洋の習慣は、ロボの伝統を受け継いでいる。珍しいものをありがたがるのではなく、健康の観点から大切なのは、第一にありふれた食べ物、次に充分な食事、そして食事の〝スタイル〟だとするからだ。

こうした体系は数多くあるが、そのなかで最も古くから提唱され、最も高名な信奉者に支持されているのは菜食主義である。野菜だけの食事は古代から推奨されていたが、これに賛同したのは、あらゆる種類の禁欲には人を向上させる効果があると信じていた賢人たちや、動物を支配しようとするのは人間の傲慢だと批判する人びとだった。この二つの糸を撚りあわせたのが、料理の嘆願を代弁したプルタルコスの言葉である。「そうすることが必要なら、あるいはそうすることを欲するならば、殺して食べるがいい。だが、贅沢な食事をするためなら、殺さないでくれ」[65]。しかし過去をふりかえると、弁の立つ擁護者がいたにもかかわらず、夢物語の世界を除けば、菜食主義が社会全体あるいは宗教の伝統全体に浸透したのは、宗教的制裁によってうながされるタブーの体系の一部としてにすぎなかった。ピタゴラスとブッダは菜食主義の教えを説いているのだと初期の信者たちは信じていた。だが、彼らは魂の転生を信じてもいた。「祖母の魂が鳥に宿っているかもしれない」ような世界では、肉を食べる行為はみなカニバリズムや親殺しになりかねない。世俗化がすすんだ現代の西洋では、菜食主義は、健康を手に入れる手段という別の種類の魔術として推奨されている（道徳や環境保護に訴えることがまったくないわけではなく、ことに近年は環境保護が重視されるようになっている）。

現代の菜食主義運動は、その起源を十八世紀末に求めることができる。その着想が生まれるもととなったのは、ひとつには伝統の影響だった。古代ギリシア・ローマ時代と中世につくられた菜食主義を訴える小冊子の積もり積もった影響が、しだいに活発になる出版業によって広まり、その結果、十八世紀と十九世紀のヨーロッパで菜食主義の作家の作品が続々と出版されるようになっていったのである。だが、菜食主義が盛んになったのは、それを支える新しい状況のおかげだった。菜食主義のはじまりは初期ロマン主義をとりまく状況と密接な関係にあり、当時のヨーロッパや新世界の美術と文学に表われた自然界に対する新たな感性と切り離して考えることはできない。また、菜食主義をヨーロッパの人口の急増という文脈でとらえるのも、あながち非現実的なことではないかもしれない。人口の急増によって、経済学者は野菜の真の利点──大量の穀物を餌として消費する食用の家畜にくらべ、野菜は安価に生産できること──に気づいた。アダム・スミスはしたたかな資本主義者だったが、ロマン主義の影響もいくらか受けており、「最も豊富で、最も健康によく、最も精のつく食事」の記述から肉を抜かした。[66]

新しい菜食主義を提唱した人の多くは、もっと情にもろい人たちで、あまり実際的ではなかった。ジョン・オズワルドは奇妙で過激な運動に夢中になった。みずから改宗し、宣言してヒンドゥー教徒となった彼は、ジャコバン派が台頭するフランスで反革命主義者と戦って死んだ。菜食主義を訴えた小冊子「自然の叫び」(一七九一年)では、動物の領域を侵してはならないと主張した。批判的な人びとは即座に、「トラは殺さなかったかもしれないが、人間の血に飢えて満たされずに死んだみじめな男」だと非難した。[67] 急進的な印刷業者ジョージ・ニコルソンは古典的な主題に訴えた。種と種が争いあうようになる前の「黄金時代」とされる時代には、肉を使わない「太古の無垢な饗宴」が開かれていた。[68] つまり肉が「堕落の原因」だったのだ、と主張したのである。[69] この古典的な幻想がもつ異教信仰や世俗主義に不安を感じた菜食主義者たちは、聖書に助けを求め、選ばれし民がマナと乳と蜜の土地に呼びよせられたという記述を見出した。本来のマナはおそらく昆虫の分泌物であり、植物性の食べ物ではないという事実はまだ知られていなかった。

初期のころの菜食主義の信奉者たちは、食べ物は人格を養うと信じ、そう主張していた(食べ物の魔術の多くはこれに共鳴する。「着ているものが少ないほど籾殻(もみがら)が薄くなるという昔からの信仰」のために、籾を踏んで脱穀する女たちは胸をはだけなければならないとする文化もある)。[70] 初期の菜食主義者にとっては、肉体の健康以上に大切なものがあったのである。ジョゼフ・リットソンは、イギリスの菜食主義の最初の聖典のひとつである「道徳的義務として動物性食品を食べないことについての小論」(一八〇二年)のなかで、肉を食べる人は残酷で怒りっぽく、気むずかしいと主張した。[71] そして、肉を食べることは略奪、追従、暴政につながり、捕食本能を助長すると述べた。菜食主義に転向した者のなかでとくにやかましく意見を主張した人間のひとりがシェリーだった。「自然の権利の憎むべき侵害である奴隷売買も、おそらく、同じ思想がもとになっている。国家および個人のさまざまな暴力行為は、通常は他の動機があるとされるが、これも、もともとは同じことである」[72]。食べ物としての肉は「諸悪の根源」であり、まるで肉がエデンの園の木になるかのように、肉食は「原罪であり大罪」であるとした[73]。また、人間が肉を食べはじめたとき「生命維持に必要な器官が病気というハゲワシによってむさぼり食われた」のであり、ナポレオンが「菜食人種」の血を引いていたなら「ブルボン家の王位を奪おうという考えや、そのための力を」もつことはなかっただろうと述べた。シェリーの友人たちはよく彼の野菜好きを揶揄した。シスロップ——トマス・ラブ・ピーコックがシェリーを風刺してつくりあげた登場人物——を自殺から救ったのは、鶏肉の煮込みとマディラワインの、元気を回復させる効果だった。だが、『フランケンシュタイン』を書いたシェリーの妻も菜食主義を信奉していた。フランケンシュタインの怪物は人間の食べ物を拒否し、「食欲を満たすために子ヒツジや子ヤギを殺す」のを断わって、「ドングリとベリーで充分に栄養はとれる」と言った[74]。

しかし菜食主義は、道徳の分野で大衆の人気を得ることはできなかった。十九世紀には伝統的な宗教と張り合っていたのだから、とても無理だったのだ。だが、善行を売ることはできなくても、健康を売ることはできた。道徳と市場性が結びついたのは、信仰復興運動を推進していた聖職者シルベスター・グレアムが一八三〇年代に全粒小麦粉ブームを興したときだった。これは、アメリカの思想としては独立宣言以来初めて世界の注目を集めた。グレアムはただ〝ふすまパンとカボチャを食べることを提唱した〟だけでなく、性的潔癖さのブルジョア革命――十九世紀の人びとが前の時代のいかがわしい性習慣におぼえていた嫌悪感――にもかかわっていた。グレアムは、セックスは不道徳なだけでなく不健康な行為だと信じていた。さらにいえば、セックスはほとんどの場合に不道徳な行為であるが、射精が身体を衰弱させることを考えれば、セックスはどんなときでも不健康な行為だとした。抑えきれない性衝動がもたらす無秩序によって社会は脅かされている。性器を意識することは病気の兆候。セックスとは、急な下痢に似た発作と絶頂感だ、というのがグレアムの考えだった。グレアムは、肉を食べる人は「横暴で気性が激しく、短気だ」という一昔前の菜食主義戦士の意見に同意した。質素な野菜の食事をとれば、失われる精液の量がおのずと最小限に抑えられ、失われた分がおぎなわれて、グレアムのいう〝生存の生理〟に役立つとされた。

それと同時にグレアムは、工業主義に反対する田園ロマン主義、〝鋤(すき)に帰る〟ことを呼びかける理想主義、アメリカ人の生活にキンキナトゥス（古代ローマの将軍で、戦いを終えると農園生活にかえったとされる）の思想をふたたび体現しようとする運動など、多くの時代精神に訴えることにも成功した。こうした思潮はグレアムの仕事を通じて、〝明白な運命(マニフェスト・デスティニー)〟やアメリカ帝国主義の経済と融合した。どちらも草原地帯に入植し、牧草地を小麦生産地へ転換することをめざしていたが、この大望を実現するには、穀物の消費量が大幅に増加する必要があった[75]。グレアムは、肥料がまかれたことのない無垢な処女地を小麦生産地にしようと考えた。彼は、独自の製法の全粒小麦粉でつくるパンを、各家庭で母親が愛情込めて焼くようすを思い描いた。グレアムの作戦で失敗だったのは、アメリカ人が食べる量を減らそうとしたことだった。「どの人も原則として、食べる量を最小限に抑えるべきだ。綿密に調査をし、きちんとした経験や観察を積めば、それで身体の生命維持に必要なだけの栄養が充分にとれるのがわかるだろう。それがわかれば、それより多く食べるのはよくないことだ[76]」とグレアムは断言したが、このメッセージは無視された。アメリカはその当時もそれ以後も、食べ過ぎる人びとの土地だった。とはいえ、グレアムの小麦粉は、急速に発展する食品市場のなかに巨大な隙間を見出した。ジェームズ・ケイレブ・ジャクソン（一八一四〜九五年）は、グレアムの製品を売って富を築いた。そのなかには、彼がグラニューラと名づけた、初めての冷たい朝食用シリアルもあった[77]。グレアムに触発されて、まねをする者がでてきた。熱狂的に低タンパク食を勧める人びとである。彼らの素朴な哲学は科学を駆逐し、一世紀にわたって栄養に関する思想の主流を占めることになる。一八九〇年代には、夢想家やいかさま師たちが、特許をとったシリアル製品の利ざやで得られる巨大な利益を求めて争っていた。その結果はじまった〝コーンフレーク十字軍〟はたちまち内戦にもつれこみ、似たりよったりの製品の著作権を守ろうとする文書が飛びかった。J・H・ケロッグの最初のシリアルは、他人の製品から盗用したグラニューラという名前だった。ケロッグは、道徳主義と実利主義、資本主義とキリスト教精神をあわせもつ典型的な人物だった。彼はキリスト再臨派の出で、彼が属していた宗派は昔からグレアムと同様の低タンパク食を支持していた。当時のおおかたの食の指導者とは違い、ケロッグは医学を学び、宗教的な衝動を科学的な向上心でおぎなっていた。彼は、肉を食べると数億個の細菌が結腸に入ると考え、なんとかその細菌を退治したいと思っていた。考えられる方法は、ヨーグルトで撲滅するか、食物繊維で排出するかだった[78]。最終的には、競技場のアドレナリンが彼の心を支配したようだ。市場に出回っているあらゆる朝食用シリアルに勝つことが、彼の野心の中心になった。

ケロッグのライバルたちは、ある程度、一般大衆にうまく情報を伝えていた。なんといっても彼らはすぐれた興行師で、観客を楽しませて人を集める福音伝道者の天分をもっていた。また、栄養学の〝専門家〟を自称する教育のない者の口添えに頼ることもあった。当時はまだ、栄養学には専門職の組織も基準もなかった。自称専門家のなかでもとくに典型的で、きわめて大きな影響力をもっていたのがサラ・ローラーだ。ローラーはその仕事のための資格どころか、どんな種類の教育資格も持っていなかった。彼女が突然フィラデルフィア調理学校の校長になったのは、最初の校長が辞めたとき一番よくできた生徒が彼女だったからだ。ローラーは「この国のすべての不摂生の三分の二は、非科学的な食物摂取のせいだ」と考えた[79]。教師としての彼女はカリスマ性があり、講演者としては人を引きつける魅力をもっていた。一八九〇年代には〝キッチンの女王〟として認められるようになる。ローラーの実地講習では、彼女がつくる料理はどうだったかわからないが、彼女が身につけていたシルクの輝きに聴衆は強い印象を受けた。それは、調理は清潔にできるということを示すためのものだった。ローラーには、頑固で感情的で、威張りちらすような一面もあった。従順な夫を尻に敷いて、自分の調理本の口述筆記をさせたりもした。また、金持ちの生徒にも自分の道具は自分で洗わせた。ローラーは、多くのキッチン・リーダーと同様、消化不良を自分で治したと公言していた。〝知識にもとづく調理〟の〝科学〟を育成するというローラーの主張は支持を受けたが、一方で広告主と衝突したり、専売の綿実油やコーンフラワーといった平凡な製品を推奨していた。だが、料理についてのローラーの持論——あまり急いで食べないこと、サラダを毎日食べること、個々の病人にあわせた食事を与えること——は正しかった。たたきあげの栄養学者がみなそうだったように、ローラーにも大嫌いなものがあった。マスタードとピクルスは禁止すべきだし、プディングは避けたほうがいい。ビネガーの使用は最低限にするべきだ。「塩やビネガーが銅を腐食させるとしたら、胃を覆っている繊細な粘液はいったいどうなるだろう(80)」。また、ローラーは豚肉と子牛の肉は「消化するのに五時間かかる」という理由で食べるのを控え、揚げ物や炒め物を食べないことを自慢にしていた。「フライパンを捨てなさい。そうすれば、都会でも田舎でも、病気はほとんどなくなるだろう(81)」。初期のころ彼女が勧めていた朝食のメニューは完全にアメリカの伝統にのっとったものだったが、のちになって「胃の粘液」は一晩かけてたまるのだから、それを無駄にしないように、少量の果物やミルク・コーヒー、特許をとったシリアル以外のものを食べてはいけないという説を展開した。彼女が考えを変えたのを認めたのは、このことだけだった。伝染病を除けば、すべての病気は健康的な食餌療法で取り除けると考えていた。なによりも、人は生きるために食べるべきであって、食べるために生きるべきではない。

ローラーはこう書いている。「必要以上の魚を一ポンド食べるたびに、病気が一ポンド増える」。一日三食食べるのは「洗練されていない」習慣だ。都市の時代には、量を減らし、シンプルでおいしい食事をとるべきだというのがローラーの主張だったが、みすぼらしさを〝美味〟で、ごまかしていただけだった。多くの栄養学者がそうであるように、彼女も実のところは食べ物が好きではなかったのだ。食べ物を無駄にすることをひどく嫌い、残り物は手を加えて再利用した。(82)一日の仕事は、メイドが捨ててしまうような残り物の救済からはじめなければならない。食料品置き場へ出撃したところ、牛脂が少し、朝食にだしたステーキのかたくて取り除いた部分、かび臭いチーズ、かたくなったパン、酸っぱくなったクリーム、ゆでたジャガイモ、セロリの葉、それに残り物の魚とエンドウ豆がカップ一杯ずつ見つかったとする。そうしたら、エンドウ豆とセロリをピューレにしてスープをつくり、チーズとパンは香ばしいチーズトーストにして、牛肉はこまかく刻み、牛脂は溶かし、サワークリームをジンジャーブレッドに加え、魚をクリーム煮にし、そのまわりをジャガイモで飾りつけるのだ。(83)

ローラーとケロッグはどちらも、世紀末にたくさん現われた健康食品改革運動家の中で最も目立つ存在でありたいという考えにとりつかれていた。一方、ホレス・フレッチャーがとりつかれていたのはシルベスター・グレアムの伝統だった。フレッチャーは、グレアムと同じように熱を込めて、だがグレアムより世俗的な調子で、タンパク質の摂取量を減らすことを提唱し、つねに科学的根拠を強調したが、その根拠はでたらめだった。また同時に、肉体の健康が重要であることも強調した。これは、アメリカという論争好きな複合社会ですべての人の意見が一致する唯一の正しい考えだった。フレッチャーは、ビクトリア朝時代の育児の合い言葉のひとつ――食べ物はよく嚙んで食べましょう――を信条にした。彼はベネチアの邸宅に住み、そこから、食べ物の味がなくなるまで咀嚼することを強く勧めるメッセージを発信していた。飲み物は、少なくとも三〇秒間口のなかで転がしてから飲みこむことを推奨した。フレッチャーが「純粋な」実験室の科学だと主張したもののほとんどは、ただ自説に固執しているだけの無意味なものだった。[84] たとえば、彼は「消化は口の奥の方でおこなわれる」と断言した。かかりつけの医者は、フレッチャーの方法に従って「痛風、なにも手につかないほどひどい頭痛、頻繁にひく風邪、首のおできとにきび、足の指の慢性的な湿疹……しょっちゅう起こる胃酸過多」を治し、「人生と仕事」に対する意欲を取り戻したという。[85] これは、医薬品の宣伝販売ショーで客引きが配っているチラシの典型的な推薦の言葉だ。だが、一日四五グラムという驚くほど少ないタンパク質摂取量を主張していたにもかかわらず、フレッチャーはそのなみはずれた体力で世間を驚かせた。五五歳のとき、エール大学のボート競技の選手やウェストポイントの士官学校生と力試しをして、引けを取らないほどだった。ひとつ言っておかなければならないのだが、フレッチャーは食事の合間に大量のチョコレートを食べていることについては口をつぐんでいた。

二十世紀初頭には、ひとつにはフレッチャーの名声のおかげで、低タンパク質食崇拝者たちの主張に興味をもった科学者たちが調査に乗りだした。エール大学のラッセル・H・チッテンデンはフレッチャー式食事法に転向し、熱心に少食を奨励するようになった。フレッチャーは六八歳のときに心臓発作で死んだが、チッテンデンは八七歳まで生き、ケロッグは九一歳まで生きた。それでも、科学的な見解としては、依然としてタンパク質を支持する意見が優勢だった。これは驚くにはあたらない。栄養学の法則のなかで実証可能な数少ないもののひとつが、専門家の意見はつねに一致しないという法則なのだから。そのうえ、タンパク質には立派な伝統が味方についていた。栄養摂取の問題の体系的な調査が初めて本格的におこなわれたのは、一八三〇年代のことで、調査に乗りだしたのは食物学の歴史における傑出した英雄のひとり、ユストゥス・フォン・リービヒ男爵だった。食物の栄養成分を炭水化物、タンパク質、脂質に分類したのはリービヒで、これはそれ以後、この分野のすべての研究の基礎となった。リービヒはタンパク質の純化されたかたちを求めて、肉をゆで、押しつぶし、煎じ、どろどろにした。この研究は、変化させることに没頭している錬金術師を思わせた。鉱石を精製する人を連想させたと言ったほうが公平かもしれない。リービヒは脂肪の栄養特性を高く評価した。脂肪は「含んでいる炭素の量においては、石炭にきわめて近い。人間は、ちょうどストーブを暖めるのと同じように、燃料を使って自分の身体を暖める。だがその燃料は、薪や石炭と同じ成分を含んではいるものの、体液に溶けるという点で本質的に異なる」[86]。肉は「植物の栄養成分を含んでおり、それを濃縮したかたちで蓄えている」[87]。この考えはもともとはリービヒ独自のものではない。リービヒが証明しようとしたのは、一般に信じられている誤った考えだった。その考えとは、一八二〇年代を通じて、食物学の最初の偉大な素人、ブリヤ゠サヴァランが何度もたくみな言葉で表現したものである。このこらえ性のない美食家は、宿屋でイギリス人の一行が羊の肉を焼いているのをねたみ、彼自身の言葉によれば「禁断の肉にいくつも深い傷をつけてやった。そうすれば、肉汁が最後の一滴まで流れでるはずだ」。そしてその肉汁で、たくさんの卵を使ってスクランブルエッグをつくった。「それで、われわれはそれをおいしく食べながら、実際には羊肉のエキスを全部飲みこんでいるのはわれわれのほうで、イギリス人たちは残りかすを噛んでいるのかと思うとおかしくて、腹を抱えて笑った」[88]

リービヒの研究は、すべてを科学に還元しようとする時代の典型的な企てだった。ほぼ同じころ、コンスタブルは絵画は科学だと主張した。ラプラスは、愛は化学反応にすぎないと読者に確信させた。ダーウィンは、美学や道徳は生物学的プロセスによって生まれるのだという考えを抱いていた。だが食べ物は、人生で時間をかける価値のあるものがたいていそうであるように、こうした還元主義では扱いきれない。実際のところ、〝抽出〟によって食肉製品の栄養価が高まるわけではないのだが、ライバル各社はリービヒの成果を改良しようと競いあった。こうして、コーンフレーク十字軍によく似た肉エキス戦争が一八七〇年代に勃発する（四〇九〜四一〇ページ参照）。高タンパク質の食事、つまり肉を第一とする食事が、菜食主義者やフレッチャー主義者が主張する食事と同様、熱心に推奨された。最も雄弁な唱道者は『栄養と病気の関係』（一八八八年）を書いたジェームズ・H・ソールズベリーだった。ソールズベリーは「神経力」と呼ぶものを信奉し、湯を飲んで「ビネガーを熟成させる樽が古くなったときのように消化器官を洗い流す」ことを勧めた。[89] 一種類の食べ物だけを食事にする生活を、次々に種類を変えてみずから試してみた結果、ソールズベリーは野菜に強い嫌悪感を持つようになった。ベークドビーンズとオートミールを試したときは、胃腸にガスがたまってひどく苦しい思いをした。青野菜をとりすぎると〝野菜消化不良〟、つまり慢性的な下痢になった。青野菜を食べると、

炭酸ガス、糖、アルコール、酸、それにアルコール性と酸性の酵母菌で胃がいっぱいになる。発酵作用のあるこうした生成物は、すぐに濾胞(ろほう)や胃の筋層を麻痺させはじめ、そのため胃はたるんでだぶだぶになり、食べ物や飲み物のくずが異常なほどたくさんたまるようになる。この器官は、文字どおり酸っぱい〝酵母菌の壺〟になったのである。

ソールズベリーの考えでは、野菜を病人に食べさせてはならず、それ以外の人も野菜を食べ過ぎないように厳しく管理するべきだとされた。彼はこう論じた。人間は生まれつき「三分の二は肉食」であり、進化によって、肉を嚙み切るための歯と肉を消化するための胃を手に入れている。[90] シリアル好きの主食であるデンプンは、

健康の敵だ。……牛肉の赤身の部分をこまかく切ってこねたものを、平たくまるめて、焼いて食べなさい。できるだけ結合組織や脂肪や軟骨が入らないようにすること。焼く

前にあまり強く押しかためてしまうと、レバーのような味になる。くずれない程度にまとめるだけでいい。まるめたら、一センチから二・五センチ程度の厚さにする。ゆっくりと、炎や煙がでないように火から少し離して焼きあげる。火が通ったら温めた皿にのせ、バター、コショウ、塩で味付けをする。好みによってウスターソースやハルフォードソース、マスタード、ホースラディッシュ、レモン汁などをかけてもよい[91]。

このレシピはソールズベリーが肺病患者のために考案したものだが、ほとんどすべての病気によいとされた。これは明らかにハンバーグの原型、ないしはそのまた原型である。ハンバーグは当時、世界中で愛される料理となる道の第一歩を踏みだしたところだった。ソールズベリーの学説は忘れ去られた。現在では、知識のある人はほとんどみなそれを拒絶するだろう。だが、ソールズベリーの学説の呪いは、世界中に四万六〇〇〇店近くあるマクドナルドやバーガー・キング、ウェンディーズに生きつづけている。

二十世紀の初頭になると、タンパク質をめぐる論争は行きづまって飽きられ、それに代わって〝清潔〟が重視されるようになった。不潔が有害だという点では、ほとんどの栄養学者の意見が一致していた。ハインツ、ケロッグ、フランコアメリカンといったアメリカの初期の巨大食品企業はみな、その事業の基礎として対外イメージを重視したが、衛生的な調理もその一部だった。「ステイシーズ・フォークディプト・チョコレートはフォークを使ってチョコレートをからめた製品だが、それは『フォークのほうが手よりきれい』だからだった」。

また、「ビショップス・カリフォルニア・プリザーブは『世界で唯一、どの瓶にも一〇〇〇ドルの清潔保証がついたフルーツ』」だった。[92] しかし、栄養学者の世界は腐敗に満ちていた。ナイアシンの不足で起こるペラグラは、第一次世界大戦後、ビタミンが大流行したときにアメリカで実際に見られた数少ない欠乏症のひとつである。だが、ペラグラにかかるのはコーンミールに頼って暮らす都会の貧しい黒人にかぎられていたため、ナイアシンとペラグラの関係は一九三〇年代になるまで事実上隠蔽されていた。[93] その関係が明らかにされるまでは、「人生の流れ」とか「ペラグラ殺し」といった人の興味を引く名前のいんちき薬を売る業者が市場を守り、その一方で、ペラグラにかかりやすい人間を雇った雇用主は、それは遺伝のせいだとか、おこないが悪いからだとか、「悪い血」のせいだなどとして、賃金が低いことや健康によくない食べ物を支給していることとは無関係だと主張していた。[94] 古今の栄養学者の中できわめて影響力の大きい人物のひとりに、エルマー・マッカラムがいる。マッカラムがエール大学でおこなった齧歯動物の実験の結果、ビタミンの豊富な食べ物は身体全体の健康にいいことが証明された——その結果、アメリカでずっと過大評価されてきた大きな体格の人がさらに増えた。マッカラムは、白パンには「食餌療法の要素が不足している」と何年も非難しつづけていた。ところが、コンサルタントとして大手食品会社ゼネラルミルズ社の一員になると、議会の委員会に出席して「精白した小麦粉でつくったパンに対する恐怖心を植えつけようとした医食同源主義者の有害な教え」を非難した。[95] 加工食品に反対する運動をしていたハーヴィー・ワイリー博士は、《グッド・ハウスキーピング》誌で健康についてのコラムを担当するようになると、ジェローやクリーム・オブ・ホイートなどの、広告主が販売しているやわらかい食品を推薦した。[96]関係産業はコーヒーとドーナツのダイエットに転向した。果物と生野菜の急激なダイエットを奨励したのはカリフォルニアの果物関係者たちだった。ユナイテッド・フルーツ・カンパニーは、ジョンズ・ホプキンス大学の研究者ジョージ・ハロップ博士が提唱する「バナナとスキムミルク」のダイエットを後援した。このダイエットはアメリカ人の人気を集めた。そのすぐあとに流行ったのが「グレープフルーツジュース・ダイエット」だった。[97]

ダイエット指導者の中には、目がくらんだ者や自己欺瞞に陥っている者もいた。ただの変わり者もいたし、いかさま師もいた。大恐慌がはじまり、黄塵地帯を砂嵐が襲って、食糧の配給を待つ人の列ができると、栄養過剰なアメリカ人は道義上攻めたてられた。そこで、生命の維持以上のはたらきが食べ物に求められるようになった。その機に乗じて、またしても、怪しげな薬を大々的に売り出そうとする商人が現われた。中でも抜きんでていたのがゲイロード・ハウザーである。ハウザーの助言にしたがえば、痩身パーティで「まるでうがいをするように脂肪を洗い流す」ことができるとされた。ウィンザー公爵夫人も信奉したハウザーの下剤ダイエットは、ダイエットをする人の健康を危険にさらし、肉体を痛めつけて罪悪感を洗い流す種類のものだった。こうしたダイエット法は、数多く存在した。[98]ハウザーの「もっと美しくなる」ダイエットは「一日ハウスクリーニング方式で……脂肪が落ちることに驚くでしょう」と宣伝された。[99]「青春の泉サラダ」を考案したウィリアム・ヘイ博士は、炭水化物とタンパク質を分け、さらにその両方を彼が「アルカリ」と呼んだものから分けることを提唱した。その科学的な響きに、多くの人がいまだにだまされつづけている。ルイス・ウォルバーグの言葉はしかつめらしく、もったいぶって、説教じみていて、搾取的な栄養学者の典型だった。

人類の食には豊かな伝統があり、魅惑的な装飾、しきたり、タブーに包まれている。また、因習で偽装され、おびただしい社会的装飾で飾られている。そのため、往々にして栄養効率がそこなわれ、美食の罪につながることもしばしばである。……文明人が食べているのは、哀れなほど生命力が弱まった、バランスの悪い食べ物なのである。[100]

ウォルバーグが反対したのは、ソースをかけること、変化に富んだ食事(「種類が多すぎると胃の不快感の原因になる」)、夜食だった。彼が推奨したのは、牛乳、よく嚙んで食べること、バナナ、「ヨーロッパ化する前のマオリ族、未開のサモア人、アフリカの原住民、グリーンランドのエスキモー」の食事がもたらす「すばらしい体格」だった。[101] ウォルバーグが設定した発達の段階はでたらめだったし、そのもとになる仮説は間違っている。一番下の段階にいるのは「食べ物を手に入れるやりかたや調理法が石器時代をしのばせる種族」だとされた。こうした人びとについての彼の説明は、筆者が判断するかぎり、あらゆる点でなんの根拠もないものだった。

食の発達段階の一番下にいるのは、アフリカのピグミーとブラジルの森の民である。ピグミーは果物、木の実、昆虫、幼虫、蜂蜜、貝などの簡素な食事で生きている。食べ物を生のまま食べ、飢えに苦しむこともしばしばである。キツネザルとサルと人間のあいのこのようだった始新世のころの祖先と同じように、食べ物が豊富にあるときに集めるだけで満足し、不足するときに備えて蓄えることはない。ブラジルの森の民は、実にひどい食習慣をもつ野蛮な人びとである。飢えに苦しむと、いつもアリの巣に棒切れを突っ込んで、アリが自分の口に入ってくるようにする。(102)

ばかげた話が幅を利かせる風潮では、科学的な発見はすぐにいかさま師の手に渡る。ビタミンは二十世紀に生まれた新たな強迫観念だった。ビタミンの発見は、十九世紀のタンパク質や炭水化物と同じような力で、欧米における食べ物の学説に影響を与えた。ビタミンは発見ではなく発明と呼んでもいいほどのものだ。「生命の根源」——生命の維持に欠かせない食物の成分——の探求という錬金術的な研究に取り組んだ科学者らによって、第一次世界大戦の直前にその存在が仮定された。「純粋な」精製した炭水化物、脂質、タンパク質、ミネラルを餌として与えたネズミを生かしつづけるには、本物の食物も与える必要がある。牛乳がその種の食物であることを証明したケンブリッジ大学教授のフレデリック・ガウランド・ホプキンズは、それを「補助栄養素」と呼んだ。この名前はビタミン（バイタル＋アミン）

という名前よりいい。アミン――腐敗によって生じる炭化水素化合物――ではないのだから。だが、バイタルな（生命維持に必要な）ものではある。[103] もっとも、ビタミンのすべてが食事からとれるわけではない。ほとんどの人は日光にあたることでビタミンDをつくっている。また、腸内のバクテリアによって合成されるビタミンKもある。

科学としてはじまったビタミンは、熱狂的に流行した。ビタミンA――臓物、バター、動物性脂肪に天然に含まれるレチノール――や、ニンジンに豊富に含まれるベータカロチンをマーガリンに添加することが義務づけられたが、この方式を採用した国々では、マーガリンにこれらの栄養素が不足していることはほとんど知られていなかった。イギリスとアメリカでは一九三〇年代に、食料品に含まれるビタミンが食品加工によって減少することがおおいに懸念されたが、それが欠乏症の原因になるという証拠は見つかっていなかった。一九三九年に米国医師会は、加工食品に充分な量の栄養分を再注入し、「自然食と同じ高いレベル」に引き上げることを推奨した。[104] 第二次世界大戦を前にして、アメリカ全土にビタミンB――いわゆる「士気を高めるビタミン」――が大流行した。ラッセル・ワイルダー博士は、被支配民族のビタミンB不足を助長する政策は「ヒトラーの秘密兵器」だと断言した。副大統領ヘンリー・ウォレスは、「目にきらめきを与えるのは、足どりを弾ませるのは、心を元気にするのは何？活力の元、ビタミンさ[105]」という調子のよい歌を支持した。「ビタミンは戦争に勝つ」というのが米国食糧庁のスローガンだった。[106] 陸軍のある栄養士は、ビタミン剤で五〇〇〇人の徴募兵をスーパーマン――無敵の突撃部隊――に変えられると公言した。民間の世界では、次のうちの二つを欠いているカフェテリアの料理は、〝貧弱〟の烙印を押された——二五〇ccのコップ一杯分の牛乳かそれと同等のもの、カップ四分の三の緑黄色野菜、適量の肉、チーズ、魚、または卵の料理、全粒粉パンかビタミン強化パン二切れ、ひと塊のバターまたはビタミン強化マーガリン、一一〇～一四〇グラムの新鮮な生の果物か野菜。軍人たちがこまかく仕切ったトレーから〝バランスのよい食事〟を学んでいたとされるころ、米国食品栄養学会の会長は、復員兵が帰還してよい食事の伝道者となれば、この国の栄養不良の人たちはばかなまねをしなくなるだろうと信じていた。エセル・マーマンはこう歌った。「ビタミンはちゃんと摂ったわ。A、B、C、D、E、F、G、H、I、I、I……なのにまだ健康になれない。どうすればいいの？」。この的を射た皮肉は世間には通用しなかった。世間の人はたぶん、ビタミンF、G、Hの存在はいまは知られていなくても、きっと発見されるにちがいないと信じたかったのだろう。

戦争や戦争のおそれは、栄養学研究に対する政府の意欲を高めると同時に歪めもした。戦時中に「子どものための食糧」を確保しようとする努力は、「もっとたくさん食べて、もっとジャップを殺そう」というスローガンの下で隠れておこなわなければならなかった。(107) 健康な軍隊は勝利を約束するだろうと思われた。戦争直前のイギリスで最も有力な栄養学者だったロバート・マッカリソン卿は、「完璧な構成の食事」の利点を、「マドラスのジャングルから連れてきた数十四の健康なサルに餌として与えることによって」納得のいくかたちで証明した。ビタミンやミネラルを与えなかったサルには、胃炎や潰瘍から大腸炎や赤痢にいたるさまざまな症状が現われた。[108]他方、デットフォードのスラム街の子どもたちに三、四年にわたって保護と食事を与えると、「くる病や気管支炎にかかり……アデノイドや虫歯があり……［そして］目、鼻、耳、喉に炎症を起こした」病弱な子どもが「清潔な肌をした、機敏で社交的な、人生や新たな経験にたいして意欲のある、よくできた子ども」の見本のように変わった。パップワース・セツルメントにいた四〇〇人の結核患者がつれた子どもたちは、「充分な食べ物」によって健康になった。マッカリソンの遠大な戦略は「一流国家を建設する」ことだった。このため、一九三〇年代には医療従事者たちが牛乳、バター、卵、肉で「国民の食事を最高の水準に引き上げる」ためのキャンペーンを繰り広げる。この食事は、もうひとりの食の偽善者ジョン・ボイド・オアの偏見を反映したものだった。ボイド・オアは植民地で勤務していたときにケニアのマサイ族を見てひどく感心した。肉を食べ、牛乳や血を飲むマサイ族は、繊維質[109]をたくさん摂って脂肪をあまり摂らない近隣のキクユ族にくらべてずっと背が高かったのだ。

実際に戦争を体験してみると、食事に関するそれまでの学説はみな嘘だったのではないかと思われた。イギリスの果物の消費量は五〇パーセント近く減少したが、これはジャガイモの消費量が四五パーセント増加し、野菜の消費量が三分の一増加したことで相殺された。肉や魚が減った分は、牛乳やシリアル、全粒粉でつくった食品やビタミン添加物でおぎなわれた。その結果、戦時中の食事をめぐって、とりわけ全粒粉は万能薬に位置づけられるとする考えが栄養学者のあいだで大流行し、それは今日までつづいている。だが、戦争が市民の健康にいいというパラドックスには、別の説明があるかもしれない。配給の食べ物は暮らし向きのよくない人たちに割り当てられ、一方、母親はより頻繁に保健機関と連絡をとるようになる。子どもたちは爆撃の激しいスラム街を離れ、健康にいい農村地域へ疎開した。爆撃の被害が激しかったドイツ各地の戦後の状況はきわめて悲惨なものであり、そのため、現地調査の対象には最適だったと思われる。ヴッパータールで調査をおこなった栄養学者らは、小麦粉をどの程度精製してもたいした違いはないことを立証した。どんな種類のものでも、とにかくパンをたくさん食べた子どもはみな一様に背が高く、体重も多かった。[110]

豊かさの栄養学

いまや形勢は一変した。分配の問題によっていまだに飢饉が起きてはいるものの、農学のおかげで人類は飢餓と貧困に打ち勝つ方法を手に入れた。その結果のひとつとして、繁栄する欧米の人びとは、少なくとも奇妙な歴史の逆行を経験しているようだ。食人種のそれのような魔術——品性を養う食べ物や、災難を追い払う食べ物——を求めて世界中を探しまわっているのだ。ヨラーン・チャンによれば、「道(タオ)を守れば、玄米と新鮮な果物や野菜を食べて、病気にかかることなく生きる」ことができ、[111]「文明病」は厳選した食事と「自然力の調和」の回復によってなくすことができるという。[112]「食べ物はブラフマンだ」と宣言するのはアーユルヴェーダの料理人たちだ。「バナナやコップに入ったオレンジジュースを見るとき、そこにプラーナ、つまり宇宙のエネルギーがあることや、生き、動き、呼吸するすべてのものに生命を与える原動力が食べ物にも存在することを、完全には把握できないかもしれない。だが、それはまったく同じなのだ[113]」

食べることはほかのかたちの官能と結びつくことがあり、食べ物が性的なことがらを暗示することがある——指のあいだに感じる男根のようなアスパラガス、女性器のようなムール貝のピチャピチャという音ややわらかさ。それでも、媚薬を信じると公言する人の言葉を真に受けていいものかどうかはよくわからない。「トリュフには男性フェロモンが含まれている」とする書き手が読者をからかっているのは間違いない。「性科学者によれば、このホルモンは交尾するときの雄豚の唾液に含まれているものと同じであり、トリュフに媚薬の効能があるのはこのホルモンのせいだという」。同じ本では、レシチン、芽キャベツ、海草、リンゴ酢を「奇跡の美容食」として勧める。セロリもこのホルモンを含んでいて、煎じ薬に最適だとされる。三〇分ゆでると「その効果はめざましい[114]」。このようにセロリを勧める言葉と、「セロリは中国人のあいだで何世紀にもわたり、血圧を下げるのに効果的であることが証明されてきた」という主張のあいだに接点を見つけるのはむずかしい[115]。

充分な栄養をとることを除いて、「頭のはたらきをよくするために食べる」方法はない。だが、「脳のための食べ物」を真剣に勧める人がいる[116]。たとえば、フランスの栄養学の権威はこう助言する。「毎日二グラムのアルファ・リノレン酸と一〇グラムのリノレン酸を摂るといい。脂肪に影響を与えるのだ。……類人猿が人間になるために、自然が造物主を助けて、最初の人類——あるいは最後の類人猿——を海のそばにつれて行ったのかもしれない。海にはアルファ・リノレン酸の仲間が非常に豊富に含まれている」。また、「脳のためには脳を食べるべきだ」ともされる。こうしたいかがわしい特効薬の話を聞くと、ウッドハウスの小説に登場するバーティー・ウースターが、リンは脳にいい食べ物で、イワシに含まれていると信じていたのを思い出す。

豊かさのおかげで、人は栄養を食べ物に頼らなくてもよくなった。おそらくそれが原因で、食の魔術の新たな時代が幕を開けたようだ。南太平洋では、カバという植物から造った酒が儀式によく使われるが、カバには催眠、鎮痛、利尿作用があることが証明されている。カバのこれらの効能は、その薬理成分にかなっている。だが、悪寒をしずめ、乳の分泌を促進し、快復を助け、淋病の症状を緩和するなどほかにもたくさんの病気に効くという主張は、民族植物学の世界の外ではなんの根拠もない。ハワイやフィジーでカバを医薬として勧める島民たちにはその意味がわかっているのではないかと思われるかもしれないが、彼らの言っていることは矛盾だらけであり、カバが万能薬で、ほかの予防薬よりすぐれていると考えられるような理由はない。それどころか、最近になってカバが伝わったオーストラリア・アボリジニの社会では、健康がそこなわれるという悪影響がでている。そこで観察されたカバの影響を見ると、あきらかにカバが誘因となって、息切れや体重減少、肌荒れ、コレステロールの増加が生じている(117)。それにもかかわらず、この物質は現代の欧米女性が使う魔法の化粧道具のひとつになっている。

中国の栄養学には、セロリやピーナッツ、ニンニク、クラゲ、海草は高血圧に効き、肝炎には麦芽、ブタの胆嚢、お茶、マッシュルームが効くというようないかがわしい説があるが、そんな話を真に受けることができるだろうか(118)。「若さを保つための食べ物」について書かれたその本では、大豆には水分がたまるのを抑える効果があり、「風邪、皮膚病、脚気、下痢、妊娠中毒症、常習性便秘、貧血、下腿潰瘍」の治療にも役立つとされている。著者の説明によれば、サツマイモが便秘と下痢の両方に効くのは「それが陰のエネルギーに満ちており、陰のエネルギーには腸のはたらきを円滑にする力があるから」であり、また、イチジクの実は赤痢と痔に効き、科学的医学では理解できないことだが「お茶は壊血病を予防する」という(119)。陰と陽のバランスのとれた食事をとるべきだという考えは、本質的には体液理論である。西洋起源の体液理論は拒否されてきたが、〝東洋の神秘〟の霧で覆われた理論は、西洋の支持者をつなぎとめているようだ。

どこまでが偽医者のいんちき薬でどこからが科学なのかは判然としない。結局のところ、科学的な治療薬が効果があるもののひとつにすぎないことは確かだ。食物は自然のものなので、その組成や特性は時とともに変わり、場所によっても異なる。そのため、食物の特性を検査するための科学的条件を確保しようとすれば、一定の技術的介入が必要となる。だが、実験室のものよりも土からとれた食べ物を好む人にとっては、それは不快なことだ。極端にかたよった食事をとっていると病気になる可能性がある。だが、ほとんどの社会には太古からの経験の積み重ねがあるため、社会の激動のために伝統の知恵が忘れられて捨て去られるようなことがないかぎり、食事が原因で病気になることはまず考えられない。栄養学の主流派の悩みの種であるジェームズ・レファニュ博士は、一九八二年の世界保健機関（ＷＨＯ）の報告書をあざ笑う。その報告書は脂肪への恐怖心をたきつけるだけで、実験結果では脂肪の消費量と心臓病のあいだにはなんのつながりも示されなかったというのに、実際その結果を無視していた。レファニュはおせっかいな栄養学の影響をおもしろおかしく攻撃した。「一九八五年にホーブ・タウン・ホールで病院職員のためにクリスマスの立食式ダンスパーティが開かれたのだが、そこではクリスマスプディング、ペストリー、菓子、チーズクリスプ、ミートパイはすべて禁止された。その代わりに用意されたのは各種の豆類、サラダ、低脂肪のクリスプで、客はそれをアルコール抜きのポンチで流しこんだ」[120]。一九六七年に発表された大食についての権威ある研究では、ボランティアの学生八人に、推奨される一日のカロリー摂取量を超える食事を与えたが、体重の増加はみな一キロ未満であり、数日たって新しい食事に順応すると、体重はまったく増えなくなった[121]。フレーミングハムで実施された長期的な調査では、心臓病にかかるアメリカ人とそうでない人の脂肪摂取量には違いがないことがわかっている。コレステロールは動脈を詰まらせるが、コレステロールが豊富な食べ物を二人の人間が同じだけ食べても、対照的な結果になるのだ。一九八一年から八四年にかけてオスロでおこなわれた実験や、一九八四年に結果が公表された脂質研究クリニックの試験などでは、低脂肪食をとることで、高かったコレステロール値が低くなり、心臓病にかかるリスクを減らすことができるという結果が示された。だが、どんな食事をとっているかに関係なく、ほとんどの人のコレステロールレベルは高くないし、心臓に病気をもつ人の五〇パーセント以上がコレステロール値は高くない。[122]

心臓病の発生率は、脂肪の消費量が多い文化のほとんど、とくに飽和脂肪を摂ることとの多い文化で高く、脂肪の消費量が少ない文化では低いというのは事実だ。だが、脂肪を目の敵にするより、もっと研究をすすめるほうがいいのではないかと思わせるような例外もたくさんある。たとえば、「エスキモーの食事は一〇〇パーセント肉と魚であり、そのほとんどは脂肪である。ブッシュマンやピグミーの食事は、およそ三分の一が肉である。にもかかわらず、彼らの血圧やコレステロール値は、ほかの狩猟採集文化の人びととほぼ同じである。[123]」つまらない犯人が見つかったために、あまりにも早く研究活動が鈍り、止まってしまったという印象は否めない。現代の健康ブームが生みだした先入観は、科学的であると同時に――おそらくは科学的というよりも――社会的なものである。そうした先入観がアイデンティティの輪郭をつくり、共通の信条となっている。ものごとを自分で考える人間にとっては、それは従うべき理由ではなく、疑問を投げかけるべき理由である。

食べ物はたんに食べるためだけのものではないという発見ではじまった革命は、いまもつづいている。われわれは絶えず、社会的効果を得るために食べる方法を発明している。よく似たものを食べている、うまの合う人たちと親密なきずなを結ぶため。食べ物についてのタブーを無視するよそ者と、自分たちの仲間とを区別するため。自分自身をつくり直し、肉体をつくり変え、人や自然や神との関係を変えるため。栄養学者は、文化的な背景をすべてはぎとった〝科学的な〟自己像を育てるのが好きである。だが、彼らは時代の子であり、長い伝統を受け継ぐ者である。食べ物にまつわる強迫観念は文化の歴史のうねりであり、現代病であって、どんな健康食でも治すことはできない。

第三章　食べるための飼育——牧畜革命：食べ物の「収集」から「生産」へ

メキシコ産アルマジロ（四人前）…………一〇〇ドル
ビーバーとビーバー・テイル…………二七ドル
南米産イノシシ…………一八ドル
カリブー…………七五ドル
オーストラリア産カンガルー…………五〇ドル
マスクラット…………六二ドル
ヤマアラシ…………五五ドル
ダチョウの卵…………三五ドル
スイギュウ…………一三ドル

――ニューヨークのスポーツ・アフィールド・クラブのメニュー（一九五三年）(1)

先陣を切った巻き貝

エスカルゴは、現代の高級料理の中で「ロブスターやフォアグラとならぶ」確固たる地位を占めている(2)。だが、食通のあいだでの評判には波があり、現在のような高い地位を占めるようになったのは比較的最近のことである。何世紀ものあいだ軽んじられ、さげすまれてきた巻き貝が珍味として評判を回復しはじめたのは、おそらく、十九世紀に地方出身のパリのレストラン経営者が素朴な〝田舎料理〟の味を売り込むようになってからのことだろう。第二次世界大戦の食糧不足の時代までは、トップ・シェフはエスカルゴを出さないといわれていた。いまでもフランスやカタルーニャ、それにイタリアの一部の地域を除けば、現代の欧米で正当に評価されているとはいえない。とはいえ、巻き貝はその他のいくつかの軟体動物とともに、食べ物の歴史のなかで名誉ある地位を占めている――あるいは占めるべきである。なぜなら、本書でとりあげる大きな謎のひとつ――なぜ、そしていかにして、人間という動物は食べるためにほかの動物を飼育するようになったのか――を解く手がかりとなるのが巻き貝であり、巻き貝はおそらくその答えも教えてくれるからである。

巻き貝は比較的簡単に養殖できる。近年最も珍重されるのはブルゴーニュ種エスカルゴで、これは養殖場で飼育され、入念な管理のもと、厳選したハーブと乳状の粥が餌として与えられる。エスカルゴは効率のよい食べ物だ。殻に包まれているので包装はいらない。またこの料理はふつうガーリック・バターで味付けするが、テーブルではその殻がガーリック・バターの入れ物となる。捨てる部分は少なく、栄養的にすぐれている。食料源として最初に飼い慣らされたとされる大きくて扱いにくい四足獣にくらべて、巻き貝は扱いやすい。海生種は自然の潮だまりに集めることができるし、陸生種の場合は、巻き貝がたくさんいる場所を掘り割りで囲むことによって、養殖場の敷地から出ないようにできる。太古の巻き貝農場主は、小さいものや好ましくないものを手で選りわけて取り除くだけで、品種改良の恩恵に浴することができただろう。巻き貝は放牧家畜なので、人間が食べるような食べ物を餌として与える必要はない。また、一度に数多く飼育でき、牧養に火を使うこともなく、特別な設備もいらず、身の危険もなく、先導を手伝わせる動物や犬を選んで訓練する必要もない。ほとんど完全な食べ物といってよく、商人の旅や巡礼、軍事行動に携帯する食糧として重宝する。エレミナなどのいくつかの種は、肉がたっぷりつまっているだけでなく、数日間の旅に必要な水分も含んでいる。(3)

古代文化の一部で、巻き貝の養殖が大きな商売になっていたのは疑いない。現代のブルゴーニュ種エスカルゴの祖先は、古代ローマで飼育かごに入れられ、ミルクをたっぷり与えられて、殻におさまりきらなくなるほど大きく育てられた。そうやってできる贅沢な特上品は数がかぎられ、手に入れられるのは美食家や――ケルススの名で出回っている医学書によれば――病人だけだった。[4] メソポタミアのいくつかの遺跡で巻き貝の殻が大量に見つかっていることから、古代シュメールの食卓に養殖の巻き貝がよくのっていたことは明らかだ。ボストン中心部の地下からは、約三〇〇〇年前の軟体動物養殖場の跡と思われるものが発掘されている。[5]

この歴史のはじまりはどのくらい昔にさかのぼるのだろう。旧石器時代の貝塚から見つかる巻き貝は、平均すると現代のものよりも大きい。[6] そのため、氷河時代末期に巻き貝を食べていた人びとは、すでに大きさを選んでいたのではないかと考えたくなる。この時代のものとされるこの種の貝塚はたくさん見つかっており、中には非常に規模の大きなものもあるため、組織的な食料生産の証拠だと考えたくなるが、学者は認めていない。食べ物の歴史は進歩、発展してきたという理論モデルの枠を超えるのはむずかしい。この理論モデルによれば、どんな種類の食べ物にせよ、そんなに古い時代に養殖されたとは考えにくい。だが、巻き貝の養殖はとても簡単で、むずかしい技術は必要なく、概念としては採集民が習慣としておこなう食物貯蔵法にごく近いものなので、その可能性を排除するのは頑固で教条主義的な態度のような気がする。この習慣の歴史は、これまで考えられていたより数千年古い可能性がある。貝塚が層序の一部をなしている場所では、複雑な技術である狩猟に頼っていた移住者の社会よりも、巻き貝を食べていた人びとの社会のほうが古いことが明らかに見てとれる。ギリシアのアルゴリス南部にある貴重な遺跡、フランクティ洞窟では、紀元前約一万七〇〇〇年のものとされる巻き貝の殻の巨大な貝塚の上の地層から、別の堆積物が見つかっている。まずアカシカの骨が多い堆積があり、ついで、四〇〇〇年近くあとのマグロの骨が出てきたのである。(7)

人間が飼育したおそらく最初の動物としての軟体動物の重要性はこれまで話題にのぼったことはなく、まして調査されることもなければ、認められることもなかった。そのため、これに関していえるわずかばかりのことも仮説でしかなく、証拠による裏づけだけでなく理性の力添えも必要となる。話は巻き貝だけにとどまらない。世界中に点在する古代のごみ捨て場では、巻き貝といっしょに多くの種類の貝の殻が見つかっている。海の生物を食べ物に利用してきた歴史では、牧畜が狩猟に先行したかもしれないと考えるのは、明らかに理にかなっている。魚釣りは一種の狩猟であり、なじみのない場所にあわせて創意に富んだ技術を駆使する必要がある。これとは対照的に、軟体動物の養殖は採集の自然な延長のようなもので、手だけでおこなうことができる。デンマークの古代の大きな貝塚で見つかる主な貝種は牡蠣、トリガイ、イガイ、タマキビだが、巻き貝が豊富なところではこれ以外の貝もたくさん見つかる。中石器時代の貝塚になると、軟体動物の殻が急に増える。(8)中石器時代の貝塚はヨーロッパ西岸地域に密に分布しているが、とりわけ多いのがスカンジナビアで、ここの貝塚は手をつけられずにそのまま残っている。また、南北アメリカの太平洋沿岸のほぼ全域にわたって数多くの貝塚が見つかっている。驚くほど集中しているのは、スコットランド(オーバンとラーン)、ブルターニュ、北アフリカのカプサ文化の遺跡、カリフォルニア、イベリア半島沿岸近くのアストゥリアスとタホ川流域である。世界中どこでも、淡水養殖場のそばには殻の山ができている。これに関連して注意を引くのは牡蠣だ。牡蠣の養殖場ではかならずしも「牡蠣の飼育」と呼べるようなことをしているわけではなく、人工の養殖場でさえ選択的な飼育をしているとはかぎらない。だが、牡蠣の消費量が大幅に増加したらしく、そのためにおそらく、中石器時代に牡蠣の採集技術がめざましく向上したのだろう。セネガル沿岸の沖合や、コルシカ島のディアナ湖、フランスのバンデ県のサンミシェル・アン・レルムには、捨てられた牡蠣の殻だけでできた島があり、これらの島はいまも、天然の牡蠣床が豊かにある海で大きくなっている。[9] メイン州の貝塚は七〇〇万ブッシェルと見積もられている。

　こうした遺跡の多くで、およそ六〇〇〇年から八〇〇〇年くらい前に堆積率が増加している事実は、食べ物の歴史にまだ気づかれていない革命があることを示している。歴史学者はふつう、軟体動物の消費量が増加した理由はそれより大きな猟獣が不足したとしか考えられないと決めてかかる。[10] だが、小さくて扱いやすい生き物は、大量に手に入るのなら、大きな猟獣よりも利点が多かったはずだ。考古学者は軟体動物を「採集」食物に分類しているが、大量に食べられていたなら、場合によっては組織的に養殖されていたと考えたほうが理にかなっている。

　大革命を導いたのは巻き貝だったと想像するのは、英雄を求める夢見がちな感性を傷つける。しかし、人類の歴史における食べ物に関係した革新として、調理革命につづく最大のものが組織的な食料生産のはじまりであることは間違いない。これがどのようにして起こったかは、昔から二つの要素に分けて語られているが、どちらも発展モデルに従っている。従来、農業や食用植物の品種改良は採集から発展したものとされ、一方、放牧や牧畜は狩猟から発展したものとして扱われているのだ。この考えはやや誤解を招くおそれがある。ある種の農業や牧畜は、おそらく一部の狩猟よりも歴史が古い。軟体動物の養殖は一種の放牧であり、狩猟と呼べるどんなものよりも採集の習慣のほうに近い。また、定住生活をする農業共同体は、仲間からはぐれた動物をそのまま引き離したり、腐肉を食べる動物を自分たちの集落に引きつけたりして、狩猟とは関係のない方法で家畜を手に入れることができる。家畜が手に入ると、農民は定住生活の目的にかなう品種を開発できる。害虫駆除用に改良できる品種もあるだろうし、天然の「フード・プロセッサー」として使える品種もある。反芻動物や食糧をあさる動物は、そのままでは人間が消費できないエネルギー源――かたくてまずい葉や生ごみなど――を、われわれが肉と呼ぶ人間の食べ物に変えることができる。こうした動物は、不作に備えた「歩く食糧貯蔵室」として使うこともできるだろう。[11] とはいえ、伝統的な分類は、食べ物をはっきりと異なる二つのカテゴリーに分けるという点では意味がある。この二つは相互に依存しあっていることを確認したうえで、まず動物をとりあげ、次章では植物をとりあげようと思う。

飼育すべきか、せざるべきか

牧畜の起源や、牧畜の結果かならずといっていいほど起こる家畜の品種改良の起源は、作り話や誤った仮説で覆い隠されている。牧畜はこれまで、歴史生態学上の驚くべき発展とされ、ごくわずかな場所で別々に起こったとしか考えられないとされてきた。それがいまでは世界中のほぼあらゆる場所で見られるということは、伝統的な推論によれば、伝播の結果にちがいない。ある習慣がひとつの場所、あるいは非常にかぎられた数の場所で、思いがけない出来事や天才的ひらめきによってはじまり、それが移住や戦争や貿易によって伝えられて、世界中に広まったというのである。この種の推論は学問の世界ではいまも一般的だが、実際には、過去の知性の道具箱に入っている道具にすぎない。哲学としての伝播主義は、世界の階級モデルに傾倒した知的エリートのあいだで生まれた。神や自然にとくに気に入られた人だけが深遠な思想を創始できる。そのほかの、それほど聡明でなく、あまり進化していない人たちは、すぐれた人びとから学ぶことによって進歩するしかない。この考えは、十九世紀末から二十世紀の初頭にかけて、白人の帝国が支配する世界で歓迎された。白人は、劣った種族にも自分たちの改革の恩恵を広めることを口実にしたのである。古典的な人文主義に支配され、テキストの伝播の跡をたどることを教え込まれた学者の世界では、この考えは説得力があるように思われた。さまざまな文化的発展は、実際はただひとつの根源から伝播によって広まるのだから、同じモデル、同じ研究技術がほかの学問分野にも転用された。
だが、いまここで扱っているような問題に取り組むには、別の方法もある。放牧はどこにでも見られるという事実は、同時に、それが決して驚くべきことではなく、人間とほかの動物が共進化すればごく自然に起こるという証拠と考えることもできるだろう。人間が家畜にする種は、人間と相互依存の関係にある種である。人間はそうした動物を食べ、有害な小動物の駆除や気晴らしに利用し、狩猟や労働や戦争で助けを借りる。そして、それと引き換えに餌を与え、捕食動物から守ってやる。こうした関係は、シラミや寄生虫とその宿主の関係や、カモメと漁師の関係、あるいは次章で見るような栽培品種と栽培者の関係と同じように、親密で、ある意味で自然な関係である。採集、狩猟、牧畜は、ふつうは順番に発展したものととらえられ、有史以前の変化を記した伝統的な年表では順番にならべられている。だが実際には、採集と狩猟と牧畜は食べ物を手に入れるための相補的な技術であり、同時に発展したものだった。[12]
多くの狩猟文化は、ただ自然の恵みを受けとっているわけではない。目指す場所に群れを追い、ときにはそのための道をつくり、獲物を囲いに追い込んだりもする。これはすでに牧畜の一形態である。また、火をたくみに使って環境を管理することで、食べ物を生産する。ヨーロッパの移民がやってくる前、アメリカ北東部の森林地帯に住むアメリカ先住民のほとんどは、この方法で食料貯蔵庫を満たしていた。ときどき火をつけられて木がまばらになった森林地帯では、猟師は自由に動きまわることができ、料理の材料として好まれるヘラジカ、シカ、ビーバー、野ウサギ、ヤマアラシ、七面鳥、ウズラ、ライチョウといった動物が増加した。[13] 同じ理由で、初めてオーストラリアを見たヨーロッパ人は海岸から立ちのぼる巨大な炎を目撃して驚いた。ほぼ大陸全体で、アボリジニはこの方法を使ってカンガルーの生息地を管理していたのだ。そこまでは望まない狩猟社会もあるが、このような技術をおしすすめれば群れをつねに管理できるようになる。こうした狩猟の方法は明らかに牧畜につながるものである。このプロセスをおしすすめて群れをつねに管理するようになるかどうかは、考慮すべきことがらのバランスによって決まる。狩猟の獲物となる動物が豊富にいるならば、牧畜に乗りだして余計な苦労をするまでのことはないかもしれない。その余計な苦労をすることで得られる大きな恩恵は、品種改良が容易になって、共同体の必要や好みにぴったり合った動物を自由に利用できるようになることである。もっとも、同様の効果は、ゆっくりとではあるかもしれないが、狩猟を通じて好ましくない種を選別して殺すことでも得られる。いったん牧畜がはじまると、品種改良がそれにつづく。

チャールズ・ダーウィンがこれらの問題について検討を重ねたのは、進化論に取り組んでいるときだった。牧畜民の方法を調べていくうちに、それがヒントとなって、自然は牧畜民と同じようなやりかたで働いているのではないか、つまり生存競争にふさわしい特性を持つ種を選択しているのではないか、という考えが生まれたのである。研究の初期の段階では、組織的な飼育というのは進歩をとげてきた過去の歴史——つねにより高度な文明へとすすんできた人間の歴史——の中の最近の進展だと考えていた。この仮定が生まれたのは、ひとつには、歴史はすべて進歩するものであり、〝原始人〟の能力はあまり高くなかったという確信をダーウィンが持っていたからだった。実際のところ、これが当時の定説だった。またひとつには、ダーウィンが牧畜民の技術を尊び、それを神秘的で近づきがたいもの——概念としてとらえにくく、実際には骨の折れる仕事——だと考えていたからでもあった。ダーウィンは、「文明化の途上にある野蛮な民族」が牧畜の技術に精通しているはずはないと思っていた。だが、研究をすすめるうちに多くの事例が見つかって彼を驚かせた。サハラ砂漠の遊牧民トゥアレグ族のラクダは「ダーレーアラビアン（サラブレッドの祖先となった三頭の種馬の一頭）の子孫よりずっと長い系譜を誇る」ことをダーウィンは認めた。モンゴル人は尾の白いヤクを飼育して、蠅払いの材料として中国に売っていた。オスチャーク族やエスキモーの一部はむらのない毛をした犬を好み、アフリカ南部のダマラ人は同じく皮にむらのない牛を飼育していた。アフリカ南部では概して「これらの未開人はすばらしい識別力をもち、どの牛がどの部族のものかを見分けられる」ことをダーウィンは知った。ギアナのツルマ・インディアンは、最もいい雌犬を丹念に選んで自分たちの一番の雄犬とつがわせたし、純粋に鑑賞用として二種の家禽を飼っていた。ダーウィンはこう書いている。「フエゴ島人より残忍な民族はまずいない。だが、布教所の伝道師であるブリッジズ氏から聞いたところでは、これらの未開人は、大きくて強くて敏捷な雌犬がいれば、その雌犬をすぐれた雄犬とつがわせるように計(はか)らい、さらに、強くて顔つきのいい子犬が生まれるようにと餌にも気を配る」。ダーウィンの目にとまった「最も興味をそそる事例」は、インカ・ガルシラソ・デ・ラ・ベガが記録したものだった。ガルシラソ・デ・ラ・ベガによれば、インカ人はいつもシカ狩りで捕らえた中から一番いいシカを選んで野生に戻すのだが、それは品種を改良するためだという。「つまり、インカ人のやりかたは、非難を浴びているスコットランドの狩猟家のやりかたとは正反対だった。スコットランド人はすぐれた雄ジカをどんどん殺し、種全体を退化させている」[14]

こうして証拠を突きつけられたダーウィンは、歴史における組織的な牧畜の地位について、その評価を修正せざるをえなかった。それは、早くから非常に広く行きわたった新しい考えだった。牧畜の目的として最も一般的なのは食糧の生産である。そのはじまりはいくつか考えられるが、狩猟がそのひとつであることは間違いない。人類の歴史に狩猟の前の段階があるという考えには心引かれるものがある。原人や古代人はハゲワシのように食べ、自分たちより強い肉食動物が食事をしたあとの残りものや、病気や老齢で死んだ動物の骨のまわりに群がっていたと想像するのだ。だが、狩猟と腐肉をあさることとの違いをめぐる食物史文献の議論は発想が間違っていた。ほとんどの肉食動物はその両方をしている。重要な違いは、生きた獲物を探すか死んだ獲物を探すかだ。食料として繁殖させるには、獲物を生きたまま捕らえなければならない。簡単に手に入る動物の中には、地面をはっているときや潮だまりにはまったときに生きたまま捕らえられるものもいる。たがいに引きあうため、人間と親密な関係にすることのできる動物もいる。狩猟の中で罠にかけることができる動物もいる。だがこれは、家畜化のはじまりとしては疑いなくまれな方法である。狩猟に頼る文化で牧畜が発達することは、あったとしてもまれだ。もっとも、中間段階としての放牧がおこなわれるようになれば話は別だ――放牧は、どこでもというわけではないものの、頻繁に起こる。ある意味では、そんなことが起こることだけでも驚きである。

狩猟は魅力的な生き方である。いまでも定住社会には、いや都市社会にさえ、狩猟の冒険の魅力に引きつけられている人たちがいる。文明化した何千年もの歳月も、重役や社員の一皮むいたその下に隠れている未開人を消し去るには充分でなかったようだ。たとえば、重役たちは余暇になると大物狩りや人里離れた川でのマス釣りを楽しむし、社員たちはバス釣りやシカ狩りに出かける。わがままな貴族だったが難破によって「自然」に帰ることを余儀なくされ、因習から解放されたJ・M・バリーの戯曲の登場人物は、狩猟のときの浮き浮きした気分をこう表現している。

メアリー嬢　ペンギンズ・クリークの近くで群れを見かけたのだけど、風上に出るにはこっそりシルバー湖をまわらなければならなくて。ところが群れに見つかってしまって、お楽しみのはじまりというわけ。追いかけるよりほかなかったから、太った雄ジカに狙いをしぼって、そこから湖の岸を下って、石の転がる谷を上ったの。雄ジカは……川に逃げたけれど、わたしはあとを追って泳いだわ。あのあたりは川幅は一マイルしかないけれど、流れはすごく急なのよ。相手はすごい速さで急流を下っていくから、こっちも追いかけたの。向こうが岸によじ登ればわたしもよじ登って、あたふたと駆けながら丘を上ったり下ったり。湿地で見失ってしまったけど、また足跡をみつけて……ホタルの森で矢を放って撃ち倒したというわけ。

トゥイーニー（彼女を見つめて）　疲れてはいませんか？

メアリー嬢　疲れたですって！　とっても楽しかったわ。[15]

狩猟文化の人びとが狩りに頼って暮らしているからといって、狩猟がつまらない日常の仕事になりさがることはないようだ。狩猟が珍しいことではない場所でも、それは充分にやりがいのあることとされ、その魔力は人を引きつけている。狩猟にインスピレーションを受けた岩壁画を見れば、狩猟で生きる社会では心に描く内容も狩猟に支配されていることがわかる。ある意味で、狩猟は食べ物を手に入れる非常に効率のよい方法である。効果的な狩猟は豊かさをもたらす。「ジャガーの娘になりたいわ！」ブラジルのマトグロッソ高原に住むオパイェ族の神話のヒロインは叫ぶ。「肉を好きなだけ手に入れられるもの[16]」

狩猟は、動物の飼育や野良仕事のように労力をかける必要がない。人間が生まれつき他の種よりも得意とする、ちょっとした技術を利用して効率的に労力を使うのだ。頭を使って獲物の行動を予想し、場合によっては行動を操作して、狙いを定め、飛び道具を投げつける。投げる力は、比較的単純な技術で格段に強めることができる。たとえばブーメランや吹き矢筒、槍投げ器がそうだし、技術がかなり洗練されてくると、おそらく二万年前以降だろうが、弓も使われるようになった。火を自在に操って、獲物をいっせいに逃げ出させ、特定の方向へ追い込むこともできる。ケルンや杭のあるところから、じょうごのように先が細くなった道をつくって、動物をうまく罠に誘い込むこともできる。[17] このような道は、旧石器時代の絵に描かれたり、現代でもオーストラリアやシベリアやアメリカで再現されている。絶壁や落とし穴を死への滑り台として、そこに動物を落として殺したり、あるいは沼地を利用して、足をとられた動物が死んでしまうように仕向けることもできる。また、犬、ヒョウ、タカなどの強い動物や敏捷な動物を訓練して、猟師の肉体的な弱点をおぎなうこともできる。手に入る獲物の量と養わなければならない人間の数のバランスがうまくとれている状況では、過去の狩猟文化が見つけた方法はまったく申し分のないもので、牧畜や農業などの食料生産法を取り入れることなく、全員に充分な栄養を与えつづけることができた。旧石器時代の遺跡を分析すると、すぐれた栄養摂取の輪郭が見てとれる。当時は一般的に一日三〇〇〇カロリーを摂取し、その三分の一を肉が占めていた。氷河時代の狩猟採集民は毎日およそ二キロ余りの食物を食べ、うち一キロ弱が肉だった。彼らはたいてい塩をほとんど摂らなかったが、食事には概してカルシウムが豊富に含まれていた。それは、彼らが食べていた植物性食品の性質による。デンプン質の穀物はほとんど食べず、果物や野生のイモ類をかなり大量に食べていたのだ。また、ビタミンCを大量に含む臓物を食べていたためでもある。彼らが摂っていたビタミンCの量は、現代のアメリカ人の平均摂取量の五倍だった。[18]

だがいくつかの点では、狩猟は高くついて無駄の多い食糧入手法である。一見単純に見える狩猟の道具でさえ、溝や焼き畑、柵、穴掘り器、背負いかごといった大昔の牧畜民や農耕民が必要としたものにくらべると、発明するのはむずかしく、つくるのはたいへんである。訓練した動物というのは非常に手がかかることもある。犬を除けば、手に入れるのに骨が折れ、訓練するのに時間がかかる。また、犬が報酬を受けるに値するのは間違いないとはいえ、餌の支給というかたちで犬に「給料を払う」必要がある。ときには、犬は地位をめぐって人間と張り合う。このことは、たとえば最後の大氷河時代末期のものとされる狩猟社会の墓地を見れば明らかである。彼らはシカやオーロックスの群れを追って北上し、バルト海のスカテホルムにたどりついた。彼らの骨はいま、その地に眠っている。犬は隣接する墓に葬られている。オオカミのようなたくましい猟犬が、職をまっとうして戦利品として手に入れたシカの枝角やイノシシの牙とともに埋葬されているのだ。その名誉のしるしは、人間の副葬品より多いことさえある。こうした犬は、狩猟の腕前によって地位が決まる社会では正式なメンバーだった。犬が人間のリーダーだったのである。今日では、現実に存在するこのような動物のヒーローには、子ども向けの童話の本でしかお目にかかれない。

武器と犬は猟師の資本投資である。武器や犬がそれに見合う収益を保証する場合、別の問題がいくつか持ちあがる。狩猟の危険要素として一般的なのは乱獲である。狩猟文化は競争心が強くなりがちだからだ。競争相手に殺される獲物を保護しても意味がない。保護の必要が差し迫っていたとしても、どのみち、獲物をどの程度維持するのが適切かを計算するのはむずかしい。狩猟民族について一般に信じられている原始主義的、理想主義的な見方では、彼らは環境にたいする意識を持っていたとされるが、実際にはそのようなことはほとんどなかった。たいていの狩猟文化では、乱獲の習慣が繰り返される。ちょうど必要なだけ殺すのは非常にむずかしい。猟師が最も必要とする、脂肪がたっぷりついた大型の四足獣には、サイズは〝L〟しかないのである。歴史を通じて、ほとんどの時代、ほとんどの場所で使えた狩猟の方法では、落とし穴で多数の四足獣が犠牲になった。皮肉なことに、大量に殺すことになるのは、手ごわい獲物を狩るのがむずかしいせいである。個別に倒すのがむずかしいほど、一度に数多くの獲物をまとめて殺すことになりがちなのだ。そうなると、必要以上の食糧が手に入り、その一方で、猟師にとってなくてはならない動物が繁殖する集団が無駄に失われる。群れを一挙に全滅させてしまうこともある。南フランスのソリュートレ近くには、旧石器時代に猟師に追われて崖から落ちた一万頭の馬の骨が眠っている。チェコ共和国の遺跡では、落とし穴から一〇〇頭のマンモスの骨が見つかった。大型の種のほうが猟師によって絶滅させられやすいのは、繁殖に時間がかかるせいもあるが、なによりも、そうした動物は扱いにくいからである。捕らえるのがむずかしい動物や危険な動物については、仕留めるチャンスがあればそれを逃す手はないように思われるから、慎重に選ぶのは困難なのである。

白人がやってくる前のアメリカ先住民には自然保護の才能があったという神話があるが、大規模に動物を殺していた証拠があることから、それが偽りであることがわかる。実際、北アメリカの大半でもちいられていた方法は、とんでもなく無駄が多かった。先史時代の猟師に追われて崖から落ちたアメリカバイソンの死体の山が見つかったが、それは不可解なほど利用されていない。食べるために切りとられたのはほんの数きれにすぎないのだ。このことから、当時の猟師は長期的な供給を脅かしかねないほど大量の無駄を出しても気にしなかったことがわかる。十九世紀末にハドソン湾で観察されたイヌイットのカリブー猟では、猟師は故意に群れ全体を殺そうとし、ときには数百体を腐らせることもあったという。おそらく敵の手に渡したくなかったのだろう。[19]もっと弱い動物を主な獲物としていた部族の中には、自分たちで分け前を決めているところもあった。アメリカ先住民族のショショニー族はシカを無駄にしなかった。バイソンが生き延びたとしても、それは理性にもとづいて保護されたからではなく、あまりにも数が多くて絶滅しなかったからである。バイソンを救ったのは猟師の能力不足と技術不足だったのだ。これはひとつには、猟師が馬をもっていなかったためだ。馬はおよそ一万年前に新世界から姿を消したが、その絶滅では人間による破壊が大きな役割を演じたと思われる。

実際、「更新世の大量絶滅」の際には世界の多くの地域で狩猟対象の多数の生物種が姿を消したが、少なくともそのいくらかは猟師の浪費のせいだったと考えられる。西半球とオーストラリアの大型動物の大半は完全に姿を消し、旧大陸からは最大のゾウがいなくなった。これはひとつには、猟師が脂肪に飢えていたからだろう。[20]この時代に殺されたマンモスの死体はいまでも、槍の穂先がささった状態で発見される。多いものでは一体に八つの槍先がささっている。数多くの種類のシカが絶滅したのは、おそらく殺しすぎたからだ。狩りを自制できずに絶滅させてしまうのは、将来の備えがないために苦しんでいる人間に特有の悪習ではなく、人間一般の特性である。どんな環境でも、人間がやってくると、そのあとには生物種の絶滅がつづいた。ディプロトドンやオオカンガルー、人間の四倍の大きさがある飛べない鳥、体重が一トンもあるトカゲといったオーストラリアの大型動物は、狩りをする人間がやってきたあと、まもなく姿を消した。[21]最近になって犠牲になった動物には、マオリ族の狩りの獲物になって絶滅したニュージーランドのモアや、ハワイガン、ドードーなどがいる。殺しすぎるのをやめた猟師たちは、いまでも骨の折れる努力をつづけ、標的にする動物を選び出しては、たいへんな時間と労力をかけて追跡する。まさに、バリーの戯曲に描かれたメアリー・レズンビー嬢のやりかたである。ブッシュマンが狩りに費やすエネルギーはたいへんなものなので、最後に待ち受けている食事がそれに見合うものだとはとても思えない。狩猟民というのは「最適な狩猟の戦略」を追求し、捕らえにくい獲物にかけるエネルギーの無駄を最小限に抑えようとするものだといわれるが、彼らのやりかたはそうした戦略とは相容れないもののようだ。ローレンス・ヴァン・デル・ポストは、オオカモシカを探す猟師の一団に同行したことがある。ある朝、日が昇ってすぐに、群れが通った跡を見つけた。急ぎ足で休みなしにあとを追い、昼の三時ごろ群れを見つけ、矢を放った。だが、ほんとうの猟はまだはじまっていなかった。ブッシュマンの弓では、大物を倒すのはまず無理だ。そこでよく使われるのが、毒を塗った矢で獲物に傷を負わせてあとを追い、獲物が疲れ果て、毒がまわって倒れたところにとどめの一撃を加えるという方法だ。矢は二段式になっている。矢尻は獲物にささり、軸は地面に落ちて、血が流れなくても矢が命中したことがわかる仕組みだ。傷を負った獣は動きが鈍くなり、猟師はあとを追いやすくなる。だが、それは長く困難な追跡になりかねず、決着がつく前に猟師の食糧が底をつくこともある。ヴァン・デル・ポストが書いたケースでは、獲物の逃げ足が速かったため、矢が命中したかどうかを確かめている暇はなかった。ブッシュマンたちは追跡を再開し、こんどは駆け足になった。「彼らは完全に追跡に夢中で、疲れなどは感じていなかった」。二〇キロ近く休まずに走り、「最後の一キロは全力疾走した」。やっと群れに近づくと、一頭の雄牛が疲れているのが見てとれた。それからさらに丸一時間かけてその雄牛を追い立て、雄牛の動きを止めた。「雄牛が死ぬやいなや、ヌホウとバウハウが皮を剝ぎはじめた。それはこの追跡の圧巻だった。休みをとっていないというのに、彼らは最後のこの段階でも充分に元気で、皮を剝いでその重い動物を切り刻むという、たいへんな仕事にただちにとりかかった」[22]。そのうえ、饗宴や踊りをはじめるには、まだ長い道のりを家まで帰らなければならなかった。こうした過酷な生き方を今日まで貫いているブッシュマンが追求しているのは、明らかに、何世代にもわたって情熱を注いできた結果生まれた信念である。文化資本は、たんなる物質的利益のための変化に胸を痛めるような慣習に縛られているのだ。

大半の狩猟社会では、このような問題を防ぎ、なくすために、猟の獲物を管理する方法を工夫している。だが、多くの管理方法は牧畜にはおよばない。最も単純な手段は、群れの動物が一番肥えている時期や最も多く子を産む時期、あるいは繁殖の妨げにならない時期を選んで、狩猟をその季節に限定することである。どの季節に猟をおこなうかが、獲物となる動物のライフ・サイクルによって決まることもある。たとえばカリブーの場合、毛皮が最も厚くなり、肉に最も厚い脂肪の層ができるのは冬が近づくころなので、それ以外の季節にカリブー猟をしてもあまり意味がない。また、その動物の生息環境の生態が決め手になることもある。餌を求めて動物が最もたくさん群がっているときに猟をすると、獲物の量も最大になる可能性が高い。ときには、一年を通じた人間の活動のサイクルが最優先される。アメリカ西部のパイユート族がアンテロープやヒツジやシカの猟をするのは、刈り入れのためにみなが集まる秋である。これは、パイユート族の共同狩猟では集中的な労働が必要とされるためだ。一般に、雨が降るかどうかで狩猟の頻度が決まるのは、野火を使って動物を追い、仕留める場所へと導く場合である。[23] 火の使用は、猟の獲物を思いどおりに動かすためのよりすんだ方法であり、よく使われる。火を使うことで、猟師に都合のいい場所で草を食べるように仕向け、近づきやすいところに獲物を集中させるのだ。概念上は、これは放牧とあまり変わらない。禁猟区を設けて特権的な狩猟環境として保護することもできるし、国家機関が強力な社会では王室御苑や御猟場を設けることもできる。そうした場所では王や貴族が狩りを楽しんだが、それは食糧のためではなく、社会的分化を示す儀式であり、顕示的消費の誇示であり、おそらくは馬の背に乗る人間の支配権を思い出させるためだった。

群れを追う本能

動物の中にはもともと群居性のものもいて、その場合、猟師はプロの牧夫になる必要はない。ただ群れのあとについていけばいい。こうした場合、追っているのはどちらで、追われているのはどちらなのだろう。群れが人間を先導しているのであって、その逆ではない。アメリカの大草原に初めて入ったヨーロッパ人が目にしたのは、アメリカバイソンに頼りきっている人たちだった。住人は、事実上アメリカバイソンしか口にせず、アメリカバイソンの皮を身にまとって、アメリカバイソンのなめし革でつくったベルトでゆわえていた。雨露をしのぐのは、アメリカバイソンの皮でつくった天幕の下だった。この大草原での暮らしについての現存する最古の報告は、一五四〇年に馬に乗ってカンザスにやって来たスペイン人が書いたもので、そこには狩猟文化の典型的な食事の光景が記されている。アメリカバイソンを仕留めると、猟師たちは腹を切り裂き、消化されかけた草を絞ってその汁を飲む。「彼らが言うには、これには胃のエキスが含まれているからだ」。肉にとりかかると、片手を添えて歯で生の肉片をしっかり嚙み、一口分を切りとって「鳥のように、少し嚙んだだけで呑みこむ。生の脂肪を温めずに食べ、大きな腸を空にしてそこに血を詰め……喉が渇くとそれを飲む」[24]。唯一可能な生き方はみじめな移牧であり、文化があるとすれば、移動性にすぐれていることだけだった。木材は珍しくて貴重であり、荷物を運ぶ動物はいなかった。そのため、移動するときは軽い木の枝で骨組みをつくり、その上に家財道具を積みあげて、手で引いた。多くの物をひとつの包みにまとめて、脇にはさんで運ばなければならなかった。

だが、群れにすっかり隷属しているかのようにあとを追っている者も、狩りとなれば介入して群れの道を指図する。駆り立て、いっせいに逃げ出させ、特定の方向に向かうように仕向けたり、仕留めようとする獲物を群れから離したりするのだ。こうした技術が増えると、動物と人間の関係に変化が生じ、人間が動物の動きを管理するようになる。群居本能をもつ種は、より徹底した管理に向いている。地形その他の環境面が扱いやすく、群れに遅れずについていく手段が人間にあれば、猟師は牧夫となり、動物の群れを好きなところへ連れていくことができる。これがとくに魅力的な選択肢となるのは、群れを駆り集めるのを助ける犬がいる場合や、動物を訓練して先導させ、群れをまとめられる場合である。牛、ヒツジ、ヤギといった群れで飼われる最も一般的な動物はみな、こうした特性で他の動物と区別される。だが、群れを追う文化と群れを狩る文化のあいだに一線を引くことは、かならずしも簡単なことではない。

中間のケース——つまり、狩猟と牧畜の中間に位置し、一方が他方に変わりうることを示すケース——は、北ヨーロッパのトナカイの管理である。アメリカに生息する近縁のカリブーと同様、トナカイは考古学の記録が残るようになって以来ずっと人間のお気に入りの食べ物だった。トナカイにたいする渇望が、最後の大氷河時代の末期に狩猟民族を北のヨーロッパ北極圏へと連れていった。資源としてのトナカイの重要性の高まりは、三〇〇〇年以上にわたってたどることができる。ツンドラ、タイガ、森林限界地帯の一部では、人間とトナカイが生態系の中でしだいに支配的になり、実質的にこの二者しか存在しないほどになった。そのため、人間にはトナカイのほかに食べるものはほとんどなかった。[25]トナカイを活用するさまざまな方法が、何世紀ものあいだ並行して使われた。たとえば、荒野で狩りをする一方で、選び抜いた個々の動物を飼い慣らす習慣も持っていた。同時に、特定の群れの移動を管理することもできた。

しだいに、管理された遊牧と呼べるようなものが普及していった。つまり、いつもは季節ごとに移動する移牧生活を送り、必要に応じて遊牧を試みるというように、移牧と遊牧を組み合わせた形態である。アメリカ西部地方の牛と同様、トナカイには強い群居本能がある。そのためトナカイも、長期にわたって野生のまま飼い慣らさずにおいても、思いのままに駆り集め、新しい牧草地へ連れていったり、あるいは人間の側があとをついていったりできる。北米大陸の北極地方にいる大型四足獣にくらべると、ヨーロッパのトナカイはツンドラでも移動距離が比較的短く、通常はせいぜい三〇〇キロ余りしか移動しない。飼い慣らした雄をおとりとして使って、群れ全体を囲いに入れることもできる。また、人間との協力関係は牧草地を探すときに強みとなる。トナカイは、オオカミやクズリが近づかないように人間に見張っていてもらえるのだ。夏になると蚊がトナカイを悩ませるが、牧夫たちは火をつけてトナカイを蚊から守る。海岸沿いに住むネネツ族は、トナカイと魚を分け合うとさえいわれ、トナカイは驚くほど魚を好むようになるという。[26] また、それほど管理が厳しくない場合には、牧草地から牧草地へと移動するあいだにトナカイ自身がその季節の生息地を探すことを許され、トナカイに寄生する人間と犬がそのあとをついていくこともある。大規模な放牧がおこなわれるのはもっぱらツンドラで、そこでは、トナカイは生きるために欠かせない財産だとされる。これにたいして森林地帯では、トナカイは少数しか飼育されず、荷を引かせたり、変化に富んだ食事をおぎなったりするのに使われる。野営地の移動は狭い範囲にかぎられ、年間でせいぜい八〇キロほどしか移動しない。そして、トナカイに自由に餌をあさらせておいて、必要なときだけ駆り集める。これとは対照的に、昔からツンドラに住む人びとは、トナカイと切り離せない関係にある。生き延びるには、ほかに頼るものがないのだ。

トナカイを放牧する習慣は、九世紀には定着していた。そのころノルウェーからやってきたオッタルは、六〇〇頭の群れをもっていることをアルフレッド大王に自慢したと伝えられる[27]。それ以来、記録に残っている放牧生活の周期的なパターンは変わっていない。毎年春になると、飼い慣らされた雄ジカに率いられ、犬に護衛されながら、最初の移動をおこなう。夏は繁殖地で過ごす。秋は、十月の発情期を含めて中間の野営地で過ごしたのち、老弱な個体を選別して殺して、冬営地へと移動する[28]。現代では、数千頭の群れが一般的である。犬の助けを借りれば、二、三人の牧人だけで二〇〇〇頭のトナカイを世話できる[29]。トナカイは、充分な数がいさえすれば、人が生きるのに必要なもののほとんどすべてを与えてくれる。実際、ネネツ語でトナカイを指すジルエプは〝生命〟という意味だ。トナカイは荷物を運び、そりを引く。そり引きのリーダーとしてすぐれているトナカイは去勢するのが望ましいとされ、ラップ人の伝統では、男が歯で睾丸を嚙み切るのだという[30]。また、トナカイを屠れば暖かい毛皮が手に入るし、骨と腱は用途が広く、それぞれ道具の頭部、革ひもとして使われる。だが、トナカイの最も重要な役割は食料になることである。血や骨髄を飲めば即座に活力を補給でき、春の角はまだやわらかくて筋が多く、ごちそうになる。トナカイの肉は自然乾燥と自然冷凍によって簡単に貯蔵でき、主食として食べられている。近ごろでは、トナカイの肉はスカンジナビアの都会のレストランででてくる贅沢な料理のひとつであり、ヘルシンキやオスロの食卓では、それをもとにして富を築いたラップ人の大富豪の話が語られている。カウボーイの時代にアメリカの大草原をのろのろとすすんだ牛の群れは、家畜化の歴史の物差しでたとえると、トナカイのずっとあとに刻まれたひとつの刻み目程度のものだ。ジェームズ・H・クックは一九二〇年代の初めに書いた本のなかで、馬に乗って過ごした年月をふりかえり、おとりの群れを追いたてて野生の牛と入り混じらせ、そのまわりをぐるぐると馬でまわって《テキサス・ララバイ》を歌ったものだと記している。この歌には、まだ馴れていない雄牛を落ち着かせる効果があったという。「歌うカウボーイ」は、娯楽産業が考えだしたおふざけとばかりはいえないのだ。何かに驚いた牛がいっせいに暴走することは、この仕事につきものの危険であり、いったんそうなると、牛をつかまえるには投げ縄で捕らえるしかなかった。それに失敗すると、カウボーイは「手でしっぽをつかんでつかまえ、馬の向きをくるりと変えて突然勢いよく前進し、雄牛をひっくり返した」。そして、馬を急停止させて飛び降り、いつもベルトの下にもっている短い「結び綱」の一本で「その獣の……四足を縛りあげた。……このやりかたで追い詰められると牛は荒れ狂うので、追っ手が縛りつける前に強い動物が起きあがると、角とピストルの対決になった」。倒れた動物の足が完全に麻痺して硬直すれば、飼い慣らした牛で囲み、綱をはずしてもだいじょうぶだった。それがうまくいかなかった場合は、捕らえた牛をまた倒して、飼い慣らした老牛に首をつなぎ、柵囲いまで引いていかせることになる。(31)

　狩猟をやめて放牧することには、一長一短がある。仲間となった動物が人間に害を与えることもあるのだ。家畜は病気の感染源にもなる。コロンブスの二回目の大西洋横断航海で旧世界から新世界へ病気をもたらし、アメリカ先住民の人口を激減させたのは、たぶんブタと馬であり、人間ではなかった。(32) 二十世紀にも、インフルエンザ・ウイルスは中国のアヒルに潜伏し、「その一方でブタは、鳥類とヒトのインフルエンザ・ウイルスが遺伝子を交換する『混合容器』の役割を果たした」(33)

　とはいえ、狩猟から放牧への移行には、確実に食糧を手に入れられるという利点と、いくつかの点で料理の質が向上するという利点がある。長距離の移牧によって群れを飼育すると、年をとって肉がかたくなった動物が食卓に運ばれることになりがちだが、それでも猟師にくらべればいい食事にありつける見込みが高い。飼育した動物を食卓にのせられるだけではない。とくに食欲をそそる一頭を選んで、食事や料理を特別なものにすることもできる。家畜をそれぞれ引き離して、たっぷりの乳や極上の牧草を餌として与えて太らせることもできる。また、選りすぐった動物の子を殺して料理し、残酷な美食の勝利に酔うこともできる。たとえば南米のガウチョのベビー・ビーフがそうだし、ワイオミングの牛飼いのいわゆる畜生シチューは、まだ乳離れしていない子牛の臓物と脳味噌をベースに、二つの胃をつなぐ管のなかの消化されかけた乳状の内容物で風味をつけたものだった。(34)

定住社会の料理法では、野生の鳥獣や放牧で育った動物を調理するときにはかならず、あらかじめ食べごろになるまで吊るしておく。こうすると、バクテリアの分解作用が肉にはたらいて、筋組織がやわらかくなるのだ。この作用は、シカ肉の場合は最大三週間つづくが、飼育された牛の肉の場合はせいぜい三日しかつづかない。肉は必要に応じて、また好みに応じて、さまざまな段階で食べることができる。この過程全体は腐敗と呼ぶのが最もふさわしいが、消費者向けにはふつう〝熟成〟と呼ばれている。狩猟文化や牧畜文化の料理の話では解体されたばかりの肉が強調されるが、狩猟民族の歴史を概観すると過剰な殺しが広くおこなわれていたことからみて、腐りかけの味は昔から彼らの舌になじんでいたにちがいない。肉屋がいま〝熟成〟と呼ぶものは、家畜が死ぬとすぐにはじまる。まず、筋肉中に酸素を運ぶミオグロビンが変性してメタミオグロビンになる。加熱調理中も同様の過程が進行するが、ここではそれが緩慢なかたちで起こる。肉は茶色くなりはじめ、調理された状態に似てくる。酵素が筋肉にはたらいて、肉がやわらかくなる。最後にバクテリアがはたらきはじめ、コラーゲンを事実上分解しつくす。肉が腐りかけたときの味が現代の食通に好まれるとしたら、それはたぶん、正真正銘の猟獣の肉が、都市社会では高価で珍しいものになったからだろう。飼育された動物の肉だとまずいとされる味が、猟の獲物だと本物の証とされ、冒険の風味とされる。酸味のある果物には新鮮な猟獣の肉をやわらかくする効果がある。猟師がとってきた肉にかけるソースには、その動物の生息地でとれる果物をベースに使ったレシピが多いのはこのためだ。トナカイには昔からクラウドベリーが合うとされ、イノシシにはプルーンが、野ウサギにはネズの実、あるいはイタリア人がアグロドルチェと呼ぶ酸っぱいソースが合うとされる。イギリスでは、シカ肉のローストやグリルにはカンバーランド・ソースと呼ばれるすばらしいソースを添えるのが習慣になっている。このソースはレッドカーラントがベースだが、オレンジ・ピールとポートワインを加えることによる自意識過剰気味の洗練された味にはかなわない。豚肉にアップルソースをかけるイギリスの習慣は、もともとはイノシシのために考案された付け合わせのスタイルを引き継いだものである。ふつうは野生に近いものほど肉の脂肪は少ないため、猟獣の肉や放牧で育った動物の肉を定住民が料理する場合は、農場で育った家畜の脂肪で包むことが多い。たとえば、トナカイ好きのグルメのあいだでは、豚肉の脂肪をシチューに加えるべきかどうかという答えのでない議論が激しく戦わされている。ほとんどの猟師や牧夫は季節ごとに移動するためたくさんの重い料理道具にわずらわされるのを嫌がることから、料理で重きをおくところは明らかに違ってくるが、それを除けば、放牧社会や狩猟社会の料理にこれといって変わったところはない。

狩猟の対象となる動物には、家畜化されるものもあれば、されないものもある。それはなぜだろう。どうしても家畜化できない動物もいるのだとよくいわれるが、野生のままになっている動物は、猟師の文化や生息環境の性質から生じるさまざまな理由で家畜化をまぬがれていると考えたほうが当たっているだろう。人間がほんとうにカンガルーを放牧して管理したいと思えば、カンガルーの放牧も可能である。なかには簡単に飼い慣らすことのできるカンガルーもいるのだ。筆者の友人は子どものころペットとしてカンガルーを飼っていた。野生に返したあとも、そのカンガルーはよく彼のところに戻ってきて、階段をのぼり、寝室のドアをノックしたという。従順なカンガルーは、成長してから捕獲することも、赤ん坊のときから家畜として飼育することもできる。オーストラリアの一部の地域で昔から先住民が使ってきた管理法のなかには、火を使って、猟師が近づきやすい場所でカンガルーが草を食べるように誘導するという方法もある。このような管理法を発展させれば、完全に管理された群れを人間が自由にあやつるところまでいけるだろう。シマウマも、人間の支配に服従したがらない動物だと思われている。シマウマはたいてい、身を守るときは獰猛になる。だが、中世のアビシニアの皇帝は戦車をシマウマに引かせていたし、種としてはどれほど手に負えなくても、扱いにくさには個体差がある。数世代にわたって都合のいい個体を選んでいくうちに、家畜に向いた品種ができるかもしれない。(35)

オオツノヒツジは先史時代に、現在のワイオミング州にあたるところで狩りの獲物にされていた。木でつくった囲いの中に追い込まれ、棍棒で殴り殺されていたのだ。だが、このやりかたが完全な牧畜に発展することはなかった。現在の子孫から判断すると、おとなしく捕獲されただろうと思われるのに、である。(36) 頭に浮かぶ唯一の理由は、オオツノヒツジの生息地は猟師が住んでいる場所よりも標高が高かったことだ。猟師たちは特定の季節に山地へ出かけていくのはいとわないが、羊飼いの生活に適した環境に永久に順応したいとは思わなかったのだろう。

牧畜がもたらした最後にして最大の影響は、酪農が食糧生産技術のひとつになったことである。この結果、人間の食事に新たに華やかな食品が取り入れられただけでなく、人間の進化も影響を受けたようだ。ほとんどの狩猟社会では、人は乳製品に無関心なだけではなく、積極的に嫌っている。それに、たいていは代謝が乳製品を受けつけない。乳糖不耐症は多くの社会にみられる。実際、動物の乳を消化する能力は、ヨーロッパ人、北米人、インド人、それに中央アジアや中東の人びとだけが持つ身体的特性である。世界のその他の地域に住む人びとの場合、幼児期を過ぎるとラクターゼ（乳を消化可能にする物質）が自然にできることはない。数百年、数千年も家畜類を放牧し、飼育してきた世界の各地では、いまも多くの人が乳製品を好まず、アレルギーを示すことさえあるのがふつうである。中国料理では、乳製品が重要な役割を演じることはない。牛乳、バター、クリームはもちろん、ラクターゼの助けがなくても消化できるヨーグルトやバターミルクといった食品でさえ、野蛮な味として嫌われる。日本人の少なくない人が乳製品を受けつけない。昔日本にやってきたヨーロッパ人にはいくつか不快な特徴があるとされたが、そのひとつは、日本人の鼻には彼らは「バターのいやな臭いがする」ことだった。一九六二年、約四万四〇〇〇トンの粉ミルクがアメリカの食料援助としてブラジルに届けられたが、ブラジルの人たちはそれで体調を悪くした。当時ブラジルにいたマーヴィン・ハリスによれば、アメリカの役人は憤慨し、ブラジル人は「粉ミルクを手づかみでそのまま食べている」とか「汚れた水で溶いている」などと非難した。だが実際には、彼らはただ慣れていないだけだった。[37] ブラジルの牧場は昔からずっと肉牛専門で、乳牛は飼われていないのだ。

何も手を加えていない牛乳を飲むなんて、考えただけでぞっとする。バターが炒め物に珍重されるのは北欧文明の特徴のひとつだが、この歳までがんばってみたものの、わたしはいまだに受け入れられずにいる。同様の個人的偏見によるのだが、オリーブオイルが手に入る中東で、ヒツジのバターがコメやソバを使った料理に最適だとされる理由が、わたしにはわからない。何世紀も前にアラビアの砂漠やユーラシアのステップ地帯の牧畜民がこの地域の料理にもたらした、牧夫特有のかたよった好みに逆戻りしているような気がするのだ。とはいえ認めざるをえないのが、世界の美食の大きな功績のいくつかが達成されたのは、乳を消化できるようにする戦いを通じてだったという事実である。それはチーズと呼ばれる。乳に含まれるバクテリアを増殖させ、あるいは増殖を促進して、乳内の脂肪とタンパク質が分離、凝固してできる固形物を取り出したものだ。チーズの味、色、かたさは、どれも関係するバクテリアの種類によって決まり、関与の度合いはそれより低いが、チーズの作り手が凝乳を促進するために何をするかにも左右される。可能性のある組み合わせは数え切れない。おそらく無限にあるだろう。絶えず新たなチーズがつくりだされている。

最初のチーズはいつ、どうやって生まれたのだろう。どちらの質問も、現在の知識では答えられない。チーズづくりは紀元前七千年紀の岩壁画に描かれており、考古学の資料では少なくとも紀元前四千年紀のものに記録が残っている。したがって、それよりもさらに古い時代からチーズがつくられていたと考えられる。奇抜な思いつきかもしれないが、狩猟と牧畜の歴史がチーズに再現されているという考えに、わたしは強く引かれている。狩猟に対応する段階では、覆いをせずに放置された乳が、バクテリアを捕らえる罠となって手当たり次第にバクテリアを集める。そして、乳を発酵させる条件を調節することにより、特定の有益な効果が保証される。これは事実上、特定のバクテリアが「放牧」されていることを意味する。昨今では大量生産によって、チーズの名に値するとはとても思えない代物がつくられている。低温殺菌では、殺菌過程がはじまるとすぐに関係するバクテリアが破壊されるので、必要な効果を確保するために、精選した培養菌が代わりに加えられているのだ。

海の狩猟

野生の食べ物を手に入れるのはむずかしくなってきている。アメリカは豊かな国だとされているが、猟獣の肉を手に入れようと思ったら、大都市にさえないような、ごく少数の特殊な店に行くほかない。知り合いのドイツ人は、ウサギ肉を使ったドイツ風シチュー、ハーゼンフェファーをフィラデルフィアの友人にごちそうしようと思いたったのだが、野ウサギを手に入れるためにニューヨークまで行かなければならなかったという。アメリカでいまも広く狩猟の対象になっている野生の七面鳥や、環境保護のために間引かれているシカやクマなどの動物でさえ、めったに買うことができないし、大半の人には一握りのしゃれたレストラン以外では口にする機会がない。ヨーロッパでも、シカやウサギといった伝統的な野生の食べ物は家畜化されたものにほぼ取って代わられている。ライチョウやキジの猟場はいまではかなり厳しく管理されているので、猟場の管理人は農場管理者に分類しなおしたほうがいいくらいだ。

いまでは、狩猟は食料を手に入れるための原始的な方法であって、貴族の道楽、血に飢える傾向のある人びとのレジャーでしかないと考えられている。だが、これはまったく誤った見方だ。世界の食料供給は今日でも、〝新石器革命〟と農業の発展に先立つ時代と同じくらい狩猟に頼っている。狩猟がもたらす食料の量は、くわしい情報にもとづく推測によれば、二十世紀には四〇倍近く増加した。二十世紀は狩猟の最後の時代としてだけでなく、狩猟が最も盛んだった時代として歴史に残るだろう。もちろんこれは、かなり特殊な、今日の機械化のすんだ形態の狩猟、つまり魚猟のことを指している。

漁業は実際、狩猟の一形態である。先進欧米諸国の近年の歴史を見ると魚の需要が大きく増加しているが、ほとんどの人はこれを、前章で論じた現代の強迫的な健康志向と結びつけて考えているようだ。しかし、豊かな欧米で魚の需要がめざましく増加したのは、狩猟と呼べるものがもたらす最後の主要な食べ物にロマンを感じ、偏愛した結果ではないだろうか。漁業が狩猟に分類されにくいとすれば、その形態のせいにすぎない。漁業は明らかに、現代世界で圧倒的に優勢な農耕社会や工業社会の陸上でおこなわれている狩猟とは種類が違う。たいていの社会では、漁業は地味な仕事である。森の中で獲物を追ったり、猟場で銃を撃ったり、タカが舞い降りたり、檻に閉じ込められていないヒョウが跳ぶように走ったりといった貴族趣味はまったくない。だが、現在のカナダ西部とアメリカ北西部の伝統的な社会では、最近まで、漁猟を目的とした人びとが主としてカヌーに乗り込み、クジラや大型のサメといった危険な海の生物だけを追いかけていた。十八世紀と十九世紀の礼服には、銛が刺さった巨大な動物が漁師と闘っている場面が描かれている。現在のペルーにあった古代モチェ文化では、マカジキ漁は絵画に描かれるほど名誉ある仕事だった。今日でも、トロール漁業は狩猟の一形態として全世界の食糧資源に大きく貢献している。日常的な仕事になったとはいえ、いまもなお独特な儀式に満ちているし、勇ましいことではなくなったが、獲物を探し求めることに変わりはない。トロール船の乗組員は魚を追いかけなければならない。天気がくずれると、獲物を逃がすこともある。ときには漁師が命を落とすこともある。

陸の猟場と同様、漁場でもつねに乱獲の傾向が見られる。漁師にとって唯一の合理的な戦略は、競争相手に先を越される前にできるだけたくさん網にかけることだからだ。人がロマンを求めて漁師に抱くイメージを非常に生き生きと描写した最近の作品に、セバスチャン・ユンガーのベストセラー小説『パーフェクト・ストーム』がある。そこに描かれた、命をかけ、悪天候をものともせず、使命感にとりつかれ、休むことなく獲物を追いかける漁師の姿の根底には、冷徹な現実主義がある。海を警備することは不可能なため、問題はいっそう大きくなる。二十世紀には、漁獲高は四〇倍近くに増加した。ジョン・マクニールの計算によれば、三〇億トンという水揚げは、前世紀までの漁獲高をすべて合わせた量より多いという。(38)肥料や動物の餌に魚粉が使われるため、人間が食べる量をはるかに超えて、魚は世界の重要な栄養源となっている。二十世紀に消えた漁場や消えつつある漁場はうんざりするほどたくさんある。これは気候の変化と魚の回遊パターンの変動で説明することもできるが、どこにでも見られる最大の原因が乱獲であることはほぼ間違いない。メイン・ロブスターは、昔は豊富にいたので、初期の移民は海岸から水の中に手を伸ばしてたくさんつかまえたものだった。だが、一八七〇年代から保護のために捕獲が規制されたにもかかわらず、年間一万トン余りあった漁獲高が一九一三年には三〇〇〇トン足らずに激減した。現在では漁獲高はめざましく回復しているものの、安定しているとはいえない。カナダは一九九六年にタラの漁場を禁漁にした。現在の大西洋のタラ資源は、過去の平均のわずか一〇パーセントにすぎないと見られている。カリフォルニアのイワシと北海のニシンは、一九六〇年代以降、めったに手に入らないものになった。日本のマイワシ漁場は一九三〇年代には世界最大を誇ったが（マイワシはニシンの一種で、学名は *Sardinops melanostictus*）一九九四年には絶滅寸前まで追い込まれた。またナミビアでは、一九六五年には五〇万トンあった漁獲高が、一九八〇年にはとうとうゼロになった。[39]

陸上では、猟獣の数が危険なほど減った場合、ひとつの解決策として牧畜をおこなう。何頭かを捕獲し、囲いに入れたり一箇所に集めたりして、繁殖させるのだ。魚の場合、これに対応する方法は養魚、養殖であり、〝フィッシュ・ファーミング（魚の栽培）〟と呼ばれる。実際には植物の栽培よりも家畜の放牧に近いのだが〝ピッグ・ファーミング（養豚）〟や〝チキン・ファーミング（養鶏）〟という言い方もあるし、魚の養殖に使われる集約的な方法による生産高が、きわめて効率的とされるブタや家禽のバタリー法による生産高さえ上回ることを考えれば、〝ファーミング〟という言葉が使われるのもうなずける。海での魚の養殖は、将来への希望の源であると同時に、不安の種にもなっている。漁業を商業ベースにのせるためには、予測可能でなければならず、特定の場所で集中しておこなう必要がある。既存の漁場はほとんどが沿岸の、魚が餌を食べられる大陸棚にかぎられ、魚がいる場所は魚自身が選ぶ回遊ルートによって決まる。これは変わる可能性があるし、現に、気候の変化とともに変わりつつある。しかし、世界の海産物のほぼ半分が捕獲される五つの海域――大西洋のアフリカ、ナミビア沖とカナリア諸島の南部沿岸、インド洋のソマリア沖、太平洋のカリフォルニア沖とペルー沖――では、大陸棚が急傾斜し、海岸が絶壁のように海に落ちこんでいる。ひっきりなしに吹きつける強い卓越風で海面の水が吹き払われ、そこに冷たい海流が流れこむことにより、ふたたび栄養物が豊かに供給されて魚を引きつけているのだ。ペルー沿岸ではときどきカタクチイワシがたくさん群がって、女性や子どもでも帽子ですくい取れるほどだという。こうした状況を人工的に再現するのは容易ではない。

それにもかかわらず、漁猟の代わりに養殖が可能なところでは養殖に移行するのが当然の成り行きであり、すでにそうなりつつある。前述のように、貝の養殖はきわめて古くからおこなわれていた。軟体動物の養殖がはじまったのと同じくらい古くに大型の海水魚が養殖されていた事例さえある。フィリピンなどの太平洋の島々では、いつはじまったかわからないほど古くからサバヒーという魚が養殖されている。[40] 養殖業者は満潮時に砂浜に穴を掘り、潮が引くと、その穴に取り残された稚魚をすくいとる。サバヒーは紅藻を餌にしてどんどん成長し、体長が九〇～一二〇センチ程度になれば市場に出せる。コイは、品種によっては、ほかの魚だと小さすぎて見向きもしないようなプランクトンや刈り取った芝を餌として与えることができ、紀元前二千年紀半ばの中国の記録にあるような淡水池で養殖されている。沖合の養殖場の小エビやサケ、淡水環境のコイ、スズキ、ウナギ、ピンク色の身をしたマスはどれも、産業として成り立つ規模で養殖するのに非常に適している。そのため、世界の養殖では現在、これらの種が支配的になっている。一九八〇年には、養殖場で生産された食料は五〇〇万トンだったが、約三〇年後には、この数字は二五〇〇万トンになった。この動きで世界をリードしているのは中国で、全生産高の半分以上を占めている。現在では深海魚の養殖も技術的には可能である。このビジネスの経済性を考えれば、いずれ深海魚の養殖場が開発されるのは間違いない。

野生の状態では、一匹の魚を生むのに一〇〇万個の卵が必要とされる。だが人工授精の技術を使えば、確実に卵の八〇パーセントを受精させ、六〇パーセントを孵すことができる。また、ホルモン処置によって、産卵する雌の受精率を個別に高めることもできる。酸素の供給、水温の管理、人工プランクトンの助けを借りて、魚は野生の状態よりも速く、大きく成長する。養殖のサケの生産高は海面一ヘクタールあたり三〇〇トン以上であり、これは肉牛の生産高の一五倍に相当する。ハタ科の魚は、水温を約二四度にすると、温度が変化する自然の生息地にいるときの二倍の速さで成長する。(41)こうしたことを考えると、魚の養殖が増加するのは避けられないと思われる。そして、そのあとに野生種の絶滅がつづくのは間違いない。養殖魚は病原菌を運ぶからだ。品種改良や治療のおかげで養殖魚には抵抗力があるが、養殖場の囲いの外の免疫がない魚にうつれば悲惨なことになるのは目に見えている。

現代になって魚の養殖が〝急増〟した結果、陸の方でもかすかながらいくつか反響があった。影響を受けたのは、ダチョウや一部のシカなどの、それまで家畜化されていなかった陸の動物である。これらの新たな試みは、ともに、長いあいだ中断されていた牧畜革命の再開を意味する。食料を得るための大規模な牧畜は、ほとんどの社会ではるか昔におこなわれていた。そのとき、牛やヒツジ、ヤギ、ブタ、鳥類が――あえて言うまでもないが――囲いに入れられたのだ。われわれは、ほんとうの意味での古代の知恵に戻っているのである。

第四章

食べられる大地——食べるための植物の管理

「大地よ、なぜそんなに出し惜しみする。
こうして掘っているのはすべて穀粒のため。
恵みは気持ちよく与えてこそ。そんなにしぶしぶではいけない。
なぜ農業にこれほどの汗と労働が必要なのだ？
骨折りの代償として与えることでどんな害があなたにおよぶというのか」
これを聞いたなら、大地は微笑んでこう言うだろう。
「そうしたとて、私の栄光が大きく増すことはないだろう。
そして、おまえの誇りと名誉は完全に消えてなくなるだろう」(1)

——ラビンドラナート・タゴール『粒子、走り書き、ひらめき』

夜明けに地獄のベッドから
歩いて悪魔は立ち去る。
居心地のいい小さな農場、大地を訪ね
家畜のようすをみるために。

——コールリッジとサウジー『悪魔の思想』

狩猟採集と農業

〝モンゴリアン・バーベキュー〟を出すレストランでは追体験できないが、モンゴル人が実際に料理に使う鍋は金属を薄く打ち延ばして、軽く、持ち運びやすくしたものだ。火から立ちのぼる煙は中央にある煙突から逃がされる。外側のドーナッツ状の部分では湯が激しく沸騰し、ほんの数秒で肉——あるいは心温まる羊肉の脂肪——に火が通る。たいていのモンゴル人が脂肪のほうを好むのは、冬になると風に冷やされて草原の気温が零下四〇度にもなるという極端な気候に暮らしているためだ。また、薄い金属板に脂肪を塗りつけて火にかけ、そのごちそうを焼くこともできる。これは遊牧民の食べ物、戦闘準備を整えた者たちの料理であり、焚き火が戦士たちのきずなとなり、槍が焼き串となり、盾が鍋となった時代を彷彿させる。この食べ物には農民を寄せつけないところがある——農民は定住民であり、遊牧民は定住民を憎み、彼らと闘うとされる。

肉を提供してくれるのは、モンゴル人の移牧生活の相棒たちである。余分な馬を処分できるときや年老いた馬が死んだときなど、まれに馬の肉を食べることもあるが、ふつうは脂尾(しび)羊(よう)の肉だ。脂尾羊は遊牧民の品種改良によるきわめて独創的な産物のひとつである。このグロテスクな動物は、アラビアでは古代から記録に残っているし、現在でも、とくに中東と中央アジアの草原や高原の、遊牧民の文化が浸透しているところではよく見られる。このヒツジが引きずっている尻尾は重くてかさばり、ビーバーの尻尾と同じくらいの幅になることもある。自由に動けなくなると、たいへんなことになる。ひどいときには、尻尾を運ぶためにヒツジに小さな荷車を取りつけなければならない。だが、得られる恩恵はそうした不便をおぎなって余りある。遊牧民の牛の肉は旅で鍛えられて筋肉質なのに対して、脂尾羊の尻尾の脂肪は驚くほどやわらかいのだ。まるで即席の油のように、すぐに溶ける。熱する時間がなかったり火をつけるためのたきつけが手に入らない場合でも、生のまま食べることができて、すぐに消化される。この貴重な物質を、動物を殺さなくても切り取れる部分に集めることは、絶えず移動をつづける人びとにとってはなにものにもまさる天の恵みだった。

　草原ではたいてい薪は手に入らないので、モンゴル人は昔から動物の糞を燃やして料理をするか、火を使わずに調理できる肉に頼っていた。火を使わない調理には風乾のほかに、中世以降それを目にしたヨーロッパ人を感心させ、また不快にさせた独特の方法がある。切りとった肉を鞍の下に置いて馬に乗ると、肉は繰り返したたきつけられ、馬の汗も加わってやわらかくなるのだ。加熱調理に代わるものとしてのこの方法は、一八一五年にブリヤ＝サヴァランと食事をともにしたクロアチアの大尉が確かな根拠のあるものとして推薦している。

「なんとまあ、」と彼は説明した。

　野に出ていて腹が減ると、ともかく最初に出くわした動物を仕留めて、肉を分厚く切りとって、軽く塩をふり（図嚢のなかにはいつでも塩が入っていますから）、それを鞍と馬の背のあいだに置くんです。それでしばらく速駆けしたあと、

「あごを動かして肉を歯で嚙み切るしぐさをしながら、『むしゃむしゃと王侯のように食べるんですよ』」と彼はつづけた。(2)

伝統的なモンゴル料理の残りのレパートリーは、ほとんどがヒツジと馬の乳でつくるものだった。馬の乳は、文字どおり生命の維持に欠かせない。ビタミンCを豊富に含んでいるため、草原に住む人びとはこれを飲むことで、定住民のように果物や野菜を食べなくても生き延びられる。牧夫のメニューには、おびただしい数の乳製品が載っている。かたさや、甘味と酸味の加減など、ありとあらゆる組み合わせでつくられた乳製品だ。だが、モンゴル人がつくる乳製品で最も有名なのは、儀式や祝いの席で飲まれる馬乳酒である。伝統的な方法では、馬乳を羊皮にためて、ときどき静かに振り、まだ若干少し泡立っているときに飲む。やはり牧畜民族であるケニアのマサイ族は、エネルギー摂取量の八〇パーセントを乳からとっている。マサイ族はまた、牛のあとを追いながら牛に傷をつけて血を抜き、そのまま止まることなくその傷をふさぐという独特の方法で悪名高い。だが、長距離の移牧ではかならずこ

のようなやりかたが必要となるのだ。血は、乳と同様、牛を殺さずに得られる栄養だからだ。血を食べるなら火を通してからでなければという定住民は、血を飲むために血管に穴をあける遊牧民の習慣は残忍で血に飢えた証拠だと考える。だが、絶えず移動している牧夫や、燃料が充分にない草原の民にとっては、それは実用的な工夫である。モンゴル人が闘うときには、これは戦略上重要な技術だった。急襲部隊の兵站支援が不要になり、敵が驚くほどの速さで行動できたし、広大な帝国の治安を費用をかけずに保つこともできた。

こうした動物性の食事は、一見、基本的に植物性の食品をいっさい使わない料理のように見える。しかし、遊牧民が農産物を軽蔑しているというのは正しくない。遊牧民の歴史では、農産物を手に入れることが大問題だった。穀物や、栽培された果物や野菜などは遊牧民の暮らす環境にはないため、非常に珍重され、莫大な費用をかけて運ばれることも多い。また、ここ三〇〇年ほどは定住社会が技術格差を広げ、遊牧民が戦争をしてもその格差を埋めることはできなかったが、それまでは戦争や戦争の脅威を通じて、力ずくで貢ぎ物として手に入れていた。近隣の定住民族に対して遊牧民が敵意を抱くのは、定住民の文化を侮蔑しているからではなく、もっと彼らの文化の恩恵にあずかりたいという欲があるからだ。十六世紀初頭に、レオ・アフリカヌスが北アフリカのトゥアレグ族のキャンプでもてなしを受けたときの体験は、典型的なものだった。レオ一行には雑穀のパンが出されたが、もてなす側はミルクと肉しかとらなかったのである。肉は薄く切って焼いてあり、風味づけにハーブや、黒人の地でとれたたくさんの香辛料が使われていた。……王子はわれわれが驚いているのに気がつくと、自分は穀物の育たない砂漠で生まれたのであり、自分たちはその土地でとれたものしか食べないのだと、愛想よく説明した。そして、通りすがりの外国の人をもてなせるくらいの穀物は手に入るのだと言った。

だがレオは、このように多くを語ろうとしないのは見栄もあるのではないかと疑い、それ以後の学者たちもたいていはそう考えている。遊牧民は、穀物が欲しければ物々交換や襲撃によって、あるいは貢ぎ物として手に入れる必要がある。そうでなければ、野生の穀物を採集するしかない(3)。

採集という方法がつねに可能とはかぎらない。採集できる野生の食べ物が非常に少ない環境もある。だが、採集が可能なところでは食用植物の採集が広くおこなわれ、新しく植える品種を探す農民ばかりか、根っからの猟師や牧夫のあいだにも浸透している。つまり、農業に対して強い文化的偏見をもっていたり、野生植物の栽培に適さない環境に住む人びとも採集をおこなっているのだ。オーストラリア原住民の多くは野生のヤムイモを活用し、地面に塊茎の先を残したり植えなおしたりすることで繁殖を助けている。これはつまり、彼らが望めば栽培も可能だということだ。しかし、彼らはそうすることを望まない。歴史生態学の偉大な先駆者のひとりである農学者のジャック・ハーランは、野生のイネ科植物と栽培可能なイネ科植物の関係を調べているとき、野生の小麦を石の鎌で刈り入れてみたところ、二キロ足らずを刈りとるのに一時間かかったという。こんなに時間がかかるのでは、食用種が手に入った昔の人びとは栽培しようという気にならなかっただろう。俗に〝ワイルド・ライス〟と呼ばれるミネソタ産のイネ科植物は、いまでは米国全土で珍重されているが、かつては先住民の主食だった。先住民は、かなり効率よく労力を使って大量に採集していた。

ともかくも——どこで、どうやってかは依然としてわかっていないが——採集に代わって農作が、食用植物を獲得する手段となりはじめた。この新しい体制のもとで、農民は自然に発生する品種に頼るのではなく、新しい場所に移植した。移植する土地はおそらく目的に合わせて手が加えられたと思われ、その手段はわれわれがおおまかに〝文明〟と呼ぶような、自然環境への徹底的かつ意欲的な介入だったと考えられる。整地の方法としては、例をあげると、土起こしや灌漑や施肥、自然植生の伐採、雑草取り、捕食動物の掃滅、堀や盛り土による地勢の造り変え、水の流れる向きの変更、柵作りなどがある。土地が整うと、植える種類を選び、交配や接ぎ木といった技術を使って独自の品種を開発できた。農業は、牧畜とともに、進化の過程に対する人類の最初の大きな介入だった。自然選択によってではなく、人為的な操作——人間の手による分類と選択——によって新しい種を生みだしたのである。歴史生態学の観点からみると、これは世界の歴史における最大の革命だった。これほどの規模の躍進はその後絶えて繰り返されず、これに匹敵するといえるのは十六世紀の〝コロンブスの交換〟（これについては第七章で論じる）か二十世紀末の〝遺伝子組み換え〟のはじまり（四二七〜四二八ページ参照）くらいだろう。

食用植物の利用法のこのめざましい進展で不可解なのは、ひとつにはその発生があまりにも急で、およそ一万年前から五〇〇〇年前までの約五〇〇〇年のあいだに一気に起こったことである。これは、その前の時代とくらべると短く感じられる。それまでは、わかっているかぎり、採集が植物利用の唯一の方法として世界中でおこなわれる時代が長くつづいていた。さらに奇妙なのは、農業が生活様式としておおいに人気があったことである。その普及ぶりは、人類の圧倒的多数がそれに頼るようになったほどだった。だが農業がはじまると、それにともなって社会や政治が大きく変化した。そうした変化のほとんどは、一般の人びとに忍耐を強いるものだったと考えられる。このため、農業の起源の問題は近年、学問の世界で最もよく議論されるテーマのひとつになっている。関連文献を調べると、農業がどのようにして起こったかを説明する学説は三八もあり、それぞれの主張が異なっていて相容れない(4)。これまでに提示された解答はどれも、まったく申し分ないとはいえないようだ。われわれはいまも、実のところはダーウィンが提示したモデルに磨きをかけているにすぎない。

われわれはすばらしい野菜やおいしい果物に慣れているので、ノラニンジンやパースニップの繊維の多い根とか、野生のアスパラガスや野生のリンゴやリンボクの小さな新芽が珍重されていた時代があったなどと信じる気にはとてもなれない。だが、オーストラリアや南アフリカの未開人の習慣について知られていることから考えて、このことに疑問の余地はない。……どちらの土地でも、未開の住民たちは苦労を重ねてどの植物が食べられるか、また各種の調理で食べられるようにできるかを調べ、しばらくしてから、それをふだんの住まいの近くに植えることで、栽培の第一歩を踏みだすだろう。……次の段階では、先見の明はほとんど必要ないだろうが、食べられる植物の種子をまくことになるだろう。そして、先住民が住むあばら屋の近くの土に肥やしをやることが多くなると、遅かれ早かれ改良された品種が生まれるだろう。あるいは、土着の植物のなかでも格別すぐれた野生種が年老いた賢い未開人の注意を引くかもしれない。老人はその植物を移植したり、その種子をまいたりするだろう。……すぐれた種類の植物を移植したり、その種子をまいたりすることに必要な先見の明は、せいぜいが、文明の初期の未発達な段階にもあったものと同程度である。(5)

このモデルは明らかに、少し厄介な未解決の問題を含んでいる。歴史学者にとっては、これこれのことが起こった〝だろう〟とか起こった〝かもしれない〟という表現に押し戻されるのは、決して納得できることではない(もっとも、農業の起源のようなはるか昔の、記録も残っていない出来事について考えるときには、こうしたことに頼るのは避けられないことではあるが)。われわれは実際に何が起こったのかが知りたいし、推論だけでなく客観的事実にもとづいて結論を出したい。〝未開人〟が身につけた技術は〝先見の明〟をほとんど必要としない種類のものだと決めつけられると、とまどいを覚える。そうした考えとは相容れない認識を、われわれは人間の本性に関してずっと抱いているからだ。人類という種の出現以来、わかっているかぎり知性の点では進歩していないのだから、知性がしだいに高まっていくのではなく、歴史のあらゆる段階、あらゆるタイプの社会で——脱近代社会と同じように旧石器時代にも、「ニューヨークと同じようにニューギニアでも」——天才が生まれるのだと認めざるをえない。[6]われわれはそう考えてきた。そのうえ、ダーウィンが正しいとすれば、野生種の量や栄養価が不充分な地域で植物栽培の最初期の事例が見られてもおかしくない。だが実際には、事実はその反対のようだ。

早い時期に植物の栽培をはじめた地域の多くは、手に入りやすい野生の食べ物が豊富にあって、人が植物を栽培する動機はほとんど見あたらなかった。世界で最初の耕作の舞台とされている東南アジアの三角州は、先史時代には「野生のイネの宝庫」だった。[7]また、中東、中国、東南アジア、ニューギニア、メソアメリカ、中央ペルー、エチオピアなど、古い時代に独立した農業をはぐくんだと一般に認められている地域はみな、当時は小気候や特殊な生態的地位に富んだ多様な環境を特徴としており、食糧が不足していたとは思えない。パレスチナのナトゥーフ文化——この文化はのちに、知られている最古の完全農耕社会のひとつを生む——では、早くも紀元前九千年紀に野生の穀物を大量に収穫していた。[8]ナトゥーフ文化の遺跡には、岩盤に食い込んだ石臼、鎌、すり鉢が散乱している。この地域には、野生の大麦と、人間が消化できる二種類の小麦——ヒトツブ小麦とエンマー小麦——が自生していたらしい。実際にこうした穀物を道具を使って挽いたものが、エリコ（二〇三～二〇四ページ参照）、ムレイビト、アリ・コシュの遺跡で見つかっている。古代に都市化が試みられたチャヨヌでは、エンマー小麦、ヒトツブ小麦、レンズマメ、エンドウマメ、ソラマメなどが市民の食事を支えていた。

エンマー小麦やヒトツブ小麦が多くの古代遺跡で見つかっているという事実が、ひとつの手がかりになるかもしれない。これらの小麦の穀粒は包頴（ほうえい）というかたくて食べられない葉で包まれていて、それを取り除くのは非常に骨が折れる。そのため、こうした小麦をたくさん食べていた人びとは、処理の楽な派生種を育ててみようと思い立ったのかもしれない。だが、その背後にある目的が労力の節約だったなら、穀物の栽培は失敗だったと考えざるをえない。現実には、古代の農民は例外なく、節約した以上の労力をかけることになっただろう。栽培穀物は、例外なく、もともとの野生の穀物より栄養分が少なかったが、栽培単位あたりの産出量は多く、調理に必要な労力は少なくてすんだ。だが、調理の前に、植えて育てなければならない。これは骨の折れる仕事であり、野生穀物を刈り取っていた人びとの採集という方法にくらべて、多くの時間と労力を必要とした。

そのうえ、農業の導入はしばしば有害な結果を引き起こした。ごく一般的な社会――コメや小麦、大麦やトウモロコシといった単一の食品を主食とする文明――では、食事の幅が狭まるにつれ、飢饉や病気の危険が高まった。その一方で、狩猟は誰でもがする娯楽ではなくエリートの特権となり、変化のある食事は権力の対価となった。つづいて起こる文明の洗練――エリート層の満足のために一般大衆を犠牲にして建てられた高くそびえる記念碑――は、ほとんどの人にとっては苦労が増し、よりひどい圧制におびえることを意味した。(9) 女性は食物連鎖に縛られた。農夫はカーストのようなものとなり、戦争のときを除けば武勇によって地位を高めることはできなかった。

とはいえ、槍を投げる人びとの社会のほうが道徳的にすぐれているとする理想主義者の決まり文句を擁護するつもりはない。彼らの社会では、その後も狩猟と採集が優勢だった。彼らは過去も現在も、血にまみれ、不平等のために分裂している。これは、かたちが違うだけで、大がかりな農業に頼る社会と変わらない。集約的な農業をおこなう人びとが捨てたのは、黄金時代の森の純真ではなく、特定の実際的な利点だった。一九六〇年代の終わりに考古学者ルイス・ビンフォードが、農業は「本来豊かな社会」の庶民に悪影響をもたらすという逆説的な事実をもちだして注意を引いた。その後まもなく、独創性に富み、非常に大きな影響力をもつ考古学者マーシャル・サーリンズが、『石器時代の経済学』を出版した。そのなかでサーリンズは、猟師の社会は歴史上最も暇が多く、費やされるエネルギーとの対比でいうと最も栄養のいきとどいた社会に分類される、という説得力のある説を展開した。その一方で、非農民が農業をはじめようとしないのは、たいていの場合、手段や知識がないからではないという証拠が集まりはじめた。採集民は一般に、植物や繁殖の仕組みに関する知識では農民にひけをとらない。彼らが農業をはじめないのは、楽な生き方のほうがいいという合理的な選択のためである。[10] ジャック・R・ハーランはこれを、これ以上ないほどうまい言葉で表現した。「民族誌学的な証拠からわかるのは、農業をしない人びとは農民がすることをほぼ全部するが、彼らほど勤勉ではないということだ」[11]

採集民は、火を使って土地を切り開き、肥沃さを回復させ、特定の種だけを大事にする。種をまき、塊茎を植えることも多い。植物を守るために囲いや案山子を利用し、土地を所有者ごとの区画に分割することもある。食べられる種子を収穫し、脱穀し、籾殻を吹きわけ、ひいて粉にする。初収穫を祝う儀式をとりおこない、雨乞いをし、土地を所有者ごとの……

採集民は、火を使って土地を切り開き、肥沃さを回復させ、特定の種だけを大事にする。種をまき、塊茎を植えることも多い。植物を守るために囲いや案山子を利用し、土地を所有者ごとの区画に分割することもある。初収穫を祝う儀式をとりおこない、雨乞いをし、肥沃な大地を願って祈りをささげる。食べられる種子を収穫し、脱穀し、籾殻を吹きわけ、ひいて粉にする。採集民はたいてい、自分たちが利用する植物の毒性や病気予防の特性について熟知しており、自分たちが食べる物からは毒を取り除き、取りだした毒で魚を気絶させたり猟獣を仕留めたりする。実際、世界で最も〝原始的〟だといわれる人びとの中には、この深遠な科学知識を自在にあやつる専門家がいる。ニューギニア沖のフレデリック・ヘンドリック島の湿地に住む人びとは、魚が豊富な海域に毒を流して魚を集め、毒を取り除いて食べる方法を知っている。オーストラリア大陸縦断に挑んだバークとウィルズは、一八六一年、非業の死をとげた。食糧がつきて、先住民がパンづくりの材料に使っていたデンジソウの種子を食べたのだ。デンジソウは、先住民だけが知っている適切な調理をほどこさないと、きわめて強い毒性をもつことがある。(12)

ハーランはこうつづけている。「採集民は、植物のライフサイクルを理解し、季節を知り、いつどこで、自然の食用植物資源を最少の労力で大量に収穫できるかを知っている」。狩猟採集が一般的だった時代には、発見された人骨の比較研究から判断して、植物の栽培がはじまったころよりもよい食事をとっていたと見られる。餓死はまれだった。健康状態はおおむねすぐれ、慢性病は少なく、「虫歯は非常に少なかった。当然、疑問が起こる。なぜ農業なのか。週に二〇時間だけ働き、狩猟を楽しんでいればいい生活を捨てて、太陽の下でせっせと働くのはなぜか。栄養価の劣る食べ物と当てにならない収穫のために辛い仕事をするのはなぜか。どうして飢饉や疫病や密集した生活環境を招くようなことをするのか」[13]

こうした疑問に答えるのはむずかしい。だが、この問題を過大視して、説明不可能だと思わせてもいけない。いまここで農業のデメリットをおおげさに言いたてるのはわけのないことだが、それでは過去の学者たちが農業の利点を過大評価したのと同じことになる。農業を実践しはじめた人びとは、明らかに大きな進歩を手にした。都合のいい場所に穀物を植えることができ、収穫高は増大した。農業のおかげで人間の筋力は強くなり、独裁的な事業に多くの労働をあてることができた。また、余剰農作物によって強壮な大型動物を飼育し、人間の力ではおよばない仕事をさせることができた。牛のおかげでそれまでより広い土地を耕作でき、馬やラクダのおかげでそれまでより多くの食糧を貯蔵し、運ぶことができるようになり、その効果は連鎖的に高まりつづけた。農作業に従事し、農作物を食べて生きていかなければならなかった人たちにどんなデメリットがあったにせよ、農業を実践する社会に蓄えられたエネルギーはおおいに増加した。また狩猟と同様、農業は種々の〝楽しみ〟につながることもあった。アフガニスタンを訪れたジャック・ハーランは、ある日の早朝、カラフルな刺繍のある上着をはおり、ふくらんだズボンに先のとがった靴をはいた男たちの一団に出くわした。彼らは太鼓を二つもち、歌い踊りながら、鎌を振りまわしていた。あとにつづく女たちはチャドルをかぶっていたが、それほど遠慮することもなく、その行事をともに楽しんでいた。「わたしは立ち止まり、片言のペルシア語でたずねた。『結婚式かなにかですか?』。彼らは驚いたようにこう言った。『いや、なんでもありません。小麦を刈り取りに行くところなんです』」(14)

農業には一長一短があり、マイナス面もあるのだということを、われわれは認めることができる。過去の誤った考えは、あまりにも反対方向に行き過ぎていた。デメリットを無視し、農業が起こったのは歴史のうえでは比較的新しいことだから〝進歩〟にちがいないと決めてかかり、われわれ自身が農業をすることから、農業はそれ以前のどの生活様式よりも、またわれわれ以外の民族が好むどの生活様式よりも合理的であるにちがいないと決めつけていた。明らかにすぐれたものと見なすことによって、説明する必要に目をつぶってきたのだ。偏見をもたずに調べる必要をごまかしたければ、新石器時代の農業の発展は起こるべくして起こったのであり、〝歴史の流れ〟の一部、避けられない進歩の一部なのだと考えればいい。だが、歴史に流れなどない。避けられないものはなく、一般的には進歩はいまも、待ち望まれている。

農業の起源についての議論をもっと深く理解するには、一般大衆の利益を無視して起きた社会的大変化に照らして考えてみるといいかもしれない。大きな経済革命は効果が疑わしい場合が多く、経済革命の結果として生活水準が低下したとき、人びとは驚くほどの立ち直りを示すことがある――ただし、人びとが、その生活水準の低下が避けられず、一時的なものだと認めていればのことだが。産業化の例は農業のはじまりと似ている。たとえば、産業化がはじまるときにはふつう、労働者の生活水準が短期的にダメージを受けることはほぼ間違いない。産業化によって、労働者は田舎の理想郷から引き離され、貧民街に押し込められる。それまで根をおろしてきた共同体から無理やり引き離され、激しい生存競争に放りこまれる。十九世紀初頭の社会改良家は、初期の産業化の犠牲者たちに、状況は悪くなる一方だと言った。資本主義は本質的に搾取的であり、流血だけがその弊害を一掃できるのだと。いまから考えると、産業に労力を注いで軌道に乗せた労働者のほうが、忠告者より賢かったようだ。労働者が払った犠牲はむくわれ、産業化は予想もしなかったほど多くの人に前例のない繁栄をもたらした。とはいえ、その繁栄の前には過渡期があり、初期の工業都市の厳しい生活状況に苦しむ労働者は、もっといい時代を期待し、ほかに道はないのだと信じて、それを乗り切らなければならなかった。

同様のジレンマは、今日、工業化がすすむ諸国の近代的な巨大都市に押しよせるバラックの住人に見ることができる。彼らは建ち並ぶ、安っぽくて不潔な家を埋めつくし、市民サービスや社会福祉も受けられずにいる。都市に引きつけられて来た者もいれば、追い立てられてやって来た者もいる。なかにはその両方の理由でやって来た者もいる。人間というのは危険を冒す動物であり、自己の利益についての打算は合理的な説明がつかないことが多い。少なくとも、経済学者の理解による合理性では、大衆の行動を予測できないようだ。したがって、人間の本性に関する非常に根強い神話のひとつを捨て、人間はエコノミック・アニマルではないことを認めるべきである。賢明な利己心がいつもわれわれの決定を左右するとはかぎらない。集団で決定をくだすときはとくにそうである。情報にもとづいて労力と報酬の比率を計算していれば、シュメール、エジプト、インダス、黄河といった古代文明が頼みとした農耕システムを導入することもなく、それに耐えることもなかっただろう。初期のケースでは、農業の導入はそれにかかわる多くの人びとの明白な利益を無視しておこなわれたのだと考えられる。

　農業という発想が最初に生まれたのは、最後の氷河時代のあと、氷が溶けて、暖かくなりはじめた世界だった。説得力のある説明をしようと思うなら、この状況を考慮に入れる必要がある。実際、少なくとも一九三〇年代半ばから二〇年間に最も広く信じられていた学説は、〝オアシス仮説〟に全面的に依存していた。この仮説は、気温が高くなると乾燥がすすみ、水たまりに集まる動物や植物や人間がますます接近して、相互依存の度合いが高まった、というものである。だが、解氷はそれほど急にすすむわけではないので、氷が溶けたためにこの種の危機が起きたとは考えにくい。それに、農業の起源と気候の変化を直接結びつける証拠はない。実際、農業は、世界の多くの地域でそれぞれ別個にはじまったようだ。各地の気候条件は非常に対照的であり、気候が前提条件だと主張するのは的外れだと思われる。[15]

　一九五〇年代になるとオアシス仮説の信頼性は揺らぎはじめ、それ以降、ありとあらゆるタイプの説明がなされてきた。近代歴史地理学の先駆者のひとりが主張するところでは、農業は東南アジアに住む漁師の余暇の副産物だった。豊かさが与えてくれる暇な時間を、彼らはもっぱら植物の実験にあてたというのだ。[16] また、現在のイラク北部の山地に住む人びとが考えだしたという説もある。[17]彼らの居住地には栽培可能なイネ科植物や、草を食べる動物の群れがとりわけ多かった。また反対に、新たな食糧を深刻に必要とした「辺境地帯」で考えだされたという説もある。[18]つまり、野生の食料源に乏しい恵まれない環境の住民が、平等な条件になるように工夫したというのだ。また、気候の変化ではなく、おそらくは社会の発達の普遍的なパターンによって実現したプロセスだという説もある。つまり、「増えつづける文化の違いと人間社会の特殊化が行きついた結果」だというのである。[19]また、自然発生的に生まれたのだという説もある。人間の住むところにできるごみの山から新しい種がたくさん生まれ、それが急増したというのだ。[20]また、人口が増加し、あるいは人間がそのほかの食料源を狩猟によって絶滅させてしまったことによる〝圧力〟のために余儀なくされた方策だったという説もある。人口の増加や食糧の減少に迫られて、食用にできる新しい種や、既存の食糧をより集約的に生産する方法を見つけざるをえなかったというのである。[21]

この最後の仮説は、表面的にはもっともらしく思われるかもしれない。常識と一致するし、近代になって起こった農業への移行を調査した人類学者のすばらしい研究によっても裏づけられる。新しい食料源が必要だったという説明は、あまり組織的でない農業に従事する人びと——季節農業従事者や、耕作はするが品種改良は試みない人びとなど——が新しい方法を開発する理由としては、文句のつけようがない。だが、そもそもなぜ農業が生まれたのかの説明としては、年表に記載された事実とはあまり一致しないようだ。狩猟の対象となった種の絶滅、いや大幅な減少でさえ、この説明と合致する場所や時代に起こったことを示す証拠はない。確かに、非常に熱心に農業に取り組む社会では人口が増加した。だが、それはほとんどの地域では、原因というよりも結果だった可能性が高い。[22] 人口が圧力になったという説は、大災害でも起こらないかぎり農業の発展が後退することはなかった理由としては納得できる。人口が増えている状況では、集約的でない食糧獲得法に逆戻りはできないという〝歯止め効果〟があるからだ。だが、なぜ農業がはじまったかの説明にはなっていない。農業の発達は、結局のところ、資源が豊富な場所でのみ可能だった。発展の前提条件は欠乏ではなく豊かさだったと考えたほうが合理的なように思われる。

こうした説はどれも説得力がなく、大規模農業の説明にどんな種類の実利主義を持ちだしても実際のところは用をなさないため、農業の起源を説明しようとする者はその根拠を宗教に求め、より一般的には文化に求めるようになる。広く検討された非常に説得力のある説明のひとつは、政治文化の研究に根ざしている。食べ物は肉体を維持するだけではなく、社会的名声をもたらすものでもある。忠誠や恩義というかたちで権力を食べ物で手に入れられる社会では、みなが競って宴会をひらくため、人口が安定していて食糧の供給が確保されている場合でも、需要が大幅に増加することがある。[23] 社会が宴会によって結びつき、気前のよさを誇示することで指導者の人気が支えられていれば、集約的農業や大規模な貯蔵スペースが必要になるのは必定である。歴史に残る文明は、ある種の宴会好きの結果なのである。[24]

このように政治的な背景から農業を理解することとならんで、古代に農業が選択されたのは宗教的な反応だったという学者の見解も捨てがたい。[25] 鋤で耕すことや穴を掘ること、種をまくこと、水を引くことは、深いところでは「崇拝」の行為である。つまり、これからすがろうとする神の誕生と養育の儀式であり、犠牲との交換——労働の代わりに食物を得る行為——なのである。食物を育てる力は、ほとんどの文化で、神の恵みや呪い、あるいは文化英雄が神々から盗んだ秘密として表現される。動物が家畜にされたのは、食べるためだけでなく、犠牲や占いに使うためである。多くの社会では、食卓ではなく祭壇に関係のある植物を栽培している。香や、恍惚感をもたらすドラッグがそうだし、アンデスの高地社会に見られる犠牲のトウモロコシもそうだ。穀物が神なら、耕作は礼拝だ。植えつけは豊穣の儀式としてはじまったのかもしれない。また、灌漑は献酒として、囲いをつくることは神聖な植物への崇敬の行為としてはじまったのかもしれない。

提示された説明がどれも完全に納得のいくものでないと思われるなら、それは、農業のはじまりが意識的なプロセスであり、はっきりした目的にかなう計画的な戦略だという考えが間違いだからかもしれない。農業は、ただ起こっただけのもので、原因があって生じたのではないかもしれない。進化の適応やそれに似た変化であって、それにかかわった種が意図したものではないのかもしれない。従来、集約農業の起源に関する研究では、なぜ人間がそれを望んだのかは問われず、当然のこととみなされてきた。問われたのは、人間がどうやってそれを思いついたかであり、農業にはなにか奇妙なこと、ふつうでないことがあるかのようだった。見方を変えて、農業はふつうのことだという前提でこの問題に取り組んでみるとしよう。ともかく、現在では、採集からの移行がさまざまな環境で頻繁に、個別に起こり、たいていの場合はしだいに集約的になったことがわかっている。そのため、もはや農業を人間と植物の関係の歴史における珍しいものとして扱うことはできない。

この見方では、農業と採集はともに、食糧供給源の管理という点ではひとつの流れに属することになる。周辺部では、この二つを区別するのはむずかしい。(26)米国ソノラ砂漠のパパゴ族は、天候次第で農耕の生活様式を取り入れたりやめたりし、ところどころにしかない地下水を成長が早い種類の豆に使っている。(27)考古学者のブライアン・フェイガンがうまく表現したように、「最も単純な狩猟採集民の社会でさえ、種を植えれば芽が出ることはよく知っている」のである。(28)古代の沖積谷の農耕もまた、同じ流れに属するが、――より不可解である。この〝農耕化〟の進展は、それより古い時代とくらべると速かったように思われるが、それでも発展するのには多くの時間を必要とした。数千年にわたって、人間とその他の生物相との関係が変化し、その変化が少しずつ蓄積されていったのである。植物学者のディヴィッド・リンドスが初期の農業を記述した言葉は参考になるだろう。それは〝人間と植物の共生〟、〝共進化〟の現象であり、ある種のアリがキノコを栽培するのと同じような無意識の関係だった。人間が選択し、植えなおした結果生まれた品種は、生き延び、繁殖するために人間の力を必要とした。たとえば、新しく生まれた食べられるイネ科植物の場合、その種子は皮をむかなければ地面に落ちることはない。(29)農業は偶然による革命――進化学的な変化の過程に意図せずに入りこんだ新たな手法――だった。

発明であれ進化であれ、長い目で見れば農作は、世界を変えるうえでそれ以前の人類のどの革新よりも大きなはたらきをした。前章で述べた猟師や漁師、牧畜民の影響は比較にならないだろう――風景におよぼした影響ではなく、生態系の構造や食事に対する影響についての話だ。今日、人びとが摂取する炭水化物のすべてとタンパク質の四分の一近くが植物に由来する。植物は世界の食糧の九〇パーセントを占めている。人間の食物連鎖に含まれる動物のほぼすべてが、牧草ではなく農民が育てた飼料を餌にしている。農業はいまなお世界の経済を支配しているのだ。そのために雇用される人間の数という点を除けば、食糧生産は、産業革命や脱産業革命によるどんな新しい営みにも経済の支配権を明け渡してはいない。われわれはいまでも完全に農業に依存している。農業はそれ以外のすべてのものの基礎である。農業の拡大と増加に関しては、いくつかの穀物があまりにも大きな影響力を持っており、注意が必要である。その穀物とは主食、つまりデンプンの供給源であり、世界最古の農耕民が初めて栽培して以来、人類の大半に食べ物のほとんどを提供してきた。これはおのずから二種類に分けられる。イネ科の植物とイモ類である。

偉大なイネ科植物

先史時代の農民が生みだした最も影響力の大きい穀物は、脂肪とデンプンとタンパク質を穀粒に蓄える、種子がたくさんとれるイネ科の植物だった。なかでも代表的なのは小麦だが、こうしたイネ科植物のいくつかはきわめて重要で、しかもその重要性は増しているにもかかわらず、人間が食べてきた種類のほとんどは、歴史の大半を通じて、装飾はともかく栽培には向かなかった。アブダビやバーレーンの上空を飛べば、砂地に苦労してつくった芝生を目にし、ラップ人の大富豪のプライベート・ゴルフコースを空からみて驚嘆するだろう——宇宙の宝石職人がむきだしの岩に巨大な宝石をのせたみたいだ。そんな景色を目にすると、食べられないイネ科植物も自然に逆らって植えられるような気がするかもしれない。だが、小麦耕作地帯やトウモロコシ生産区画と同様、こうした芝地やゴルフコースは最近になってつくられた風変わりなものにすぎない。長期的に見れば、牧草地に使われる草はふつう、人間は食べられないが、反芻の習慣やすぐれた消化力をもつ動物には適している種類の草だった。こう考えると、ライ麦、大麦、キビ・アワ、コメ、トウモロコシ、小麦の発明は、人類の最もめざましい功績のひとつである。反芻動物の食べ物として自然がつくったイネ科の植物を、非反芻動物である人間の主要な食物に変えたのだ。ほかにも重要な植物としてソバ、オート麦、モロコシなどがあるが、主要な六種は別格である。すべての文明が、生命維持に必要な食物をこの六種に頼ってきたからだ。歴史におよぼした影響、主食としての役割の大きさ、今日の世界の食糧にたいする貢献の度合い、という三つの要素の組み合わせによって、世界的な重要性という観点からこれら六種に順位をつけることができる。ここでは、重要度の低いものから順にとりあげる。

野生のライ麦はいまでも、中東のカフカス山脈周辺の広い地域に生えている。だが、ライ麦がここで生まれたのだとしたら、文明を支える主食として真価を認められるまでには長い道のりがあったにちがいない。現代の栽培種のもととなった品種はすでに絶滅したようだが、昔の栽培者を引きつけ、ライ麦をほかの地方に向かうべく運命づけたその長所は、現存する種の中にいまも簡単に見つけることができる。すなわち、耐寒性、多様な高度に対する耐性、寒さに対する反応性である。ライ麦は小麦生産地に雑草として生え、悪天候で小麦がやられると芽を出す。アナトリアの農夫はライ麦を「アッラーの小麦」と呼ぶ。主作物がだめになったときにそれを埋め合わせてくれる、農民にとっての神の恵みというわけだ。[30] また、やせた土地や寒冷な気候のため小麦に頼ることができないところで農作をはじめようとする者にとっては、ライ麦は天からの恵みと思われたにちがいない。このような環境、ことにローマ帝国の北と東の寒冷な辺境部に、ライ麦は雑草としてやってきて、主作物になった。紀元前一千年紀以降、近代になってジャガイモがそれに対抗し、取って代わるまで（三六九～三七一ページ参照）、ライ麦は北欧の平原地帯の畑に特有の食べ物だった。そこは後氷期の森林を切り開いた、じめじめして寒い土地であり、その地帯に自生するイネ科植物はまばらで弱弱しく、人間の食料として利用するのは不可能だった。ライ麦の大きな欠点は、麦角中毒の原因となる麦角菌がとくに寄生しやすいことである。一部の歴史学者が明らかにしたところでは、中世の農夫に頻繁に見られたとされる集団幻覚は、彼らがライ麦ばかり食べていたことが原因だったという。驚くことに、この穀物のさわやかな苦味と、この穀物でつくるしっとりして粘り気のあるパンを嫌う人は多い。ライ麦は貧者のみにふさわしいというプリニウスの非難を、エリート層はずっと支持してきた。だが今日、ライ麦は出世してブルジョアの食べ物となり、舌の肥えた人やダイエット中で食物繊維に目がない人を引きつけている。〝自然に近い〟とされる食べ物に夢中な人も、農夫がつくって食べているのだからと喜んで食べている。そのうえ、ライ麦は珍しいものになりつつある。矛盾するようだが、そのことがおそらく、比較的裕福で教育レベルの高い層に人気がある理由のひとつだろう。

大麦はライ麦の長所のいくつかを持っているだけでなく、より柔軟な特性――さらに広い範囲の生態上の耐性――を持っている。紀元前十二千年紀のシリアでは、野生の大麦がかなりの量収穫されていた。およそ四〇〇〇年後のサイロからは、栽培種と野生種の両方が見つかっている。大麦は初期の種でさえ驚くほどの耐性があったため、ほかの穀物には厳しすぎる環境で人間の主食として重要視される傾向があった。しかし、大麦でつくるパンはまずいので、粒のままスープやシチューに入れて食べることが多く、また病人の輸液にしたり、そのまま飼料にしたりもする。それでも、大麦は偉大な文明を支える重要な栄養源だった。古代メソポタミアでは、たいていの人の食事で大麦は小麦より大切にされた。古代ギリシアでは、もともと唯一の主食は大麦であり、アテネの最古のコインには大麦の束が刻印されたものもある。その岩混じりのやせた土地は、プラトンが骨の突きでた骸骨の皮にたとえたほどで、ほかの穀物はそれほど育たなかったと思われる。古代地中海世界では商業の統合がすすんだため、エジプト、シチリア島、北アフリカ沿岸の広大な穀物地帯に生息する小麦が、しだいに〝ギリシア・ローマ〟文明の主要な食糧となった。だが、大麦にはまだ果たすべき役割があった――植民地化された新しい文化圏、伝統的な分布地域の東に位置するアジアの中心部で。

くわしいことはわかっていないが、五世紀に、大麦にもとづく農業革命がチベットを変えた。それまでは、氷とソーダで覆われた荒れ地からなるこの孤立した高原には遊牧民しか住めなかったが、大麦が大量に手に入るようになると、寒冷な気候が良い方向に働きはじめた。その寒さが、貯蔵されている穀物を守ったのだ。チベットの強さのもとは大量の余剰食糧にあった。この土地は軍隊を育成する格好の場所となった。遠くへ進軍して軍事行動を起こす際には「補給部隊として一万頭のヒツジと馬」を連れていくことができた。[31] 以来ずっと、大麦はチベットの主要農作物である。チベットの歴史が逆行し、かつての帝国がまず内戦の場になり、ついで外部の侵略者の犠牲になった数世紀のあいだも、それは変わらなかった。現代のチベットではほかの穀物も手に入り、大麦と競合しているが、大麦は依然として好まれている。チベット人は、ツァンパと呼ばれる炒った大麦の粉を手でまるめて食べ、大麦を発酵させたビールを飲む。

キビ・アワも大麦と同様に丈夫なタイプの穀物で、大麦に適した気候とは正反対の、同じくらい極端な気候——高温で乾燥した気候——でよく育つ。キビやアワはエチオピアの高地、黄河流域の吹きさらしの平原、西アフリカの砂漠と森林地帯のあいだにあるサバンナで栽培され、こういった場所で文明が興り、持続するのに一役買った。鳥の餌にされたり、フランス北部のバンデのように（バンデでは、独立心を示すかのように、地域のアイデンティティの象徴としてキビやアワを食べている）変わった文化を持つ場所で食べられることはあるが、それらを除けば、西洋文明でキビやアワが受け入れられたことはない。これはたぶん、キビやアワでは発酵させたパンをつくれないからだろう。とはいえ、キビやアワは栄養のある必需食品であり、炭水化物が豊富で、脂質もかなり多く、タンパク質の含有量はデュラム小麦より多い。世界の歴史でキビやアワが大きな役割を果たした場所は中国だった。伝統的に中国料理はコメとかかわりが深いが、中国文明はキビやアワなしにはありえなかっただろう。『詩経』に集められた古代の詩は、雑草、やぶ、根をとりはらう骨の折れる仕事について大げさに感情を込めてこう語っている。「なぜ昔の人たちはこの仕事をしたのだろう。それはわたしたちが穀物を、キビやアワを植えられるようにするためだ。わたしたちのキビやアワが豊かに実るようにするためだ[32]」。この文学資料を裏づけるように、花粉が見つかっている。

中国文明発祥の地である黄河周辺の黄土は、数千年にわたって徐々に乾燥がすすんでいた。だが、農耕民がその土地を切り開いて耕しはじめたころは、そこはまだいわばサバンナで、草原のなかに木や低木のやぶが点在し、落葉広葉樹がところどころに残っていた[33]。中国文明発祥の地は、人間にとってまたとない環境だった。対照的な生態系にはさまれた限界環境で、潮だまりの肥沃な泥土など、生活に役立つ多様な資源が集まっていたのである。農業は、ごくゆっくりとすすむ乾燥と、氷河時代のあとのほどよい多様化という、二つの長いプロセスが交差するところではじまったのだといえる。

どちらのプロセスも、数千年がたって考古学の資料が豊富になり、現存する記録がはじまる時代になっても進行していた。紀元前二千年紀には水牛がたくさんいた。この時代の地層からは、一〇〇〇頭を超える水牛の骨が見つかっている。湿地や森林に住むそのほかの動物の骨も出土し、シフゾウやイノシシ、キバノロ、ハッカン、タケネズミ、ときにはサイさえ見つかっている。[34] この多様性は、ひとつには商王朝と諸都市の権力や富がもたらしたものにちがいない。商王朝は異国の文物や贅沢な食べ物を輸入できた。最も驚かされるのは、揚子江やさらにその先からもたらされる亀甲が何千と取り引きされていた事実である。紀元前二千年紀の中国の政治は完全に亀甲に頼っていた。当時は亀甲が、神託を受けるための媒体として最も人気があったのである。神託を伝える人は別の世界に呼びかけ、将来についての質問を彫った亀甲を、ひびが入るまで熱した。そのひび割れの線が、手相占いが丹念に調べる手のしわと同じように、神々の答えを示していた。こうした将来の予言者が、いまでは過去のことを知らせてくれる。環境が多様化し、気候がより湿潤になったことを示す証拠が、占い師が骨に刻んだ神託の解釈のなかに見られるのだ。そこには長引く雨、キビやアワの二期作、さらには水田のことまでが刻まれている。紀元前一千年紀には、山西のある女性は、水辺でカタバミを摘む想い人の姿を歌に詠んだ。[35]

しかし、最も湿潤だった時代でさえ、黄河流域は米食文明を維持できなかった。同様の環境でほぼ同じ時期に栄えたほかの文明と同じく、中国文明は当初、一種類の食物の大量生産に依存していた。当時繁栄をきわめた一族の祖先は后稷（こうしょく）、〝キビ・アワ栽培の管理者〟だとされた。后稷が初めてキビを植えたときのことが、民衆の記憶に残っている。

まことに重く、まことに高い
芽生え、穂が出て……
実り、穂を垂れ……
まことに善い穀物がわれらに下された
黒い黍と実の二つ入りの黍
紅い粟と白い粟[36]

商王朝はキビやアワとの関連も深かった。紀元前二千年紀の終わりごろ商代の宮殿が打ち捨てられたとき、昔を懐かしんでそこを訪れた者が、廃墟に育つキビやアワを目にしたという。[37]知られている最古の中国の文書には二種類のキビ・アワについての記述があり、どちらも考古学の調査で紀元前五千年紀の堆積物から見つかっている。両方ともほぼ間違いなく中国の固有種であり、干魃に強く、アルカリに耐性がある。[38]最も古い時代にこれらの穀物を栽培した人びとは、焼いて切り開いた土地で栽培し、家畜や狩りの獲物——家畜のブタや犬、野生のシカや魚——といっしょに食べた。驚いたことに、高度工業化を実現し、技術のすすんだ世界有数の地域のひとつである台湾の山がちな内陸で、この古代の生活様式の基本が生き残っている。一九七四年から七五年にかけて、ウェイン・フォッグはその方法を観察し、記録した。最大六〇度の傾斜地が選ばれるのは、「火が燃えると坂の上の方がより熱くなる」からだ。風をあて、ときには穴掘り具で穴を掘ってから、手と脚のあいだでこすって脱穀した種を植える。大きな音をたてる案山子や不思議な装置——木でつくった船の模型をヤシやアシで囲み、上に石をのせたもの——を置いて、作物をねらう動物が近づかないようにする。実った穂は、手で刈り取って背中の籠に投げ入れていく。充分な量がたまると束にして、手から手へと渡して積みあげていき、家へ運ぶ。[39] 伝統的な詩は、農民の一年のさまざまな瞬間をとらえている。寒さの中で種を植え、アライグマやキツネや山猫を狩って「神に捧げる毛皮をつくり」、収穫が終わると、ベッドの下からコオロギを追い払い、蓄えてあるキビやアワを食べる大きなネズミをいぶり出す。[40]

　これはきわめて示唆に富んでいる。今日の技術からすると、このタイプの農業は原始的である。だが商の時代には、この方法で、当時すでに世界で最も密集していた人口を養い、戦地におもむいた何万という軍隊の食糧をまかなうことができた。最大の収穫高を得るには輪作が適していた。最終的には、輪作のためにキビ・アワと交替で植える作物として大豆が定着したが、それがいつのことかは、はっきりしない。斉の桓公（かんこう）が、前六六四年に山戎（さんじゅう）という異民族を討伐した際に初めて持ち帰ったという話を尊重するなら、おそらく紀元前一千年紀の半ばよりあとのことだと思われる。[41] 小麦は新参者であり、いつも「やって来たもの」とされて、外国起源であるために評判が悪かった。神託を刻んだ文には、監視して滅ぼすべき近隣部族の作物だと書かれている。[42]

　では、コメはどうだろう。コメの起源と伝播の問題は、世界の歴史を理解するうえできわめて重要である。現代の世界では、人類が消費するカロリーの二〇パーセント、タンパク質の一三パーセントをコメが担い、二〇億を超える人びとがコメを主食としているからだ。こうした数字はコメがたどった歴史の道筋を反映しているが、コメの実力はまだ充分に評価されていないかもしれない。というのも、小麦の科学的な品種改良によって驚くほど効率のよい現代の品種が生まれるまでは、歴史のほとんどを通じて、コメは世界で最も効率のよい食物として際立った存在だったからだ。在来種では、コメの場合一エーカーあたり平均二・二八人分の食糧がとれるが、これにたいして小麦は一エーカーあたり一・四九人分である。歴史のほとんどを通じて、東アジアと南アジアの米食文明はほかのどこの文明よりも人口が多く、生産性が高く、創意に富み、工業化がすすみ、豊かな技術を誇り、戦争となると手ごわかった。小麦を食べる西洋の人びとが現われはじめたのは比較的遅く、この五〇〇〇年のことにすぎない。そして、きわめて客観的な判断基準によれば、十八世紀まではインドに勝てず、十九世紀までは中国に勝てなかった。[43]

中国文化にコメが出現したのは、中国の経済と人口の重心が徐々に南へ移動した結果だった。初期の中国文明の中心だった北方の地域は寒冷で乾燥しているため、今日でさえ、近代農学の助けを借りなければ大規模なコメの生産は不可能である。この地域にはいくつかの野生種が自生していたし、ことによると小さな土地を何千年にもわたって苦労して耕していたかもしれない。だがコメは主食としても、集約農業の作物としても、キビやアワにかなわなかった。黄河流域に住む人びとのあいだでは、コメは文明社会の貯蔵食糧の一品目として認められていたが、大量に栽培されることはなかった。いまの中国文化圏で興った文明の初期の歴史についてはあらゆる面にいえることだが、稲作の起源の年代も、考古学上の新しい発見によってどんどん古くなっている。稲作は、揚子江の中流と下流にある湖の洪水の水がひいたあと、少なくとも八〇〇〇年前にはおこなわれていた。およそ五〇〇〇年前には、雨水で育つ〝耐乾性のある〟陸稲が中国北部の南縁で栽培されていた。明白な証拠として、陝西省から出土した陶器の破片に米粒の輪郭が残っているが、これは紀元前六千年紀のものである。東南アジアや現在のインド、パキスタンにあたる地域の各地について、そこが稲作農業の発祥地だという説があるが、これらの地域からは紀元前三千年紀より前の決定的証拠は見つかっていない(44)。

一方、中国の発展と切り離せないプロセス——対照的な二つの環境を融合させる、拡大と文化変容のプロセス——の中で、コメは豊かさの象徴となり、料理の要となった。古代中国の民族誌は信頼できる実地調査にもとづいたものではないが、少なくとも、未開部族がどんな様子だったかははっきりしている。あらゆる点で、彼らは中国人と正反対だった。洞穴に住み、動物の皮を身にまとっていた(45)。理解できる言葉を話す部族はいなかった。また、北方から移住者がやってくる前に揚子江近くの青蓮崗に住んでいた人びとのように、稲作をする部族もいなかった。紀元前二千年紀には、稲作は魅力的な最先端の文明であり、南の、拡大する文明の境界地帯へと移住者を吸いよせ、未開部族を引きつけた。そうした移住者と原住民が融合して、いわゆる中国人が形成されていったのである。

おおまかに見て、われわれが中世と呼ぶ時代のユーラシアとアフリカの農耕文化は、主要作物のパッチワークだったといえるだろう。東方ではコメ、中央アジアの一部では大麦、西方では小麦、恵まれない辺境地帯ではキビ・アワとライ麦が栽培されていた。これとは対照的に、新世界は、きわめて多様ないくつもの文化を抱えていたにもかかわらず、どこにでもあるトウモロコシによって――農業に関するかぎり――統一されていた。素人目には、現存する野生のイネ科植物のなかで最もトウモロコシに近い種とトウモロコシをくらべても、類似点はほとんどないように思われる。おそらく、トウモロコシのもとになった種はもう失われてしまったのだろう。だが、もとになった野生の植物は、実が一列しかついていなかったことは確かだ。それが変化をとげて、アメリカ先住民の偉大な文明に特有の、何列もの実がつまったトウモロコシになったわけだが、この変化は昔の農学の大きな功績のひとつだった。トウモロコシが自然にこのような形態に進化していくはずはない。この変化は、栽培者による目的のある選択と、おそらくは交配の結果として生じたのである。

この変化がはじまった時期についてはなんともいえないが、メキシコ中央部の紀元前四千年紀半ばの遺跡からは、複数の実をもつトウモロコシが完全なかたちで発見されている。また、メキシコ中央部とペルー南部のそれぞれの遺跡で、少なくとも一〇〇〇年以上前の断片が見つかっている。トウモロコシは、栽培だけでなく加工にも科学的な才能を必要とした。適切に調理しないと、栄養上欠けたところのある食べ物になるのだ。リジンとトリプトファンという二つの必須アミノ酸がともに少ないだけでなく、ビタミンB複合体のひとつであるナイアシンも少ない――ナイアシンが欠乏するとペラグラ病になる。この危険を回避するひとつの方法は、トウモロコシとあわせて、栄養を補助する食品をたくさん食べることである。実際、カボチャとマメ類とトウモロコシは、この三つの組み合わせが手に入るところでは、食用植物の聖なる〝三位一体〟とされた。栽培されたカボチャの類として現在知られている最古のものであるヒョウタンは、メキシコのシエラマドレ山系に位置するタマウリパス、オアハカ、さらにペルー北部のリマの北とアヤクーチョ盆地で、トウモロコシ栽培の最古の証拠が見つかっている年代よりずっと以前にピクルスにされていた。[46]しかし、バランスのとれた食事は、古代アメリカの最も人口稠密な地域では贅沢だったにちがいない。トウモロコシに頼っている莫大な数の住民の健康を確保するためには、実を充分に水に浸し、石灰や木灰を加えて調理する必要があった。これによって透明な皮を取り除き、そのままでは不足しているアミノ酸が放出されるようにして、タンパク値を高めるのである。この処理に使う道具の考古学上の証拠が、現代のグアテマラ南部沿岸の、紀元前二千年紀半ばから後半の遺跡で見つかっている。[47]

世界の征服者

ダーウィンはこう述べた。「小麦は、すぐに新しい習性を身につける」。[48]小麦には何か特別なところがある。人間と手を組んだ小麦は、ずばぬけた存在であり、世界中に広まったそのほかの重要なイネ科植物とくらべても「生態的な耐性がある」。一方人間は、科学技術を発明したり手に入れたりする独特の才能の助けを借りて生きていける範囲の環境では、他のすべての種にまさっている。小麦は人間ほど適応性はないが、既知のどの有機体よりもめざましく多様化し、多くの新しい生息地に侵入し、より速く繁殖し、より急速に進化して、絶滅することはなかった。小麦はいま、地球の表面の六億エーカー以上を占めている。小麦が文明化の伝統の象徴とみなされるのは、人間に都合のいいように自然を適応させることに成功した勝利の象徴だからだ――つまり小麦は、われわれが人間の食べ物に変えたイネ科の植物であり、科学によってつくりなおされて文明を支えるようになった荒野の廃棄物、人間自身もその一部であるあらゆる生態系を人間が文句なく完全に支配している証拠なのだ。

アカデミーや博物館の正面玄関に飾られることの多い〝進歩の勝利〟のレリーフには、麦の穂や束がなくてはならないだろう。だがわたしは、この認識が滑稽に思われるような世界があることを想像できる。数年前、わたしは空想の生物を考えだして〝銀河博物館員〟と名づけ、読者にその姿を心に描いてもらった。はるか未来に、限りなく遠い時空間から、彼らがわれわれの世界をふりかえってみているところを。歴史に巻き込まれているわれわれには不可能な客観性を持って、彼らはわれわれの過去を見るだろう。われわれ自身の見方とはまったく違うはずだ。われわれはおそらく、ちっぽけな寄生物に分類されるだろう。世界に広まるために小麦が巧妙に利用した、弱々しい自己欺瞞の犠牲者だ。あるいは、食用のイネ科植物とほぼ共生関係にあって、相互に寄生して依存しあい、ともに世界を植民地化したと見られるかもしれない。

小麦は、われわれの現在を形作り、未来をはぐくむうえできわめて重要な存在である。過去における小麦の地位の全体像を確信をもって再現することはいまもできない。だが、文句のつけようがないほど確かな事実もいくつかある。小麦に分類できる各種のイネ科植物が最も集中しているのは、東南アジアである。現在もそうだし、考古学の記録によってさかのぼるかぎり、過去もずっとそうだった。野生のエンマー小麦が分布する地域の広さは、紀元前六千年紀までに小麦が集約的に栽培された地域とほぼ同じくらいである。当時栽培されていたことが知られるすべての品種のもとになった野生の小麦は、ヒトツブ小麦とエンマー小麦だった。昔の小麦栽培者は、ほぼ例外なく大麦も栽培していた。現在までに見つかっている小麦栽培の確かな証拠のなかで最も古いものは、ヨルダン川流域、エリコとテル・アスワドの近くの遺跡の、紀元前七、八千年紀のものと思われる地層から出土した。ここではヒトツブ小麦とエンマー小麦の両方が栽培されていたことがわかっている。現在では、これらの地域の生態は栽培に適さないように見える。塩で覆われた砂漠なのだから。だが一万年前には、おそらくすでにエリコの町を取り囲んでいたであろう壁が、扇状地を見おろしていた。ガリラヤ湖から南へゆっくりとすすむヨルダン川に流れ込む細い支流が、ユダヤ丘陵から土砂を押し流してできた扇状地である。この川には沈泥がたまっているのだ。それで、ヨルダン川が泥灰土や石膏といった灰色の古代の堆積物のなかを蛇行している理由の説明がつく。この堆積物は、いまは小さくなってしまったが、かつてはその流域全体に広がっていた湖が残したものだ。湖が残した堆積が聖書にある「エリコの密林」をつくり、そこからライオンが足音を忍ばせてできて羊小屋を襲った。神がエドムを脅すように。その結果、ここには「神の庭」に似ているとされる豊かな小麦畑が広がった。砂漠の民は、『ヨシュア記』のイスラエルの民のように、そこから締め出され、征服したいと思った。[49]

小麦自身の世界征服の物語——小麦を世界中に運び、地球の大半を小麦畑で覆いつくした生態系の交換の状況——については、あとの章で論じる（三五一ページ）。とはいえ、なぜ小麦が広く普及したかという問題は、たぶん、そもそもなぜ人間が小麦を栽培したかという問題と関係がある。重要なイネ科植物のなかには、耐寒性にすぐれたものもあれば、捕食動物や病気に対する抵抗力がすぐれたものもあり、きわだって保存性が高いもの、収穫量の多さで抜きんでているものもある。これらはみな——このあと論じる主要なイモ類もそうだが——酒類として加工するのに適している。この特性はちょっと考えてみる価値がある。専門家のなかには、ビールはきわめて重要な製品であり、それを手に入れたいがために人はそもそも農業をはじめる気になったのだと考える人もいる。食用のイネ科植物は、おそらく最初は種子が目当てで採集され、集めた種子はほとんど調理せずに食べられたものと思われる。だが、パンとビールはどちらが先にできたのだろう。ビールは「すべての文明の原初の源」だとされてきた。発酵した穀物の不思議な効果が「人間を和気あいあいとした村落に定住する気にさせた」というのだ。[50] 農業の起源については首長または〝有力者〟説があり、それによれば、農業は首長のごちそうのために余剰を生みだす必要からはじまったとされる。この説に賛同するなら、酒類に特別な役割を割り当てるのも納得がいく。同様に、宗教が農業を生んだのだとすれば、恍惚感を引き起こすビールには特別な魅力があったのも理解できる。だが、小麦の成功をみると、決定的に重要な製品があったとすれば、それはパンだったのではないかと思われる。最初に小麦を気に入った農民にとっても、彼らにつづいて小麦に引きつけられた人びとにとっても、ほかの食用イネ科植物にくらべて明らかにすぐれた利点が小麦にあったわけではない。ただ、小麦は秘密の成分――グルテン――を含んでいる。このタンパク質複合体はオート麦や大麦やライ麦にも見られるが、含有率では小麦が他の穀物を圧倒している。グルテンのおかげで、小麦はパンの材料としてとくにすぐれたものになった。グルテンという物質は、水と結合して、パン生地を延ばしやすくするからだ。その粘りけは、酵母菌のはたらきで放出されるガスを生地が抱き込むのに欠かせない。歴史的にみると、一時的にでも小麦の魅力に無関心だったり抵抗を示したりした文化はみな、パン以外の菓子からデンプンをとっていた。キビやアワを主食とする社会ではどろりとした粥が好まれ、南北アメリカではたぶん、ポップコーンがパンより先にできた。パン種を使わないケーキやフラットブレッドとしては、トウモロコシを食べる地域のトルティーヤや、小麦が育たない地域のオートケーキがある。また、日本には伝統的な食べ物として餅があり、チベット人は大麦の粉をまるめて食べる。

もちろん、パン以外の小麦製品もとてもおいしいし、中にはグルテンの利点をほとんど利用しないものもある。パスタづくりには、エンマー小麦の派生種であるデュラム小麦が最も適している。デュラム小麦は穀粒が外皮に覆われていないので脱穀の手間がいらない。そのため、簡単に脱穀できる品種が開発されるまでは歴史を通じて非常に魅力的な品種だった。[51]もっとも、デュラム小麦のグルテン含有量はあまり多くない。ピザやインドのパンといった、いまでは世界中に広まったファーストフードの人気メニューをはじめとして、たいていのフラットブレッドづくりにもグルテンは必要ない。粗挽きの小麦はくせの強い味なので好きになるには時間がかかるが、その価値はある。粗挽きの小麦でつくるブルグアは、北アフリカのクスクスと同じようなかたちで、中東社会や流行のレストランでよく食べられている。わたしは小麦をゆでてニンニクとオリーブオイルをかけて食べるのが好きだ（もっとも、スペイン文化のおきてに従って——不合理な気はするが——いっしょにパンを食べなければならない）。小麦でできたすぐにふやける朝食シリアルといえば、積極的なマーケティングで本来の価値をはるかに超えて売り上げを伸ばしているが（一〇三～一〇四ページ参照）、それが好きだという人もいる。それでも、これらをはじめとする同様の食品はみな、パンの勝利の歴史的な副産物である。パンがなければ、小麦はほかの多くの穀物のなかのひとつにすぎなかっただろう。

そうなると、謎は深まるばかりだ。小麦のどこがそれほど特別なのだろう。栄養、消化のよさ、保存性、輸送や貯蔵が容易であること、用途の広さ、歯ごたえや風味のよさといった点での長所と欠点は、ほかの似たような食物とくらべると、小麦はバランスがうまくとれているように思われる。しかし、うまくパンを焼くには途方もなく手間や時間がかかり、専門知識が必要となる。どのパン食文化でも、プロのパン焼き職人は早い段階で出現したようだ。

趣味として家でパンを焼く人はたくさんいるが、その場合、条件は昔の農耕社会とさほど変わらず、分量や温度、タイミングを正確に計る手段がない。こうした人たちは、パンづくりがいかに失敗しやすく、パン職人にはいかに正確な判断が必要とされるかを知っている。パンづくりがなぜ、どうやってはじまったかについては、説得力のある説は現われていない。パンは、ひょっとすると、それがパンの成功の鍵かもしれない。パンは、熟達した人間の手で調理の材料が見分けがつかないほど変わる〝魔法の〟食べ物のひとつである。最初の農民がイネ科植物を食べられるようにしたのと同じように、最初のパン職人はちっぽけな穀粒を大きな食べ物に変えたのではないか。わたし自身はこの考えを支持したいが、これは明らかに立証不能な推測である。食物の歴史におけるこの重要なエピソードは、おそらく永久に謎のままだろう。

強力なイモの支配

小麦が世界の王たる現在の地位にのぼりつめる前の時代、パン王国の外の世界では、農耕社会の多くと最も有名な文明のいくつかで基本的な必需食品だったのは、イネ科植物ではなくイモ類だった。イモ類のなかには、少なくとも食用のイネ科植物と同じくらい長い栽培の歴史を持つものがあるかもしれない。おそらく、タロイモが最初だった。だが、栽培されるようになった年代を特定することはできない。イネ科植物と違い、タロイモには消化できない部分はなく、木のような大きさの葉を持つ種もあるものの、葉は分解されてなくなってしまう。決定的な証拠はないが、さまざまな可能性を考えると、少なくとも一部のイモ類は穀物より古くから栽培されていたのではないかと思われる。理由はたんに、イモ類には非常に簡単に植え直せるものがあるから、というだけだが。タロイモは無性繁殖するので、昔の栽培者は選択によってさまざまな種を簡単に開発できた。タロイモは、いわばスーパーフードである。ほとんど労力をかけずに非常に多くの収穫が得られ、むずかしい技術を必要としない調理法が無数にあり、乳幼児から活発な老人まで、あらゆる人間の消化器官が消化できるデンプン質を豊富に含んでいるのだ。このことから考えると、タロイモは、世界で最初に栽培された植物という栄誉ある地位の候補になれるだろう。(52)

タロイモが示した適応性は、歴史的に見て重要だった。タロイモの品種のなかには湿地や乾燥した丘陵地に適したものがある。ニューギニアで農業がはじまったのは、一万年前に大きな気候の変化で大オーストラリア大陸が分裂し、ニューギニアとオーストラリアのあいだに海峡ができたあとである。当時の農業を支えたのは、たぶんそこに自生していたタロイモで、西部の高地の湿地にできたくぼみに植えられたものと思われる。クック湿地では、九〇〇〇年前に、タロイモ栽培のための排水溝、水路、盛り土が完成していた。(53)六、七〇〇〇年前くらいになると、タロイモはインド洋や西太平洋のかなり広い範囲で栽培されるようになった。しかし、タロイモを食べる習慣が残っているのは昔からあった場所、インド洋と太平洋が出会う場所、つまり東南アジアの、とくにニューギニアとフィリピンである。また、タロイモが遅れて伝わった二つの地域にもその習慣は残っている。そのひとつは太平洋諸島で、ここにタロイモをもたらしたのは東へと移住してきたラピタ文化を持つ人びとだが、その年代ははっきりしない(彼らの移住はたぶん、紀元前二千年紀半ばには完了した)。もうひとつは日本で、おそらくタロイモ(サトイモ)は中国や韓国から遅れて伝わったと思われるが、秋の月見の供え物として残っている。

タロイモは、重要なイネ科植物やすぐれたイモ類と張り合うことはできなかった。ジャガイモ、小麦、コメ、トウモロコシとは違い、タロイモはふだんの食事の主食にはなれないし、単品で食べられることもない。タロイモが役に立つのは補助食品としてだけだ——タロイモを足すことで、多様な食事を補うことができるのだ。一般的に、タロイモの成分は三〇パーセントがデンプン、三パーセントが糖質、一パーセント程度がタンパク質で、少量のカルシウムとリンも含んでいる。タロイモは保存がきかないので、貯蔵と再分配に必要な長持ちという条件を満たせない。この条件を満たすことが繁栄をきわめた初期農業社会の主食の特徴だったと思われる。そのうえ、タロイモの味はなかなか好まれにくいようだ。ほとんどの品種は風味がなく、歯ごたえはジャガイモを思わせ、味はヤムイモを思わせる。ただし、ハワイ人がピンクの実のタロイモでつくるポイと呼ばれるペーストは「すばらしい」という評判である。王国時代のハワイにあった宮廷料理に最も近いものだ。ポイをつくるには、タロイモを蒸し、それをつぶして練りあげたものを、数日間置いて発酵させる。[54]これはハワイ諸島の国民料理と呼べるものの逸品だが、ほかの場所では人気がなかった。

タロイモは歴史的には重要だが、いまでは重要性が低下し、世界の栄養状態にたいして統計上目を引くような貢献はしていない。これとは対照的に著しい成長の歴史を持つのが、ヤムイモ、キャッサバ（成長の程度は控えめだが）、サツマイモ、そしてなによりジャガイモである。現在の知識で推測するかぎり、ヤムイモの歴史のはじまりは、東南アジアで野生種が採集されたことだった。このことは、タイの遺跡で出土した少なくとも九〇〇〇年前の遺物から証明できる。いまのところ、筆者の知るかぎり、いつ、どこでヤムイモが最初に栽培されたかを明らかにする証拠は見つかっていないが、紀元前五千年紀ごろ西アフリカ固有の農業が独自に発展した際にヤムイモが果たした役割については、充分な証明がなされている。これはD・G・クーシーの研究による推測だが、それによれば、ヤムイモが栽培されるようになったのは神聖化がしだいにすすんだ結果だった。ヤムイモは、最初は尊ばれ、次には隔離され、育てられ、やがて聖地と苗床の両方の役割を果たす場所に植え替えられた。[55] 紀元前二千年紀に、東太平洋の島々のほぼすべてにヤムイモが出現したことは、ヤムイモが東南アジアやニューギニアで栽培化され、そこから広まったという説と一致する。ニューギニア最古の農業の苗床には、タロイモだけでなくヤムイモもあったのかもしれない。[56]

東南アジアと太平洋でのヤムイモやタロイモにあたるのが、熱帯アメリカ各地ではキャッサバ、サツマイモ、ジャガイモだった。キャッサバは、あとで見るように近代史の世界的な〝生態系の交換〟である役割を果たしたのだが、もちろん、自生する地域以外ではほとんど受け入れられなかった。自生地は南米の熱帯低地とカリブ海地域である。タロイモと同様、キャッサバは食用根をもつ大きな植物で、その根は非常に大きくなることがある。このため、栄養と風味の点では魅力に欠けるが、その一部を収穫量で埋め合わせている。キャッサバは干魃に強く、その一方で湿潤な環境にもよく適応する。ほかの根菜と同じように、イナゴの被害に遭うことはありえず、熱帯の捕食者のほとんどからうまく逃れる。キャッサバは、新世界各地の熱帯林で農耕がはじまったころ、主要作物として一般に好まれた。これらの地域にはトウモロコシはうまく定着しなかったのだが、トウモロコシの普及によってキャッサバが優勢な地域はかぎられることになった。

実際、たいていのイモ類は、世界中で主食として好まれている穀物には対抗できないようだ。例外はジャガイモで、ジャガイモは現在、小麦、コメ、トウモロコシについで世界の食料消費量の第四位に位置しているが、市場ではかなりのシェアを占め、文化の違いを超えた魅力で注目すべき歴史を持っている。ジャガイモがこれほど高い評価を得るにいたったことは、間違いなく、世界で最も注目に値する話のひとつである。客観的に見れば、そもそもジャガイモが栽培されるようになったこと自体、信じられないことであり、まして、もともと自生していた高地アンデスの独特な環境を離れて受け入れられたのは、信じがたいことである。野生種のなかには食虫性のものもある。また、すべてのジャガイモが多かれ少なかれ有毒である。ジャガイモを人間の食べ物にするという考えは、それがサツマイモに似ているところから生まれたのかもしれない。最初に栽培されたのがサツマイモであることは、ほぼ間違いない。現在の栽培種と非常に近い種類のサツマイモが現在のペルー中部沿岸地域で食べられていたことが、紀元前約八〇〇〇年の遺跡からわかっている。このサツマイモがほんとうに農業によって生産されたものならば、サツマイモは新世界で最も古く――ひょっとすると全世界で最も古く――栽培された農産物のひとつとみなさなければならない。[57] ただしトウモロコシと同じように、栽培種のもとになった野生種は姿を消した。栽培種のジャガイモは、サツマイモと同じ長所を持ちながらサツマイモより高いところで栽培できる植物を探す中で開発されたのかもしれない。知られている最古の実験は、およそ七〇〇〇年前に、中央ペルーやチチカカ湖の周辺でおこなわれた。いったん実験が成功すると、ジャガイモは山地の住民に、低地や平原に住む人びとと同等の力を与えた。

高地アンデスのティアワナコという古代都市では、ジャガイモの栽培は一〇〇〇年以上前に衰退したが、それまでは毎年三万トンのジャガイモが生産されていた。スペインの侵入以前のアンデスでは、一五〇の栽培種が知られていた。当時のトウモロコシとジャガイモの相対的な分布状況は、その地域の政治生態学がどのように働いていたかを示している。トウモロコシは神聖な作物とされ、宗教儀式に使うごくわずかな量を手に入れるために、聖地の庭で、ひどく骨の折れるやりかたで丹念に栽培された。そこは本来トウモロコシは生息できない高度であり、乾燥がひどく、寒さは厳しかった。ヨーロッパ人が見たところでは、ジャガイモに関してはそのようなことはまったくなく、ジャガイモは一般的な食事のありふれた主食だった。「インディアンの半数はほかに食べるものがない」と言われていた。[58] これはほんとうだっただろう。二つの特色が、アンデスの文明を支える独特な力をジャガイモに与えたのだ。ひとつは、極端な高度にも耐えられることで、中には高度約四〇〇〇メートルで生育可能な品種もある。もうひとつは、他に類をみない栄養上の利点である。充分な量を食べれば、ジャガイモだけで人間の体に必要なすべての栄養分を摂取できるのだ。

だが、ジャガイモの世界的な伝播の歴史をたどるときに見るように（三六九ページ参照）、伝播のあらゆる段階でジャガイモはさげすまれた。十八世紀のカウント・ランフォードは、救貧院の収容者にジャガイモを食べさせるのに、ジャガイモだとわからないようにしなければならなかった。また、パルマンティエは農民にジャガイモを栽培させるために、その栽培は国家機密だと偽って農民をだまさなければならなかった。このように抵抗が見られた原因のひとつは、おそらく、タロイモとキャッサバが広く世界で受け入れられることがなかった原因でもある。それは、タロイモとキャッサバとジャガイモに共通する不思議な特性だ。つまり、適切な処理をほどこさないと、みな有毒なのだ。少なくとも、野生種のジャガイモには毒があり、栽培種のタロイモやキャッサバにも結晶性毒素が含まれていて、取り除くには念入りなやりかたが必要とされる。たとえば、キャッサバに含まれる青酸を除去するには、皮をむいてすりおろし、絞ってから濾したものをゆでるか、粉にして焼かなければならない。十八世紀初めにアメリカ先住民の習慣を観察したフランス人はこう報告している。「その汁は非常に危険で命にかかわるが、よくゆでると、蜜のように甘い液体になり、非常においしい」[59]。自然のままでは有毒なこうした植物を栽培して食用にできるという発見は、〝原始〟農学のもうひとつの奇跡であり、農業の初期の歴史に関するもうひとつの未解決の謎である。

第五章

食べ物と身分——不平等と高級料理の出現

食品売り場は、宴会場はどこだ？
この土地の娯楽はどこだ？
ゴブレットの輝きは、きらめく客人は？
ポールグレーブの崇高さは、偉大な人物の優美さは？

——『放浪者』

貴族然として食卓につく。
食べ終わると貧しい者にパンの皮を投げる。
贅沢な暮らしの喜びそのものだけでなく、
折に触れた施しの喜び。
ああ、金があるとはなんと愉快なことよ！

——アーサー・ヒュー・クラフ『スペクテーター・AB・エキストラ』

大食の成功

食べ物が社会分化の要因——階級を表わし、身分を定めるもの——になったのは、はるか昔の、記録も残っていないころ、一部の人がほかの人より多くの食糧資源を要求しはじめたときのことである。それはずっと昔のことだ。人類の歴史には、みなが平等な黄金時代は一度もなかった。自然淘汰による進化は、必然的に不平等をともなう。ヒト科の動物が充分な数生き残っていて、良好な保護状態にあるところではどこでも、同じコミュニティに属するメンバー間に栄養水準の違いがある。旧石器時代の墓を見ると、多くのケースで、栄養水準と名誉のしるしのあいだに相関関係があることがわかる。現在わかっている最も古い人間の階級制度では、食べ物が差別化の役割を果たした。

その段階では、わかっているかぎり、問題なのは量であって、選ばれた料理でもなければ、調理の方法でもなかった。たぶん、加熱調理によって大量の食事をよしとする偏見が強まったのだろう。調理が持つ魅力的だが危険な効果、あるいは少なくともいかがわしい効果とは、食べることを楽しくすることである。それは大食の衝動を引き起こす。これは肥満にいたる快楽の道であり、したがって社会的不平等の源である。当然のことながら、それにつづいて差別が生まれ、それは食べ物の飾りつけと給仕に表われた。こうしたことは、階級に応じて飾りつけや給仕に差があるぶんには、不平等の原因とは言えず、不平等の結果のひとつである。だが、地位によって手に入れられる食べ物の量に差があることは不平等がはじまった時点ではっきりしており、これは不平等の原因とは言えないまでも、不平等を明確に示す特徴のひとつに数えられる。

古代の証拠のほとんどが不完全な状態であることを考えると、確信をもって語るのは不可能だが、社会分化を生みだす料理が現われたのは歴史的には比較的新しいことだと思われ、つい最近までは世界の一部にしか見られなかった。質よりも量のほうが重要だったのだ。大食は一般に、ほとんどすべての社会で尊敬を集めてきた。ひとつには勇気のしるしとして、そしてひとつには、おそらく富裕階級だけに許される道楽として。現代の欧米のように肥満が珍しくない場合は別として、肥満は賞賛に値するものであり、人間の偉大さは胴回りの太さに比例する。大食は、道徳的には罪かもしれないが、犯罪ではない。それどころか、ある程度社会的な機能を果たすこともできる。大食家は生産を刺激し、余剰を生みだす――それほど量を食べない人たちは、彼らの残り物で生きていくことができる。このため、ふつうは、食糧供給が脅かされないかぎり、たくさん食べることは英雄的行為、正義の行為であり、事実上、敵を撃退したり神をなだめたりといった行為と同じだとされる。同じ人間がこの三つすべてをおこなうのも珍しくない。驚異的な消化力の伝説は、英雄が戦いで殺した敵の数や、放浪者の冒険旅行、暴君が定めた法律とならんで古代の年代記に記録された。ローマ皇帝マクシミヌス・トラクスは、毎日ブドウ酒を一壺飲み、肉を一八キロから二七キロ食べた。クロディウス・アルビヌスは、イチジクの実五〇〇個、かご一杯の桃、メロン一〇個、ブドウ九キロ、ニワムシクイ一〇〇羽、牡蠣四〇〇個を一度に食べることができたため、賞賛された。[1]スポレートのグイードがフランス王位に就けなかったのは少食のせいだった。カール大帝は節制ができず、消化不良を緩和するため焼き肉ではなく煮物を食べるようにという医師の忠告を拒んだ。カール大帝のこの食に対する感覚は、彼に仕えたローランが戦闘で援軍を呼ぶのを拒んだのと同じことだった――向こう見ずな行為は危険だからこそ神聖視されるのだ。[2]従うことは、みずからの権威を失墜させる行為だったのだろう。

豊富な食糧は地上の楽園につきものであり、イスラム殉教者の報酬やバイキングの神の殿堂ヴァルハラのような天国の楽園にも見られる。エピカルモスの断章によれば、セイレン（ギリシア神話の、美しい歌声で船人を誘い船を難破させたという半人半鳥の海の精）の国では大量の食事が豊かな暮らしの象徴だった。

「朝、夜が明けそめるころ、まるまると太った小さなカタクチイワシ、焼いた豚肉、それにタコをあぶり焼きにして、それといっしょに甘口のブドウ酒を飲んだものだった」

「おお、かわいそうに」

「ほんの一口ですよ」

「なんてひどい！」

「それから食べるものといえば、太ったヒメジ一四、まっぷたつに割ったカツオ二四、付け合わせのモリバトとカサゴだけだった(3)」

派手な散財に威信を生むはたらきがあるのは、単純に人目を引くからでもあるが、それが有益だからでもある。金持ちの食卓は、富の分配機構の一部なのだ。金持ちの需要は供給を引き寄せる。金持ちの浪費は貧者を養う。食べ物を分けあうことは、社会のきずなを強める贈り物交換の基本的なかたちであり、食糧分配の連鎖は社会のかせである。それによって依存の関係ができあがり、革命は抑止され、隷属階級は身のほどをわきまえるようになる。コンスエロ・ヴァンダービルトがブレナム宮殿の女主人になり、敷地に住む貧しい隣人たちに残り物を分け与えるやりかたを改革した話がある。食べ残しを容器に入れて運ぶことに変わりはなかったが、コンスエロはとても潔癖で、この家の歴史で初めて、一品ずつ分けるべきだと言い張った。つまり、肉と魚をいっしょにしたり、甘い物と塩味の料理を混ぜたりしてはいけないというのだ(4)。コンスエロの寛大さは高い身分に伴う義務（ノーブレス・オブリージュ）の古い伝統に属するものだ。この伝統では、金持ちの食卓から落ちたパンくずが散らばり、本道からも支道からも客の亡霊が出没した。

この伝統は、古代農耕社会でエリート層が管理していた再分配のための宮殿の貯蔵所にさかのぼる。クノッソスの迷宮には実はミノタウロスなどおらず、油壺と穀物の入った大箱でいっぱいだった。エジプトの原動力は食糧であり、ファラオの経済は日常生活の豊かさを第一とする考えにささげられた。といっても、個人的な豊かさではない――ほとんどの人は最低生活水準より少し多い程度のパンとビールで生きていた。[5]ファラオの経済が重視したのは、厳しい時期に備えて余剰農産物を蓄えて管理し、国家や聖職者が自由に使えるようにすることだった。焼けつくように暑くて乾燥し、周期的にところかまわず洪水が発生する環境では、自然に逆らうことは、地形を変えて空に突き出すピラミッドをつくることだけを意味したのではない。なによりも、災害に備えて食糧を備蓄し、人間が滅亡しないようにすることが重要であり、そのためには洪水をコントロールする目に見えない力にも頼った。ラムセス二世の葬祭殿には、年間二万人を養えるだけの貯蔵所があった。首席大臣の墓の壁には租税として収められた収穫物が誇らしげに描かれているが、これは王国で食べられていたものをならべた絵入りのメニューのようなものだ。メニューに載っているのは大麦の袋、山と積まれたパンや木の実、数百頭の家畜である。この国が食糧を貯蔵したのは、再分配という日常的な目的のためではなく——その役割は市場が果たした——飢饉のときの救援のためだったと思われる。紀元前二世紀末ごろの後代の文献に収載された古い伝承によると、「飢餓の年」が終われば、国民が「穀物倉庫から借りることはない」という。[6]

メソポタミアで王が催す宴会は、もともとは王が定めた特権の階級に応じて食糧を分配するためのものだった。アッシリアの世界ではほかのものもみなそうだったが、都市国家に代わって帝国ができると、こうした宴会の規模はとてつもなく大きくなった。アッシュール・ナシルパル（紀元前八八三～五九）はカルフの宮殿の完成を祝う宴会に六万九五七四人の客を招き、その祝宴は一〇日間つづいたという。宴会の料理に使われたのは、肥育牛一〇〇〇頭、ヒツジ一万四〇〇〇頭、子ヒツジ一〇〇〇頭、シカ数百頭、ハト二万羽、魚一万匹、トビネズミ一万匹、卵一万個だった。[7] 北欧の神話『エッダ』によると、神人ロキとローゲが食い競べをし、「肉と骨全部と皿まで」たいらげてローゲが勝ったという。[8] 英雄の食べ競べのこの勝利は、利己的なものとはみなされなかった。それほど確かな例ではないが、ネロの敵によると、ネロの宴会は正午から真夜中までつづいたという。二〇〇〇年前のインドでつくられた規則では、コメ、豆類、バター、ギーはすべての人が食べるようにとされた。だが婢僕については、コメは紳士の六分の一、ギーは半分しか食べてはならないとされた。また質による差別もあり、労働者には充分な栄養が必要だというのに籾殻が割り当てられ、奴隷には割れたくずが割り当てられた。[9] 締め出された者は憤慨を露わにするかもしれないが、支配者が開く宴会は政治的な同盟関係を強め、姻戚関係、従者、後援者のネットワーク、王室の貴族をつくる。中世西洋の〝貴族風の〟宴会場は忠誠を誓う食事のためにつくられたものであり、その食事では君主にふさわしい気前のよさで料理がつくられ、その量は驚くほど多かった。一四六六年におこなわれたヨーク大司教就任式の勘定書に書かれていたのは次のとおりである。小麦七五トン、エール三〇〇樽とブドウ酒一〇〇樽、牛一〇四頭、野生の雄牛六頭、ヒツジ一〇〇〇頭、子牛三〇四頭、イノシシ三〇四頭、ハクチョウ四〇〇羽、ガチョウ二〇〇〇羽、雄鶏一〇〇〇羽、ブタ二〇〇〇頭、チドリ四〇〇羽、ウズラ一〇〇ダース、雌シギ二〇〇ダース、クジャク一〇四羽、マガモとコガモ四〇〇〇羽、ツル二〇四羽、子ヤギ二〇四頭、ニワトリ二〇〇〇羽、ハト四〇〇〇羽、ザリガニ四〇〇〇匹、サンカノゴイ二

○四羽、サギ四〇〇羽とキジ二〇〇羽、ヤマウズラ五〇〇羽、ヤマシギ四〇〇羽、ダイシャクシギ一〇〇羽、シラサギ一〇〇〇羽、シカ五〇〇頭以上、シカ肉入りの冷たいパイ四〇〇〇個、温かいカスタード二〇〇〇個、カワカマスとブリーム六〇八四、ネズミイルカとアザラシ一二頭、そして、量は記されていないが香辛料、甘い珍菓、ウェハースとケーキ。[10]

驚くべきことに、莫大な量の食べ物をふるまう——ときには食べる——ことで地位を示す習慣は現在もなくなっていない。大食を尊ぶ気持ちは、欧米以外の世界にはまだ広く残っている。現代のトロブリアンド諸島の住民が楽しみにしているのは「吐くまで食べる」ほど盛大な宴会である。南アフリカには「立てなくなるまで食べよう」ということわざがある。肥満の美学は広く重んじられている。東アフリカのバヤンコル族の少女は、八歳くらいになると結婚の準備のために一年間家の中にこもってミルクを飲み、最後には太ってよたよたとしか歩けなくなるという。[11]先祖返りをしたような食べ過ぎの習慣を繰り返しているのは地位の高い人たちであり、これは、身分に敬意を払う手段がほかにたくさんある社会であっても、また当人がその地位を揺るぎないものだと確信している場合でも変わらない。この傾向は、ヨーロッパ近代初期の歴史にとくに顕著に見られる。当時はテーブルマナーが崇拝されるようになり、自分ひとりで大食にふけりすぎることは反感を買うようになっていた。モンテーニュは、あまり急いで食べるので指や舌を噛み、食卓での会話に時間を割かないという自分の食い意地を責めた。ルイ十四世は、みずからの婚礼の祝宴で食べすぎて動けなくなった。[12]ジョンソン博士はあまり夢中になって食べるので、額の血管が浮き出て、汗が吹きだした。

ブリヤ＝サヴァランは、食べ物の質に注目していたにもかかわらず、大食漢を賞賛した。彼はブレニエの司祭について、畏敬の念をもってこう書いている。その司祭はあわてず騒がず食事をとった——スープと牛肉の煮物が終わると、ヒツジのもも肉の王室風を「骨まで食べ、雄鶏も骨までたいらげ」、そのあと「山盛りのサラダを……皿の底まで」食べつくし、さらに、大きな白いチーズを四分の一と、ブドウ酒一瓶、それに水差し一杯の水をたいらげた。[13]この美食家は、美食主義を擁護する根拠として、美食が示すのは「造物主の命令に対する暗黙の服従であり、造物主は生きるために食べることをわれわれに命じたとき、食欲の動機を与え、味わうことを奨励し、喜びの報酬を与えたもうた」からだと述べている。[14]ブリヤ＝サヴァランが所得層ごとに示した代表的なメニューは、調理の技巧だけでなく量も考慮に入れて定められた。最後に登場する富裕層の食事は次のようなものである。ペリゴール産トリュフをぱんぱんに詰めた七ポンドの鶏肉、稜堡（りょうほ）を模したストラスブール産フォアグラの大きなパテ、美しく飾りつけたラインの大鯉シャンバール風、トリュフ入りウズラの骨髄添えをバジル風味のバター・トーストにのせたもの、詰め物をして脂をはさんだカワカマスをおきまりのザリガニのクリーム・ソースで焼いたもの、充分につるした雉肉に脂をたっぷりはさんでローストし、聖アリアンス風に飾りつけたトーストにのせたもの、一〇〇本の新アスパラガスを五、六本の糸でまとめ、オスマゾーン・ソースを添えたもの、プロバンス風のズアオホオジロが二ダース。

スポーツ記者で《ニューヨーカー》誌のパリ特派員であるA・J・リーブリングは、この伝統の真髄をたくさんの記事で紹介している。彼がとりあげたのはイブ・ミランドという劇場主催者で、第一次世界大戦前の食の〝英雄時代〟の最後の見本だった。

ミランドは、ランチを手早くすませて年下のフランス人やアメリカ人を驚嘆させたのだが、そのランチというのがバイヨンヌの生ハムと新鮮なイチジク、ホット・ソーセージのパイ包み、バラ色のナンテュア・ソースをたっぷり添えたカワカマスの切り身のスピンドル、子ヒツジのもも肉のアンチョビー添え、フォアグラの台にのせたアーティチョーク、四、五種類のチーズ、それに上質のボルドー・ワイン一瓶とシャンパン一瓶というものだった。そのあとアルマニャックを所望し、奥方に念を押して言うには、ディナーには約束のヒバリとズアオホオジロを頼む、それにイセエビとカレイも少々、そしてもちろん、上演中の劇の主演女優の恋人がソローニュの屋敷から送ってくれた子イノシシの赤ワイン煮込みも忘れずに、というのだ。以前、彼がこう言うのを聞いたことがある。「そういえば、もう何日もヤマシギを食べていないなあ。トリュフの灰焼きもだ」[15]

十九世紀から二十世紀の初めまでの欧米では、料理がたくさんならんだ食卓は高い地位の象徴であり、食卓に多様な料理がならぶことが多くなるにつれ、品数は増す傾向にあった。だが、そうした傾向に対するあいまいな態度がみてとれる風刺的な作品もある。トロロープの小説にでてくるグラントリー大執事は、富を示すだけでなく、俗気もあらわにした。

銀のフォークはとても重くて持ちにくく、パンかごは、たくましい人でなければまったく手におえないほど重かった。いただいた紅茶はまさに最高で、コーヒーはまさしくブラック、クリームはまことに濃厚だった。バターを塗っていないトーストとバターを塗ったトースト、マフィン、クランペットがならんでいた。温かいパンと冷たいパン、白パンと黒パン、自家製のパンとパン屋のパン、小麦のパンとオート麦のパン、そのほかありとあらゆるパンがあった。ナプキンに包まれた卵と、銀の覆いをかけられたカリカリのベーコン。小さな箱に入った小魚と、お湯で冷めないようになった深皿の上でジュージュー焼ける辛い味付けの腎臓。それはちなみに、尊敬すべき大執事その人の皿のすぐ横に置かれていた。これに加えて、サイドボードの上に広げられ雪のように白いナプキンの上には、大きなハムと大きなサーロインがのっていた。サーロインは前夜の食卓にのぼったものだ。こうしたものは、プラムステッド・エピスコピではふつうの献立だった。それなのに、司祭館が心地よいと感じたことはなかった。人はパンのみにて生きるにあらずということが、忘れられているような気がしたのだ。(16)

上流階級の食い道楽はますます喜劇的になった。サマセット・モームの戯曲『フレデリック夫人』の会話は、慣例に従ってメニューの品目が増えるにつれて食事が滑稽になっていくようすがよく現われている。

フォウルデス　トンプソン、いったいディナーは食べたのだったかな。
トンプソン　［ぼんやりと］スープをお召し上がりになりました、旦那様。
フォウルデス　そういえばみたような気がするな。
トンプソン　魚をお召し上がりになりました。
フォウルデス　シタビラメのフライは適当にすませたからな。
トンプソン　ロッシーニ風ボローバンをお召し上がりになりました。
フォウルデス　まったく印象に残っていないな。
トンプソン　スプレンディード風トゥルネードーをお召し上がりになりました。
フォウルデス　あれは実にかたかったよ、トンプソン。しかるべき筋に苦情を訴えなければならないね。
トンプソン　雉肉のローストをお召し上がりになりました。
フォウルデス　そうそう。そういえば雉肉があったな。
トンプソン　ピーチメルバをお召し上がりになりました。
フォウルデス　あれは冷たすぎたな、トンプソン。まったく冷たすぎた。
メレストン夫人　ねえパラダイン、いつになくよく召し上がったと思いますけれど。
フォウルデス　愛も野心も富も、色あせて取るに足らないものになり、うまく焼けたステーキだけが大事な歳になったということだ。そういうことだ、トンプソン。

今日、豊かさの信仰はアメリカに残り、〝贅沢な悩み〟を糧にして栄えている。これは、節約を旨とするピューリタン主義に支配された過去から脱却しようともがきつづけている社会の、散財と余剰の一例である。はじまったのは植民地時代かもしれない。十九世紀半ばにはすでに定着し、当時は「毎日食事のたびに目にするのは、食べられる量の……三、四倍を注文し、次から次へと料理に手をつけては無駄にして、大半を食べないまま返す人びとの姿」だった。ニューヨークにあったあるホテルの一八六七年のディナー・メニューには、一四五品目が載っていた。現在のところ、レストランの歴史で最も長いメニューは、ニュージャージー州ニューアークの〈エアポート・ダイナー〉のメニューにちがいない。このレストランでは毎日、少なくともアペタイザー五〇種、スープ四〇種、サンドイッチ三〇〇種、サラダ二〇〇種、メインコース四〇〇種、野菜料理八〇種、デザート二〇〇種がメニューに載っていた。ディナーが一〇〇種類、朝食が七五種類あることも珍しくなかった。だが、たくさん食べても値段は安かったため食べ過ぎに陥る人が多く、さまざまな珍しいものと同様、簡素さが趣味の審判者の信条となりつつあった。サラ・ヘールは南北戦争後の女主人たちに、「充分な量をだすことは必要だが、食べ過ぎる傾向がよく見られるので気をつけるように」と忠告した。[17] アメリカの豊かさを最もよく表わしているのは、ジャズの巨匠デューク・エリントンの伝説的な食習慣だ。デューク・エリントンはおそらく、小説の世界を除けば世界で最後の、真に英雄と呼べる大食漢だった。彼は「腹が痛くなるまで食べる」のを好んだという。

マサチューセッツのトーントンではアメリカ一おいしいチキン・シチューが食べられる。ハトの血の焼きそばなら、サンフランシスコのジョニー・カンズ・キャセイ・ハウスに行くね。クラブ・ケーキはボルトンズ——これもサンフランシスコだ。シカゴには、クリーブランドの西では最高のバーベキュー・リブと、ニューオーリンズ以外では最高のシュリンプ・クレオールの店がある。メンフィスにもバーベキュー・リブのうまい店がある。キング・サーモンならオレゴンのポートランドだ。トロントに行ったら鴨のオレンジソース、世界一のフライドチキンはケンタッキーのルイビル。チキン半ダースとポテトサラダ一ガロンを買ってカモメにやるんだ。知ってるかい、肩にやってくるんだよ。シカゴのサウスウェイ・ホテル。あそこのシナモンロールとフィレミニヨンは世界一だ。それから、ロサンゼルスならアイビー・アンダーソンのチキン・スナックだ。あそこでは蜂蜜をかけたホットビスケットと上等のチキン・レバー・オムレツを食べるんだ。ニューオーリンズにはフィレ・パウダー入りのガンボー・シチューがある。これはお気に入りで、ニューオーリンズを離れるときはいつもバケツ一杯持ち帰る。ニューヨークでは、週に二、三回はブロードウェイ四九丁目のターフ・レストランでラムチョップを買ってきてもらう。楽屋で食べるのが好きなんだ。楽屋は広いし、好きなようにやれるからね。ワシントンなら、ハリソンズの辛いカニ料理とバージニア・ハム。これはすばらしくうまいよ。

彼が栄誉ある地位を与えたのは、パリのクレープ・シュゼットとタコのスープ、ロンドンのマトン、スウェーデンのスモーガスボード、「八五種類のオードブルがならび、いくつかを食べるだけでもかなり時間がかかる」オランダ、ハーグのオードブル・トロリーだった。だが、ダンカン・ハインズと同様、デュークは母国がすぐれていると信じ、大食の習慣を守りつづけた。

ニューヨークの西四九丁目には、すばらしいカレー料理とチャツネの店がある。メイン州のオールド・オーチャード・ビーチでは、アメリカでホットドッグを一番たくさん食べると評判になった。そこのミセス・ワグナーという人がつくるハンバーガーはアメリカ一だ。トーストしたパンの上にオニオン・スライスをのせて、次にハンバーグ、それからトマト、とけたチーズ、それからもうひとつハンバーグ、オニオン・スライス、チーズ、トマト、そしてパンの残り半分。彼女がつくるホットドッグは、一個のパンにソーセージを二本入れるんだ。一晩で三二個食べた。彼女がつくるベークトビーンズもすごくいける。ミセス・ワグナーといっしょに食べるときは、まず前菜にハムエッグ、それからベークトビーンズ、次にフライドチキン、それからステーキ——彼女のステーキは厚さが五センチもあるんだ——そしてデザートにアップルソース、アイスクリーム、チョコレートケーキとカスタードを、濃厚な黄色いカントリークリームと混ぜて食べる。子牛の肉の上に卵をのせるとうまいね。……ボストンのダーギン・パークスには上等のローストビーフがある。ビロクシの近くの小さな店では、最高の焼きハムとキャベツとコーンブレッドが食べられる。フロリダのセントピーターズバーグには最高のフライドフィッシュがある。ただの小さな掘っ建て小屋なんだけど、魚のフライは間違いない。そこに行くと、腹が痛くなるまで食べてしまう。(18)

歴史のほとんどを通じて、個人が食べる量に応じて名声を得てきたのと同じように、アメリカが現在享受している世界一の名声の一部は、豊かな土地というイメージからきている。

美食の出現

驚愕するほどの量は、エリート層の食のスタイルの歴史上重要な特徴である。食い意地を満たし浪費のために食べることは、貴族的な誇示のありふれたかたちであり、勇ましく食べることは模範的なふるまいだとされる。だが、たんなる量が高級な食事の唯一の基準でありつづけたわけではない。(19)浪費だけでなく味にも、食事を高級なものにする効果があるのだ。進化には質の選択も組み込まれているようだ。体格が同じくらいの霊長類とくらべ、人間の食事は単位重量あたりの栄養の質が高い。質だけでなく多様さも格の高い食事の特徴だが、多様さは進化によって認められた切望、雑食種の理想でもある。たぐいまれな食のジャーナリストであるジェフリー・スタインガーテンが言うように、「ライオンはサラダバーで飢え、牛はステーキハウスで飢えるだろう――だが、われわれは違う」のだ。[20]食事における多様性は、距離によってもたらされる。多様な気候と生態的地位が生んだものが同じ食卓にならぶとき、多様性は驚くほど大きくなるのだ。歴史のほとんどを通じて、長距離貿易は小規模で危険な、多くの犠牲をともなう冒険だった。そのため、多様な食事は富裕階級の特権、高い地位の報酬だった。

皮肉なことに、量が充分でない社会もある。そうなると、量とともに別のかたちの浪費が必要になる。たとえばアメリカ北西部のポットラッチでは、宴会で余った食べ物は派手な消費を誇示するために海に投げ込まれる。また、ルネサンス期のローマで開かれた社交界の宴会では、金の器がこれみよがしにテベレ川に投げ込まれた(川には見えないように網が張ってあって、器は簡単に回収できた)。メアリー・ワートリー・モンタギュー夫人がトプカプ宮殿のハーレムで食事をとったときには、五〇種類の肉料理が一皿ずつだされたという。食卓には薄絹がかけられ、ナプキンも薄絹でできていた。ナイフは金で、柄にはダイヤモンドがちりばめられていた。また、多様さと優雅さによって、同じ効果をもっと経済的に生みだすこともできる。

格調高い料理の極致は、たぶん懐石料理だろう。皇室をもつ日本の伝統が生んだ優雅な料理である。懐石料理では、薄い小片、賽の目、若い茎、新芽――小さな卵ひとつ、豆が三つ、

「渦巻き状に切ったニンジン、揚げた銀杏」——がそれぞれ一品になる。舌だけでなく目も楽しませ、胃ではなく心を満たす、美の喜びのために選ばれ、ならべられた料理の数々である。「一四品の優美な空想」と呼んだのは、アメリカの著名な食の評論家M・F・K・フィッシャーである。この伝統につらなる食事では、盛大な宴会と同じくらいの——より繊細ではあるが——肉体的快楽を得ることができる。辻静雄は大阪で調理師学校を経営していることで有名だが、彼のような偉大な料理人は、食卓にだす魚を「娘盛りの若い女性」のような舌触りをもつかどうかで選ぶことができる。「趣のある」大皿[21]がないときは、香りのいい木片か「平らな石を使い、一方に数枚の葉をあしらう」のだという。もちろん、あしらった葉は俳句の世界のように季節を象徴する。

繊細な味覚と控えめな表現、食欲の抑制、食べ物にほどこす凝った工夫——これらは、少なくとも十世紀末以降、日本で高い地位を示すものだった。十世紀末には有名な随筆家の清少納言が、職人ががつがつ飯を食うのをみて嫌悪感を示している。彼女を最も喜ばせた料理は、鴨の卵——彼女が繰り返し言及している唯一の食べ物——と「蔦のシロップをかけたかき氷を金属製の碗に入れたもの」だった[22]。つまり、懐石料理を陰で支える美学は平安時代にさかのぼるのだ。簡素な食事が際立つのは、当然のことながら、贅沢な食事が尊ばれるときである。たとえば、十三世紀の小説（『堤中納言物語』の「よしなしごと」のこと）にでてくる僧侶は、『カンタベリー物語』にでてきてもおかしくないような人物で、わざとらしい嫌悪を示しつつ、「つかのまのこの命が絶えるまでは」と、ある娘に用意してほしい料理を挙げた——香り高い梨、枝栗や椎の実、甘海苔、餅菓子、すばらしい蕪、「小松がもとの乾瓜」、松の実、アケビ、みかん。「だが、これらすべてが用意できないなら、煎り豆などの質素なものをいただきたい」[23]

懐石料理――主材料の見かけは人目をあざむくものであることが多く、ときには豆腐や小豆でたくみにつくられる――が生まれたのは、貴族の生活様式に禅が影響をおよぼした時代、つまり十四世紀から十八世紀のことのようだ。それ以降、日本を訪れた人のほとんどすべてが証言するところによれば、質素な生活は美徳として心から受け入れられており、たくさん食べる余裕のある人にとっても例外ではなかった。十九世紀初めの日本の食習慣を広く観察したロシア人捕虜は、「貧乏人だけでなく金持ちも、飲み食いにはほんの少ししか金を使わない」と書いている。[24]ビクトリア女王の公使だったラザフォード・オールコック卿は、おびただしい猟獣が殺されずにいるのは貴族の禁欲のせいだと考えた。「考えてみてほしい、美食家諸君」と書いて、彼は仲間のヨーロッパ人をうらやましがらせた。

ノルウェーの陳腐なフィエルドやフィヨルドで猟や釣りの季節を過ごすかわりに、日本に来てサケをつかまえ、シカやイノシシやクマを狩り、なんならキジやシギやコガモといった猟鳥を好きなだけ撃つというのはどうだろう。日本はかなり遠い――だいたい六〇日と少しかかる――し、獲物を追っていて、刀を二本差したサムライに切りつけられることもあるかもしれないが、それはさておき猟獣のことや珍しさを考えてみたまえ。[25]

そんなつもりでやって来た人たちは、気前のよいもてなしにだまされた気になったかもしれない。一九二一年に日本を旅行した鈍感なアメリカ人は、量に関しては日本の食事は「驚くほど多い」という印象を受けた。漬け物、ウズラの卵とネギが入ったスッポンのスープ、焼き魚のウニ添え、刺身、クルマエビとアナゴの天ぷら、カモと魚と野菜の蒸しもの、焼きガモをなんとか食べ終えたところで、〝二の膳〟として野菜、魚の澄まし汁、うな重、果物が出てきて驚いたのだった。彼は最後に、「聞いたところでは」消化不良は日本人に広く見られる病気だそうだ、と書いている。凝った日本食を消化できるだろうと思えるのは、日本では汗水流して働く肉体労働者（クーリー）くらいのものだが、もちろん、その種の人びとがそんな食事にありつくことはない。このアメリカ人の経験は、いつにないごちそうを食べたときのもので、場所は外国人のためのクラブだった。(26)

今日では、人びとのあいだに粗野な食べ物が広まり、すべての日本人が食に美的、禁欲的な喜びを見出していた黄金時代の神話は揺らいでいる。M・F・K・フィッシャーは、「ポーターや市街電車の物売り」が屋台で「澄んだ汁のなかでからまるうどんの重要性、たちのぼる雲のような湯気」の象徴的意味を知らずに麵を口に押しこみ、音をたてて汁を飲んで、急いで仕事に戻るようすを思い浮かべている。これは、がつがつ飯を食い、すぐさま汁碗に「とりかかる」下層階級の「いとあやしき」さまをみて清少納言が示した嫌悪感に直接つながるもののようだ。だが、懐石料理の伝統は、それとは正反対の食習慣があるからこそ意味があるのだ。実際には、金持ちのブルジョアが伝統を復興させ、料理店主がその精神を取り戻すように鼓舞しているため、おそらく現在、懐石料理の伝統はかつてないほど強まっている。[27]

懐石料理と同様、記録に残っている最古の宮廷料理では、念入りな調理が重視された。現存するメソポタミアの調理法には、肉や鶏をきつね色に焼いてから、水に血を混ぜてとろりとさせたニンニク、タマネギ、ニラネギ、カブ、チーズやバターのドレッシングを加えてゆでるようにと書かれている。また、蒸し煮にするときも油で炒めてから水で煮るよう勧めている。[28] 直接の証拠は残っていないが、古代エジプトの医学書にはまれに、宮廷のレシピを反映した記述が見られる。たとえば、細かく刻んだハトの肉をレバー、ウイキョウ、チコリ、アイリスといっしょに調理すると、そのスープは腹痛によいとして、クロコディロポリスの医師が勧めている。[29] 紀元前二、三世紀の中国の詩人は、収穫の完了を祝い、死者の霊をこの世に迎えるための料理を、あきらかな憧れをもって挙げている。「器用な料理人がハト、黄サギ、クロヅルを薄切りにし、コショウで味付けした香草といっしょにキビのパイに仕上げる」。料理人がつくるのは、アナグマの煮物、新鮮なカメの肉、チーズで煮た甘い鶏肉、生後まもない子ブタの酢漬け、レバー・ソースに浮かぶ生まれたての小犬の肉に、ハツカダイコンのサラダとインドの香辛料を添え、コクマルガラスの蒸し焼き、ヒドリガモの蒸しもの、ウズラの網焼き、ゆでたスズキ、スズメのスープで、「それぞれがもつ最高の味を保っていた」。[30] このことは、死者のための宴会にはきずのない食べ物を用意しなければならないため、念入りな調理をほどこしても材料の純粋さがそこなわれることはなく、かえって強まることを示唆しているのではないだろうか。二世紀から三世紀の変わり目に、ナウクラティスのアテナイオスは芽生えつつある高級料理の要素をすべてを盛り込んで、想像できるかぎり最も贅沢な食事を描写した——おびただしい量、独特な料理、凝ったサービス、めざましい種類の多さ、創意に富んだ料理法。アテナイオスが思い描いた宴会場では、吊るしランプが「祝祭の冠を照らす」よく磨かれたテーブルに、「たっぷり詰め物をされたアナゴ」が「神を楽しませる」輝く皿にのせられ、上部が雪のように白いパンを添えて出される。一品ずつ、酢漬けのエイ、フカ、アカエイ、イカ、それに、やわらかい触手をもつセピア色のイソギンチャクがつづく。次に、「テーブルと同じくらい大きい、渦巻きのように湯気を吐き出す」魚。それから、パン粉をまぶして揚げたイカと焼いたエビ。「宴会の中心」として、この段階で甘い菓子類が出される。「花と葉のついた」ケーキ、香辛料で香りをつけた甘い菓子、パイ皮を使った菓子類。次に出されるのはマグロで、「最も肉付きのいい腹の部分を」薄くきりとったもの。料理がでてくるスピードがあまりにも速いので「牛の胃の料理を食べそこねるところだった」と、アテナイオスが宴会の話を引用した詩人は言った。地元産のブタからは、小腸、背骨つきの肉、尻肉ではゆで団子がつくられた。それから、乳で育てた子ヤギの頭まるゆでと、さらなる豚肉の珍味がつづく——ゆでた豚足、皮の白いあばら肉、鼻、頭、足、テンダーロインをアフリカの珍しい調味料シルフィウムで味付けしたもの。そのあとは子ヒツジのローストに、「神々が愛するような」子ヒツジと子ヤギの「内臓をざっと焼いた非常にやわらかい一品」それから、土鍋で煮たノウサギ、若い雄鶏、ヤマウズラ、モリバトとつづき、そのあとに黄色い蜂蜜と凝固させたクリームとチーズのデザートが出された。[31]崇高な価値観と義務の観点から、厳格さが大食に対抗している文化もある。一部のエリート層——ときには、大量に消費するエリート層内の対立する諸分派——は、より深遠な精神で英雄的な食の理想に挑もうとしてきた。彼らが提唱した理想では、自制しないことは野蛮だとして非難され、簡素であることの気高さがほめたたえられた。孔子の食習慣は紳士の理想を表わしている。この賢人のものとされる格言によれば、食べ物が申し分なく新鮮で、たくみに調理され、みごとに飾りつけられたからといって、簡素でなくなるわけではないという。それどころか、この三つの水準のどれかを下げれば下品なものになるだろう。だが、肉を食べるのは控えめにして、息に肉の匂いがつくほど食べてはいけない。また、ショウガなどの強い香辛料は慎重に使い、酒を飲んで見苦しいふるまいにおよんではいけないとされる。[32]孟子は、貧しい人びとの前で金持ちが節制せずに食べることを非難し、真の幸福にいたる最善の方法として「心から望むものを減らすこと」を勧めた。少食は、仏教の悟りの境地のしるしである。コーランには「天と地の楽しみの大半はおいしいものを飲み食いすることだ」と書かれているが、アラブの宮廷料理では[33]砂漠の簡素さと都市の贅沢が対立し、その緊張状態のなかでつねに新しい料理が生まれている。バラモンは食べ物に対して無関心を装うものとされる。ちょうど、『インドへの道』のゴドボール教授が〝まるで偶然のように〟食べ物を見つけたように。ピタゴラスは断食を命じた。節制はストア学派の美徳だった。エピクテトスによれば、食べることは性交と同様〝ついでにすべきこと〟だった。キリストの仲間のあいだでは、五つの大麦パンと二匹の小魚は充分なごちそうだった。こうした賢人が上流階級の食習慣にそれほど直接的な影響をおよぼすことはめったになかったと思われる。だが、彼らの影響に触れた社会では、節制は洗練のしるしとしてしだいに定着していった。その影響のひとつとして、格式高い食べ物の歴史に特有のもうひとつの逆説が助長された。何でもふんだんに手に入れられることが真の貴族のしるしとなるのは、それを自発的に放棄したときだけである。真の指導者は臣民と苦難を分かち合う。ローマ皇帝アウグストゥスは、質素の見本のような人だとされた。彼の後継者を見ると、食事の量がアウグストゥスより多い人物ほど劣っていた。アウグストゥスは「一般大衆の食べ物を好み」、きめの粗いパン、手でかためたチーズ、二番作のイチジクの実を食べた。また、食事に時間をかけるのは時間の無駄だとして重視せず、馬に乗ったまま軽食をとった。「安息日のユダヤ人よりも厳しく」断食を守り、ブドウ酒の代わりに消化を助けるものとしてキュウリや酸っぱいリンゴを食べたといわれる。チンギス・ハーンは、征服地の文化に影響されて「北方の厳しい生活」を離れることは決してなかった。ボニー・プリンス・チャーリーが配下の者たちに愛されたのは、「四分で戦いに勝ち、五分でディナーを食べることができる」からだった。ナポレオンのフライドポテトとオニオン好きが、実際に好みの表われだったのか、それとも国民主権の体現者という自己認識を示すためだったのか、ほんとうのところを知るすべはない。

簡素という理想と大食という理想を融和させる方法は三つある。一つ目の方法は、それだけで充分人目を引き、少量でも高級と見なされるような上等な食べ物や珍しい食べ物、変わった食べ物を選ぶことである。二つ目の方法は、ほどほどの量に凝った調理をほどこすことである。この二つの方法はどちらも、昨今のいわゆる自然食品主義を助長する。この鑑識眼は、ローマの詩人ユウェナーリスの言葉では「一目で正確にウニを見つけだす」ものであり、食べることを深遠なものにする。[34]最後の方法は、手ほどきを受けた一流の人だけが実践できる独特な礼儀作法のルールをつくりあげることである。これによって、大量に出されたり特殊な方法で調理されたりした特定の種類の食べ物を食べなくてもよくなる。問題は、どうやって食べるかなのだ。

一つ目の方法を実践した人物として悪名高いのは、三世紀のローマ皇帝ヘリオガバルスである。ヘリオガバルスは放蕩の権化だった。だが、彼はしばしばその食道楽を非難されるものの、彼を駆り立てたのは美食でもなければ、贅沢に対する動かしがたい情熱でもなかった。ほんとうのところ、彼は新奇さに取りつかれていたのだ。経験したことのない感じを求め、奇妙さや珍しさがふつうである世界に住むことを望んだ。料理のシュールレアリズムを求め、誇示的消費を芸術にした。ガチョウのレバーを犬の餌にし、人間の客には、金で飾ったエンドウマメとオニキスで飾ったレンズマメ、琥珀で飾ったマメと真珠をちりばめた魚を出した。[35]ヘリオガバルスはダチョウの頭を六〇〇個使った料理をつくったとされる。食卓では、味よりも舞台監督の仕事に関心があり、料理よりも喜劇を好んで、海に似た青いソースを使った魚を注文した。こうした点でヘリオガバルスに匹敵するのは、ローマ皇帝の中ではウィテリウスだけである。ウィテリウスはスズキの肝臓、ヤツメウナギ、白子にキジとクジャクの脳味噌とフラミンゴの舌を使った大皿料理で「ミネルバの盾」を表現した。[36]もちろん、こうした食事についての話は眉に唾をつけて聞かなければならない。風変わりな宴会はローマ人に吐き気をもよおさせたかもしれない。現存する記述はたいてい禁欲的な批評家によるものであり、読者に嫌悪感をもたそうとして書かれたことは間違いない。[37]

華々しい成功をおさめるには、季節はずれの料理をずらりとならべればよい。これもまた格式高い食べ物の特徴のひとつであり、自然に逆らうことによって英雄的行為を示唆しようとするものだ。「驚かないでほしいのだが、たとえばアスパラガス、アーティチョーク、エンドウマメといったものを一月や二月に注文し、季節はずれと思われるものを注文することがある」と十七世紀の名料理人が書いているが、これは作り話だ。フェラーラのゴンザーガ家の料理人バルトロメオ・ステファニがこう書いたのは、まぎれもなく、彼の料理本の買い手であるブルジョアを驚かせるためだった。彼は「よい財布とよい馬」を必要とする料理を誇っていた。十一月に催された宴会でスウェーデンのクリスティナ女王に最初に出した料理は、イチゴの白ワイン風味だった。[38]これは、ちょっとしたさりげなさで客を驚かそうという趣向だった。ルネサンス期の自制の信仰が調理場に届くまでは、客を驚かす料理は何恥じることなくみごとな料理とされた。一五八一年に開かれたマントバ公国王の婚礼の祝宴では、金箔をかぶせたライオンの姿をしたシカ肉入りパイ、直立した黒ワシのかたちのパイ、「生きているかのような」キジ肉のパイが出された。クジャクを飾る尾とリボンは「生きているみたいにぴんと立ち、くちばしの詰め物が燃えて香りがたちのぼり、脚のあいだにはなまめかしい警句が置かれていた」。アーモンド・ペーストでつくった像は、ヘラクレスと一角獣のかたちをしていた。[39]

だがこれでさえ、西洋の歴史における最も華麗な宴会のかすかな名残りにすぎない。それよりも一世紀以上前の一四五四年二月十七日、ブルゴーニュのフィリップ善良公がリールで「キジの誓い」をたて、宴会の客に十字軍に参加する誓いをたてさせた。これはまるで、現代の資金調達者がチャリティー・ディナーで無理やり援助金を集めるようなものだった。ある参加者によれば、「テーブルの上に礼拝堂があり、そのなかに聖歌隊がいて、フルート奏者でいっぱいの肉入りパイがあり、小塔からはオルガンなどの音楽が聞こえてきた」という。「次に公国王に給仕をするのは芝居にでてくる馬と象で、トランペット奏者が乗っていた。「次にきたのは少年が乗った白い雄ジカで、少年はすばらしい歌声を聞かせ、雄ジカは少年に合わせてテノールのパートを歌った。次は象が……城を運んできた。城のなかには聖教会が座っていて、トルコ人に迫害されたキリスト教徒に代わって哀れを誘う泣き言を言っていた」。[40]

興行術としての宴会の伝統はつづいている。財政家ジェームズ・ブキャナン・"ダイヤモンド・ジム"・ブレイディー（ディナーの前に最初の料理として四ダースの牡蠣を食べたことで有名）は、ニューヨークにあるルイ・シェリーのレストランで開かれた伝説の「ホースバック・ディナー」に招かれた。このディナーの呼び物は騎手と馬を招いたことで、馬はエレベーターで三階の舞踏室へ運ばれた。

風変わりな食材、テーブルの上の見もの、テーブル脇で繰り広げられるショーを好むのは、ただ下品なだけだった。客を驚かせる食べ物——中世の〝クロウタドリ〟のパイ、たくさんダンサーが飛び出す現代の独身男性向けの夜のケーキ、ポッロ・ソルプレーザやボンブ・スュルプリーズなど——が好まれるのは料理の劇場効果を物語るものだが、知的な側面があることも確かだ。こういった食べ物にはクイズの要素があり、まるで違うもののように飾られた食べ物は知的ゲームの材料となる。このため、教育がエリート層の特権である社会では、こうした食べ物が高級メニューに含まれる。昔の京都には、宴会の客が何を食べたか当てるのを競いあう習慣があった。[41]これは、ある種の人びとが食卓で飲むワインの名前やビンテージを当てる現代の習慣とよく似ている。ドロシィ・セイヤーズはこれを鍵にしてミステリ小説を書いた。主人公の探偵ピーター・ウィムジー卿はその確かな嗅覚と味覚、ワイン研究の知識で彼の名をかたる者との競争に勝ち、自分が本物であることを証明した。

とはいえ、大食をともなわずに高級さをうみだす手段としては、卓上の劇場には欠点がある。いきおい派手になり、どうしても厳格な感じにはならないのだ。もっといい方法は、たぶん、量よりも料理法を重視することだろう。調理に時間のかかる、貴族の余暇を思わせるような料理をつくるのだ。食べ物を社会分化の要因とする方法がみなそうであるように、この方法の擁護者はこれを文明化の伝統における一段階だとする。啓蒙思想のバイブル『百科全書』の料理の項にシュバリエ・ジョークールが書いたように、「料理人の技術を構成するのはもっぱら料理の味付けである。これはすべての文明国で共通だ。……ほとんどの調味料は健康に害をおよぼす。……それでも、味付けをせず、自然が与えてくれるままの純然たる自然の産物で満足できるのは、概して野蛮人だけだということを認めざるをえない」のである。[42]

凝った調理の真髄とあかしは、味付けとならんでソースにある。ソースはごまかしや見せかけの手段にもなりうる。現代の料理では、ソースは食材の風味を引き出したり増したりするものだと考えられているが、引き立てる対象を覆い隠すものでもある。〝プレーン・クッキング〟を教える学校では、ソースは粗末な材料を隠すためのものだとしてばかにされる。だが実際には、ソースはたいてい最高級の食べ物を飾るために使われる。ソースは上品な料理につきものなのだ。ソースをつくるには一般に大量の材料を煮詰める必要があるため高くつくし、材料の配合が必要なので手間がかかる。ソースが不思議な印象を与えることが多いのは、化学作用によって材料が驚くべき変化をとげるからだ。たとえば、マヨネーズやアイオリはそれぞれ卵黄とニンニクがオリーブ油によって乳化したものだし、カレー粉はスイギュウの脂肪のくどさを抑えるし、タイのナンプラーは腐った魚を欠くことのできない調味料に変える。また、ソースは専門技術の世界に属する。それは、とりわけ意欲的なソースづくりの領域で成功するには、修行や知識にもとづく判断を必要とするからである。ソースは、学問としての調理の伝統を生む。つくりかたが複雑で覚えにくいため、書き留めておく必要があり、読み書きできる人にしかつくれないからだ。通説では、世界最古の調理法はソースのつくりかただといわれる。紀元前二千年紀末の文献に、周王朝でつくられたマリネが記されているのだ。それは、生のコイの切り身をラディッシュ、ショウガ、アサツキ、バジル、コショウ、ミチヤナギに漬けたものである。[43]

料理が社会的に分化した結果、料理にたずさわる職業の地位が高まり、うんざりするほど多くの技術が生まれ、調理場の慣行が生まれた。ローマの歴史家リウィウスは、宴会が手の込んだものになった瞬間からローマの衰退がはじまったと考えた。「そしてそのとき、以前は奴隷のなかでも最下層の地位だった料理人が初めて威信を手に入れ、かつては苦役だったものが芸術とみなされるようになった」[44]。アレクシスの断章によれば、料理人は芸術家や「芸人（パフォーマー）」になった[45]。古代の料理本で現存するものはほとんどないが、そこに記されたであろう世界は、アンティファネスの耳や想像力がとらえた料理人の会話のような風刺文学に垣間見ることができる。

いや、青魚は以前のように塩水に漬けてくれ。

では、スズキは？

丸焼きだ。

サメは？

チーズでゆでてくれ。

ウナギは？

塩、オレガノ、水。

アナゴは？

同じだ。

ガンギエイは？

香草で。

マグロの切り身があるが。

焼いてくれ。

子ヤギは？

ローストだ。

反対側は？

ひっくり返せ。

脾臓は？

詰め物をしろ。

腸は？

もう降参だ。(46)

アピキウスというローマの料理人は大きな尊敬を集め、エスコフィエの料理書やファニー・ファーマーの料理本など、数多くのレシピ集にその名が残っている。アピキウスの芸術は主としてソースづくりにささげられた。彼の名前がつけられた現存する最古の文献には四七〇のレシピが載っているが、そのうち二〇〇以上がソースのつくりかたである。ヘリオガバルスは気に入らないソースがあると、つくりかたが改善されるまで料理人にそのほかのものをいっさい食べさせなかった。中世スペインの遊蕩好きなムスリム君主の王宮では、レシピ研究は真面目で科学的な仕事だった。園芸、農学、灌漑技術の研究に従事する学者が、同時に、香り高いビネガー、効果的な飾り、フォアグラを改良する方法を考案していたのである。(47)ソース信仰はいまも、それが知られているところではエリートの儀式であり、貴族的な礼儀作法である。ブリヤ＝サヴァランによれば、スービーズ公はひとつのハムに、四九個のハムの肉汁を濃縮してつくったソースをかけさせたという。執事はスービーズ公に五〇個のハムの請求書を示した。「ベルトラン、気でも違ったのか」

「いいえ、殿下。食卓に出されるハムはひとつだけですが、そのくらいなければ、ブラウン・ソースやスープのもとや飾りや……」

「ベルトラン、そちは盗人だ。そんなものは認めないぞ」

「お言葉ですが、殿下」と、怒りを抑えきれずに芸術家は答えた。「殿下はわたくしどものやりかたをご存じありません。殿下がお命じになれば、わたくしは殿下がだめだとおっしゃる五〇個のハムを使って、それを親指ほどの大きさもないクリスタルガラスの瓶におさめてみせます」(48)

スービーズはスービーズ・ソースにその名を残している。これはベシャメルソースにタマネギを加えたもので、このつくりかたにはソースを考案する人たちの根強い考えが表われている。つまり、いくつかの基本的なソース——オランデーズソース、ブルーテソース、ベシャメルソース、エスパニョールソース――をもとにして、それに材料を加えてソースをつくろうというのだ。味のよいソースはたいてい何かを加熱調理してそこからしみ出る汁を煮詰めたものなので、この原則は実際にはかなり誤解を招くものである。この原則を考案したアントワーヌ・カレームは訓練と才能でケーキ職人になった人物で、ひどく見栄っ張りな主に仕えるシェフとして、タレーラン、ロシア皇帝アレクサンドル一世、英国の摂政の宮、ジェームズ・ド・ロスチャイルドの家で仕事をした。

ソースのはたらきのひとつは、ある意味で食べ物を食べ物らしくなくすることである。栄養面での価値の代わりに美的魅力を重視し、食べ物を自然のままの状態ではなくして、芸術で包んでしまうのだ。調理の発明と同様、これは人間が自然から自己分化する行為であり、未開状態の拒否、文明化のさらなる一歩である。マナーもこれと同様で、いわば所作のソースである。テーブルマナーは、文明化をすすめる料理人の企てに加担する行為であり、われわれ自身のなかに潜む未開人を捨てたしるしである。上品な料理には非常に凝った調理技術が欠かせないのと同じように、テーブルで上席につくようになると礼儀作法はますます複雑になる。調理の発明によって食べるという行為が社会を建設する行為となって以来、食べ物にまつわる作法や儀式が次々と生まれた。礼儀作法がつねに発展しているのは、マナーの目的のひとつに部外者の排除があり、侵入者に暗号を解かれたら暗号を変えなければならないからだ。文化が違うと習慣も異なるため、現代では、文化の違いという落とし穴に落ちたディナーの光景をヒントに、おもしろい話が数多く生まれている。たとえば、鼻をかむのは品よく慎むくせにげっぷをするのははばからないうかつなアジア人の話とか、アラブ人の宴会客に敬意を表して出された料理を西洋人の客が拒否する話とか、日本の懐石料理では汁物を終える前に向付（むこうづけ）に手を出すとあきれられるという話などだ。マドリードの社交界でよく語られる逸話に、中国大使館で開かれたディナー・パーティでブルガリアのシメオン国王がご飯を三杯おかわりした話がある——中国の伝統的なマナーでは、ご飯の前に出される手の込んだ料理で満足したふりをするのが客の礼儀とされるのだ。ジェフリー・スタインガーテンは日本を訪れたとき、汁碗の蓋をとるのが遅すぎて汁の湿気と熱で蓋がくっついてしまい、優美な作法を放棄せざるをえなかった。広く認められたしきたりでは、蓋を食卓に移し、碗を手から手へと移すのだが、スタインガーテンは蓋をむりやり開けて汁をこぼし、食卓の芸術性を台無しにして、間抜けな野蛮人という受け身の役割に戻らなければならなかった。[49]

実際に問題になる礼儀作法の重大な障壁は、階級間ではなく文化間に存在する。トレドの元ラビでキリスト教に改宗したペトルス・アルフォンシは、一一〇六年、『賢者の教え』で具体的にいくつかのテーブルマナーを挙げた。そのマナーはいまでも、ディナーに招待された客の栄達の旅の道しるべとして使える。だが、アルフォンシがテーブルマナーを勧めたのは、他人に礼儀正しくするべきだからとか、習慣的な惰性とか神にたいする義務といった理由ではなく、それが実際に自己の利益に役立つからだった。まず、どんな人の前でも王の御前であるかのように食べること。前もって手を洗うこと。ほかの料理が食卓にならぶまではパンをがつがつ食べないこと。「そんなことをすると、せっかちだと言われてしまう」。大きな口をあけてかぶりついたり、口の端から食べ物をたらしたりしないこと。そんなことをすると食いしん坊だと思われる。よく嚙んで食べること。そうすればむせる心配がない。同じ理由で、口のなかに食べ物が入っているときはしゃべらないこと。大酒飲みの評判をたてられたくなければ、胃が空っぽのときは酒を飲まないこと。隣の人の皿から勝手に食べ物をとって食べないこと。そんなことをすると顰蹙を買う。たくさん食べること。招いてくれたのが友人なら喜んでくれるだろうし、仲の悪い人なら憤懣やるかたない思いをさせてやれるだろう。(50)二、三世紀もすると西洋では、礼儀作法のきまりが食卓にまつわる社会分化の要因として、食べ物や料理より重視されるようになった。クレチアン＝ド＝トロワの翻訳をしたドイツ人、ハルトマン・フォン・アウエはこう書いている。「彼らが何を食べたかは省きたい。たくさん食べることよりも気品あるふるまいに注意が払われていたのだから」。一流の食物史家のひとりはこれを、いくぶん誇張して「気品にもとづく行儀作法、儀式的な宴会の誕生」と呼ぶ。(51)礼儀作法が守られるところでは、食べ物は重要でなくなった――少なくとも、風刺的な想像の世界では。ルイス・キャロルの風刺的な作品では、アリスが赤の女王に肉を切り分けようかと申し出ると、女王はいかにもショックを受けたという様子でそれを拒絶した。「紹介された相手を切るのは礼儀に反する」。プディングがでてくると、「プディング、こちらはアリス。アリス、こちらはプディング」と女王が口をはさむ。「プディングをさげなさい」

高級料理のブルジョア化

礼儀作法が重視されたのは、ひとつには、神聖で深遠な調理法の秘密を守るのは不可能だからだ。「秘伝の」レシピが語り伝えられても、暴露されるのがつねである。この世のものとは思えない極上のソースが王の食卓からしたたり落ちて、ブルジョアのごちそうになる。ほかの技術と同じように、料理はまねるのも伝えるのも簡単なのだ。

実際、西洋の優雅な食のスタイルはつねにほかの文化の模範とされてきた。ギリシア・ローマの古典時代には、上流階級の食習慣はホラティウスによって〝ペルシア人のようだ〟とそしられ、ギリシアのことわざでは〝シチリア人のようだ〟と非難された。ギボンが〝野蛮と宗教の勝利〟と呼んだものによって西洋文明の連続性が途切れると、ギリシアやローマの料理の記憶は薄れていった。西洋の宮廷は料理のひらめきをイスラムに求めた。これは一見、奇妙なことだ。キリスト教世界とイスラム教徒は敵対する文明であり、正式に戦争状態にあり、憎しみあっていた。十字軍の宣伝ではイスラム教徒は悪魔だとされ、イスラム世界ではキリスト教徒は悪の化身とされていた。だが、高度な文化に関しては、イスラム世界は賞賛され、手本とされた。十世紀には、皇帝の個人教師でのちに教皇となるオーリヤックのジェルベールが、数学を学ぶためにムスリム支配下のスペインへおもむいた。さらに、自称魔法使い、最新の医学知識を求める人びと、古代文献の収集家たちが同じ道をたどった。ローマ帝国の崩壊以後、シリア語やアラビア語を使う研究者のおかげで、アリストテレスやプトレマイオスの重要な文献をはじめとする、西洋では知られていない膨大な数の文献がムスリム支配地域の図書館に保存された。

当時、科学や医学の分野でイスラムの全般的な優位が揺らがなかったように、農業や実用的な園芸などのいわゆる「食物学」の分野でも、イスラムは圧倒的な優位を誇った。調理は、もとになる材料を豪華なものに変える一種の錬金術だからだ。また、当時の医学は大半が食の科学だった。特効のある予防薬はほとんどなかったが、栄養は健康にいいことが知られていた。薬と滋養のある食べ物の違いはさだかでなく、食品の薬効が念入りに調べられ、記録されて、調理場の習慣に取り入れられた。科学と魔術と料理は渾然一体となり、形式上のはっきりした境界はなかった。十二世紀の魔術書『ピカトリックス』では、（そのほかの感覚的連想と同様に）味と惑星を関連づけている。この本では、コショウやショウガは火星と、樟脳やバラは月と結びつけられ、不味は土星を、苦味は木星を、甘味は金星を引きつけるとされた。科学が賞賛されるこうした状況のため、キリスト教徒の料理人はイスラム教徒の料理人をまねたがるようになり、科学を賞賛する傾向は、イスラム教徒の宮廷が示す贅沢や奢侈に対する羨望によって強まった。十三世紀半ばには、シチリアのフリードリヒ二世が、イスラム教徒の学者や快楽主義者を寵愛したためにキリスト教の護教家から非難された。フリードリヒ一世赤髭王の孫であり神聖ローマ帝国皇帝だったフリードリヒ二世は、素人ながら熱狂的に科学を愛し、生理的影響を観察するために罪人を餓死させた。また、科学を愛すると同時に道楽にもふけり、〝ムーア風の〟芸術や作法を楽しんで、分厚い絨毯の上でくつろぎ、ゆったりとした衣服を身にまとっていた。十四世紀には、カスティリャのペドロ残虐王がスルタンの地位に影響をおよぼし、トルデシリャスとセビーリャの宮殿をムーア風の装飾で飾った。国王のこうしたイスラム好きは極端だったが、中世末期キリスト教世界のエリート層の価値観からいって例外的だったかというと、かならずしもそういうわけではない。当時は、ムスリムの知恵を利用し、ムスリムの趣向に従う傾向が強かった。

十三世紀に西洋で料理の本がたくさん出回りはじめると、その素材としてイスラム教徒の宮廷の料理法が使われるようになった。西洋が影響を受けたのは主に、食卓の美学、伝統的な異国風材料の重視、豊かな甘味を好む傾向、の面だった。ムスリムの宮廷料理の美学は西洋の宗教芸術の美学と似ていた。西洋には金細工や宝石細工を好む傾向があり、最高の料理人は金細工や宝石細工をまねようとしていたのだ。『バグダッドの料理人』という十世紀の文献によれば、料理人はサフランを金めっきのように、砂糖をダイヤモンドのように使い、白身の部分と赤身の部分を交互に切った肉は金と銀のコインのようだったという。また、カーネリアンや真珠に似せた料理をつくった。キリスト教世界で神聖な場所や祭壇に香がたちこめているのと同じように、イスラム世界では王の宴会場や食卓は芳香で満ちていた。甘い風味と香りのいい材料が最も重んじられ、アーモンド・ミルク、粉末のアーモンド、ローズウォーターなどの香りのいい花のエッセンス、砂糖、東洋のあらゆる香辛料――これについてはイスラム世界の方がキリスト教世界よりも入手しやすかった――が不可欠な材料だった。

十三世紀初頭のアブド・アッラティーフ・アルバグダーディーの記述には、鶏肉、ウサギ肉、豚肉、ハト用のソースとエジプトの甘いシチューすべてにアーモンドが出てくる。アルバグダーディーによれば、鶏肉はローズウォーターでゆでるといいという。くだいたヘーゼルナッツやピスタチオを敷きつめた上に鶏肉をのせ、スベリヒユの種やケシの種、ローズヒップを加えて凝固するまで加熱し、最後に、貴重な香辛料で風味をつける。これは、長時間加熱調理すると風味が失われるからである。典型的な宴会料理には、三匹の子ヒツジの丸焼きが欠かせない。これは、ゴマ油で炒めたこま切れ肉を詰め、くだいたピスタチオ、コショウ、ショウガ、クローブ、乳香、コリアンダー、カルダモンなどの香辛料を加え、ジャコウの香りをつけたローズウォーターをふりかけたものである。皿の上の子ヒツジと子ヒツジのあいだやその周囲は、五〇羽分の鶏と五〇羽の小鳥で埋める。これについては、卵や肉を詰めて、ブドウかレモンの汁を加えて炒めるのがいちばんだ。それから全体をパイ皮で包み、ローズウォーターをふんだんに振りかけてから——おそらく驚くほど大きなオーブンで——「バラのように赤く」なるまで焼く(52)。西洋の貴族の食卓には古代から受け継いだ味が残っていたし、もちろん、地元の伝統の味も残っていた。だが、ムスリムの磁力の効果は、たとえば、リチャード二世治下のイングランドのメニューに見られるムスリムの影響の名残りをみれば明らかだ。ブタの臓物をスープストックでゆで、ポロネギ、タマネギ、血、酢、コショウ、クローブを加えた料理は、ローマの食卓の真価を表わすものだっただろう。だが、そのほかの料理はスルタン向きだった——アーモンド・ペーストにシナモンとクローブを加えてゆでた小鳥、アーモンド・ミルクでやわらかく煮てバラの香りをつけたコメに、ニワトリのブローン（煮て塩漬けにしたもの）、シナモン、クローブ、メース（ナツメグの皮で作る香味料）を混ぜて、ビャクダンで香りをつけたもの(53)。中世末期の西洋の料理本で目を引く料理には、きまってムスリムの影響がうかがわれる。それは、こうした紛れもない証拠のかたちをとることもあれば、ザクロの種、レーズン・ペースト、アーモンドで甘味をつけたスマックベリーなどの材料でわかる場合もある。

ルネサンス運動は、そのほかの芸術を変えたように、宮廷料理も変えた。古代の文献に立ち返り、インスピレーションの源泉をふたたびギリシア・ローマに求めるこの運動は、調理場からアラブの影響を排除することを求めた。ルネサンス期の料理人は古代の習慣を復活させるため、料理という絵を描くためにそれまで使っていた古いパレットを捨て、金の色調、よい香り、甘い味を捨て去った。この経緯を詳しく研究した歴史家T・サラ・ピーターソンによれば、その結果起こった〝衝撃〟は以後ずっと、西洋の食べ物全体に影響した。食物史家のあいだでは一般に、新たに西洋の料理を支配するようになった〝塩味―酸味〟は古代ローマを起源とすると考えられていた。だが、これは少々おおげさなようだ。古代ローマの食べ物が塩辛いという評判が生まれたのは、古代ローマのレシピにガルムとかリクアメンと呼ばれる魚醤が頻出するせいだ。これはヒメジ、小イワシ、カタクチイワシ、サバに、そのほかの大きな魚の内臓を混ぜ、塩をして日光にさらし、濃縮し、濾して、保存したものである。だが、極上のリクアメンはそれほど塩味が強かったわけではなく、塩辛すぎるウニの塩気を抜くためにも使われた。また、時間がたって塩味がきつくなりすぎたら蜂蜜やブドウ汁で塩分を薄めるとよいとされた。[54] ルネサンス期に新しくできたレシピのほとんどは、中世に好まれた甘ったるい味への反感を表わしていたのは間違いないが、とくに塩辛かったわけではない。[55] これは、古代ローマの影響とはほとんど無関係で、それよりも——次章でみるように——同じ時代に、かつては珍しい贅沢品だった砂糖が、豊富になり日常的な物になったことと関係があるのではないだろうか。食べ物の世界でほんとうに古典復興の気運が高まったのは十八世紀のことだった。当時出版されたピカレスク小説には、主人公がローマ式のディナーで客をもてなしたが、あまりにも忠実に再現したのでみな気持ちが悪くなったと書かれている。十八世紀後半になると、バルテルミ神父は『若きアナカルシスのギリシア旅行』の一章をアテネの食事のこまかな描写にさき、カレームはナポレオンのもとでローマ風の食事をつくり、[56] パルマンティエは「ジャガイモのホメロス、ウェルギリウス、キケロ」と呼ばれて歓迎された。

一方、ルネサンスの影響がほかにもあったことは確かだ。広く浸透したとはいえないが最も有益だった影響として、新しく乳製品が重視されるようになったことと、キノコが食べ物として再発見されたことがある（キノコはあまねく歓迎されたわけではない。アンリ二世の侍医ブイエリンはキノコを「粘液質の排出物」と呼び、古代にはキノコで宴会の客が大勢死んだことや、アグリッピナが毒キノコのアミガサタケでクラウディウスを殺したことを読者に思い出させた。とはいえ、キノコなしには「食道の怒り」を和らげられないことも認めていた[57]。そのほかにも、ある種の粘りけをもつ野菜が新たにもてはやされた。アスパラガスとアーティチョークボトムはルネサンスの再発見のひとつで、「栽培アザミ」をあざけるプリニウスの言葉にヒントを得たものだった。カトリーヌ・ド・メディシスはこれらを食べ過ぎて病気になった[58]。だが、新しい料理法の影響で最も大きかったのは、異国風の〝ムーア人の〟食べ物を捨ててなじみ深い西洋の買い物かごに戻ることによって、王や貴族の料理が西洋社会の中流階級にとってますます近づきやすいものになったことだ。これは高級料理のブルジョア化のはじまりだった。この点で大きな進展があったのは十七世紀であり、この時代に、身分の高い貴族の調理法がかつてないほど広く大衆に伝わった。伝播の舞台となったのはフランスだった。

アンリ四世は、王国内のあらゆる農夫の鍋にチキンを入れることを目指したとして有名だが、あっさりした素朴な趣味を持つとされた。好んで食べたのはニンニクや滋養のある食べ物だったが、豪華な宴会は外交の助けになり政治の潤滑油にもなるとして、その必要性を認めていた。彼の跡を継いだルイ十三世は圧倒されるような量、目がくらむほど種類の多い食事で育てられたことが、侍医のノートに記されている。とくに目立ったのは臓物やアスパラガスだったが、さまざまな肉や野菜も食卓に出され、そのほか、貝類を除いて魚が二二種類、果物が二八種類ならんだ。だが、成年に達したルイ十三世は健康がすぐれず、たくさん食べることに興味を失った。このため、洗練された大食がフランス王室に取り入れられるのはルイ十四世の代になってからだった。ルイ十四世は、廷臣の言葉によれば「どんなものでも消化する力を持っていたため、必要なときにはいつでも力を回復できた」。義妹がしばしば目撃したところでは、ルイ十四世は「四種類のスープを飲み、キジを丸ごと一羽、ヤマウズラ一羽、大皿一杯のサラダ、肉汁とニンニクに漬けた薄切りの羊肉、大きなハムの塊二つ、皿一杯の菓子と果物とジャムを食べていた」という。食事はふつう内々でとられたが、ときには見せ物となり、威厳のある儀式として観客の前でとりおこなわれた。見物したのは三〇〇人の王族と一般大衆で、一般大衆は柵のうしろからしか見られなかったものの、人数に制限はなかった[59]。

逆説的だが、こうして宮廷料理が社会全体に広まっていった。最初はあこがれの的だったが、驚くほど速く全盛をきわめ、あらゆるブルジョア家庭のふつうの食事になったのである。ルイ十四世の台所に秘密はなく、貴族の家の料理人だったフランソワ・ピエール・ラ・バレンヌが一六五一年に書いた『フランスの料理人』をはじめとする数々の料理本によって王の食事が広められた。一六九一年には、フランソワ・マシアロが『王室とブルジョア家庭の料理人』という、宮廷料理が社会全体に普及する過程を簡潔に表現したタイトルの著作を出版した[60]。そのころまでに出回っていたこの種の本の数は一〇万部にのぼった。

階級間の移動

『ゲスタ・ロマノルム』——説教を書く人のために集められたと思われる逸話集——には、

ローマ皇帝がイノシシの心臓を欲しがった話が出てくる。「皇帝はあらゆる動物のなかでイノシシの心臓がいちばん好きだった」。だが、調理をまかされた料理人は、その心臓が上等で脂肪がよくついているのを見ると自分で食べてしまい、使用人にこう言った。「皇帝には、イノシシには心臓がなかったとお伝えしろ」[61]。中世の説教師がこの話からどんな教訓を引き出したのかは見当がつかないが、われわれにとってのメッセージははっきりしている。エリート層が極上の食べ物を独占するのはむずかしいということだ。逆に、恵まれない人びとがエリート層の羨望を招かずに自分たちの料理を独占するのも同じくらいむずかしい。野心的な人びとの盗用によって高級料理の格は下がり、堕落願望や見せかけの人民主義によってさまざまなレシピが上流階級に広まった。ゴールディロックス（英国の昔話に登場する、クマの家に入りこんで眠ってしまった女の子）はいつも階級の境界を越えて、他人のお粥を盗み食いしているのだ。

当然のことながら、特別な料理、特殊な材料、ある種の調理技術にはそれぞれに社会階級を示す側面があり、さらに言えば、メニューに載っているすべての料理にそうした側面がある。このような側面は、カースト制度に特有の食事に関する制限に根ざしていることもある。たとえば、インドでは汚染の度合いに応じて食べ物が等級付けされるし、東アフリカのクシ語派の言語集団では、しかるべき誇りをもっている人はいまでも魚を食べるのを拒む。だが一般的には、階級分化は基本的な経済観念の未熟さからはじまる。人は手の届く最高の食べ物を食べるので、金持ちが好む食べ物が社会的な野心、虚栄、気取りを示すものになるのだ。その一例が、ラサリーリョ・デ・トルメスの貧しい騎士だ。彼は肉を食べていたように見せようと、つまようじをくわえて歩きまわった。また、清貧の象徴、隠者や学者の食べ物とされるものもある。ギリシアやローマでは、カレーのような匂いのする、オクラに似たゼニアオイ、アスフォデル、コロハが貧しい人びとの食べ物とされた。ローマの詩人ルカヌスは、金持ちの家で料理を出されるのが最後になればゼニアオイ以外は残っていないだろうと書いている。ガレノスの「アレキサンドリアの若い医学生」の逸話に出てくる学生は、生で食べると有毒なルピナス以外は何もかけない食事で四年間暮らした。「もちろん、ガルムをかけて食べた」し、油や酢をかけることもあった。「彼は四年間ずっと健康で、四年たったあとも身体の状態は四年前と変わらなかった[62]」

さらに一般的にいうと、貧者の食べ物は金持ちが押しつけたものである。階級ごとに分かれた複雑なメニューに囲まれていると、歴史のほとんどを通じて「階級にもとづく栄養の不平等は文字どおり生きるか死ぬかの問題だった」という厳然たる事実も忘れてしまいそうになる[63]。だが、数々の社会対策で有名だったアラゴン王ペドロ三世の対策のひとつに、酸っぱいブドウ酒、古くなったパン、腐った果物、酸っぱくなったチーズは施し物のためにとっておくというものがあった[64]。古くから伝わるロマーニャの収穫の歌には、「地主は穀物を手に入れ、小作農は藁を手に入れる」という一節がある[65]。十六世紀後半の医師バルダッサッレ・ピサネッリは読者にこう請け合った。「ポロネギは最悪の食べ物だ。食べられるもののなかで最も劣る、最も忌まわしいもので……田舎の人たちが食べる物であり」、地位の高い人びとの食べ物には手を出さないのが彼らの身のためだ。「キジの唯一の害は、田舎の人たちが喘息になることである。田舎の人びとはキジを食べるのを控えて、高貴で上品な人びとのために残しておくべきだ」[66]。宮廷料理には、一般人には禁じられた特徴的な材料が使われることが多い。イギリスのハクチョウや、エチオピアのハニー・ワインがそうだ。[67]だがたいていの場合、社会的分化はしだいに、たんにどの食べ物を食べるかという問題ではなく、どのように調理するかという問題にもなっていく。十六世紀半ばのトスカナの趣味の審判者メッシブゴは、〝大公〟にふさわしいレシピと〝常用〟のレシピを区別した。もっとも材料は基本的に同じで、特別な場合には、加える香辛料の量が増えるだけだったが。産業化のすすむ十九世紀のパリで貧乏人が買うように勧められたのは、ブルジョアの食卓で残り物として出たバター、調理のときに出た脂汁、豚肉の脂身、家禽の脂身を混ぜ合わせた脂肪だった。それ以外のものが残り物として出ることはほとんどなかった。一九〇六年の『ラ・フランス・グルマンド』ではフュルベール・デュモンテッリが、コロッケにくず肉を混ぜて——「そうすると家中に匂いがたちこめる」——シャンパンで調理したトリュフのスライスを添えることを勧めている。[68]

ごくまれにだが、社会階層ごとに異なる食のスタイルの境界が永久に変わらないこともある。いくら接触や交換を繰り返しても、連綿とつづくその状態に変化がないことがあるのだ。イタリア北部エミリアの料理史の大家によれば、エミリアでは、

グルメ観光でもてはやされる〝あぶらっこい〟料理は、実際の食事で食べられているわ

けではなく、ただの決まり文句であり、思わせぶりな常套句、美食の神話、型にはまった表現、事実と関係なくもないという程度のありふれた言葉である。〃歴史的な〃エミリアの食事はまったく違う。農夫の特徴が強くにじみ、簡素で、洗練されておらず、未開の伝統に根ざしている。

農民の食事は、二〇世紀の初めになっても、聖グレゴリウス一世がローマを治めていたころとあまり変わらなかった。ロンバルド時代には、冬に家族でとる食事といえばふつう、パン、スープ、豆と雑穀でつくった分厚いフォカッチャに、動物性の脂肪か油を塗ったものだった。そこに、大量のブドウ酒が添えられる。カップでくらべると、ブドウ酒とスープの量はほとんど同じだった。近代になっても、冬のメニューはあまり変わっていなかった。スープには豆だけでなくパスタも入ってラードやタマネギで風味がつけられ、ニシンやベーコンが加わり、ポレンタにはくだいたクリがかけられた。「多くの人はボローニャと聞くと優雅な食事を連想するが、ボローニャの人びとはたいてい、そんな食事をとっていたことはない。たとえば、ベシャメルソースは〃繊細〃で〃なめらか〃で〃調和のとれた〃ボローニャの料理を代表するものとして嫌になるほど引用されるが、ボローニャの一般市民には知られていない」。ボローニャ市民はせいぜいスープにクリームを加えて食べるくらいである。「ボローニャ市民の食事は、その性格と同様、地味で質素、堅実、必要不可欠なものばかりで、繊細な要素や洗練された要素はそれほど多くない」。ボローニャでは、スープは「人間の餌」と呼ばれている。[69]

もちろん、このような状況はいまはもう残っていない。だが、それが一般的だったころでさえ、食品の社会的側面が変わるときの典型的な状況ではなかった。社会的受容性の階層のなかで食べ物が地位を変えるのは、当惑するほど簡単で速い。地位の変化は、入手可能性の変化によって引き起こされることがある。たとえば、二十世紀になってはじまった工場飼育によって、鶏肉は西洋ではまったく希少価値のないものになった。他方、牡蠣やタラは繁殖する場所が減ったため、その社会的階級は急上昇した。また、有名人の推薦や目新しさ、趣味のよさの基準の揺らぎなどのたんなる流行が引き金になることもある。ゆっくりとした変化——つまり、長期的に見て初めて認識できる変化——でさえ、その規模には驚かされる。古代ローマでは、舌の肥えた人は粘りけのある食べ物に目がなかった。ブタの腺やほお肉、ゼラチン質の足、肥大して充血したレバー、キノコ、舌肉、ヘッドチーズ、脳味噌、子牛や子ヒツジの膵臓、睾丸、乳房、子宮、骨髄。こうした食べ物がもてはやされていたことは、現存するレシピに頻繁に登場することばかりでなく、そのほとんどすべてが奢侈禁止法の対象になったという事実からもはっきりと確認できる。[70] フォアグラがホメロスの時代にはすでに珍味だったことは、「家で飼っている二〇羽のガチョウは水に浸した小麦を食べている」というペネロペの自慢話からわかる。[71] エリートにふさわしい味を求めて、ローマの人びとは臓物をあさらなければならなかったのだ。ルネサンス時代にローマの料理が復活したときも、この嗜好が完全によみがえることはなく、臓物は最近までずっと貧しい人たちの食べ物だった。一九六〇年代の報告によれば、現代のエミリア＝ロマーニャでは「胃、舌、脾臓、脊髄などの臓物や〝くず肉〟の消費は激減している。子ヒツジの内臓のひだの網焼きや、子ヒツジの睾丸のオムレツ——ロマーニャでは昔からイースター前夜に食べる——は、ひそかな楽しみと呼んでいいほどのものになった」(72)。だがいまでは、伝統料理を復活させようとするシェフたちの手で、舌や睾丸、脳味噌やヘッドチーズ、胃や足がふたたび上品な食材に変わりつつある。フォアグラや子牛のレバーは、以前はとくに高級な食材だった。生産費用がつねに高くつくため上流階級の食卓に受け入れられ、世間の認める美味となっていたのだ。そのほかの臓物は、金持ちが食べたがらないかぎりは安いままだった。だがいまでは、費用の面ではそのほかの食用部分に追いついている。

黒パンと白パンの社会的地位が入れ替わったのを見たら、別の惑星から来た人類学者はきっと当惑するだろう。白パンは歴史のほとんどを通じて、万人から高い評価を得てきた。白パンは品のよさの象徴のような感じがするからだ。茶色や黒のいとことくらべると、白パンをつくるには時間と手間がかかり、無駄も多く、微妙な風味が求められる。白パンには上等な——つまり、より高価な——穀物が使われることが多い(73)。十一世紀には、ラングルの司教グレゴリーが、罪の償いとして大麦パンを食べた。ローマのフンベルトの説教には、ある聖職志願者が祭壇の前で「おまえは何を求めているのだ」と問われ、「白パンをちょくちょく食べたいんです」と答えた話がでてくる(74)。フランスでは前代まで、ライ麦パンを食べるということは落ちぶれることを意味した(75)。英国では、白パンがすぐれていることは異論の余地のない当然のことと見なされていたが、パンづくりの工業化によって白パンがどこでも手に入るものになると、上流階級の人びとは労働者が食べなくなったパンに長所を見出した。粗い舌触りは「繊維質」と言い直され、そのパンを食べることは見る目のある証拠となった。二〇〇〇年前のインドの王の食卓には、最高級のコメ——選り抜きの、精米度の高いコメ——が出されていた。(76)

牡蠣はふつう、現代になって欧米で社会的地位が上がった食べ物だとみなされている。だが、その歴史はもっと複雑だ。古代や中世には、牡蠣はこのうえない珍味だった。プリニウスは牡蠣を「最も繊細な海のごちそう」と呼んだ。十五世紀の英国では、香辛料を加えたアーモンド・ミルクとブドウ酒で牡蠣をゆでた。十六世紀のイタリアでは、香りのよい手の込んだカスタード菓子に牡蠣を入れて焼いた。十七世紀のフランスでは、シタビラメに牡蠣を詰めた。(77)牡蠣がプロレタリアの食べ物となり、『クリスマス・キャロル』のタイニー・ティムが好きなだけ食べられたのは、十九世紀の短い豊かな時代のあいだだけだった。牡蠣の社会的地位が上がる一方で、鶏肉の地位は下がった。いまとなっては、十三世紀のヴェルンヘル・デル・ガルテネーレの物語にでてくる農夫の息子が正直者の父親をなじって言った(78)「父さん、ポレンタを食べるのはかまわないけど、ローストチキンというやつも食べたいよ」という言葉に表われたあこがれを追体験するのはむずかしい。今日では、もう一度社会における鶏肉の差別化をはかるために、珍しい品種を特別扱いしたり、ブレス産の鶏肉を宣伝したり、放し飼いや有機農法の鶏肉の価格をつり上げたりしなければならないようだ。これと同じように、社会的に差別化されたパスタは人為的に調整された価格設定によってつくりだされたものだ。だが、どこでも手に入る食べ物だと考えられているパスタでさえ、かつては贅沢品だった。一六〇〇年のローマでは、バーミセリの値段はパンの三倍だったし、一七〇〇年になってもパスタはパンの倍の値段がした。十七世紀のローマ市民はやせ我慢して、パスタはナポリという外国で考案されたものだからよくないとけなした。その代わりにパンを食べたのだが、そのほんとうの動機は愛国心から生まれた嗜好ではなく、合理的な節約精神だったのかもしれない。[79] パスタがどこにでもある食べ物の地位に落ちたのは、十八世紀のナポリで技術革新が起こり、粉をこねる機械と生地をのばす機械が発明されたからだった。[80]

キャビアが大衆の食べ物だった時代もある。ピエール・ベロンによれば、ラテンによる征服直後のコンスタンチノープルでは、キャビアはありふれた食べ物だったという。レバント地方の各地で「キャビアを食べない人はいない。ただしユダヤ人は例外で、彼らはチョウザメにはうろこがないのでキャビアを食べない」。[81] 今日ではサケがますます安くなり大衆化がすすんでいるが、これは昔の習慣への逆戻りである。一七八七年には、地方の法令によって、グロスターの年季奉公人が「サケを週に二回以上食べる」ように強制されることはなくなった。[82]

一方フランスでは、ジャガイモの社会的地位がゆっくりとではあるが着実に上がっていき、貧しい者の胃を満たすものから、万人に高く評価される付け合わせとなった。一七四九年には「ある階級の人びとは、それが食卓にのぼるのを見るのは自分たちにふさわしくないと考えた」ものだったが、一七八九年には「この毒は裕福な人びとにまで広まりはじめた」。[83]

その同じイモが、アルゼンチンのコルドバではまったく違う道筋をたどった。そこでは、ジャガイモは初め、金持ちが好む目新しいものであり、肉の付け合わせやオードブルとして、詰め物にしたりゆでたりして使われていたが、その後、下層階級にも広まっていった。十九世紀初頭には、ジャガイモの値段は肉と同じくらいだった。だが一九一三年には、ジャガイモが一キロ一二セントだったのに対し、牛肉は五五セントから六〇セントした。[84]食べ物はつねに階級の格差を生みだすが、どんなふうに、またどの料理や材料によって格差が生まれるかは時代や場所ごとに異なるため、予測するのは不可能だと思われる。

料理のない宮廷？

宮廷料理は社会的に分化した食の頂点であり、世界の大半では王の台所が高級料理の基準を設けてきた。実際、ユーラシアと北米のほとんどの地域で、その証拠は歴然としている。独特の調理技術と食習慣の発達は、どんな場合も宮廷生活の特徴だった。少なくともアメリカの一部の地域では、同様の一般論が文献によって裏づけられる。

たとえば、コルテスのメキシコ征服に従軍したベルナール・ディアスは、メキシコ征服で自分が果たした役割を書くにあたって、アステカ帝国最後の皇帝モンテスマの偉大さを読者に知らせようとした。これはひとつには、征服者（コンキスタドール）のつねとして、堂々たる王国の征服で果たしたみずからの功績を強調し、誇張したいからだった。だが、ディアスにはもうひとつ個人的な理由があった。ディアスはあまりいい家の出でないことを気にしていた。彼のいちばんの自慢は父親が町の議員をしていたことだった。コルテス配下の中ではディアスは取るに足らない存在だったため、彼が自分で書いたものを除けば、征服の初期の記録には事実上出てこない。このためディアスは、モンテスマから紳士として迎えられたことをむやみに自慢した。ほんとうに威厳のある君主から紳士として迎えられたならば、栄誉のしるしといっていい。そこでディアスは、機会さえあればモンテスマの人柄のすばらしさと宮廷の豪華さをほめた。とはいえ、モンテスマに関するディアスの記述には真実味がある。アステカの宮廷生活や誇示的消費をよしとする浪費的な倫理――アステカの貢ぎ物リストを見た人はみな驚嘆する――に関するその他の報告と一致しているのだ。

王は、煙のでない木でできた香りのよい松明が照らす広間の、彩色をほどこした衝立の陰で食事をとり、そのテーブルには白いテーブルクロスがかけられ、白いナプキンが置かれていた。冷めないように火で温められた三〇〇枚の皿には、三〇種類の料理がのっていた。鶏、七面鳥、小鳥、ハト、カモとアヒル、飼いウサギとノウサギ、ディアスによればキジだという猟鳥、ヤマウズラとウズラ、「そのほかさまざまな鳥と、この国でとれるさまざまな物があった。その数はあまりにも多いので、全部の名前を挙げている時間はとてもなかった」。ディアスは「アステカの人びとが年端のいかない少年の肉を王のために調理したといううわさ話を耳にした」が、そうしたことを実際に目撃したことはなかった。モンテスマが手を洗うと、トルティーヤが出され、金のカップに入った苦みの強いチョコレートが出された。王国各地の果物も供されたが、しかるべき自制心をはたらかせて、王はどれもほんの少ししか味わわなかった。[85]ほかの王たちの宴会の特色をなした大蛇は、モンテスマのメニューの目玉ではなかったようだ。もちろん、モンテスマの食事はたんに道楽や富や権力を誇示するためのものではなく、王らしい気前のよさで資源を再分配するシステムの一環でもあった。[86]モンテスマが食べ終えると、一〇〇〇皿の同じ食べ物が側近に配られた。食材として使われたのは、収奪的なアステカ王国の主要都市へ毎日運搬人が背負って運んだ、途方もない量の貢ぎ物だった。モンテスマの同盟者であるテスココの王の宮殿に毎日届けられる貢ぎ物は、二〇〇〇人以上に食料としてトウモロコシ、豆、トルティーヤ、カカオ、塩、トウガラシ、トマト、カボチャを配っても充分な量だったという。[87]

ヨーロッパやアジア、北米の偉大な文明がそうだったように、アステカ世界の貴族や富豪は宮廷を手本にしてそれをまねた。フランシスコ会士でアステカの回顧録を編纂したベルナルディーノ・デ・サアグンによれば、「ある商人が財をなし、自分は金持ちだと思うと、おもだった商人や王族をすべて招いて宴会を開いた。何も豪華なことをせず、散財して名声を高めることもなく、富を与えてくれた神に感謝をささげず、親戚や友人を喜ばせることもなく死ぬのは、しみったれだと考えていたからだ」。[88]宴会には花や香、歌や踊りがつきものだった。招かれた客は真夜中に着き、宴会は三日間つづくこともあった。宴会の献立で最初に出されるのは、ふつう、幻覚を引き起こすキノコで、蜂蜜が添えられた。このキノコは幻覚を引き起こすだけでなく「情欲さえ起こさせた」。典型的な宴会では、約一〇〇羽分の鶏肉と、二〇匹から四〇四分の犬の肉、それに見あう量のトウガラシと塩、トウモロコシと豆、トマトとカカオが必要だったと思われる。最後に、洗い桶、カカオ、喫煙用の管がまわされ、客が帰るときには花の贈り物と数百枚の毛布が配られた。

メソアメリカの〝偉大な文明〟があったとされる地域とアンデスの伝統は似ていた。宮廷料理に関する証拠がほとんどないところでは、王たちの食のスタイルを推測する手がかりとして、少なくとも、特別な食品の存在が挙げられる。たとえば、モチェ族に関しては王侯の狩猟会の描写にマカジキが出てくるし、クスコのインカ人の食卓には山を走って越えて内陸まで運ばれた海水魚がならんだという。南北アメリカの一部の地域には、貧困や、変化のない環境の制約によって料理の差別化が抑えられた社会が確かにあった。だが、社会階級に関係なく全員が同じ種類の食べ物を食べていたところでも、宮廷料理の発展のきざしがうかがわれるような習慣があった。そのひとつが、王侯の宴会とか外国の使節や首長のもてなしには、比較的珍しい食品や珍重される食品を選ぶという習慣だった。たとえば、一七七〇年代にフロリダのタラハソクテで、ウィリアム・バートラムのために首長が宴会を催した。この宴会ではクマのあばら肉のほか「シカ肉、各種の魚、七面鳥のロースト(これは白人の料理と呼ばれる)、温かいトウモロコシパン、中国イバラの根からつくるさっぱりとして非常においしいコンテと呼ばれるゼリー」が出された。(89)

宮廷料理の発達がどの程度広い範囲に見られるかという問題は、さらなる疑問を引き起こす。宮廷料理を持たない文化は、たんに発達が止まったケースなのだろうか。調理の洗練がすすむことを指標とするような、普遍的な文明のモデルがあるのだろうか。最も繊細で偏見のない人類学者のひとりであるジャック・グッディは、サハラ砂漠以南で宮廷料理を探したが見つけられなかったという。グッディによれば、この地域では宮廷料理はほとんど知られていない。「明らかに階級にもとづく高級料理の発達が見られたのはヨーロッパとアジアだけであり、それが両大陸とサハラ砂漠以南アフリカとを分ける違いだった」(90)。グッディが西アフリカで集めた証拠の中には、食べ物を手に入れる特権が宮廷の生活様式にいかに影響するかを示す事例がある。貢ぎ物のおかげで王侯は大家族を養えた。たとえば、グッディはビリク族の首長ガンダーの葬儀に参列したが、ガンダーには三三人の妻と二〇〇人以上の子どもがいたという。だが、ガンダーは地域のほかの首長と同様、「ほかの人とまったく同じように暮らしていた。違うのは、すべてが人並み以上だったことだ」。明確に独立したスタイルというものはないが、首長はふつう人目を避けて食事をしなければならない。因襲的なヨルバ族のあいだでは、先代の王の心臓を食べることを王の義務とするしきたりがあり、そのほかにも儀式に使う特別な食べ物が定められていた。だが、これには宮廷料理の要素はほとんどなく、宮廷料理になりそうなきざしも見られない。ガーナ北部のゴンジャでは、葬式には首長の援助でヤムイモやキャッサバのごちそうが魚や肉の付け合わせといっしょに供される。有史時代に入ってからは食べ物の貢ぎ物はわずかだったものの、首長にはよそから来た人を持てなすという重要な責任があった。ロダガー族のあいだでは、日々の穀物を分配するのは家長の仕事である。ロダガー族が住む地域では、粥と、くだいた木の実や葉でつくったスープを常食としている。[91]

とはいえ、大国や裕福な宮廷が出現したサハラ以南のアフリカでは、プロの料理人が機会を逃すことなく腕を磨いてきた。最も目を見張らされるのはエチオピアの例だ。エチオピアでは皇帝の料理番が、ユーラシアや北アフリカで宮廷料理が演じたのと同じような模範的役割を演じた。ローレンス・ヴァン・デル・ポストが皇帝ハイレ・セラシエの宮廷で持てなしを受けたときには、饗宴の前に花火が打ちあげられ、そのあまりのすさまじさに宮殿の窓が割れたという。客は一組ずつ給仕を受け、給仕をする従僕は緑のベルベットと金襴とサテンでできた半ズボンをはいていた。二種類の食事が同時進行で出された——どの料理についても、フランス料理とワインか、エチオピア料理とクロウメモドキで風味をつけたテッジと呼ばれる蜂蜜酒のどちらかを選ぶことができた。ヴァン・デル・ポストは当然のことながら、フランス料理には見向きもせずに地元の料理を選んだのだが、その食事にはエチオピアの二種類のシチューが出てきた。トウガラシで味付けしたレッド・ワットというシチューと、グリーン・アリチャというシチューである。グリーン・アリチャにはふつうショウガが使われるのだが、このときは、エチオピアのあらゆる香辛料を使って、このシチューにしては珍しく控えめに調味されたものが出された。エチオピアでは質素な家でも香辛料の入念な調合は欠かさないとされることから考えて、おそらく、さまざまな風味が複雑にからみあった激しい味だったと思われる。どこにでもあるエチオピア・カルダモンが使われていたことは間違いない。これは本物のカルダモンとはまったくといっていいほど違うもので、樟脳の匂いがする。そのほか、エチオピア特有の味付けにはブラック・クミンの現地種が使われたものと思われる。これは、タマネギのようなぴりっとした味と、キャラウェイに似たカロムのような味がする。

もちろん、エチオピアは昔からずっとアフリカのなかでは例外的な存在だった。エチオピアには学問の伝統、目を見張るほどみごとな文化、キリスト教の信仰が古くから存在し、それが長く持ちこたえているからである。実際、エチオピアは文明の故郷であり、どんな比較の基準をもってしても他とは明確に異なっていて、古代王国のヌビアやシバが滅亡して以来、この地の文明に匹敵するものは現われなかった。こうしたことから考えて、おそらく、エチオピアに独特な料理があり、エリート層の食べ物に宮廷特有の一風変わった伝統があったとしても、驚くべきことではないのだろう。とはいえ、食べ物に関するその勇敢さはとくに賞賛に値すると思われる。エチオピアのように高地にあって孤立した土地では、通常、社会的に分化したメニューやレシピをつくりだすのは不可能か、できたとしても非常にむずかしいからだ。たんなる食べ物の量を除けば、食べ物の社会的分化に欠かせないのは多様性である。エリート層の食材を示す通常の指標は珍しさと高価さだが、この二つを兼ね備えたものとしていちばんに頭に浮かぶのは遠方の見知らぬ土地の物であり、したがって通商によってもたらされる。宮廷料理の話は、海を越え、文化の境界を越えて、次章のテーマ——遠隔地貿易革命——へとつながっていく。

第六章　食べられる地平線——食べ物と遠隔地間の文化交流

彼女はまだ、空色のまぶたを閉じて眠っていた
すべすべとした、ラベンダーの香りのする、真っ白なリネンに包まれて、
そのあいだに彼が戸棚から取りだしたのは、山ほどの
砂糖漬けのリンゴ、マルメロ、プラム、ウリ
なめらかな凝乳よりもやわらかいゼリー
大商船がフェズから運んだマンナやナツメヤシ
絹のサマルカンドから杉のレバノンまでの
香料入りのあらゆる珍味。

——キーツ『聖アグネス祭前夜』

「ロブスターの煮込みはあるかね？」「あいにくですが」とギャルソンは答えた。「ツバメの巣のスープ、コメのポタージュ、野菜スープ、コンソメ、キャベツのポタージュ（ポタージュ・オー・シュー）がございます」「古い靴（オールド・シュー）だって！　いったい誰がここで古い靴を食べると思うんだい。スッポンもどきのスープか肉スープは？」「もうしわけございません」ギャルソンは肩をすくめた。「それじゃあ、ローストビーフは？」「もうしわけございません。当店でご用意しておりますのは、生のビーフ、ビーフのぴり辛ソース、ビーフのピクルス添え、ビーフ・ア・ラ・モード、ビーフのキャベツ添え、ビーフのトマトソース、ビフテキのジャガイモ添えでございます」「もういい、もういい」とジョロックスは言った。「聞けば、卵の飾り方は一〇〇〇通りもあるそうじゃないか。もうたくさんだ」

——R・S・サーティーズ『ジョロックスの小旅行とお祭り騒ぎ』

手を伸ばせば届く地平線——食に関する文化間の障害

わたしはめったに家で料理をさせてもらえない。散らかしすぎると妻が言うのだ。レパートリーをどんどん増やそうという意欲はあるのだが、料理の許可が出たときにはいつも、思い入れの強い味に戻ってしまうようだ。気がつくとニンニクを入れている。オリーブオイルはまず間違いなく入れる。個人的な経験からいっても、さまざまな逸話を見ても、人がそれぞれの飼い葉桶に戻るこうした習性はよく見られるもののようだ。世界の市場を自由に利用できるようになっても、ほとんどの人はいつものメニューが決まっていて、同じ料理を何度も何度も食べたがる。豊かな欧米では、とくに朝食がそうだ。朝食をとる人はたいてい、朝食に何が出てくるか予想がついた方が安心感があっていいらしい。そこで、毎日シリアルを食べるというわけだ。毎日同じシリアルを食べる人もいる。卵好きな人が選ぶ卵の調理法は、毎日同じであることが多い。目玉焼き派の中でさえ、まだかたまっていない——アメリカのレストランの隠語では〝イージーな〟——目玉焼きを好む人と、しっかりかたまったものを好む人に分かれる。毎朝飽きずに魚を食べる人もいる。また、毎日ベーコンを食べるがソーセージは食べないという人や、その逆の人もいる。どの果物を砂糖漬けにするか、刻んだ皮をどのくらい入れるか、砂糖の割合はどうするかといったことは、鉄則となり、変わることのない習慣となる。

新しい味を試してみたい誘惑にかられても、慣れない味を舌が拒絶することがほとんどだ。加工食品業界では味の〝信頼性〟や〝一貫性〟を製品の基準として重視するので、まとめて生産される同じブランドの食べ物や飲み物はどれもきまって同じ味がして、消費者が驚かされるようなことはない。しかし一方で、目新しい食べ物が驚くべき速さで市場を席巻することがある。「移り変わりの激しい食品市場では、ピザ・メーカーが数百万ドル規模の市場に成長し、オーストラリアやニュージーランド産のキウイ・フルーツが魚の付け合わせとして流行し、フローズン・ヨーグルトがアイスクリームと張り合う」。こうした状況にメアリー・ダグラスは困惑したが、「消費者は保守的だという強い確信」は揺らがなかった。(1)

慣れ親しんだ味を好む傾向は、文化全体に影響をおよぼす。ウォルター・サタースウェイトのよくできた小説『マスカレード』では、主人公のアメリカ人探偵が〝臓物〟に撃退される。ある事件でパリにやって来た主人公は、だまされてアンドゥイエットを食べる。初めはおいしいと思って食べていたが、それも、その正体がブタの大腸に胃壁や小腸を詰めたものだと知るまでのことだった。外国の食べ物に悩まされはじめたのは、タブーを破ってからだった。母国の文化では健康に悪いとして食べないものを食べたのだ。だがそれは、それだけにとどまらず、さまざまな手の込んだ料理——主人公によれば、ごまかしの料理——へと広がっていく。高級料理はアメリカ的ではない。シェフたちの偉大な伝統を受け継いで化粧を食べ物にほどこすことは、まやかしのように思われる。そんなことに注意を払い、時間と金をかけることは、真にアメリカ的な主人公の厳格主義に反する。そんなことに情熱を注ぐのは男らしくないことだ。ソースをかけない、ただ網で焼いただけのステーキが恋しかった。ロッシーニ風トゥルネードーのごてごてしたレバー・ペーストやマディラソースは見たくもなかった。だが彼は、休みなく美食責めにあうように運命づけられていて、レストランからレストランへと案内された。案内するのは殺人者で、彼はどの料理についてもレシピをひとつずつとりあげて細かいことまでウェイターと論じ合い、また、警官に事情聴取を受けてもいつのまにかコック・オ・バン（鶏のワイン煮）の数あるつくりかたではどれがいいかという議論に持っていってしまう。アメリカ人としての主人公のアイデンティティは、ソースやソーセージの皮のさまざまな見せかけの下に沈んで危うくなっていく。

サタースウェイトの風刺がとくに鋭いのは、美食に関してアングロサクソンの世界に古くから見られるフランス料理への反感と結びついているからだ。アングロサクソンの世界では、あまり手を加えない食べ物の方がごてごてと飾りつけた食べ物よりも好まれ、気むずかしい人があれこれうるさく言うこともない。こうした対立は、フランスで料理についての書物が食の様式の基準を定めはじめたばかりの十七世紀末には、すでに明白になっていた。サミュエル・ジョンソンは、放蕩家として有名なロチェスター伯爵ジョン・ウィルモットについてこう記している。「酔って陽気になり、ひどく好色なふるまいをするだけでなくときには、礼儀正しさや秩序に対する軽蔑を公言し、あらゆる道徳を完全に無視し、あらゆる宗教の遵守を断固として否定して、何の取り柄もない役立たずとして生き、放蕩三昧の生活でその若さと健康を燃やしつくした」。ロチェスター伯爵は快楽については多少知っているとされているが、彼はこう約束した。


われらの粗食と、雄牛からとれる最上の簡素な食べ物をお出しすれば、満腹になっていただけるはず。

フランスの凝った料理やシュリ(シュリ産スパークリングワイン)やシャンパン
ラグーやフリカッセは、ほんとうのところどれもない。

これからはじまるすばらしいディナーは、しらふのときに考えたもの。

現われいでるは、馬乗りの体重分もあろうかという牛肉だ。(2)


十八世紀後半のイギリスには古代の料理をよみがえらせようとする者が現われたが(二五五ページ参照)、そのひとりによれば、フランス料理はフランスではまことにけっこうだが、「肉らしくみえない」見せかけはイギリスでは余計だった。「それはここでは、よい肉をだめにする方法だ。……フランスの南部では……それは悪い肉を食べられるようにする方法である」(3)。この意見が表明されたころにはフランス革命がはじまっており、国の混乱が台所の無秩序に拍車をかけるように思われた。その後の数年で、ギルレーの風刺画に描かれる古きイギリスのローストビーフは、ナポレオンの台所用品に従わない堅実さの象徴になった。サー・ウォルター・スコットの小説『アイヴァンホー』の有名な冒頭の一節では、「昔ながらのオルダーマン・オックス」が「ムッシュー・ド・ボー」に変わったことが、かつて「フランスの」侵略がもたらした破壊的影響の証拠として引き合いに出されている。

アメリカの独立はフランスの助けに負うところが大きかったにもかかわらず、簡素な料理を愛する心はイギリスらしい特徴のひとつとして大西洋の反対側で生き残った。むしろ十九世紀には、アングロサクソン・プロテスタントの規範に従わない移民に対する〝ノウ・ナッシング党員〟のような憤慨とあいまって、簡素な料理を愛する心が深まった。母国の料理を捨ててアメリカの簡素な食事を選ぶことは、移民が市民権を得る条件である〝同化〟のシンボルとなった。一九二九年、サンタ・フェ鉄道のカリフォルニア特急に接続される食堂車のフランチャイズ業者がメニューを検討したところ、「スモール・テンダーロイン、マッシュルーム添え」の方が「フィレ・ミニヨン、シャンピニオン添え」より断然売り上げがいいことがわかったが、[4] 料理の中身はまったく同じだった。ダンカン・ハインズはレストラン・ガイドの創始者として、食物史において重要な地位を占めるに値する。彼もまた、アングロサクソン系アメリカ人が持つ、フランス料理に対する偏見の伝統を共有していた。ハインズが一九三六年に編集をはじめた『美食の冒険』という本のタイトルには、ひどく冒険心に欠けた彼の舌では不可能と思われるようなものまで伝えようという意欲が表われていた。ハインズは長距離ドライバー――食事をする場所もなくタルサから二四時間車に閉じ込められている人たち――に情報を与えようと考えたのだ。彼が好んだのは道路沿いの「簡素な食事」を出す居心地のいい軽食堂で、最も重視した基準は清潔さだった。彼は誇らしげにこう告げている。「中西部のホテルで出てくる料理とはまったく別物の、フランス語の名前をつけてごまかしたような料理は敬遠する」。ハインズが初めて外国に行ったのは七〇歳近くになってからで、目的はヨーロッパを旅行して美食の調査をすることだった。そのとき彼は、いちばん好きなのはイギリス料理で、それはアメリカの料理に最も近いからだとはっきり述べている。一九六一年、ジョン・F・ケネディはフランス人シェフにホワイトハウスの厨房をまかせた。(5) これを埋め合わせるかのように、ケネディ夫人はそれまでひいきにしていたパリの高級服飾店からの購入をあきらめなければならなかった。また、それまではユベール・ジヴァンシーにまかせていたワードローブを、オレグ・カッシーニやドナルド・ブルックスといったアメリカ人デザイナーにまかせることになった(もっとも、その後もフランスのブティック、シェ・ニノンでまったく同じにつくられた服を着つづけたが)。

アメリカの熱心な美食家A・J・リーブリングは、みずからのフランス料理好きを風刺した記事で《ニューヨーカー》誌の読者を楽しませた。彼のコラムは、当時流行っていた吸血鬼映画が刺激したのと同様の官能と嫌悪を呼び起こそうと計算されていた。一九二六年から二七年にかけての彼の経験は、パリのありとあらゆるいかがわしい連中――水夫、ならず者、売春婦、ぽん引き、ちんぴら――との安宿での出逢いに、あきれるほど贅沢で高価な食事を織りまぜたものだった。食事の描写はみごとなブラックユーモアだった。トリュイット・オ・ブル（酢入りの湯でマスをゆでてバターソースをかけた料理）は「あたかも浴槽につかったローマ皇帝のように、ただ湯の中で死ぬまで加熱したもの」に、「一連隊を血栓症にできるほどの溶かしバター」をかけたものだとされた。カタツムリは調理後に無理やり殻に戻され、「その生まれ変わりについての感傷的な弁明すら」なかった。その代わり、その料理は「ポ・ド・シャンブル」（おまる）と呼ばれる陶器の壺で出された。リーブリングの父親はパリを訪れたとき、「シンプルな食べ物」を好んで「油を塗りたくったようなもの」は食べなかったという。(6)

最近になって形勢が変わり、多元性という新しい価値観によってアメリカ人の口が世界の味覚を受け入れるようになるまでは、フランスではアメリカ人がフランス料理を拒絶するのはどうにも理解しがたいと思われ、社会学的な研究が必要とされた。これは、野蛮人に優越性を認めてもらえずにプライドを傷つけられた文化の復讐だった。一方、イギリス人がフランス料理に冷淡なのは、偽善で知られたライバルのたくらみだろうとあっさり片づけられた。一〇〇パーセントそうではないかもしれないが、理解はできる。だが、フランスにはアメリカが恐れるようなものはなく、すべてが賞賛の対象だった。これはまるで、ローマがギリシアを拒絶したようなものだった。ロラン・バルトは、フランス料理とアメリカ料理の決定的な違いは、甘いか甘くないかだと明言した。(7)フランスでは昔から一般にこう考えられていたのだが、それはいまも昔もまったく説得力がない。甘いアペリティフ、フォアグラといっしょに飲むソーテルヌ、パイ、デザート用の強いワインで煮詰めたミートソースが好まれることを考慮に入れずに、フランス人の味覚についての一般論を述べることは誰にもできない。実は、フランス人と英米人の好みの歴史的なへだたりは、一般的な事実の極端な例にすぎない。食べ物は――少なくとも言語や宗教と同じくらいに、ひょっとするとそれ以上に――文化のリトマス紙なのである。食べ物は文化的なアイデンティティであり、したがって必然的に差別を生みだす。文化共同体を構成する仲間どうしは、何を食べるかでたがいを見分け、食事を調べて仲間はずれを見つける。食べ物の流行はよくあることだし、広告を出して大流行をつくりだすこともできるが、食文化というのは保守的なものだ。食に関する文化間の障害は、歴史をかなりさかのぼり、個人心理学の深いところに根ざしている。個人の好みはそう簡単には変わらない。甘い母乳で育てられた赤ん坊は、乳離れして新しい味や新しい舌触りを覚えないかぎり、死ぬまで甘い物好きのままだ。子どもたちは、新しい食べ物を試すことには頑強に抵抗する。安上がりな観光旅行は美食の限界に挑戦しようとはしない。人は慣れ親しんだ味に戻る。(8) 限られた家計をやりくりしている家では、無駄を抑えるため、新しい食べ物を試そうとはしない。妻たちは「おふくろがつくってくれたソーセージとマッシュポテトを頼むよ」という歌のような夫の要求にいらだつ。

外国の食べ物や食文化を軽蔑する態度は古代には確立していた。ヘロドトスによれば、エジプトの神殿では犠牲になる動物の頭が切断され、呪いの言葉をかけられたあと、ギリシア人が近くにいればギリシア人に売られ、そうでなければ川に投げ込まれたという。これに対してガレノスは、エジプト人は「幼虫やハリネズミ」を食べると述べて反撃した。食べ物に関する禁止事項はギリシア人に共通する文化の一部であり、ギリシア人とそれ以外の人を区別するものだった。イルカは神聖なものと見なされた。「ウミガメや陸のカメについてははっきりせず、犬はめったに食べず、馬を食べることはまずなかった」[9]。ギリシアの周辺に住む人びとの目には、ギリシア人の食習慣は神に対する不敬と映った。ギリシアの神は、いけにえの捨てられる部分[10]——「尻や胆嚢など、食べられないところ」——に甘んじなければならなかったからである。ギリシア世界の内部でも、さまざまな都市や植民地のあいだで同様の偏見が見られた。フランス料理とアメリカ料理に代表される今日の対立は、古代に見られたシラクーザの食い道楽とアテネの無関心のあいだの対立とまったく同じである。シラクーザの美食家リュンケウスはアテネの食事を嫌っていた。

彼らは外国に対して悪感情のようなものを持っている。食事は大きな皿の上に五枚の小さな皿をのせて出される。一枚にはニンニクが、一枚にはウニが二個、一枚にはトリの甘いペストリー、一枚には貝が一〇個、一枚にはいくらかのチョウザメがのっている。わたしがまだこれを食べているあいだに、相手はそれを食べ終えている。相手がまだそれを食べているあいだに、わたしはこれを食べ終えてしまう。わたしはあれもこれも少しずつ全部食べたいのだ、親愛なる同士よ。

アルケストラトスは食前酒に対する態度で、よそ者を見分けることができた。彼はこう助言した。

飲むときには、クミンと酸味の強い酢とシルフィウムで漬けた胃壁やゆでた雌ブタの子宮、狩猟期のもののようにやわらかい鳥の胃壁といったデザートは噛んで食べること。何も食べずにただカエルのように飲むだけのシラクーザ人のようなふるまいをしてはならない。[11]

だが、これは自己嘲笑だった。彼自身もシラクーザ人だったのだから。

移民は受け入れ国の食べ物に抵抗を示す。十九世紀に、現地人が何千人も麻疹で死んだため、その労働力を補うためにフィジーにやってきた日本人は、自分たちが豊かな土地に来たことを知った。現地の食事は非常に栄養に富み、欠乏症は見られなかった。けれども、日本人は地元の産物を食べようとせず、白米を食べて生きていこうとした。その結果、多くが脚気にかかって死に、残りは本国へ送還されるはめになった。[12] 朝鮮戦争当時、アメリカ人捕虜が栄養失調で死んだのは、配給の食糧を食べるのを拒んだからだった。それは栄養的には申し分のないものだったが、アメリカ人にとっては不快きわまりないものに思えたのだ。[13] 十六世紀、西半球の植民地化をすすめるスペイン人の別れの言葉は、「神のお恵みにより、パンを見失うことがありませんように」だった。[14] マヤ高地のある首長は、スペインの甘い菓子を拒んでこう抗議した。「わたしはインディアンであり、妻もインディアンだ。われわれの食べ物は豆とチリであり、七面鳥が食べたければそれも手に入る。砂糖は食べないし、レモンの皮の砂糖煮はインディアンの食べ物ではない。われわれの祖先はそんなものを知らなかった」[15]。のちにイエズス会ペルー管区長となるニコラス・デ・マストリッロは、高地アンデスのアンダマカ伝道所で新米宣教師として過ごした日々に、こうした対立について故郷への手紙に生き生きとつづった。マストリッロは年長の司祭とともに初めての伝道の旅に出発し、何日も山地やジャングルを歩いて、キリスト教に改宗していないインディアンを探し求めた。彼らに出会ったとき、その友好的で気前のよい態度にマストリッロはたいへん喜んだ。みないっしょに木の下で宴会をはじめたのだ。だがそのとき、危機が訪れた。習慣や作法があまりにも違うのでイエズス会士と世俗のスペイン人は別の人種だと信じていたインディアンのひとりが、突然その場の雰囲気を変えたのだ。彼はこう言った。「この人たちはほんとうの神父さまではなく、変装したスペイン人だと思う」。しばし緊張がつづき、そのあいだマストリッロの頭の中には、それまでの人生が走馬灯のようにかけめぐった。そのとき、「いや」とそのインディアンがうちとけた調子で断言した。「この人たちは間違いなく神父さまだ。われわれの食べ物を食べているではないか」[16]

こうした結果が自然に積み重なっていって、どの文化も総じて新しい料理の影響には敵対的になり、外国のものはなんでも偏見の対象となって排除される。だが、〝国民的〟料理はどれも初めから国民的だったわけではない。みな自然環境によって制限された材料を使った〝地域の〟調理習慣としてはじまる。各地で影響しあうこともよくあり、土地の慣習になじむ新しい産物によって若干の変更を加えられることもある。そうした産物は、保存されたものであったり、長持ちするもの、移動する性質があるものだったりする。そして、ある調理の方式に国民的というレッテルが貼られると、硬直化が起こる。その純粋さを外国の影響から守られなければならなくなるのだ。このため、食物に関する文献の多くが外国料理にたいする嫌悪を記し、あるいは読者にぞっとするものだと思わせるようなかたちでその魅力を記述することになる。

伝統料理はすべて、その地域で簡単に手に入る主要産物と調味料という観点から定義できる。これらの味は地域全体の嗜好に浸透し、記憶にしみ込んだ味覚の特徴となるため、その地域に住む人は一般に、それ以外の味に無関心になり、ほかの味は受けつけなくなる。また、調理の方法が文化の特徴となり、同じ食べ物が手に入る地域内のアイデンティティの象徴となることもある。ヒヨコマメは、地中海沿岸のほとんどの地方で欠かせない産物である。ところが、地中海の一方の端では、それはガルバンソと呼ばれる。この地域では、調味料や香辛料、動物の脂と血でつくったソースを加えて煮込み、舌で口蓋に押しつければつぶれるくらいにやわらかくなったところで、その淡い色の豆を食べる。もう一方の端の対岸では、ヒヨコマメをどろどろに煮てホムス（通常レモンをはじめとする調味料と油を混ぜた冷たいピューレ）として食べるのが好まれる。地中海の西の端では農夫の鍋から逃れられなかった材料が、東では、おいしくするために混ぜられ、すりつぶされてきたのだ。この豆の調理法はどちらも、古くからそれを食べているもう一方の地域で好まれることはなかった。

食べ物はそう簡単に文化を越えて伝わるものではない。だが今日、われわれは〝フュージョン料理〟とか〝インターナショナル料理〟と称する高級料理を食べているばかりか、世界の端と端とで料理や食材が熱心に交換されるグローバル化した世界で食べている。〝マクドナルド化〟に匹敵するとはいえないまでも、それによく似た世界征服が各地ではじまっている。たとえば、インドのカレーとパパダム、それにニュージーランドのキウイとパヴロワもそうだ（オーストラリアは異議を唱えているが、パヴロワを発明した名誉は間違いなくニュージーランドのものである）。筆者がウィスコンシン州のマディソンを訪れたとき連れていかれたのは、トルコ料理やアフガニスタン料理のレストランだった。わたしはチーズとファッジ以外にウィスコンシンの代表的な料理を知らなかったが、それでも、地元料理の店というのがまったくなく、案内してくれた人が非常にエキゾチックな食べ物ばかりありがたがるのは驚きだった。これは交通手段の発達によって徐々に視野が広がっていく物語のクライマックスだ、と言いたい誘惑にかられる。だが、それは間違っているだろう。少なくとも、それでは単純化しすぎて事実をゆがめることになる。食物の歴史で最も興味をそそられるのは、食べ物や食文化の伝達を妨げる障壁がいかにして越えられ、破られたかという問題である。

障壁を破るもの——帝国の影響

文化の障壁を突き破り、食べ物を国際化することのできる力がある。戦争もそのひとつだ。軍隊は文化の影響を伝える大きな存在であり、多数の一般大衆を動員して世界中に移動させる近代の戦闘は、国際理解に対して矛盾する影響を与えた。美食の観点からいって、軍人を「農場にしばりつけておくことはむずかしい。彼らはパリを見たのだから」。帰還軍人が外国の料理に親しんでいることを同じ階級の人たちに広めなかったなら、イギリスでインド料理を好む人や、オランダでインドネシア料理を好む人は、移民とかつて行政を担っていたエリート層にかぎられていたかもしれない。コシャリ――カイロの街でよく食べられる料理で、コメとレンズマメにタマネギとスパイスを加えたもの――は、おそらくインドのキチュリであり、イギリス軍がエジプトにもたらしたものだ。「植民地での普及」は、食物史ではハンバーガーやフライドチキンより古い現象である。[17] 征服者たちは立ち去るときに、軍人にふさわしい食べ物はどんなものかについての外来の概念を残していく。このため、ローストチキンのブレッドソースがけやローストビーフのヨークシャー・プディング添えは、いまでもパキスタンの軍の食堂のメニューにのっている。

いうまでもないことだが、飢えであるとか、戦争などの同様の非常事態のせいで、ほかの場合なら外国のものとして拒絶するような食べ物を受け入れざるをえないことがある。十六世紀の中国と日本では、飢饉の際にサツマイモが持ちこまれ、受け入れられるようになった。スパム（豚肉の缶入りランチョンミート）がアメリカの食糧援助として持ちこまれたイギリスでは、これを好む傾向が第二次世界大戦後もつづいた。今日、飢饉に襲われた第三世界に先進国が分け与える余剰食糧は、小麦の〝山〟と乳製品の〝湖〟から持ってきたものだ。これにより、乳糖を受けつけない社会が乳製品を受け入れるようになり、粥を食べていた人がパンを食べるようになる。これと同様に、とりわけ利用価値の高い食品がある場合、経済的な利己主義から食生活が変わることがある。たとえば、十八世紀末のニュージーランドでマオリ族が、それまで知られていなかった豚肉とジャガイモに食料生産の重点を移したのは、ヨーロッパの軍艦や捕鯨船に売るためだった。二十世紀の観光産業は、嗜好に大きな変化をもたらしたと考えられることが多い。だが、嗜好を伝える文化独自の力もある。これは文化の磁力と呼べるようなもので、各共同体が自分たちより威信の高い文化の食習慣をまねる場合にはたらく。

西欧の歴史のような自己満足の歴史でも、この影響はしばしば認められる。最も顕著な例が数多く見られたのは中世盛期、イスラムの影響が西欧の食の好みに浸透したときのことだった。すでに見たように（二五一～二五二ページ参照）、これは正真正銘、追従を表わすために模倣した例——劣った文明からすぐれた文明への貢ぎ物——であり、〝文化変容〟ではなかった。それどころか、ヨーロッパの中で中世にイスラムに触れることが最も多かった地域や、イスラムから奪回された地域では、イスラムに反発し、イスラム教徒の食べ物を拒絶する傾向があった。スペインの大半の地域の料理にはオリーブオイルが欠かせないが、それは中世にイスラム教徒がいたからではない。何世紀ものあいだ、キリスト教徒の料理人はラードを好んで使っていた。イスラム教徒とユダヤ教徒はラードを食べることを許されなかったため、ラードはキリスト教徒の料理の典型的な材料だったのである。十五世紀後半の年代記編者アンドレス・ベルナルデスは地方の教区司祭にすぎなかったが、おそらくはそのつましい暮らしぶりのため、彼の記述には、ユダヤ教徒が追放されスペイン最後のイスラム王国が最終的に征服された当時の様子がよく表われている。彼はユダヤ教徒とイスラム教徒の悪行を延々と列挙したが、その最後を飾ったのは「オリーブオイルを加えてつくる胸が悪くなるようなシチュー」に対する非難で、まるでそれが、人間性、道徳、礼節、信義、真理に反する行ないよりも悪いことのように書かれている。[18] いずれにせよ、キリスト教徒の食べ物は、スペインの中でもイスラム教徒が軽視してわざわざ征服しようとしなかった地方や、あえて守り抜こうとはしなかった地方の食べ物だった。つまり、森林や山地、寒冷な高原、大西洋気候の地域で、オリーブは育たないがブタはたくさん育てることのできた地方である。スペインでオリーブが現在のような役割を果たすようになったのは、ユダヤ教徒とイスラム教徒が追放されたり改宗させられたりしたあとのことにすぎない。十七世紀のオリーブ産業の大きな発展は、宗教にまつわる憎しみに束縛されることはなかった。伝統料理の多くはいまでもオリーブオイルを使わない。ヒヨコマメなどの豆類をじっくり煮込んだ伝統的な鍋料理——コシードやファバーダ——には、つやのある豚肉の脂身が使われる。

誠実に模倣しようとしたために引き起こされる影響が、驚くべき結果を招くことがある。文化の主流の流れを逆転させることがあるのだ。たとえば、インドでイランの料理がまねされていたとしても驚くには値しないだろう。われわれの基準でいう中世以降、ペルシアの学問の水準は高く、ムガル帝国の宮廷ではペルシア語が使われていたほどだったのだから。だが、料理に関しては逆方向の影響がまさり、イラン料理はコメを主食にする習慣をインドから取り入れた——イラン人が食べているコメの品種はイランの気候に合っていないというのに。イランでは高価な品種が好まれる。これは、コメが最初に持ちこまれたとき、コメを食べることが高い地位の証拠だったことを示している。イランで栽培すると、時とともに生産性が低下するため、インドから種子を輸入しなければならない。宮廷の食べ物としてはじまったものにふさわしく、調理法は手が込んでいる。二時間水に浸し、アルデンテのかたさまでゆでたあと、脂を加えラフィアヤシで蓋をして三〇分間「蒸す」。それから薬味を加えるのだが、薬味は、サファビー朝時代の料理の本に記載されている材料をいくつか挙げただけでも、焼いた羊肉、サワーチェリー、ハーブ、ディル、サフラン、ターメリックなどがある。[19]

料理の影響の源として——おそらく、文化一般の交流を通じて——帝国主義にまさるものはなかった。帝国はときに、本国の味を周辺地域に押しつけるほど強力になることがあり、ふつうは人間の移動と植民地化をすすめる。それがこんどは、文化のさまざまな面とともに食習慣を伝え、また、国外に移住した者が新しい味覚を覚え、その味を母国へ持ち帰る。帝国の潮流には二つの流れがある。ひとつは帝国の中心から外へ向かう流れで、本国に多様性をもたらし、帝国の周辺部に〝国境〟文化——異種族混交の料理——をつくる。もうひとつは帝国が退却するときの引き潮で、これに乗って異国の味になじんだ入植者が故郷へ運ばれる。それと同時に〝逆植民地化〟勢力が解放されて、かつての帝国の中心地域に元被支配民族の居住地が点々とでき、彼らの料理が持ちこまれる。その結果、帝国には三種類の料理が生まれる。一つ目は帝国中心部の高級料理で、征服地域各地の材料とスタイルと料理が集められて中心地域の料理になったもの。二つ目は植民地の料理で、これは〝母国〟の有力入植者の食べ物と、現地の料理人や現地妻の〝次官風〟料理をならべたものである。三つ目は逆植民地化の影響を受けた料理で、被支配民族やかつて虐げられた人びとが中心地域へ移住をはじめたときに、帝国の国民が初めて口にした彼らの料理である。

最初のタイプの顕著な例はトルコ料理である。美食家や食物史家はトルコの地方料理や帝国以前の料理のすばらしさを再発見しつつあるが、トルコ料理を有名にし、世界屈指の料理のひとつとして定着させた料理がつくられたのは、オスマン帝国のコンスタンチノープルに住む宮廷貴族の家であり、なによりもトプカプ宮殿のスルタンの台所だった。今日では、トプカプ宮殿を見れば、十六世紀から十八世紀にかけての最盛期の帝国の様子がよくわかる。謁見室はパビリオンで、敷地内に多数の建物が点在するさまは、遊牧民のキャンプのテントを思わせ、統治王朝がステップ地帯の出身であることを忘れることのなかった帝国の生活様式をうかがわせる。皇帝の腰掛けはゆったりとしていて、病的に肥満したスルタンでも充分に座ることができる。定住生活をはじめて食べ過ぎるようになって数世紀がたっても、遊牧生活の記憶は残っていたのである。ハーレムのある場所はたくさんの路地や袋小路で入り組んでいて、帝国統治の隠微な方法が感じとれる。ここでは寝物語に政治が語られ、女たちや宦官が共謀して、スルタンの一族のうちパトロンになってくれそうな人物が王位を継承するように画策した。ハーレムには二〇〇〇人の女性が住むことができ、四〇〇〇頭の馬が入る馬小屋があった。

宮殿の中のものはすべて大きく、帝国の規模とオスマン朝支配の範囲の広さを証明しているが、厨房に関する数字を知るとほかのものはみな貧弱に見えてくる。宮殿の厨房は、十六世紀には毎日五〇〇〇人、祭日には一万人に食事を出せるだけの設備を備えていた。料理長は五〇人の副料理長を従え、菓子づくり担当の責任者には三〇人の助手が、味見担当の責任者には一〇〇人の部下がいた。帝国が拡大し、料理が洗練され、料理の影響がおよぶ範囲が広がり、仕事の専門化がすすむとともに、これらの数字は大きくなった。十八世紀半ばには、六種類のハルバ（ゴマや蜂蜜でつくる糖菓）のそれぞれに専用の厨房があり、それぞれに専任の料理長と一〇〇人の助手がいた。厨房で働く者の数は一三七〇人に増えていた。[20] 厨房で使う薪は、毎日一〇〇台の荷馬車で運びこまれた。毎日配達されたのはエジプトのナツメヤシとプラムとプルーン、ルーマニアの蜂蜜か、スルタン自身の食卓にのぼるカンディアの蜂蜜、コロンやメドンの油、黒海のバターで、それぞれ牛の皮で包まれていた。十七世紀の初めには、一日に消費される肉の量は、若いヒツジ二〇〇頭、食べごろの子ヒツジか子ヤギ一〇〇頭、ニワトリ三三〇つがい、宦官の貧血防止のための子牛四頭にのぼった。

トプカプ宮殿の料理は、まさに帝国の料理であると同時に本国の料理であり、一種のフュージョン料理だったといっていい。帝国中の材料を使ってつくった新しい料理だったからだ。〝テックス・メックス料理〟（テキサス風メキシコ料理）と呼ばれるものがあるが、これは典型的なフロンティア料理だろう。二つの言葉を合成したその名前は植民地の異種族混交を思わせるし、南西部の料理の中心地域はどこも、十九世紀のアメリカの大いなる拡大でアメリカ合衆国がメキシコから事実上奪い取った土地である。〝明白な運命(マニフェスト・デスティニー)〟の成就は、当時のその他の白人帝国と同様、帝国を築く企てだった。アメリカが築いた帝国が既存の領土と隣接していたからといって、西欧諸国の広範囲におよぶ領地より帝国として劣るわけではない。イギリス、フランス、ドイツが船で遠くまで出かけて帝国を手に入れなければならなかったのは、それぞれの奥地に拡大の余地がなかったからである（もっとも、フランスはナポレオンのもとでこれを試み、ドイツはヒトラーのもとでふたたび同じことをしようとした）。アメリカの企てと同じ時代によく似た企てをすすめていたのがロシアの帝国主義だった。ロシアはアメリカよりもかなり長い期間をかけて、隣国を犠牲にして同様の帝国を築きあげた。アメリカの場合にカナダとメキシコから奪い取った領地が演じた役割は、ロシアではフィンランド、ポーランド、オスマン帝国、それにイスラム教徒の中央アジアから奪った征服地が演じた。アメリカ先住民に相当するのは、ロシアでは、〝北方の小さな人びと〟と呼ばれるシベリアやツンドラ、タイガの土着の民族だった。どちらの帝国も同じようなやりかたで——犠牲になった民族を周辺的な地位に追いやり、絶滅させ、あるいは同化させることによって——拡大した。二十世紀になって冷戦がはじまり、ロシアとアメリカが敵対関係になると、両国が十九世紀にたどった道がどれほどよく似ていたかを忘れたのか無視したのか、アメリカはロシアの帝国主義に難癖をつけるようになった。

帝国の虫にも五分の魂がある。当時アメリカに征服された民族は相応の復讐を開始した。

〝ヒスパニック〟は奪い取られた土地をふたたび植民地化し、それどころか、その土地を越えて広がって、アメリカ合衆国の大半で大きな存在となり、逆植民地化をすすめている。同時に、南西部の食べ物はふたたびメキシコ風になった。これはメキシコ料理に使われる典型的な材料によって、メキシコ料理の縄張りが拡大したことによる。チリはメキシコ料理の人気ブランドであり、トウモロコシとブラックビーンズはその確固たる象徴である。ライムはその縄となり、薄皮のように広がるチーズは旗となる。チリコンカルネは、ふつう、ブラックビーンズにたくさんのチリパウダー、クミンを加えてことこと煮込んだもので、クミンを入れるのはおそらく、この料理が発展するうえでスペイン人が貢献したことを表わしている。この料理はメキシコ料理の代表といっていいだろう。だが、この料理はテキサスの公式な〝州の料理〟でもある。テキサスでは、純粋主義者は豆を使わない。

チリには、かなりマイルドなアンチョウから激辛のハバネロやスコッチボンネットまで、たくさんの新しい品種がある。チリの辛み成分はカプサイシンと呼ばれる刺激性のアルカロイドである。アメリカでは、この成分をアルコールと砂糖と水の溶液に溶かしたときの希釈倍率をもとにした〝スコビル単位〟を基準にして、品種の等級を決めている。比較的辛みの少ないカイエンヌはせいぜい四〇〇〇単位だが、刺激の強いハバネロは三〇万単位を記録することもある。だが、チリコンカルネをつくるときに使うパウダーはカレー粉と同じように、単一のスパイスではなく、いくつかのスパイスを混ぜ合わせたものの場合が多い。この料理の起源は大きな議論を呼んでいる。信憑性はまちまちだが、十九世紀半ばのカウボーイの料理が起源だという説、メキシコの〝チリクイーン〟――テキサス州サンアントニオの露店商人――がつくったという説、売り上げを伸ばそうとするダラスのレストラン経営者が最初につくったという説がある。起源がどうであれ、アメリカが南西部を併合するより前から存在し、それ以降しだいに征服者たちを征服してきた各種がこの料理に使われていることは確かだ。アメリカの中心部全域で大衆向けにメキシコのスナックを販売している〈タコベル〉は、評判のSF映画で、地球を乗っ取るレストラン・チェーンとして描かれた。

テックス・メックス料理はその歴史的な国境を飛び越えたために、帝国本土の味が混ざっているのかもしれない。現地の材料と帝国本土の材料が真の調和を見せているフロンティア料理に、フィリピン料理がある。スペイン人によるフィリピン諸島の植民地化はなかなかはかどらず困難をきわめたが、植民地化を開始した一五七二年ごろには、スペイン人は植民地政策について多少の知識を持っていた。そのため、伝道にあたっては慎重な方針をとり、土着の文化を構成する要素のひとつ――現地の言語――については侵害しないと保証した。文化にはそのほかに二つの大きな特徴――宗教と食べ物――があるが、一つ目の宗教は、諸島の大部分でめざましい成功をおさめた精神的征服によってすっかり変わってしまった。一方、二つ目の食べ物は、最終的には混成物になった。この混成物はきわめて複雑である。というのは、中国も植民地化をはかっていたからだ。地域との関係でことあるごとに紛争が起き、殺戮や追放、中国人の移住禁止によって中断されたにもかかわらず、中国による植民地化は植民地時代のフィリピン諸島の経済にとって絶対的に重要であり、その貢献の度合いはスペインによる植民地化と変わらなかった。だが、外部からの移住者がもたらした変化によってマレー人の料理の基盤が揺らぐことはなかった。やわらかいコメはバナナの葉で風味をつけることが多く、ほぼすべての料理のベースとなるが、ふつうはそれといっしょにパンもだされ、スペイン支配の名残りを感じさせる。フィリピンのパンの中にはココナッツ風味のものもある。ココナッツはさまざまなかたちでほとんどの料理の特色をなし、一般的な調理油もココナッツでつくられる。スペインの影響が認められる点は三つあり、どれもわかりやすい。一つ目は、台所で使われる用語である。たとえば、クルマエビはガンバと呼ばれ、香りのよい煮込み料理はアドボ（マレー訛りではアドボン）、甘いパンケーキはトゥロン（スペインで使われているスペイン語では、アーモンドをベースにしたキャンディーを指す）と呼ばれる。二つ目は、人気料理の中にスペインのお手本を少しだけ変えたものがあることだ。パエリアがそうだし、子豚のスペイン風丸焼きはレチョンと呼ばれ、子ヤギのカルデレータもある。最後は、フィリピンの食事では最後にデザートが出てくることである。デザートはどれもスペイン起源で、カスタードプリン——世界の人気料理に名を連ねるようになった唯一のスペインのデザート、フラン——に卵黄と砂糖のシロップをかけたものや、マジパンなどがある。

フロンティア料理が生まれるのは、中心部と周辺部で移住者の交流があるからというだけでなく、帝国がその政治や経済の必要性に合わせて人びとをあちらこちらに移動させるからでもある。ケイジャン料理という名前は、十八世紀にカナダからルイジアナ州に追放された〝アカディア人〟に由来する。だが、香辛料のきいたその味はほかのカリブ料理にもよく見られるもので、長い年月をかけてアカディア人の新しい環境に順応したことがうかがえる。

南アフリカの最高の伝統料理といえばケープ・マレーの料理だ。ケープ・マレーとは、十七世紀と十八世紀に、地元には人材がいないような専門的な労働をさせるためにオランダによって連れてこられた人びとである。彼らがラマダーン明けに食べるごちそうには、広大なインド洋全域からの影響と、支配階級の白人がオランダから持ちこんだ料理の影響が見られる。ブリヤニスは、炊いたコメとかたゆで卵と羊肉を交互に重ね、タマネギ、ショウガ、ウイキョウ、クミン、トマトを入れて加熱し、蓋をして数時間とろ火で煮たものである。インヘレフデ・フィスは、炒めた魚をカレー風味の酢に漬けたピクルス。スモールフィスは、塩味をつけた魚にタマネギとチリとコショウを加えて蒸し煮にした料理。ボボティは、カレー味をつけた挽き肉を焼き、泡立てた卵をのせたもの。ソサティは、辛いマリネードに漬けた肉を串に刺して焼く料理。代表的なシチューは、カボチャにチリを加えて油でゆっくり煮たものである。(21)

南北アメリカの奴隷料理も同様の性格を持っている。典型的な食材のいくつかは、奴隷とともに大西洋を渡ってきた。多くの植民地では、自分たちが生きていくのに必要な食物を栽培するための小地所が奴隷に与えられ、彼らはそれぞれの台所で家庭を維持したため、おのずと家庭の味が養われた。黒人料理を支えたのは、アフリカから移植されたヤムイモ、オクラ、プランテーン(料理用バナナ)、スイカであり、これらの作物は伝統的に、黒人の象徴として風刺の対象になった。そのほかの作物はどこから来たのかはっきりしない。コラード

・グリーンは口当たりのいいケールのようなもので、アメリカ深南部の黒人の伝統ではブタの脂身で調理されるが、これは新世界に自生していたものではなく、どうやってアメリカへ運ばれてきたかはわかっていない。〝黒い目のエンドウ〟と呼ばれるササゲは、それなしにはどの南部料理も完璧とはいえないほど重要なもので、たぶん奴隷といっしょに持ちこまれたのだと思われるが、農園の労働力を提供したアフリカの地域の食べ物だったことを示すはっきりした証拠はない。〝目なしのエンドウ〟と呼ばれるキマメは、奴隷の食糧にするためにアフリカから持ちこまれたことは間違いないが、料理の材料としてはササゲほど重要な地位を占めていない。いずれにしても、現在〝ソウルフード〟と呼ばれている料理の大半は、アメリカの新たな環境でつくられたもので、その多くはアメリカ先住民からの借用だった。ひき割りトウモロコシの粥は西アフリカで広く食べられる細かくひいたアワの粥と似たところがあるが、アメリカではトウモロコシでつくられる。コーンブレッドは、アフリカとはまったく関係のない混成物である。材料は現地のものだが、グルテン不足を補うためにライムを加えて、白人流に手間をかけて発酵させてつくるのだ。糖蜜は、膿んだような脂身とともに、黒人も白人も関係なく、南部料理特有の胸がむかつくほどの甘さと安心感をもたらす食材である。これは新世界から各地に広まったが、おそらく白人商人が持ちこむまでは、アフリカの現地料理ではまったく使われていなかった。奴隷のシチュー鍋で煮込まれるグリーンやササゲの味付けには、白人が軽蔑する豚肉の部位——ほお、足、小腸——が使われた。帝国の潮が引くと、ヨーロッパの本国へ戻る人たちは、おもに熱帯の味を持ち帰る。また、逆植民地化の流れによって、料理人やレストラン経営者が帰国者の味を提供するようになり、植民地経験のない階級にその味を広めるのを助ける。イギリス、フランス、オランダは、ポストコロニアル時代には、それぞれインド料理、ベトナム料理、マグレブ料理とインドネシア料理が世界に広まる出発点になった。すでに見たように、移住者は受け入れ先の社会の食べ物に抵抗を示す傾向があるが、順応せざるをえない場合もある。移住者が生き残る方法のひとつは、移住先の食習慣をまねることか、たとえばアメリカの感謝祭の料理に名残りが見られるように、与えられた食べ物を受け入れることである。ダーウィンに情報を提供したアンドリュー・スミス卿は、南アフリカでベチュアナ人を目にした。彼らはズールー族によって故郷から連れてこられた人びとで、「骸骨が歩いているようだった」という。彼らはヒヒやサルを観察して、何が食べられるかを学んだ。[22]また、それから数年後、難破のために北極暮らしを余儀なくされた白人たちはアザラシの価値を認めるようになり、「魚くさいのではなくアザラシくさいのだ。……我慢して、辛いソースをたっぷりかければ」アザラシは「非常にすばらしい」味だとさえ思えたという。[23]なじみのない料理に慣れることは、生き残るための戦略であるだけでなく、帝国主義の文脈では支配の方法として機能することがある。それによって現地人との連帯を示し、彼らの専門知識を利用するのである。一例として、オランダについて考えてみよう。

オランダ料理の評判は悲惨なもので、とりわけオランダ人自身に評判が悪い。これは不当だし、不幸なことだ。そのせいで、しっかり漬かったニシンのおいしさや、北海でとれる地元産の小エビの新鮮さ、ブーレンコール――やわらかい緑のキャベツをジャガイモと混ぜ、濃い味付けの肉で風味をつけたもの――がもたらすほっとする気持ちを経験できずにいる美食家もいるかもしれない。その一方で、自国の料理についての謙虚さが、オランダ人を他文化の料理に対して非常に敏感にした。インドネシアのライスターフェルは、オランダの国民料理と見なしてもいいだろう。もう一つのオランダ国民料理であるヒュッツポットは、根菜の切れ端でつくった一種のピューレで、一五七四年にライデンが包囲攻撃を受けたときに充分な栄養をとれないまま防御にあたった者たちをしのぶ料理であり、感情的なことだけでいえば賞賛に値する。ライスターフェルは、およそ考えられるかぎりヒュッツポットとはかけはなれている。国内の料理ではなく異国の料理であり、記念の料理ではなく祝賀の料理であり、簡素というよりはむしろ贅沢であり、かぎられた材料というよりは多様な材料でつくる。ライスターフェルが呼び起こすのは、オランダの植民地主義者がインドネシアの王の宴に列席していた日々の、豊かさと特権の記憶である。それを食べると、フェルブルッゲ大佐の世界に引き戻される（一八六〇年のすぐれた反帝国主義小説『マックス・ハーフェラール』（三七五ページ参照）に出てくる「善人」で、レバックの摂政を招いてたくさんの料理で持てなしながら、食堂の土の床で拍車をジャラジャラ鳴らそうとした）。ヒュッツポットはオランダ人が独立のために闘っていた時代を思い出させるのに対して、ライスターフェルは他者からものを奪っていた時代の料理である。ライスターフェルは非常に多くの料理からなり、それぞれがたくさんの材料を必要とするので、うまくつくるのはむずかしい。中央に置かれた米飯の碗のまわりに一〇皿以上の異なる料理が一度にならべられ、小さな火鉢かアルコールランプで冷めないように温めておく。サンバル・ゴレンは絶対に欠かせない。これはチリと多数の香辛料、タマネギ、ニンニクを炒めてベースをつくり、それに肉や魚を漬けたもので、イカでつくると特においしい。そのほかのサンバルは、通常は数種のチリを混ぜ合わせたものをベースに、たぶん柑橘類の皮や小エビのペーストを入れたものので、たいていはこれも出てくる。レンダンは、ライスターフェルには欠かせないカレー風味の料理である。オランダのレストランではふつうは牛肉でつくるが、伝統的には水牛の肉をつかっていた。これを、ココナツミルクにスマトラ島でとれる香辛料――ターメリック、ショウガ、ショウガ科のバンウコン、ニンニク、サラムの葉（みかけはローリエに、味はカレー・リーフに似ている）――を加え、さらに植民地時代に持ちこまれたチリを加えたものに漬けて、その後、ほとんど水分がなくなるまでとろ火で煮た料理である。

フランスの植民地になる前のベトナム料理は、長いあいだ中国の影響が浸透していたにもかかわらず、国際的にはそれほど高く評価されていなかった。一六九五年にトマス・ボウヤーが他に先駆けて旅行したとき、最初に報告した食事はゆでたヘビとブラックライスだった。[24]ポストコロニアル時代にフランスにやってきたベトナム料理は、すでにフランスの美食の影響を受けていた。バゲットとクレープはいまでもベトナム料理のレパートリーに入っている。ベトナム料理は本質的には典型的な東南アジア料理であり、タイの魚醬よりもさらに強烈な魚醬を基本的な調味料として、タマリンドやレモングラスの風味で味を引き立てる。だが、念入りな調理はベトナム料理の強みとなる。また、ベトナム料理は明らかにファーストフードに向いており、将来性がある。というのも、目玉料理として指でつまんで食べる食べ物があるからだ。たとえば、薬味のきいた詰め物をレタスの葉で小さく包んだ料理や、半透明のライスペーパーで巻いた春巻きなどだ。だが、ベトナム人は食べ物に対してフランス人同様にまじめであり、念入りに調理してゆっくりと楽しまなければならないと考える傾向がある。

一九二〇年代にゴードン・ウェストが「バスでサハラ砂漠へ」探検旅行に出かけたときには、植民地時代のモロッコ料理を再現したようなたくさんの食事に出あった。そこでは、調理と食のスタイルとしてフランス人のものと先住民のものの二種類が共存していて、たがいに影響しあいはじめたところだった。ウェストの冒険旅行は、タンジールのケバブ・バーでぱりぱりに焼けたレバーとフラットブレッドにミートボールをはさんだサンドイッチを食べ、ミント・ティーを飲むところからはじまった。メクネスではクレーム・サンジェルマン、オムレツの香草風味、短時間でぱりぱりに焼いた鶏肉を食べた。これとは対照的にフェズでは、高名な族長が長時間ことこと煮込んでとろけそうになった鶏肉を、しきたりどおり、みずからの手で食べさせてくれた。次に出てきたのはコメと香草を詰めたカモで、ラディッシュとオレンジとレーズンのサラダが添えられていた。つづいて「大きなヒツジの丸焼き」が出てきた。肉はどれもやわらかくなるまで調理されていたので、ナイフやフォークは不要だった。みな指で裂いて、いちばんおいしいところを食べさせあった。クスクスにアーモンドとインゲンとレーズンを入れたものは、不器用なウェストには食べにくかった。食べやすくするには小さく丸めて手のひらで転がさなければならなかったのだ。食事の最後には甘い菓子が出てくるものだが、そこでは客がげっぷをすることが食事の終わりの合図だった。

ウェストが乗ったバスがアトラス山脈をくだり、サハラ砂漠の端にあるベルベル人の古い要塞都市クサル・エッスークに着くと、地元のホテル経営者は安っぽいバンガローで誇らしげに料理を出した。

コンソメ
シディ・アリのマスのフィレ
上質若鶏のシチュー
サヤインゲン
ゼルフーンの子牛の骨付き肉
リンゴのミニョネット風味
カラメル・ジズとフルーツの盛り合わせ

M・ベルジョンの料理は「キャンプの客全員」を魅了し、身分の低い外人部隊の隊員でさえ一度の食事のために一週間分の給料をはたくほどだった。彼が計算のうえで料理にエキゾチックな情趣を添えていたのは間違いない。残念なことに、彼がメニューに織り込んだアラビア語の名前の意味は記録に残っていない。これはたぶん、現地の味がしだいにフランス料理のソースや味付けに同化していくきざしを示したものだと思われる。「シディ・アリ」のマスは、きっとモロッコのスイートアーモンドをなんらかのかたちでつかい、たぶんレーズンを加えたものだろう。子牛の「ゼルフーン」という名前から想像するに、たぶんトウガラシや大麦の芽をつかった飾りではないだろうか。ウェストの歯と舌には、口当たりのはっきりした相違が、味の相違以上に、植民地の住民と先住民の食べ物の違いを示しているように感じられた。「南へ旅をすすめるにしたがって肉はかたくなっていく」。牧草地が乏しく、また、サハラ砂漠のような気候では、解体した肉はつるしておかずにすぐに食べる必要があるため、先住民のやりかたをまねることが不可欠になるが、フランス人は「頑固に自分の国の調理法」を守っていた[25]。

国外移住者の料理の最後の大きなカテゴリーは、亡命者の料理である。中国は、隣接する地域以外に国として移住を促進したことはない。したがって、世界中に中華料理が広まったのは、植民によるものではあったが帝国主義によるものではなかった。自主的な「経済亡命者」が平和的に移住して料理を伝えたのである[26]。少なくとも最近の中国人の移住については、おおむねこのとおりである。だが十九世紀の移住は、別の意味で、純粋に帝国主義によるものだった。ヨーロッパ諸国の政府が日雇い労働者や洗濯屋として労働力を集め、それぞれの帝国各地へ移住させたのである。これにより、独特な混成料理が生まれた。そのうち最も悪名高いのはチャプスイである。これは、たとえばタケノコ、モヤシ、クワイなどの野菜を細切りの肉と混ぜたもので、十九世紀に北米で初めて中国料理の店を出した中国人が考案したものである。[27]一九五〇年代以降、ベトナム料理を欧米に伝えたベトナム人の大半は政治難民だった。第一次世界大戦後のパリでロシア料理を流行らせたロシア革命の犠牲者もそうだった。こうしてロシア料理が高級料理の都に進出する機会が生まれたのは、昔から、ロシアの食卓はきわめて贅沢だという評判があったためだ。十九世紀の半ばには、ロシアが起源とされ〝ロシア風サービス〟と呼ばれる給仕スタイルが西欧で流行した。これはまずフランスではじまり、そこから周辺諸国へ広まったようだ。当時の伝統的なスタイルは、さまざまな料理の皿がテーブルに置かれ、客が自由にとって食べられるような方式だったが、ロシア風サービスでは給仕が各皿を個別に出していった。これは、食事時間が倍増することでショーの要素が生まれることを計算に入れたものであり、また、にぎやかな食卓には、料理を置かなくなったことで空いたスペースに、さらに上等な食器や花を置くことができた。給仕の数の増加は、それ自体、富の誇示だった。給仕の慎重かつ優雅な所作は、富裕層の後援のもとで独自の専門的な訓練を経て上演される、新しいかたちの演劇だった。〝フランス風ロシア料理〟は、昔のヨーロッパ各地で料理人や給仕長や食事客が交流していたおかげで、ロシア革命の前からシェフのレパートリーの一部として一般に認められるようになっていた。それでも、ジョージ・オーウェルは一九二〇年代に「パリで落ちぶれ果てた」生活を楽しみながらロシア料理のレストランの厨房で働いていたとき、ほかのスタッフとともにフランス人の客第一号が現われるのを心待ちにし、その店が地元の人のあいだで評判になればというはかない望みを抱いていた。

貿易という名のウェイター――塩と香辛料

遠く隔たった地域の料理が浸透しあう手段として、帝国主義や植民地化と肩をならべる唯一の活動は、貿易である。貿易は、ウェイターのように世界の食べ物がならんだテーブルのまわりをさりげなく行きつ戻りつし、何も予期していない客に驚くべき料理を運んだり、突然の客のために座席を移し変えたりする。貿易による世界規模での食材の流通は、筆者が「よそ者効果」と呼ぶもの――多くの人が異国のものをあがめる傾向――によって助けられている。[28] 手間と費用をかけて遠方から運ばれる食材や、贈り物として外国の全権大使と取り交わされる食材は、その旅の道のりゆえに、本来の価値や食料としての実際的な長所とはおよそ不釣り合いなほど珍重される。こうした食材は聖なる地平の味として迎えられ、当初は簡単に手に入らないため、不思議なもの、非常に価値のあるものとして大切にされる。これは、遠くから来た旅行者ほど現地の人の関心を引くのと似ている。遠方から来た人は、巡礼者なら神聖視され、指導者ならカリスマ性を獲得し、戦士なら恐ろしげに見え、使節なら注目される。なじみのなさが軽蔑の機先を制するのだ。ときには、たいていの文化が外国の食べ物に対して持っている根深い敵意を負かすほど「よそ者効果」が強いこともある。

実際、一流の料理のひとつの尺度は、使われる材料の産地がどれほど多様かということにある。このことは古代からすでに認識されていた。「さあ言ってくれ、ミューズよ」とヘルミプスは命じた。「ブドウ酒のように暗い色をした海を往復して以来、ディオニュソスはその黒い船でここの者たちにどれほどのよい物を運んできたのか」。キレネからはシルフィウム（珍しい調味料。これについては次章で触れる）が運ばれ、ヘレスポント海峡からはサバや各種の塩魚が、テッサリアからは全粒小麦粉と牛のあばら肉が運ばれた。「シラクーザ人はブタとチーズを送ってきます。……ロードス島からはレーズンとすばらしいイチジクの実が送られてきます」。エウボイアからはセイヨウナシと丸々としたリンゴが運ばれた。「パフラゴニア人が送ってくるクリの実とつやのあるアーモンドは、ごちそうの飾りになります」。フェニキアからはナツメヤシとパンを焼くための小麦が送られた。[29] ブリヤ゠サヴァランは、ますます広がる貿易の範囲を背景に、これと同じ価値観を示した。彼によれば、

食通のディナーを構成するさまざまな材料のうち、食肉、鶏肉、果物など主たる材料はフランス産である。一部はイギリスをまねたもので、これにはビーフステーキ、チーズトースト、ポンチなどがある。いくつかはドイツ産で、これにはザウアークラウト、ハンブルクの牛肉の燻製、シュバルツバルトのヒレ肉などがある。スペイン産のものにはオラ・ポドリダやヒヨコマメ、マラガ・レーズン、ヘリカのコショウを加えて保存したハム、デザートワインなどがあり、イタリア産のものにはマカロニ、パルメザンチーズ、ボローニャ・ソーセージ、ポレンタ、アイスクリーム、リキュールなどがあり、ロシア産のものには干し肉、ウナギの燻製、キャビアなどがあり、オランダ産のものにはタラ

の塩漬け、チーズ、ニシンの酢漬け、キュラソー、アニス酒などがあり、アジア産のものにはインドのコメ、サゴ、カレー粉、醬油、シーラーズワイン、コーヒーなどがあり、アフリカ産のものにはケープワインなどがあり、最後に、アメリカ産のものにはジャガイモ、パイナップル、チョコレート、バニラ、砂糖などがある。これらすべてを見れば……パリで食べられているような食事は国際的なものであり、世界の各地を代表する産物がつかわれている……という考えが充分に裏づけられる。(30)

このことは、〝国際的な〟料理は〝新しい〟ものだと考えている人たちに再考をうながすはずだ。

しかし、歴史のほとんどを通じて、食べ物の遠隔地貿易は贅沢品にかぎられていた。どの社会もそれぞれの主食を栽培している。栽培しないことがあるとすれば安く輸入できる場合であり、安く輸入できるようになれば栽培をやめる。帝国の拡大に共通する目的のひとつに、それぞれ異なる食材を専門的に栽培している地域に協力を押しつけることによって、食事を多様化する計画があった。アンデスの帝国主義は、ティアワナコの時代からインカ人やスペイン人の時代にいたるまで、つねに、各地の生産者どうしで食べ物を強制的に交換することを基盤にしており、必要な場合は労働力も交換された。それぞれの生産者が暮らす高度はさまざまで、山や谷の多い地形によく見られるように、地域の小気候も多様だった。中国の歴史をふりかえると、ほとんどの時代で、北部と南部の対照的な環境をまとめる帝国を結びつけていたのは、南部のコメを北部の食糧として提供することだった。ローマ世界が機能したのは、各属州がもっぱらそれぞれの基本作物を残りの地域に供給したからだった。エジプト、シチリア、それに北アフリカの海岸地域は帝国の〝穀倉地帯〟であり、ベティカは帝国のオリーブの森だった。アステカ帝国では、それぞれが特殊な生態環境を持つ各地域のあいだで貢ぎ物を交換することによって、テスココ湖とその周辺のいくつかの共同体が主導権を維持していた。標高が海抜二〇〇〇メートルを超える地域では、農業は湖底からさらって積みあげた泥を耕すしかなく、湖に束縛されたそうした環境では、首都のテノチティトランに集中する莫大な人口――さまざまに推定されるが、少なくとも八万人はいたと思われる――を養うことは不可能だった。首都の貢ぎ物目録には、属領から取り立てたトウモロコシ、豆、アマランスの量が年間二四万ブッシェルにのぼったことが記録されている。エリート層の飲み物に必要とされ、あらゆる儀式の場に欠かせなかったカカオは、この地域ではまったく育たなかったので、はるか南方の〝暑い土地〟から運搬人が大量に運んでこなければならなかった。

だがときには、基本的な必需品すら遠方から運ばなければならず、帝国の制度に無理やり組み込むのは容易ではないこともある。これが一般的にあてはまる食品といえば塩である。塩は生命の維持に欠かせない。ほとんどの代謝は、厳密に必要な量よりはるかに多い塩分を必要とするようだ。塩にはバクテリアを殺し、腐敗を抑えるという保存作用があるため、季節単位で食物を管理しようとすると塩はなくてはならない存在である。塩鉱も塩田もない場所では、海水を蒸発させて塩をつくるか、あるいはカントウやサムファイアなど、土壌の塩分を吸収する植物からうまく塩をとるしかない。しかし、地元では充分な量の塩が手に入らない場合もある。人口が増加傾向にある社会はすべて、人口が一定の限界値を超えるとただちに塩を輸入しなければならない。このため、塩は世界最古の大量取り引き品目のひとつだった。その歴史的な影響のいくつかはよく知られている。学生はみな、塩税が中世の君主国の形成で大きな役割を果たし、フランス革命の引き金となったことを知っている。また、ガンジーの生涯にくわしい人なら誰でも、インドでの国民会議派の台頭に塩がおよぼした影響を知っている。しかし、これらのエピソードがかすんでしまうほど重要なのは、過去に二つの大きな市場で塩が不足したため、世界の歴史のすすむ方向が変わったということである。その市場とは、中世後期の西アフリカの市場と、十七世紀の北ヨーロッパ、とくにオランダの、巨大な塩漬け食品業界である。西アフリカの市場は中世の金の取り引きを支え、北ヨーロッパの市場は遠隔地の支配をめざした初期の帝国主義の流れに深い影響を与えた。

塩は主要な商品としてサハラ砂漠を縦断する金取り引きを支え、その金が、金塊に飢えた中世後期の西洋世界に流れた。中世で最も広い地域を巡礼してまわったイブン・バットゥータは、一三五二年にサハラ砂漠を越えたとき、岩塩採掘の中心地であるタガザから塩のキャラバンに同行した。彼が描写した光景は、今日でも目にすることができる。人口密度の高いニジェール川流域はいまも、伝統的なやりかたでサハラ砂漠を越えて輸入される塩に頼っているのだ。教養あるマグレブ人であるイブン・バットゥータにとっては、タガザは、何の魅力もない村だった。珍しいのは、家もモスクも塩のかたまりで建てられ、屋根にはラクダの皮がつかわれていることだ。木はまったくなく、あるのは砂ばかりで、その中に岩塩坑がある。彼らが地面を掘ると、厚い塩の板が見つかる。それらはまるで、切りとられて地中に積みあげられたかのように重なりあっている。一頭のラクダで二つの板を運ぶ。

この旅行者の報告によれば、そこに住んでいるのは支配部族の族長の奴隷たちだけだった。彼らは塩を求めて掘り、ラクダの肉を食べて生きていた。食事をおぎなうのは、ダーラやシヒルマサから運ばれたナツメヤシと、アワの一種だった。

それは黒人の国から輸入されている。黒人たちは自分の国からタガザへやってきて塩を持ち去る。塩の荷は、ワラタでは八から一〇ミクタルで売られ、マリの町では二〇から三〇ミクタル、ときには四〇ミクタルで売られた。黒人たちは、ほかのものと同様に、塩を金や銀と交換する。小さく切り分けて、それで売り買いするのだ。その汚らしさにもかかわらず、何キンタールもの砂金がそこで取り引きされる。(31)

この取り引きで得られた金の多くは、最終的にはキリスト教世界に流れた。キリスト教世界では、金はほとんどとれなかったのだ。西欧で金塊が不足していたことは、中世後期の世界が変化する大きな原動力のひとつとなって探検航海をうながし、最終的にヨーロッパの船員は大西洋を渡り、アフリカ各地にたどり着くことになる。だが、北ヨーロッパでもっと深刻に不足していたのは、塩だった。とくに、十六世紀になって人口が増加しはじめ、食品業界が生き残りをかけて奮闘するようになると、塩不足は切迫した問題になった。十七世紀初頭、インドネシアのアンボンで比較的珍しい贅沢な商品をめぐってオランダとイギリスの商人が有名なナツメグ戦争をしているころ、西洋では、それほど魅力的ではないがより激しいドラマが繰り広げられていた。塩の供給を確保しようとするオランダ人の企てである。オランダのいわゆる連合州は新しい国をつくった。一五七〇年代に連合をはじめた共和国で、当時の君主による中央集権支配を離れて闘う自主独立主義者たちの不安定な連合だった。一方、王家の戦略と偶発的なできごとの結果、フェリペ二世はスペイン王にもなり、このためオランダの外から資源を要求するようになった。こうしたことは、貴族階級や市民の地元勢力をおびやかすと同時に、宗教改革が成功してこの地域の各地に生まれた新たな有力聖職者の勢力をもおびやかした。全体としての（このように内部分裂した地域を全体と呼ぶことができるならの話だが）オランダの主要な産業は織物業だった。各州ではほとんどの人が独立を求めて戦う決心をしたが、食品の加工が非常に大きな問題だった。とりわけ重要だったのが、ニシンの塩漬けと塩味のバターやチーズの製造である。

ポーランドとフランス、バルト諸国の一部には莫大な岩塩資源があり、オランダの産業は昔からそれに頼っていたのだが、ここからの塩の値段は上がりつつあり、戦時には供給もあてにならなかった。最も熱望された必需品は、スペインの君主がポルトガルとカリブ海で支配していた。これらの地域でとれる塩は、ニシンにとくに適しているとされ、そのうえ安価だった。スペインの塩に依存していたことが、一六〇九年にオランダがスペインとの和平に同意した理由のひとつだった。また、一部のオランダ人がカリブ海の塩を自力で奪い取ろうとしてその和平を危うくしたのも、塩の不足が原因だった。和平がつづいているあいだ、ポルトガルとの塩の交易はオランダの伝統的な北海貿易やバルト海貿易と競合した。リスボンのアンドレス・ロペス・ピントは一六一五年から一八年にかけて、二〇〇隻のオランダ船を借りてポルトガルの塩を運んだ。スペインとの和平がついに崩れた一六二一年、オランダ西インド会社が設立されたが、これも塩の探求が主な理由であり、また、つづいて起こった共和国内の不和も、西インド会社が塩の独占を主張したことが主な原因のひとつだった。一六二二年一月、ニシン産業の中心地としてとくに有名なホールンとエンクハウゼンから二七隻の船が出て、ベネズエラのアラヤ岬にある豊かな塩田に大軍を上陸させた。塩田を奪い、そこをオランダ帝国の前哨基地にしようというねらいだったが、その後の遠征と同様、無惨に撃退された。

一六二〇年代の終わりになると、オランダの悩める食品業界は、新たに開発されたベネズエラのトルツガ島の塩田によって救われた。トルツガ島ではスペインの支配がしっかり確立されていなかったのだ。だが一六三二年に、この塩田にスペイン人が押し寄せてきて、その後の数年間でカリブ海の塩生産地にあるオランダの駐屯地をすべて奪うか破壊した。つづけざまに起こった危機により、オランダのニシン船団はほぼ壊滅状態になった。港町スヒーダムで報告される漁獲高は、一六二〇年代には三分の二に落ち込み、一六三〇年代には三分の一にまで減少した。ニシンの値段は上がったにもかかわらず、輸出額は下落し、塩を買うオランダ人はスペインが与える許可に頼るしかなかった。スペインでは——オランダにとっては幸運なことに——戦費が重くのしかかっていることもあって、王室は考えられるあらゆる収入源に頼らざるをえなくなっていた。オランダは戦争を放棄しなければならないかと思われはじめたが、一六四〇年にスペイン王国内で新たな紛争が起こったおかげで救われた。ポルトガル人が反乱を起こし、自分たちの貴族のなかから王を選んで、スペイン王への忠誠を公然と捨てたのである。ポルトガル産の塩の交易をめぐっては、オランダは競争相手のドイツに完全に負けそうになっていたが、反乱を起こしたポルトガル人と手を結ぶことにより、交易の支配権を回復した。その見返りに、オランダは反乱軍に武器と食糧を提供した。これは、アムステルダムでポルトガルのために活動していたユダヤ人デイビッド・クリエルの案による交換条件にのっとったものだった。[32] 一六四八年、スペインとの戦争は終わり、揺るぎないオランダの地位がマドリードで認められた。だが、塩が外交のパターンを決定することに変わりはなかった。オランダはその後もカリブ海の塩の分け前にあずかろうと腐心した。スペインとオランダの和解を実現する努力は、一六四八年から七七年まで長い時間をかけてゆっくりとすすめられ、最後には成功をおさめたが、それも、この動機がなければ考えられ

ないことだった。(33)

大量で高価で重要な塩の交易とくらべると、香辛料などの贅沢品の貿易はそれほど重要ではないはずである。だがコショウは、一六、七世紀の世界の香辛料貿易のおよそ七〇パーセントを占め、きわめて重要な産物といってよかった。これは、世界のエリート層の料理でコショウが使われたためである。その他の主な交易品――シナモン、メース、ナツメグ――は、取り引き量は比較的少なかったものの、出荷する商人は大きな利ざやが得られたため、市場では、取り引き量からすると考えられないほど重要な商品だった。塩は料理の文化を変えたとは言えないからだ。その効果は風味を増すことであって、伝統的な料理の全一性を壊すことではない。だが香辛料は、交易によってそれがもたらされた地域に新しい食文化が生まれるのに貢献したからだ。そのうえ、香辛料貿易の歴史は、世界史最大の問題に深くかかわっている。西洋と東洋――ユーラシアの両端にあって対抗する文明――の富と力のバランスの本質と変化、という問題である。

記録に残っている最古のエピソードは、この時代より何千年も前のものである。シナモンやシナモンの代用とされるカシアは、ディルムンやマガンといったアラブの王国からペルシア湾を通ってメソポタミアへ運ばれた産物のひとつだった。この二つの王国の正確な位置はまだわかっていないが、いまのバーレーンと、おそらくイエメンにあたるのではないかと考えられている。同様の交易は、古代エジプトと神秘の地プントとの貿易にも見られた。主要産物と贅沢品である香料とが交換されていたのである。プントがどこにあったかもわかっていないが、交易路を行くには紅海をくだる長い航海が必要だったとされる。紅海の航行条件は厳しいので、帆船による紅海の航行は長く危険なものになりがちである。最もくわしい史料——紀元前十三世紀のものと思われるハトシェプスト女王葬祭殿の壁画——に示された明らかな意味から判断して、プントは熱帯か亜熱帯の海の近くに位置し、歴然としたアフリカの文化を持っていたはずだ。学者のあいだでも意見が分かれ、プントのすべての産物の原産地と考えられるひとつの場所が特定されるにはいたっていないが、ソマリアはかなり条件を満たしている。三五〇〇年近くたっているわけだから、その場所の生物相の種類も変わっていることを考慮に入れる必要があるだろう。われわれは今日、ソマリアは世界で最も荒れ果てた恵まれない場所のひとつだと考えている。だが古代エジプト人にとっては、冒険心を引きつける、財宝の泉だった。エジプト人が欲しがるソマリアの産物は小さなものだったが、その見返りにエジプトが提供する産物は単価が低くかさばるものだったため、エジプトからは五隻の船を送らなければならなかった。プントはもっぱら高価な贅沢品を生産していたが、エジプトは大規模な集約農業だけを考えた経済をもつ、強大な食物生産国だった。プントへ使節団を送ることは、異文化との出会いにとどまらず、対照的な生態系が出会い、交流する機会でもあった。

エジプトの文献が利己的に誇張されていないかぎり——その可能性は充分あるが——プントの人びとは探検家がやってきたことに当然のことながら驚いた。「エジプトの民には知られていないこの土地に、どうやってやって来たのですか」と問わずにはいられず、驚いて両手をあげた。「天の道を通ってここへ降りてきたのですか。それとも」――まるで同じくらいありえないことのように、彼らはこう付け加えた――「海をわたって来たのですか」。コロンブスも、最初の大西洋横断の最後に彼を迎えてくれた島民たちが同じようなことを言い、同じようなジェスチャーを示したと述べている。こうした表現はのちの旅行文献によく見られるようになるが、これは、探検家を迎えたのが劣った技術しか持たない、だまされやすい人びとだったという印象を与えようとしたものである。(34) エジプトの画家は、このほかにも野蛮さや単純さを示す象徴を使ってプントの人びとを滑稽に描いた。王は気味悪いほど肥満した姿で描かれ、鷲鼻の廷臣の唇はたれさがっていた。贈り物の交換は、聡明なエジプト人に非常に有利だったとされた。だが、エジプト人は自分たちの評価額で品物を計算していたのであって、プントの交渉者の目には、取り引きは完全に満足できるものだったかもしれない。いずれにせよ、プントの宝物の輝きは、エジプト人がその見返りに提供しなければならなかったどんなものとも次元が違っていた。プントには「あらゆる驚くべきもの」があり、エジプトは「あらゆるよいもの」を与えた。プントの主要な産物は香木で、それからとれる没薬は礼拝の儀式や葬儀に使われた。この香木はハトシェプスト女王葬祭殿の壁画にはっきりと描かれている。プントの金は雄牛のかたちの分銅ではかられ、香木は根がついたまま鉢に移され、エジプトの船で運ばれた。(35) エジプト人はその代価として「パン、ビール、ブドウ酒、肉、果物」を与えた。しかし、エジプトの王宮には生け贄と料理、香料と香辛料のあいだに明確な区別はなかった。ファラオの食べ物は神聖なものだったのである。

シュメール人とエジプト人によるアラビア半島やアフリカの香辛料貿易は、最終的にギリシアやローマにまで達した。イエメンは、「そこでは人びとが日常の必要のためにカシアやシナモンを焼く」土地だと考えられていた。アラビアの海を探検したギリシア人による報告で現存する最古のものは、アラビア半島の南西海岸が放つ芳香について絶賛している。

それは、貯蔵されてかび臭くなった香辛料がもたらすような喜びとも、滋養を与え、支えてくれた幹から切り離された植物が生みだす喜びとも違う、神のごとき花盛りを迎え、みずからの自然な源から不思議な香りを放つものの喜びである。そのため多くの人が、人間にとっての神の賜物を忘れ、神々の食べ物（アンブロシア）を味わったのだと思い、その経験の非凡な特徴に見合う名前を探し求めるようになる。[36]

この種の熱弁に見られる明らかに現実離れした神話的な要素からは、それが直接得た知識でないことがうかがわれる。また、アラブの仲買人——ギリシア文献のシバ人、ゲラ人、マーイン人——が扱っていた香辛料の中には、客に産地を偽ったものがあったかもしれない。たとえば、現在シナモンと呼ばれている植物がアラビア半島で生育したという話は知られていない。古代の地名辞典では「エリュトライ海」の範囲が西インド洋の大半を含むほどに拡大され、アラブ人がインドやセイロンから輸入した産物にその名前があてられるようになっていたのである。[37]

こうして接触の範囲が広がっていったことは、ローマの料理が異国風であることにも表われている。アピキウスのレシピで勧められている六〇種の薬味のうち、帝国産でないものは一〇種だけだった。[38]だが、そのうちのいくつか——とくに、アピキウスの料理で伝統的に多量に使われたインドのショウガ、カルダモン、コショウ——は、香辛料貿易がおこなわれた最も遠い地域を表わしていた。プリニウスは香辛料をたくさん使う食べ物に反対したが、その理由のひとつは、香辛料はインドの経済を豊かにし、ローマの経済を貧しくするからというものだった。一方でタミルの詩人は、「彼らは金をもってやって来て、コショウをもって去っていく」と表現した。[39]香辛料市場の神秘性が深まり、そこで扱われる商品の価値が高まったのは、かぎられた地域でひとつの香辛料が専門に生産されるためだった。古代には、アラビア半島の地元の産地からカシアが手に入ったかもしれないが、中世になると本物のシナモンをセイロンがほぼ独占的に扱うようになった。コショウを求める商人は、インドのマラバル海岸へ向かった。ナツメグやメースやクローブがとれるのは、インド洋と現在のインドネシアのいくつかの場所にかぎられ、なかでも有名なのはテルナテ島とティドレ島の双子の〝香料諸島〟だった。こうした土地はどこも、莫大な量の産物を中国に輸出していた。中国の市場は非常に大きく、経済は非常に豊かだったのである。マルコ・ポーロは当時、杭州には一日に五〇〇キロほどのコショウが入ってくると書いている。しかし、生産者にとってヨーロッパの市場の重要性が低かったとすれば、市場に参入しようとする西洋の商人にとっては大問題だった。

香辛料の需要が生まれたのは、腐った肉や魚をごまかす必要があったからだという考えは、食物史の大きな神話のひとつである。この考えは、発達神話——昔の人は現代の人間にくらべて能力や知性が劣り、必要なものを用意する能力が劣っていたという仮説——から派生したものである。だがおそらく、中世の生鮮食品は地元でとれたものだから、現代のものよりも新鮮だったと思われるし、保存食品は塩漬け、酢漬け、乾燥、砂糖漬けなどさまざまな方法によって、缶詰めと冷蔵とフリーズドライの現代のものよりしっかり保存されていたと考えられる（ちなみに、フリーズドライの技術は古代から知られており、われわれがいうところの中世に、アンデスのジャガイモ栽培者が高度に発展させている）。生鮮食品も保存食品も、たぶん当時のほうが健康によかっただろう。当時は栽培に化学肥料など使わなかったのだから。いずれにしても、調理における香辛料の役割を決めたのは味と文化だった。香辛料をふんだんに使う料理は高価なので、社会の分化を招いた（二四三ページ参照）。その結果、香辛料を買う余裕がある人にとっては、香辛料は無視できない贅沢品となった。香辛料が好まれたのは、その時代に模範とされた、アラブ人をまねた高級料理の典型的な特徴が香辛料の使用だったからである（二五一ページ参照）。

ヨーロッパ人の香辛料好きは熱狂的で、ロマンチックで、想像によってますますその度合いが高まっているようだったが、そんなようすをうまく表現したのが、ルイ九世の伝記作者だったジョアンビルが書いたナイル川の漁師だ——その漁師の網は、地上の楽園の木々から落ちてきたショウガ、ダイオウ、シナモンでいっぱいになった。その時代の最も定評ある料理本のなかで『パリの家事人』は、熱で風味がそこなわれることのないよう、香辛料はできるだけ最後に料理に加えるようにとアドバイスした。産地か、そうでなければその近くで香辛料を買おうと考えついたり、そう決意した人間を引きつけたのは大きな利益だったが、それに鼓舞されるように、中世の商人はインド洋を横断するという大胆な企てに乗りだした。どのルートを通っても、敵に変わる可能性のあるイスラム教徒の仲買人との危険な出会いが待っていた。トルコやシリアを通ってペルシア湾に抜けようとする者もいれば、より一般的なルートとして、エジプトで正式な通行証を入手してナイル川をのぼり、砂漠の隊商に同行して紅海のマッサワやゼイラに向かおうとする者もいた。当然のことながら、こうした試みはほとんど成功せず、なんとかやり遂げた商人は、すでにあったインド洋の交易ネットワークに加わった。一四九〇年代より前には、中世の人間で、ヨーロッパの市場と東洋の産地とを直接結ぶ道を開くのに成功した者はいなかった。

東洋が香辛料の供給を独占していた従来の世界を、ヨーロッパの大国が交易を支配し、香辛料の生産についても大部分を支配する世界規模のシステムに変えた大きな変化は、三段階に分かれて起こった。第一段階は、中世の後半から、世界の砂糖生産の主要な中心地が西へと移ったことである。第二段階として、十六世紀から十七世紀にかけて、西洋の商人が特権的に利用できる新しい交易路が開発された。第三段階は、十七世紀以降、西洋の大国が、暴力的な手段によって生産の支配権をしだいに奪っていったことである。

この変化は砂糖からはじまった。ラテン系キリスト教徒の口に合う外来の調味料のなかで唯一、この甘味料は地中海でも比較的簡単に栽培できたからである。今日では、砂糖はふつう香辛料には分類されさない。ほとんど香りがないため、例外的に香辛料とみなされる程度である。だが古代と中世には、砂糖は交易を通じて多額の費用をかけてやっと手に入れることのできる異国の香辛料だった。ところが、商人が砂糖で儲ける新しい方法が技術的に可能であることがわかった。東洋の香辛料貿易ではいつも高い金を払う末端購入者の役割を演じてきたが、その役割を逃れて、自分たちで栽培しようというのである。これをもとに、十二世紀にはエルサレム王国でベネツィア人が砂糖栽培の実験をおこない、十四世紀にはキプロスで、ベネツィアのコルナーロ家が大規模な砂糖の生産に乗りだした。ジェノバ人が所有する砂糖農園のうち、商業的に影響力のある規模を持つ最初のものはシチリア島にあったと思われる。砂糖はここから、十五世紀にまずポルトガルのアルガルベ地方へ移され、ついで、新たに植民地にされた東大西洋の群島（マデイラ諸島、カナリア諸島西部、ギニア湾の群島）に移されて、十五世紀末には各島の経済の基盤となった。(40)

砂糖は、大西洋地域の生産物のなかで、高価な調味料として東洋の香辛料に対抗できる唯一のものであり、大西洋の産地全体が、香辛料に対抗する調味料の一大産地を形成した。東洋の香料諸島に対抗する、西洋の砂糖諸島というわけである。蔗糖は西洋世界の甘味料として蜂蜜に取って代わった。これは、需要が供給を追いかけたケースのひとつだったのかもしれない。十五世紀最後の二五年間に、カナリア諸島に新たな砂糖農園が開発されて大西洋の砂糖生産が「軌道に乗った」が、それでも砂糖菓子は贅沢品だった。たとえば、カスティリャ女王イサベル一世の家計簿では、王室の子どもたちへのクリスマスの贈り物として砂糖菓子が大きな割合を占めていた。だが、十八世紀の紅茶やコーヒー、十九世紀のチョコレートがそうだったように、一般の嗜好は供給の増加にすぐに反応した。一五〇〇年にピエロ・ディ・コジモが想像力豊かに「蜜の発見」を再現して描いたころには、養蜂はある意味ですでに過去のものであり、原始主義者の理想像であって、そのためはるか昔の象徴として使うことができたのである。[41] 数年後、イスパニョーラ島に最初の製糖工場ができて、砂糖産業はゆっくりと南北アメリカへ移りはじめる。一五六〇年には、アンリ二世の侍医がこう記している。

「蜂蜜の代わりに砂糖が使われている。……今日では、胃に入るもので砂糖を使っていないものはほとんどない。パン屋では砂糖を加えているし、ブドウ酒にも砂糖が混ぜらている。砂糖を加えた水は味がよくなり、健康にもよくなる。魚や卵と同様、肉にも砂糖が振りかけられる。いまでは砂糖を使うことのほうが塩を使うことより多くなっている[42]」

そのころにはすでに、バスコ・ダ・ガマが一四九七年に喜望峰をまわり、インド洋の香辛料貿易の新しいルートを開拓していた。バスコ・ダ・ガマのこの航海は、西洋の歴史で伝説的な地位を占めている。もっとも、当時の資料は大半が失われてしまい、残っている資料が伝えるのは、失敗につきまとわれた、魅力のない、骨の折れる航海の話である。喜望峰航路は、中世の探検家の目標になりうるルートとして持ちだされることがあった。だが、実行不可能なものとして片づけられるのがふつうで、試してみようという向こう見ずな者たちは行方がわからなくなった。たとえば、一二九一年にジェノバを出航した有名なビバルディ兄弟や、彼らのあとを追った捜索隊は、二度と帰ってくることはなかった。十五世紀にはプトレマイオスの地理学が、とくにポルトガルでよく知られるようになったが、それによればインド洋は陸に囲まれていると考えられたので、喜望峰をまわることは不可能だと思われていた。一四八七年から八八年にかけてのバルトロメウ・ディアスによる喜望峰への航海が躍進の突破口を開いたのだという、実に誤った考えが、気が滅入るほど浸透している。確かにディアスは喜望峰の先で海岸が北へ向かいはじめているのを確認したが、それは希望をくじくことにしかならなかった。彼が見つけたのは嵐の岬であり、インド洋への入口は激しい海流によって守られたのである。ディアスの航海のあと九年間も誰もあとにつづかなかったという事実に、ほとんどの研究家が頭を悩ませたが、こう考えればそうなったのも当然だと思われるだろう。

とはいえ、一四八八年から九七年のあいだには、新たに三つか四つの建設的な展開が見られたことがわかっている。第一に、それまでの一〇年間で資本金から得られる利益が増加したおかげで、大西洋探検への投資が加速した。利益が増大した理由としては、砂糖産業が成長したこと、アフリカに新しい交易所が開かれ、その結果、金や銀などの高価な商品の貿易が発展したこと、アザラシの皮、クジラの脂肪、セイウチの牙といった商品を扱う、長く沈滞していた北大西洋の貿易が好転したことが挙げられる。その結果、リスボンのイタリア人銀行家たちは新たな海運事業に関心を示したのである。第二に、コロンブスの最初の二回の航海によって、新航路開拓の恩恵にあずかろうとするスペインとポルトガルの競争に拍車がかかった。コロンブスがアジアに到達したと信じる専門家はほとんどいなかったが、彼がいつかそれを実現するかもしれないという可能性は排除できなかった。コロンブスは三回目の航海にあたり、東洋でバスコ・ダ・ガマに出会ったら挨拶として渡すための書状を携えていった。第三に、一四九五年のマヌエル一世の就任で、ポルトガル宮廷の派閥のバランスが変わった。新王はつねに、北アフリカの十字軍にエネルギーをそそぐよりも、ポルトガルの遠隔地貿易を発展させるという考えのほうを支持した。最後に、一四九〇年にポルトガルから派遣されてインド、アラビア、エチオピアへ情報収集に向かった探検隊が、報告書を持って帰ってきた。その報告書に何が書かれていたかはわからないが、それによってインド洋は陸に囲まれていないという事実が立証されたのではないかと思われる。

バスコ・ダ・ガマは、航海の経験はいくらかあったものの、個人としてはほとんど何の名声もない二流貴族だった。一四九七年の探検で指揮官にバスコ・ダ・ガマが選ばれたということは、その探検はあまり見込みがないと思われていたということだ。海に出ると、彼はおよそ考えられるかぎりの失敗をしでかした。計画では、ずっと大西洋の沖合を航行して、はるか南方の偏西風をつかまえる予定だった。だが、バスコ・ダ・ガマは東へ進路を変えるのが早すぎたため、喜望峰をまわってディアスが発見した嵐と海流を避けるところを、誤ってアフリカの西海岸を北上してしまった。それからというもの、海流に逆らってインド洋に出るために、もがき苦しむことになる。現地の水先案内の助けを借りてインドに渡ることに成功したものの、カリカットに着くとすぐ、外交官としては失格の横柄な態度とみすぼらしい贈り物で現地の役人を敵に回した。また、ヒンドゥー教をキリスト教の一形態だと誤解して、あとから来るポルトガル人をひどく惑わせた。帰国の段になると、モンスーンの時期に関する専門家の忠告を無視し、その年で最悪といっていい季節に、風に逆らって、アフリカへ戻る三カ月間の恐ろしい航海に出た。航海が終わったときには、乗組員の半分と船を一隻失っていた。

それでも、インドのコショウ生産者との直接取り引きが可能だと実証することによって、バスコ・ダ・ガマは大西洋の歴史の新時代を開いた。海は、世界のほかの地域と交流するうえでの障害ではなく、主要な交通路になった。ポルトガルが受けた影響と、長い目で見て西欧全般が受けた影響は大きかった。だが、海洋アジアの文明にとっては、ポルトガル人の到来はそれほど重要な問題ではなかった。ポルトガル人は、ほかにも何百人と入り込んでいる商人のなかに加わった、また別の集団にすぎなかったのである。彼らの帝国の冒険はまずまずの成功をおさめたが、沿岸のいくつかの前哨基地と、今日の学者が「影の帝国」と呼ぶものにかぎられていた。影の帝国とは、ポルトガルの支配のおよばないところで、地元の王に雇われたり、現地の国の商業ネットワークにとけこんだりした人びとのことである。ポルトガルは船舶数を増やし、従来のアジア域内貿易をおぎない、また生産者の観点からは競争を増やすことにより、既存の経済に恩恵を与えた。既存の貿易を伝統的な交易路からそらしたり「吸い取ったり」することはなかった。それどころか、交通の発展に刺激を受けて香辛料貿易の総量は増えつづけ、十六世紀には、中央アジアやペルシア湾や紅海を通る伝統的な交易路の取り扱い量はかつてないほど多かった。貿易が停滞したこともあるが、それは中央アジアの政情不安のために隊商が頼みとする平和な状態が途切れたせいであって、ポルトガルによる競争のせいではなかった。好調な年には、ポルトガルはマラバル海岸のコショウ生産高の一〇パーセントを扱った。これは西ヨーロッパの需要を満たすには充分だったが、以前からの中東への貿易はそのままつづけられた。喜望峰航路の開拓が東洋の香辛料貿易の〝流れを変えた〟という神話は、いまでも一般の歴史書や教科書に見られる。だが、学問の世界ではこの神話はすでに崩れている。

ヨーロッパ人が香辛料の貿易を確保するだけでなくその供給を支配することにも成功するまでは、香辛料が世界の貿易と勢力のバランスに大きな影響をおよぼすことはなかっただろう。香辛料生産の革命は少しずつすすんだが、いくつか重大な時期はあった。十七世紀初頭、世界のシナモンの大半を生産するセイロン島でのポルトガルの活動は発展の可能性を感じさせた。島の周囲にたくさんの守備隊を置き、生産割り当て量と独占の条件を課すことにより、実質的な支配といえる程度まで供給量を調節できたのである。だが、これはかなり例外的な活動だった。一般的には、ポルトガルは地元の協力者に頼って需要を満たしてもらっていたし、費用を低く抑えるために既存の市場の制約を受け入れ、その土地の統治者が課す条件をのんでいた。

十七世紀の初頭、オランダがインド洋に進出してきたが、オランダの活動はそれまでのポルトガルの活動を効率化しただけのものに見えた。オランダは、寄港する回数をできるだけ減らして経費を削減した。一六一〇年代には、〝荒れ狂う四〇度〟とオーストラリア海流を利用した、効率的で高速なインド洋横断航路を新たに開拓する。これは大きく弧を描く航路で、往航では一定方向に吹く風に頼り、季節によるゆっくりとした周期性と、風を待って時間をかけて方向転換することにより、モンスーンを回避した。一六一九年以降、バタビア（現在のジャカルタ）におかれたオランダの拠点が新航路の入口となった。

オランダが獲得した競争力で最も重要だったのは価格決定であり、オランダはコストを下げて利益を最大限に増やす戦略をとった。皮肉なことに、この戦略のためにオランダは政治的、軍事的に市場に介入するはめになり、その費用がしだいにかさんでいく。ジャワ島のオランダ領バンタムの運命は、典型的な道筋をたどった。バンタムは、中国とヨーロッパでコショウの需要が増加するとにわかに景気がよくなり、耕地はコショウ栽培に切り換えられて、島は食料を完全に輸入に頼るようになった。オランダ人がやってきたときには、すでに大規模な交易が定着していた。現地の有力商人サンチョ・モルコは、一度に二〇〇トンのコショウを動かすことができたという。島民は中国やインドのグジャラート人と大規模な取り引きをしていた。このため、オランダが扱えたのは、多くても島の生産高の四分の一程度だった。

だがオランダは、市場で競争相手が力を持ち、生産者が自由に市場を調節しているのを黙って見ているわけにはいかなかった。バタビアを築き総督をつとめたヤン・ピーテルスゾーン・クーンは、何度かの紛争ののち、バンタムの貿易を壊滅させることに決めた。この戦争は一六二〇年代のほとんどを通じて、断続的だが情け容赦なくつづいた。この間、島の生産高は三分の二以上も減少した。皮肉なことに、オランダを怒らせたカルテルを組織した張本人である、スルタンの中国人顧問リム・ラッコは、すっかり落ちぶれてバタビアに移るしかなく、そこで台湾との交易によってまた新たに財をなした。バンタムは中国市場向けの砂糖生産に転換した。だが、一六七〇年代になってイギリス向けのコショウ栽培が復活すると、オランダはふたたび大挙して押しよせ、一六八四年、銃で脅して屈辱的な条約をスルタンに押しつけた。

一方、さらに東の地域では、生産を力ずくで奪ういっそう劇的な事例が発生した。その舞台となったマカッサルは、スラウェシ島の小さなイスラム教国だった。十七世紀前半、ほかの地域でオランダの侵略にあって逃げてきた人びとの労働により、マカッサルの経済は活気づいた。マレー人は船の乗組員となり、モルッカ人は香辛料市場で如才なく働いた。主要な市場だったマラッカを追い出されたポルトガル人は、遠隔地貿易を持ちこんだ。マカッサルはポルトガルの「第二の、よりよいマラッカ」となり、一六五八年にこの地を訪れたドミニコ会士によれば、そこは「アジアで最大の商業中心地のひとつ」だったという。王の美術陳列室にはスペインの書物、地球儀、ぼんぼん時計がならべられていた。このイスラム教国の外交政策と商業政策を立案していたのは、ポルトガル人のなんでも屋フランシスコ・ビエイラだった。彼は幸せな根無し草の見本のような人物で、贅沢な装備のヨットでらくらくと東洋の海を航行した。海洋アジアの貿易の中心地はどこもそうだったように、マカッサルの人びとはヨーロッパ市場にはあまり関心がなかった。採算を考えるとヨーロッパ市場は小さすぎ、遠すぎたのである。だが、東洋にいるヨーロッパ商人のあいだでは、どこが勝つかが大問題だった。オランダは十七世紀半ばまでに、ポルトガルを力ずくで排除し、その活動を制限するためにかなりの投資をしていた（ポルトガルに対するほどではなかったが、イギリスに対しても同様の方針がとられた）。このためオランダとしては、地元の国が事実上ポルトガルの代理となり、ポルトガルが不当な利益を得つづけるための保護を与えているのを見過ごすことはできなかった。

王は彼らにこう尋ねた。「神はあなたがたの貿易のためだけに、あなたがたの祖国からこうも離れた場所にある島々をとっておかれたと信じているのですか」。一六五二年から五六年にかけて、オランダがマカッサルに対して起こした最初の戦争で、このイスラム教国には「火薬はまったく残っておらず、軍需品はまったくなくなり、補充してくれる人もいなくなった」。インド洋の歴史でかつてないほど重武装した艦隊が、このイスラム教国にとどめを刺すためにバタビアで編制された。一六五九年、オランダは戦争を再開する。一六六〇年六月一二日——この日付はほとんど忘れ去られているが、世界の歴史の転換点として記憶にとどめるに値する——オランダの上陸部隊が要塞を攻略し、マカッサルは陥落した。マカッサルはオランダの従属国となり、オランダはこれで、香料諸島をかこむ軍事力の輪を完成した。また、流通の最初の段階だけでなく、生産地で供給量を管理できるようになった。市場の変動の読みに従い、オランダは土地を荒廃させ、農園を焼き払い、農作物を根こそぎ引き抜き、競争相手の船を破壊した。クローブやナツメグやメースの栽培は、たちまち以前のレベルの四分の一にまで落ち込んだ。「人口が激減した陸地と何もない海」で、東南アジアの「商業の時代」は終焉を迎え、地元の栽培者は「世界の経済から撤退した」。それまでは、東洋に侵入したヨーロッパ人が世界貿易に加えた新しい航路が、伝統的な交易システムの本質的な性格を変えたり主軸を移したりすることなく、従来のシステムをおぎない、総量を増やしていた。それがいまや、絢爛たる東洋の価値ある一部が報償地として所有され、東洋の一部の経済がオランダ東インド会社の株主の利益のために貧窮するようになったのである。はるか昔からつづいてきた、西洋が払う金で東洋が富むという貿易のバランスが、これで逆転したことになる。[43] この結果は現在でも、運河沿いに商人の邸宅が並ぶアムステルダムのヘーレンヘラフトに見ることができる。ここは、香辛料貿易で富を築いた有力商人が、サイモン・シャーマが「富める者の当惑」とみごとに名づけたものを隠した場所、つまり、地味な門構えの陰で贅沢な暮らしが営まれた場所である。

食品貿易向けの東洋の奢侈品の生産はヨーロッパの支配下に入ったが、地域ごとに専門化している点ではそれまでと変わらなかった。〝香料諸島〟や〝胡椒海岸〟はまだ存在した。セイロンではまだもっぱらシナモンを生産し、アンボンではナツメグ、テルナテ島とティドレ島ではクローブとメース、マラバル海岸ではコショウを生産していた。新世界では未発見の新しい香辛料がとれるだろうというコロンブスの予想は、期待はずれだったことがわかった。ゴンサロ・ピサロはペルーで〝シナモンの土地〟を探して軍隊を失った。チリは東洋の黒コショウやショウガより辛かったが補助的な存在でしかなく、料理のレパートリーを広げはしたが、伝統的な料理に代わるものとはならなかった。西アフリカでは、十五世紀にポルトガルの冒険者たちが〝マラゲッタ・ペッパー〟を発見したが、ヨーロッパ市場での売れ行きはかんばしくなかった。つまり、十七世紀には利益の配分が変わり、交易路が増えたものの、香辛料貿易の一般的な方向はそれまでとほとんど変わらなかったのである。

だがいまや、そのすべてが変わろうとしていた。食べ物の歴史における次の大きな革命は、〝コロンブスの交換〟として知られるようになったプロセスである。世界の歴史におけることの生態学的変化は、近代初期に世界の航路が飛躍的に伸びた結果として起こった。これにより、適応と偶然があいまって、農作物を新しい風土に移植することが可能になり、世界規模での生物相の入れ替えが起こった。これが次章のテーマである。

第七章

挑戦的な革命——食べ物と生態系の交換

ああ！　なんと多様な食べ物の味が
同胞たる人類を引き裂いていることか！

――ヒレア・ベロック『食物について』

バウンティー号の航海

その大きさは頼もしく見える。パンノキの熟した果実は人間の頭か大きなメロンほどの大きさがある。乱雑なトゲがあって、もみくちゃにされたパイナップルのようだ。人目を引き、大きく、適応性があるため、うわべだけ見ると、パンノキは栄養学者の夢、ひょっとすると奇跡の食べ物なのではないかとさえ思われる。十八世紀にヨーロッパで珍重された種類のパンノキは、皮の中に、クリの実に似た大きな種子がひそんでいる。種子はゆでて甘味をつけたり揚げたりするとおいしく、挽いて粉にすることもできる。果肉は簡単に薄切りにでき、人の口に合い、トロピカル・フルーツを思わせる味がする。おそらくどんな熟れ具合でもおいしく食べられるせいだろうが、パンノキの好きな人がそのかたさを表現すると、たがいに食い違う。ある人が感じる歯ざわりは「イースト入りの焼き団子と練り粉でつくったプディングの中間くらい」であり、別の人には「アボカドのようにやわらかくてクリーミー、あるいは熟成したカマンベールのようにとろりとしている」ように感じられる。アルフレッド・

ラッセル・ウォレスは、自然淘汰による進化論の完成に向けてモルッカ諸島で研究をすすめていたとき、パンノキについてこう書いている。「肉や肉汁といっしょに食べると、温帯にせよ熱帯にせよ、わたしが知っているどの野菜にもまさる。砂糖、ミルク、バター、糖蜜などを加えるとおいしいプディングになり、かすかだが特徴的な、上等なパンやジャガイモのような飽きのこない味がする」(1)。かなり薄い皮を別にすれば、捨てるところはない。

パンノキに象徴される豊かさゆえに、十八世紀のヨーロッパの船乗りにとって南太平洋の島々はすばらしい場所だった。海辺での生活で長いあいだ感じていた欠乏を満たしてくれる回復の場所だったのである。性的に奔放なタヒチ島の生活に加え、「唯一の神は愛である」島には新鮮な食べ物がふんだんにあったから、ブライ艦長が南太平洋を「確かにこの世の楽園」だと感じるようにもなったのだろう(2)。これは、現代の経済学者の専門用語でいう「生存の豊かさ」の世界だった。食料生産の分化はほとんどなく、食料品の交易はかぎられていたが、ふだんの豊かさは目を見張るほどだった(3)。ほとんどの島ではヤムイモ、タロイモ、プランテーンを常食とすることが多かったが、パンノキの旬の季節になると、どんなごちそうにもパンノキが使われた。ごちそうの肉——ブタ、カメ、犬、鶏、魚、それにココナツにたかるカミキリムシの幼虫などの、かの有名な幼虫類——をおぎなうデンプン質だったのである。最も広く好まれた調理法は、パンノキをまるごと、熱いおき火か熱した石を入れた穴で焼く方法だった。また、ココナツの汁で煮る魚のシチューに使われることもあった。パンノキがとれる季節はかぎられているし、タロイモと違って収穫せずに長いあいだ放っておくことはできないため、乾燥、発酵、燻製といった調理法ももちいられた。パンノキは、南太平洋の島々が栄養に富んだ土地だという幻想を広めるのに一役買い、十八世紀のヨーロッパ人が心に描くエデンの島になくてはならないものになった。

〝新しい果物、新しいデンプン質の植物〟の〝計り知れない恩恵〟は、ラ・ペルーズを一七八八年の南太平洋での死におびき寄せた褒美のひとつだった。同じものを求めて出航したバウンティー号の航海は、乗組員の反乱で終わることになる。バウンティー号の艦長ブライに与えられた使命は、南太平洋の楽園の一片をもぎとって、それをカリブ海の奴隷の地獄へ運ぶことだった。ジャマイカの農園主で議員もつとめ、奴隷制経済を向上させる方法をつねに探し求めていたブライアン・エドワーズは、パンノキは奴隷に活力を与え、島を産業の中心地に変えられると考えた。その結果、一七八七年にブライがタヒチに派遣されることになったのである。ブライはその超人的なエネルギーをひたむきにこの仕事に注いだが、部下のほとんどが反乱を起こした。艦長と彼に忠実だった生存者は大洋のまっただ中に放りだされ、次々に必需品を失うというひどい状況を、ブライの航海士としての驚くべき能力だけを頼りに乗り越え、救助された。一方、反逆者の一部は自責の念にかられ、海図に載っていない異郷の島でタヒチの女性とともに暮らした。だが、当然のように意見の相違が起きて分裂し、ほとんどは内輪もめで非業の死をとげた。そのほかの者たちは英国海軍の手で探しだされ、処刑された。六年間におよぶ流血と労苦を経て、ブライは使命を果たしたが、事態は皮肉な展開をみせた。パンノキの実験は大失敗だったのである。パンノキは実のところ、とりたてて役に立つ食べ物ではなかった。カルシウムとビタミンC以外にはほとんど栄養素は含まれず、そのカルシウムとビタミンCも加熱調理によって破壊される。また、パンノキは保存がきかず、奴隷たちはパンノキを食べようとしなかった。

だがパンノキは、食物の歴史においては象徴的価値を持っている。ブライの武勇談は、たんに貿易としてだけでなく栽培のための見本として農作物を世界各地に運んだ、近代初期のヨーロッパ人航海士の途方もない苦労を簡潔に表わしている。アルフレッド・クロスビーが〝コロンブスの交換〟と呼んだものは、最も目覚ましい〝革命〟――より正確にいえば、歴史における長期的な構造的変化――のひとつだった。それはまた、人間がかつて自然に与えた最大の変化のひとつでもあった。二億年前に大陸が移動して離れはじめたときから十六世紀にいたるまで、進化は大きく異なるさまざまな道筋をたどった。各大陸の生物相はそれぞれ単独で発達したため、たがいに他とは異なる特徴を持つ傾向が強まった。ヨーロッパの航海者が世界を横断し、それまで切り離されていた地域を海路でつないだとき、このプロセスは逆行しはじめ、世界中で、収束する方向での生物相の移動が起こった。いまでは、メリノ種のヒツジの子孫が南半球で草を食んでいる。イギリスの公園にはワラビーがいる。アメリカの大草原プレーリーには十七世紀までは一粒の小麦もなく、十九世紀までは小麦がそれほど大量に栽培されることもなかったが、この草原地帯はいまでは世界の小麦の一大生産地になっている。コーヒーはエチオピアが原産だが、現在ではジャワ、ジャマイカ、ブラジルから輸出されている。テキサスとカリフォルニアでは、世界で最も人気のある種類のコメが生産されている。カカオとピーナッツは、かつてはどちらも新世界にしか見られないものだったが、いまでは西アフリカの主要生産物のひとつになっている。かつてのインカの主要作物もちろん、いまではアイルランドを支えている。

もちろん、食べ物の移転は歴史を通じておこなわれていた。初期の農業の主要農作物の普及は、前章で見たように、文化のみならず生態系の伝播をも前提とする。偶然による伝播では、人間の活動が関与したこともあっただろう。古代ローマで最も高くその味を評価された植物はシルフィウムだったが、この植物の栽培はうまくいかなかった。シルフィウムは、もともとはキレネの近くのリビアにしか自生していなかったが、おそらく自然の力で種がキレネに運ばれてきて、そこからローマに輸出されていた。地元の人間や、彼らが収穫したこの植物を口にしていたギリシアの食通たちは先端を少しかじるだけだったが、ローマ人は薄切りにしたものを酢につけて保存し、茎や根もまるごと食べた。[4] ローマ人の需要を満たすために作りすぎて土地がやせ、シルフィウムは絶滅の運命をたどった。シルフィウムのリビアからの普及が、古代の食用植物の伝播として記録に残っている唯一の例である。[5] だが、そのほかのものも伝播したと考えてさしつかえないだろう。たとえば、ブドウなどの植物は、ローマ国境の前進とともに気候が許すかぎり遠くへ広まり、ローマ人は遠く離れた植民地に地中海の生態系を再現しようと苦心した。アレキサンダーズ、バーム、バルサム、コリアンダー、ディル、ウイキョウ、ニラ、ニンニク、ヒソップ、マジョラム、ミント、マスタード、タマネギ、ケシ、パセリ、ローズマリー、ヘンルーダ、セージ、セイボリー、タイム。これらはすべて、ローマからイギリスへ持ちこまれたものの「有力な候補」だとされている。[6] だが、そのどれも、いや旧世界と新世界とにかかわらずその後に起こったどんな伝播も、世界の歴史から見た重要性では、コロンブスの航海で――あるいはだいたいその時代に――はじまった交換にかなわない。これはひとつには、時代のくだった生態系の交換は先例のない範囲にわたり、先例のない規模で起こったからである。またひとつには、それを促進するうえで人間の活動が果たした役割のせいでもある。該当する多くの植物の伝播については、その方法と正確な年代に関して議論の余地がある。たとえばサツマイモは、人間が関与することなく、流木に乗って太平洋をわたったのかもしれない。しかし、過去五〇〇年に起きた大規模な海上輸送による生物相の交換が、植物の栽培や動物の家畜化のはじまり以来、環境史における人間の最大の介入であったことに疑いの余地はない。

地球のパレット

食べ物に関しては、この交換の影響がもっとも顕著だったのは栄養の領域だった。世界各地で利用できる種が比較的急速に増加したということは、世界の食料生産高の総合的な栄養価が飛躍的に高まる可能性があることを意味した。都合のいい農作物や家畜を新しい環境に移せるようになると、それまでまったくと言っていいほど利用されていなかった広大な土地を、農業や牧畜に活用できるようになった。農耕や牧畜に使われるようになった土地は、山をのぼり、砂漠に入り込んだ。それまで特定の主要作物にばかり頼っていた人びとが、さまざまな食品を手に入れられるようになった。生態系の交換の影響が見られたところでは例外なく、それまでより多くの人口を養えるようになった。生物相の交換が人口を〝増加〟させたというわけではないが、生物相の交換によってより多くの人口が養えるようになったことで、人口増加が促進されたのである。また、これとは逆の流れもあった。交換された生物相には食物だけでなく、破壊をもたらす傾向のある人間も含まれていたし、病原体も含まれていた。病原体のおかげで、免疫のないおびただしい数の人の命が失われた。たとえば、十六世紀と十七世紀に南北アメリカの多くの地域で先住民の人口が激減した最大かつ唯一の原因は、旧世界の病気の到来だった。一八八〇年代、イタリアの帝国主義者が征服軍の食料にするためにソマリアに牛を持ちこむと、牛といっしょに持ちこまれた牛疫によって東アフリカの反芻動物が何百万頭も死んだ。牛疫はザンベジ川を越えて広まり、南アフリカの放牧動物の九〇パーセントと、それを食べて暮らしていた人びとの命を奪った。[7]とはいっても、当初はほとんどの地域で——最終的にはほぼすべての地域で——食料の増加は近代史上の飛躍的な人口増加を促進した。

また、明らかに政治的な影響もあった。伝播の経路を支配した人びとは、食料生産や労働力が集中する場所をそれぞれに適した地域へ移すことで、ある程度までその影響を操作できた。現代の海洋事業は、ユーラシア大陸の大西洋沿岸地域に位置する、経済が未発達で貧しい辺境の地域社会がみずからの地位向上をめざして必死に努力したことからはじまった。しかし、遠隔地間の生態系交換による利益を彼らが特権的に享受することで将来の展望が開かれ、それによってスペイン、ポルトガル、イギリス、オランダが世界屈指の帝国主義国家へと変わっていく。彼らは砂糖の生産をアメリカの植民地に移したり、みずからの支配下で新しい香辛料をつくったりした。目もくらむほど多様な環境から動植物を集めるその力は、はじまったばかりのヨーロッパの「科学革命」を促進した。王侯貴族の珍品陳列室はどこも、調査と実験のための標本の倉庫になった。これほどの世界規模の知識は、かつて手に入ったことがなかった。「人間が環境におよぼす影響を決定できるようになる第一歩だった」。あとで見るように、中国も新世界の「植物と動物相の発生と分布」(8)に関する特権的な知識は、農作物の伝来から多大な利益を受けたが、世界規模での生態系の交換が大きく寄与したのは、世界の知識と権力のバランスの長期的な変化であり、それはますます西洋のほうに傾いた。

政治革命と人口革命は確かに最も重要な結果だが、生態系の交換の影響を示す最も鮮やかな証拠が残っているのは、人びとが実際に食べたものの味と色である。イタリア料理といえばトマトの色という印象が強いので、トマトが入ってくる前のイタリア料理を想像するのはむずかしい。イタリア国旗のイタリアン・トリコロールは、トマト、モッツァレラ、アボカドの色である。モッツァレラ・チーズはイタリア原産の水牛からつくられるが、アボカドとトマトはアメリカから持ってきたものである。アボカドという名前は、中米・メキシコの先住民ナワ族の言葉で睾丸を意味するアフアカトルからきている。(9) イタリア料理のメニューに欠かせないニョッキとポレンタは、それぞれジャガイモとトウモロコシでつくられる。このほかにも、ヨーロッパ、アフリカ、アジアの国々の〝国民的〟料理に深く定着している材料の中には、コロンブスの交換まではその国で知られていなかったものが数多くある。ジャガイモがなかったら、アイルランドや北欧の平原地帯の食物史やメニューがどうなっていたかは想像もつかない。トウガラシは、コロンブス以前は南北アメリカ以外で知られていなかった火のように辛い香辛料だが、トウガラシを使わないインド料理、タイ料理、四川料理などいまさら想像できるだろうか。チョコレートがなかったら、ヨーロッパの菓子屋のショー・ウィンドウはどんなふうになっていただろう。サテーにピーナッツを使わないマレー料理を想像できるだろうか。フランスのクレーム・アングレーズは、アメリカ原産の香料であるバニラなしにはできない。リベリアのフーフは、もともとその土地でとれるアワではなく、キャッサバでつくられる。キャッサバは、リベリアを建国した解放奴隷がアメリカから持ってきたものだ。イギリスのメニューに〝ハワイアン〟という言葉があれば、その料理にはなんらかのかたちでパイナップルが使われているという警告だが、ハワイでのパイナップルの歴史は比較的浅い。パイナップルは、コロンブスが最初の大西洋横断航海のときにカリブ海で見つけて、世界で最も美味なる果物として報告したもののひとつだった。一六〇三年にカナダでシャンプランが発見したキクイモは、現在ではフランスで高く評価されているが、北米ではないがしろにされている。いまでは、イギリスの労働者階級はクリスマスにはかならず七面鳥を食べる。七面鳥は英語ではターキー（トルコ）などと誤解を招く名前がつけられているが、かつてはもっぱら新世界の珍味だった。実際、スペインがメキシコを征服したときには、テペヤカクの市場では五日ごとに八〇〇〇羽の七面鳥が売られ、テスココの宮廷では毎日一〇〇羽食べられ、モンテスマの動物園では毎日五〇〇羽が餌となっていた。[10]「ジャガイモ、トマト、トウガラシを使わないベンガル料理など考えられない」[11]とされたものだ。実際、ベンガルの人口一人あたりのジャガイモの消費量を超えるのはアイルランドだけである。ベンガル料理の味の決め手となるトウガラシの出所と、それをアメリカからインドに運んできた人の身元は、辛いカレーの名前として広く知られたビンダルーという名前に隠されている。これはもともと、ポルトガル語の〝ビーニョ・イ・アリョ〟（文字どおりには〝ワインとニンニク〟という意味で、そこから、そのソースで調理した肉を指す）からの借用語だった。世界の歴史のさらなる気まぐれにより、この料理はイギリスで一種の国民的料理となり、一九九八年のサッカー・ワールドカップでは愛国的サポーターの応援歌のタイトルにもなった。

これとは逆の影響――生態系の交換によって新世界と南半球に起こった新しい食習慣――はさらに大きかった。これはひとつには、植民地化の文化的影響は旧世界よりも新世界で（これまでのところ）大きかったからである。だが、五〇〇〇年前の南北アメリカや南半球では、ユーラシアやアフリカの大半にくらべて利用できる食用種が少なく、とくに動物は少なかったからでもある。想像してみてほしい。ステーキのないアルゼンチン料理やアメリカ料理を。糖蜜やヤムイモや豚肉やコラード・グリーンを使わないアメリカ深南部の料理を。コメを使わないカリブ料理やカロライナ料理を。小麦抜きのプレーリーの経済を。ヒツジ抜きのニュージーランドやオーストラリアの経済を。バナナ抜きのジャマイカの経済を。南アフリカにブリジがなく、オーストラリアにバーベキューがなかったら、どうなっていただろう。アロス・クバーノをつくるには、炊いた飯を広げ、その上にオリーブ油で炒めた卵とバナナをのせて、トマト・ソースを添える。卵とトマトは、スペイン人がやってくる前から新世界で手に入った。だが、コメとオリーブとバナナは旧世界から持ちこんだものである。トロントの〝ファースト・ネーション〟料理が専門のレストランで食べた野生のサケのチャウダー、カリブーのソーセージ、バイソンのステーキは忘れられない。だが、スープには牛乳のクリームが入っていたし、ソーセージには黒コショウが使われていて、ステーキはニンニクで仕上げられていた。それはほぼ確実に、コロンブス以後に南北アメリカに持ちこまれたものである（食べたことのない読者もいるかもしれないから言っておくと、アメリカバイソンの肉は非常においしい。シカ肉を思わせる強い味で、放牧牛の肉と同じくらいのかたさである。筆者は気にしないが、脂肪分とコレステロールは鶏肉より少ない）。

文書で充分に裏づけられた意図的な生物相の移動をとりあげて話に山場をつくったり、海を越えて贈り物を運んだ文化英雄の伝説に焦点を当てたりする考えには心をそそられる。コロンブスには数多くの〝最初の〟功績があると信じられているが、それはもっともなことである。最初に海を渡って以来、彼は数々の報告や、パイナップルやキャッサバなどの標本を持ち帰った。二度目の大西洋横断航海では、イスパニョーラ島に砂糖をもたらした——もっとも、野に育つにまかせただけだったのだが。ブタ、ヒツジ、牛、小麦が初めて新世界に伝来したのも同じときだった。コルテスの仲間の黒人フアン・ガリードは、メキシコに初めて小麦を植えた。フランシスコ修道会の宣教師フニペロ・セラは、カリフォルニアに最初の果樹園やブドウ園をつくった。イギリスにジャガイモをもたらしたというローリーの話は嘘だが、伝説となって語り継がれている。フェルディナン・ド・レセップスが構想を立てたスエズ運河により、紅海の魚が栄養分の少ない地中海に移り住むことが可能になった（もっとも、この二つの海では塩分濃度に差があるため、アスワン・ダムによってナイル川の水が海に流れ込まなくなるまでは、この移住は不可能だった。現在では、東地中海にいる魚の一〇パーセントが紅海原産である）。[12]

しかし真の英雄は、間違いなく植物や動物自身である。動植物は過酷な旅を生き延びて、飛躍的な順化をなしとげた。種子の場合には、ときには人間の助けをほとんど借りず、偶然によって、気づかないうちに服の袖口やプリーツにもぐりこんで人間といっしょに旅をしたり、荷物をくくる縄や麻袋にくっついて運ばれたりした。その量と世界の栄養への貢献という観点から見ると、いくつかの例が目を引き、注意を必要とする。ユーラシアから西半球と南半球の新世界へは、小麦、砂糖、コメ、バナナ、それに主要な食用家畜と乳用家畜がもたらされた。そのほかにブドウも含めるべきかもしれない。いくつかの品種からつくられた新世界のワインは世界市場で重要な地位を占めるようになったからだ。だが、コロンブス以前の南北アメリカにも同類のブドウはあり、先住民はつくろうと思えばブドウ酒をつくることができた（ひょっとすると実際につくったかもしれない。考古学者ジェームズ・ワイズマンは最近、証拠を探しはじめることを同僚に勧めている）。同様に、新世界から旧世界への最も重要な贈り物は、トウモロコシ、ジャガイモ、サツマイモ、カカオだった。これらのものを検討するにあたっては、まず小麦からはじめなければならない。小麦がもたらした変革は深く、また小麦は世界中の広い範囲に広まったからである。

草原の革命

世界の大草原は、氷河時代に氷河が到達しなかった地域、土地が乾燥しすぎ、やせすぎていて木が生えない場所、赤道付近の森林地帯と砂漠のあいだの亜熱帯の地域に広がっている。草原を代表する三つの広大な地域は、すべて北半球にある。ユーラシアのステップは、中国東北部から黒海の西岸にかけて、中央アジアの山脈と砂漠の北側に、弓なりに曲がって広がっている。北米の大平原は、ロッキー山脈からミシシッピ川流域と五大湖にかけて広がり、北と東へゆるやかに傾斜している。北アフリカのサバンナとサヘルは、大陸を横切るように、サハラ砂漠と降雨帯のあいだに細長く伸びている。

歴史のほとんどを通じて、ユーラシアとアメリカの草原の環境には共通点が多かった。どちらもアフリカの草原とくらべると、むらなく、しっかりと草が生え、ところどころに森林が入り込んでいるだけだった。唯一の例外は、中央アジアに細長く広がる森林ステップである。ユーラシアとアメリカの草原には、頼みにできる氾濫原は事実上存在せず、生えている草の種類もかなりかぎられ、ハネガヤの類がほとんどだった。これとは対照的にアフリカでは、サヘルの純然たる草原が南のサバンナと混じり合っていて、はるかに高い多様性がみられる——ところどころを覆う木々、湿潤な気候、豊かな農地土壌、大型猟獣の巨大な貯蔵庫。この草原のなかでステップに最も似た地域でさえ、自生する草はユーラシアやアメリカのものにくらべると変化に富み、多肉多汁である。また、ニジェール川とセネガル川の氾濫原によってできる畑はアワにかなり適していた。そのため、この地域の環境は歴史的にアフリカ人に有利だった。一般的な尺度——農業や定住社会の産業、都市生活、大建築、文字文化の程度——によれば、アフリカの草原の文明はほかの大陸の文明にくらべて、はっきりわかるかたちで自然に手を加えたといえる。(13)

しかしどの大草原でも、人間が食べられる植物は、自然のままではそれほどとれなかった。そこに生えている草を食べる動物を狩ることで、人間が間接的に利用する環境だったのである。これは、それを実践する人びとにとっては満足のいく暮らし方につながるとはいえ、エネルギーの無駄づかいであることははっきりしている。効率を最大にするための最善の戦略は、反芻動物が草を肉に変えるのを待っていないで、人間が食べるために植物を栽培することである。最近になるまで北米の大平原グレート・プレーンズに農業が取り入れられなかったのには、三つの理由がある。一つ目は、狩猟の獲物——旧石器時代には巨大な四足獣、それが絶滅するとバイソンの大群——が充分にいたこと。二つ目は、最後の氷河時代の影響を受けていないため、土壌がかたく、産業化以前の道具では歯が立たなかったこと。三つ目は、人間が食べられる植物で、あり余るほど育つものが手に入らなかったことである。ジェームズ・フェニモア・クーパーが『大草原』を書いた一八二七年になっても、そこは将来性のない場所、「密集した人口を支えられない広大な土地」[14]だと思われていた。この地域には、サヘルの文明を育てた生態系の多様性はなかったが、ユーラシアのステップのように、両側にある文明をつなぐ幹線道路の役割を果たすことができたし、実際に果たしてもいた。しかし、富と壮大さが絶頂を迎えたときでさえ、北アメリカ南西部のリオグランデ川とコロラド川のあいだの都市や、東部のミシシッピ川流域に土墳を築いた部族の都市はあまり冒険心が強くなく、文化や技術をさかんに交換して成果をあげることはなかった。旧世界の社会では文化や技術が盛んに交換され、その結果、各地域を結ぶステップが非常に重要なものとなったのとは対照的である。

クーパーがそれを書いたちょうどそのころ、プレーリーには白人の不法占拠者が徐々に侵入しはじめていた。これにより大草原はやがて、豊かな農場と都市の土地という新しい姿を見せるようになる。今日では、グレート・プレーンズは〝世界の穀倉地帯〟となり、人類史上最も生産性の高い農業がおこなわれている。また、最近では牧場もできはじめ、この地域の西と南の高原ではいまでも驚異的な成功をおさめている。現在ではこれほど完全に人間の必要を満たしている土地が、長く自然の領域だったとは信じられないような気がする。農業はごくわずかな小さな土地で営まれるだけで、まばらに住む住民が大きなアメリカバイソンを追っていたのだ。同様の革命が、パンパと呼ばれる南アメリカの草原にも起こった。ここはプレーリーよりさらに自然に恵まれず、肉付きのよい大きなバイソンの代わりに小さくてやせたグワナコ（野生のラマの一種）が自生する草を食べていた。だが、パンパはいまでは、世界で最も生産的な牛肉産業を支えている。

この魔法を使うことができたのは、旧世界からの侵入者だけだった。第一段階は、ヨーロッパの草の移植だった。これによりパンパとプレーリーでは、バイソンやグワナコだけでなくヒツジや牛や馬も生きられるようになった。スベリヒユと「イギリス人の足」と呼ばれる草が、アルフレッド・クロスビーが「タンポポの帝国」と呼んだものをつくったのである。この革命を成功させたのは草だった。草は「侵入者が地面につけた生傷を治し」、土壌を固めて乾燥から守り、「あいていた生態的地位」をふたたび埋め、輸入された家畜の餌となった。[15] 次に、意図的な移植がおこなわれた。まず馬と牛――更新世以来、新世界では知られていなかった種類の家畜化できる四足動物――が連れてこられ、次に、人間と小麦がやってきた。メキシコでは、フアン・ガリードが奮闘した結果、中央部の低い平原が小麦に非常に適していることがわかった。住民のほとんどは依然としてトウモロコシを主食にしたが、小麦は洗練された都会の象徴になり、征服されて数年もたたないうちに、メキシコの市議会は「白くて清潔な、味のよいパン」の供給を要求した。[16] これらの盆地は中央アメリカとカリブ海各地のスペイン駐屯軍に食料を供給した。

南北アメリカのほかの地域に小麦を持ちこむ試みは、少なくとも初めのうちは、すべてがうまくいったわけではなかった。一五六五年にフロリダのスペイン人入植者が小麦の種を持ちこみ、それといっしょに挿し木用のブドウの切り枝、子牛二〇〇頭、ブタ四〇〇頭、ヒツジ四〇〇頭、そのほか数はわからないがヤギとニワトリも持ちこんだ。だが、一五七三年に食料が不足したとき彼らを救ったのは「草、魚、その他のくずや害獣」だった。コーンブレッドと魚と現地の食事をまねた食べ物が彼らの頼みの綱だったのだ。[17]同様に、バージニアに最初に入植したイギリス人は食料になるものを自分たちで栽培できず、先住民がときどき分けてくれる当てにならない食料に頼って「飢餓の時代」を乗り切った。本国にいる出資者や帝国主義者は、こうした食料不足は入植者に道徳が欠如しているせいだとして非難した。だが、旧世界の農学と新世界の環境を相互に適応させるという問題は手ごわく、帝国どうしが対抗する時代に守るもののない海岸地域に入植した開拓民にとってはとくに難題だった。気力をなくさせるような風土の中、沼沢地の背後に防衛のためにおかれた植民地は、何世代も投資をつづけ、長期にわたって痛ましいほど多くの死者を出したのちに、やっと生きていける場所になった。ヨーロッパによる新世界各地の植民地化のあらゆる段階で注目に値するのは、失敗する確率が高かったことではなく、不屈の努力が最終的な成功につながったという事実である。

メキシコでは、小麦生産地を輸出と少数の中心都市の食料源に利用し、耕地化されていない土地では過渡的な牧場がほそぼそと営まれていた、このメキシコのモデルは、土を掘りかえすための強力な鋼鉄の鋤ができ、変わりやすい気候や氷河の浸食を受けていない土壌でもよく育つ小麦の品種が科学的農学によって開発されると、すぐに北米の平原に取り入れられた。この企てには産業基盤による支えが必要だった。鉄道によって、それまでは遠すぎて不経済だった土地に穀物が運ばれた。また、工場で精密に加工された木材と安価な釘でできた「風船のように」[18]軽い木造家屋が入植者の住居となり、建設資材がほとんどないような地域にも都市ができた。建設工事にたずさわる土工や都市の住民は、牧場の牛肉の需要を生んだ。

一五九八年にニューメキシコの植民地化をはじめたスペイン軍は数千頭の牛をつれてきて、その牛を追いながら山地や砂漠を越えてすすんだ。途中には、「死の行進」として知られる一〇〇キロほどもつづく水のない過酷な地域もあった。スペインの牛飼いにとってパンパとプレーリーは、中世にはじまった大事業の最後のフロンティアだった。イスラム教徒の住民が逃げたり追放されたりしたあと、エストレマドゥーラとアンダルシア各地の何もない征服地を利用する方法として牧場経営が採用されたのが、その事業のはじまりだった。

ついに、連発銃を持った人びとが、アメリカバイソンの群れとそれを狩る人間という、それまでの生態系のきわめて重要な結びつきを破壊した。神話では、この大平原は〝明白な運命(マニフェスト・デスティニー)〟の実現の舞台として描かれ、そこではアメリカ先住民が白人の〝悪の帝国〟によって犠牲になったとされる。だが、この大平原は帝国どうしが争った地域だといったほうがいい。白人の帝国が先住民スー族の帝国と争ったのだ。スー族は、組織力と戦いを好む気風によって、大草原の他の民族を征服することにほぼ成功した。これと似たようなことがパンパでも起こった。十八世紀末に、有能な戦争指導者カンガポル・エル・ブラボが、グワナコの狩猟に頼る人びととの文化圏をひとつにまとめて支配下に置くことにほぼ成功したのである。

それ以前からの生態系の侵入や、戦争とそれにともなう生態系の侵入がもたらした結果は、世界の歴史のなかで人間の力が自然環境に与えた最も完全で驚くべき変化だったことは確かである。プレーリーの広大さと扱いにくさ、その不利な土壌と気むずかしい気候。小麦はもともと野生の草であり、人間のあごではほとんど咀嚼できず、人間の胃の中でかろうじて消化できるような代物だったという事実。砂漠といってもいいようなこの地域で、どれほどの長きにわたって、その地に点々と住むわずかな人口しか生きられなかったか。これらすべてを考えあわせると、アメリカ中西部を今日の姿にした偉業はほとんど信じられないように思われる。筋骨たくましい農夫が波打つ小麦畑を大またで歩く勇ましい姿がウィスコンシン大学の絵画には描かれている。マジソンにある大学のコレクションを見に訪れた何も知らない訪問者の目には、これは滑稽に映るかもしれない。だがそれは、実にこの地にふさわしい絵なのだ。

いまでもアメリカバイソンがうろついている野生生物保護公園を別にすれば、プレーリーに最後に残ったわずかな土地に鍬が入れられたのは一九三〇年代のことで、その場所はカナダのアルバータ州を流れるピース川の流域だった。一方、プレーリーでの試みの成功は本質的に、旧世界から新世界への作物と技術の移転の成功だったが、それに刺激を受けてまねする者が旧世界に現われた。プレーリーの変容がはじまってまもない一八四〇年代に、フランス政府からアルジェリア問題の顧問に任命されたアレクシ・ド・トクヴィルの心には、すでにアメリカのモデルがあった。アメリカは民主主義国であると同時に帝国であり、あからさまな侵略によって隣国を犠牲にして拡大しようとしていることを、トクヴィルは非常によく理解していた。アメリカの土地はすべて収用と流血によって勝ち取ったものである。トクヴィルはこう考えた。アルジェリアには狭いが豊かな沿岸地帯があり、内陸には広大な平原が広がり、大きな未開発地があり、利用されていない資源がある。アルジェリアを征服すれば、フランスは旧世界のアメリカともいうべきものを手に入れることになるだろう。このフロンティアでは、入植者はアメリカと同じような規模で資本投入や功績を競うことになり、一方、先住民族は砂漠のなかの絶望的な保留地に閉じ込められるだろう。

そこは、「手に銃をもって耕作する必要がなければ、約束の地」であり、「産業によって耕される自然の象徴」になるのではないかと期待された。トクヴィルが初めてフィリップビルの町を見たとき、そこは「アメリカのようだった」という。にわか景気で醜くゆがんだアメリカ西部風の町がそこにはあった。アルジェは「アフリカのシンシナティ」になるだろうと思われた。アフリカであれアメリカであれ「先住民族」を文明化することは不可能だとトクヴィルは盲目的に確信していた。先住民族の中には都市を建設し、定住農業を実践し、書物をもち、チェロキー族のように新聞まで発行しているものもあることを彼は知っていたが、だからといって意見を変えることはなかった。先住民族が望みうる最善のものは征服者との「混交」であって、独力で生き延びることではない。トクヴィルは、アメリカ人が先住民を迫害したときにみせた残忍さや貪欲さを非難したが、アラブ人にたいしてはこれと同様の冷酷な方針を勧めた。また、戦術上の理由から「明らかに邪悪な行為」には反対したが、「不幸にも避けられないこと」として「収穫物を焼き払い、サイロを空にし、武器をもたない男女や子どもを捕らえる」ことを認めた。植民地戦略のほんとうの目的は、「それまでの住民を追い出して征服民族が入植すること」だった。[19]

アルジェリアの将来についてのトクヴィルの計画は、失敗する運命にあった。当時「大アメリカ砂漠」と呼ばれた地域の環境は、不屈のサハラ砂漠とは似ても似つかなかった。アメリカ先住民と違い、アルジェリアの諸部族はつねに退路を確保していて、征服することは不可能だった。また、フランスの人口は比較的安定していたため、アルジェリアはフランスの県だといえるだけの数の移民を送りこむことはできなかった。一方アメリカは、多産な社会の余剰人口で、征服した土地を埋めつくすことができた。だが、歴史がほんの少し違っていたら、アメリカもアルジェリアのようになっていたかもしれない。もしスー族の帝国計画が成功していたら、あるいは大草原が植民地化にあと少し適していなかったら、アメリカもまた海岸地帯で立ち往生し、内陸の先住民の攻撃を防ぐために広い国境線に軍隊を置くはめになっていたかもしれない。

バナナのたどった道

小麦のあと、旧世界からアメリカにやってきた二番目に重要な作物は、ふつうはコメだといわれる。前章ではイネが自生していたと書いたので矛盾するように思われるかもしれないが、自生種はマコモ属であってイネ属ではない。植民地時代には、小麦が不足した地域でコメがきわめて重要な役割を果たした。コメは、パナマには十六世紀後半に、サウスカロライナには十七世紀後半にもたらされ、これにより両地域は、それぞれスペインとイギリスの帝国の中で発展が可能な地域になった。カリブ海地方の大半では、伝統的な料理にコメが使われるようになった。とくに、イギリスによってインドの労働者がつれてこられた地域や、かつてイネが自生していた西アフリカ各地から来た奴隷が多く住む地域ではこの傾向が強い。西アフリカのイネは新世界で支配的になったアジアの品種とはかなり違うものだったが、一方の味になじんだ人間はもう一方にも簡単になじんだ。カリブのコメ料理の特徴といえば、コメと豆の組み合わせである。これはたがいのタンパク質をおぎなうとともに〝メスティーソ（混血者）〟の原理を具現化したものである。つまり、現地の食材と植民地化で入ってきた食材が混ぜ合わされているのだ。十九世紀の終わりから二十世紀にかけて、中国と日本からの移民がアメリカにやってきてコメの新しい市場を形成し、新しい調理法をもたらした。日本式の粘りのあるおいしいコメ料理は、いまではメキシコのストリートフードとして人気になっている。今日では、アメリカは世界の主要なコメ生産国のひとつだが、そのほとんどは輸出されている。

こうした事情からすると、小麦の次に主要な作物としては新世界のコメが有利だと思われるが、それでも、わたしとしてはバナナに軍配をあげたい。この件に関しては、個人的な偏見のために判断が鈍っているのかもしれない。若いころ、わたしはオックスフォード大学のセントジョンズ・カレッジで二年間研究をしていた。日曜日のディナーには、みな黒い蝶ネクタイをしめ、しばしば女性を招いて、夕べの祈りで説教をした巡回説教師を持てなした。特別研究員社交室でデザートを食べながら歓談するのだが、会話がはずむことはめったになく、つい、散々語りつくした話題に戻りがちだった——最低限、その説教師とは話したことのない話題を選びはしたが。バナナはいつもデザートに入っていたので——イギリス、とくにオックスフォードとケンブリッジでは、食事が終わったあとコーヒーの前に、甘口のワインかボルドーの赤（クラレット）といっしょに、果物や甘い菓子のほかにバナナが出てくる——バナナの歴史やバナナについての神話は話題にするには最適で、しょっちゅう使われたものだ。バナナはイスラムの伝統が言うように楽園の果物だったのだろうか。いつ、どこで最初に栽培されたのだろう。どうやって広まったのだろう。各品種の相対的な歴史や長所は何だろう。この話題が出ることは充分予測でき、調べるのも簡単だったことを考えると、あんなに長いあいだ話をしながらほとんど進歩がなかったのは奇妙なことだ。それでも、バナナについてのわたしの知識は、あれからかなり増えた。

われわれが今日食べている品種の祖先である可能性が最も大きいものは、現在東南アジアに自生している。バナナは古代からヨーロッパに知られていたが、異国のものという印象が強い果物だった。ギリシアとローマの植物学では、バナナの起源をインドまでたどった。ギリシアの哲学者テオフラストスは、賢人たちはバナナの木の陰に集まってその果実を食べるのだと思っていた。いわゆる中世盛期には、ほぼすべての熱帯気候と亜熱帯気候に適応できる品種が生まれ、中国南部とアフリカ全土の各地に自生した。ムーア人支配下のスペインでは園芸植物にさえなったが、キリスト教徒に征服されてからは栽培されなくなった。これを除けば、バナナを栽培した最初のヨーロッパ人は、カナリア諸島の入植者だった。ここでは、十六世紀の初めにはバナナが定着していた。新世界に伝来する新しい栽培品種を熱心に観察していたゴンサロ・フェルナンデス・デ・オビエドは、カナリア諸島から最初にバナナが持ちこまれたのは一五一六年だと記録している。この品種が何だったかを知る手がかりは、トマス・ニコルズが残した英語による最初の記述に含まれている。砂糖商人だったニコルズは、カナリア諸島の宗教裁判所に召喚され、その経験談を一五八三年に出版した。その記述では、「見た目はキュウリのようで、黒くなってから食べると非常においしく、どんな菓子よりも甘い」とされた。ニコルズが異常なほどの甘い物好きだったのでないかぎり、この記述からは、それが酸味のあるバナナだったことがうかがえる。これは学名 *Musa x paradisiaca* "Dwarf Cavendish" という、東アフリカでかつて主食とされた品種で、東アフリカには古代にインド洋貿易でもたらされたと考えられている。[20] この品種は、現代の西洋で一般的な、「皮をむいて」食べるような甘くてかたい品種ではなく、「プランテーン」に似ている。プランテーンはバナナの一種で、料理にだけ使われ、西インド諸島や東アフリカ、西アフリカ、中央アフリカでは、ヤムイモやキャッサバと同じように調理して、辛口の料理として出すのがふつうである。今日では、バナナが異国のものだというイメージはなくなった。バナナは世界で最もありふれた食べ物であり、生産高では果物のなかで二位である――一位はブドウだが、そのほとんどはワインにされる。八百屋の口から「ああ、バナナはおいてないよ」という言葉が出る日など、想像もつかない。これは、南北アメリカのバナナ農園の功績である。世界のバナナの大半がアフリカで生産され、消費されているが、世界で取り引きされるバナナの四分の三は、カリブ海とその周辺から輸出されている。

トウモロコシの伝播

コロンブスの交換では、新世界は受けとるだけでなく与えもした。トウモロコシとジャガイモはインド諸島の真の宝だった。金や銀と違って、伝播、移植が可能だったからである。しかし、コロンブスの交換以前は、ジャガイモはまだアンデス地方だけの作物であり、ほかの地方では受け入れられていなかった。一方トウモロコシは、すでに原産地のメソアメリカから西半球の大半の地域に広まり、簡単に栽培できるところでは主要作物となり、それ以外の場所では神聖な作物とされていた。トウモロコシが伝播する以前の北アメリカでは、自生する植物で初期の農業が試みられ、そうした植物の利用法はその地域ではうまくいっていた。[21]たとえば、エルサレム・アーティチョークという紛らわしい名前で呼ばれるキクイモが最初に栽培——少なくとも〝管理〟——されたのは、紀元前三千年紀、場所は原産地である北米の森林地帯だった。ヒマワリやテマリカンボクなどからは脂肪分の多い種子がとれたし、アカザ、タデ、メイグラスはすりつぶして粉にすることができた。[22]同じ地域が原産のカボチャはきわめて農業に適していた。

主要な栄養分を大量に供給できるデンプン質の作物がなければ、こうした作物も狩猟や採集をおぎなうものでしかなかった。そのため、こうした熱帯原産の〝奇跡の作物〟がもたらされても、何世紀ものあいだ事実上無視されたままだった。トウモロコシは三世紀に南西部からこの地域に広まったが、この地の農業を変えはじめたのは、九世紀末ごろになって生長期間の短い品種が新たにこの地方で開発されてからのことだった。だが、いったん定着すると、それにともなって、南北アメリカのほかの地域と同様の暴虐な行為が見られるようになる。集団労働とそれを組織するエリート層の誕生である。畝をつくったり盛り土をしたり、森林を切り開くなど、その土地の特質にあわせてさまざまな方法で農地をこしらえる必要があった。食料に余剰がでると権力組織が必要になる。貯蔵所を管理し、備蓄食料を見張り、分配を統制しなければならなかったのである。大量の労働者が動員されて、盛り土づくりや防備工事、誇示のための宗教、支配者の芝居がかった政治のために働いた。支配者は儀式用の高い演壇を要求した。儀式がおこなわれる施設に近い菜園は、儀式に使う食べ物を栽培するためのものか、個人財産だったと推測される。その周囲の大規模な共同の畑でとれる穀物やデンプン質の種子は、おそらく共有の備蓄食料にまわされたものと思われる。

トウモロコシの栽培と同時にこうした発展が見られたわけだが、トウモロコシの栽培だけが発展の原因だったわけではない。（われわれの知るかぎり）自生植物の種子やカボチャを主な食事とする習慣を変えず、散在する小集落や個人の農場で暮らしていた農耕民も、トウモロコシを栽培した人びとと同様の発展を見せた。彼らもまた、土木工事で正確な区画をつくり、贅沢な陶器類、銅や雲母を使った手工芸品、重要人物の墓のようなものをつくった。トウモロコシの奇跡は、栄養面だけを見ても、純粋な天の恵みだったとは考えられない。トウモロコシが地元の栽培植物に取って代わっても、人が長生きしたり、健康になったりはしなかった。それどころか、ミシシッピ川の氾濫源とその周辺から発掘された、トウモロコシを食べていた人の骨や歯には、病気や命にかかわる伝染病の痕跡が彼らの祖先よりも多く見つかっている。[23] 旧世界からの侵入者もトウモロコシの採用には気乗り薄で、この場合、いっそう悪い結果を招いた。トウモロコシを常食とした奴隷たちが、怠慢な調理による栄養不良に苦しんだのである。イロコイ族はトウモロコシを主食とするようになったが、彼らにとってトウモロコシが外来の食べ物であることに変わりはなかった――彼らは小麦とトウモロコシを同じ名前で呼んでいた。[24]

このように見てくると、原産地の外に広まったトウモロコシが商業的には不調だったのも驚くにあたらない。新世界の作物を特権的に入手できたヨーロッパでは、トウモロコシは大半の土地の気候に合わず、そのほかの土地ではたいていの人の口にあわなかった。トウモロコシが広まったところではきまって、スパニッシュ・コーン、ギニア・コーン、トルコの小麦など、外来のものであることを示す名前でトウモロコシを呼んだ。それがどこから来たかを正確に知っている人はめったにいなかったが、トウモロコシの産地は汚いところだと思われていて、「人間よりもブタに」ふさわしい食べ物だとされた。今日でも、ヨーロッパで生産されるトウモロコシの大半は牛の餌になる。アメリカで生産されるもののほとんどはコーンシロップの原料にされ、残りの大半は飼料用である。人間が直接食べるために生産されるトウモロコシは比較的少ないのだ。トウモロコシの長所がしだいに知られるようになると、抵抗は減った。トウモロコシの実りは豊かで、収穫は簡単で、日光さえ充分にあたれば小麦よりも高い場所で栽培できる。広く大規模に受け入れられるようになる〝離陸〟の時期は、十八世紀だった。中国の南部と南西部では、急速に人口が増加した時期に、丘陵地帯の農民がトウモロコシを取り入れ、新たに山地を耕した。中東では、トウモロコシがエジプトの農民の主食となり、ほかの穀物は税金を払うためだけに栽培されるようになったが、それ以外の地域では、依然としてあまり重要な作物ではなかった。十八世紀以降のバルカン諸国の政治は、トウモロコシがなければかなり違ったものになっていただろう。十八世紀にはトウモロコシのおかげで、トルコの支配のおよばない高度に新たに移住して、地域社会を育てることができた。トウモロコシは、収税吏の手のとどかない場所で事実上の自治権をもつ共同体に栄養を与え、ギリシア、セルビア、ルーマニアの将来の政治的独立を山地の揺りかごで育てたのである。[25]こうして、ヨーロッパのこの一角で、アメリカの作物はまさしく自由を育てたのだった。十八世紀末に、リミニの近くに住んでいたイタリアのある農学者がトウモロコシのことを書いている。

子どもたちよ。おまえたちが一七一五年に生きていたなら、どうだっただろう。一七一五年というのは年寄りがいつも飢饉の年と呼んでいる年だが、そのころはまだこの食べ物はなかった。おまえたちが目にしたのは、貧しい農民の一家が冬のさなかに草の根を食べるために出かけていって、アルムの根や、このあたりでザゴ、つまり〝ヘビのパン〟と呼ばれているものを掘り起こし、それを火にかけて味付けもせずに食べ、それでパンをつくる姿だったろう。ブドウの木の若枝を斧でこまかく切って、それを挽いてパンをつくる者さえいた。ドングリや豆でつくったパンが手に入れば、不幸なうちには入らなかった。だが、とうとう神のおぼしめしで、この食べ物がいたるところに入ってきた。小麦が不足する年には、農民は基本的においしくて栄養のある食べ物を利用できる。そのうえ神のお恵みによって、ジャガイモと呼ばれる白いトリュフなどの外来の根菜類も栽培されはじめている（リミニにもそれを持ってきたいものだ）。[26]

ジャガイモとサツマイモ

バッタ―ラのこの言葉からは、新世界のさまざまな作物がたがいの評判の影響を受けて、広まるときはいっせいに広まり、伝播が止まるときもいっせいに止まったことがうかがえる。中国では、トウモロコシと相携えて前進したのはジャガイモではなくサツマイモだったようだ。ヨーロッパと同様、アメリカの新しい食べ物は東洋でも急速に知られるようになったが、受け入れられるようになるまでには長い時間が必要だった。トウモロコシが中国で確認されたのはアメリカで発見されてからまもないころだったため、一部の学者は、記録には残っていないがそれよりも前に伝播していたと主張している。実際の伝播には、二つの経路があったと思われる。ひとつは西方からの陸路で、辺境に住むトルコ人が貢ぎ物としてトウモロコシを運んできたことが、一五五五年に最初に記録されている。一方、海上ルートでは福建にもたらされ、一五七七年にこの地を訪問したアウグスティノ修道会の修道士が、トウモロコシが栽培されているのを目にしている。トウモロコシは本格的な食料源としてではなく、珍しいものとして歓迎されていたので、その評価は、十七世紀初めに書かれた権威ある農業概論の脚注に記される程度のものでしかなかった。一方のサツマイモは、一五六〇年代にビルマ国境近くの雲南で最初に報告された。おそらく南から陸路で運ばれたのだろう。その味は漢民族には評判が悪かったが、丘陵地帯の移民には好まれた。こうした人びとは、それまで耕作がむずかしいとされていた土地に住まざるをえず、最初は福建、のちに雲南に移り住んだ。一五九四年には、伝統的な作物の不作を受けて、福建の統治者がサツマイモの栽培を推奨したといわれる。十八世紀になると、サツマイモはトウモロコシとともに中国の広大な地域を変えた。一七七〇年代には、水田での二期作の実施を急がせていた湖南の役人が、生産高を増やすために使える未開墾地がなければトウモロコシやサツマイモを山で栽培するようにと助言した。また揚子江流域では、かつては森林で覆われていた山地が、藍や黄麻などの換金作物の栽培用に開発された。開墾したのは〝掘っ建て小屋に住む人びと〟で、彼らは斜面の日の当たる側にトウモロコシを、日陰側にサツマイモを植えて、それを食べて暮らしていた。トウモロコシとサツマイモのこうした相補性から、福建、四川、湖南でも同じような現象が見られた。十八世紀の終わりには、サツマイモの味は受け入れられるようになり、北京のあちらこちらで露店の商人がゆでたり焼いたりしたサツマイモを売るようになった。今日の中国では、消費量の点からみると、人間が食べるための作物としてはトウモロコシは他のモロコシを追い越し、キビやアワさえも追い抜いている。だがここでも、トウモロコシとサツマイモは地元の主作物であるコメをおぎなうものでしかなく、コメに取って代わることはなかった。耕土を広げる効果はあったが、新しい植物に植え代えさせる効果はなかったのである。東洋のほかの地域では、これらの作物の影響はいっそうかぎられたものだった。インドでは、どちらも鼻であしらわれ、中国のようにサツマイモが植えられることはなかった。(27)

トウモロコシとサツマイモが中国を征服したのに対して、ジャガイモはヨーロッパである種の支配を確立した。モンティニャックでは、ジャガイモは〝殺し屋〟と呼ばれた。ジャガイモと同じ属には命にかかわる有毒植物も含まれているからだ。だが、前述のように（二一三ページ参照）、充分な量を食べれば、ジャガイモは人間に必要なあらゆる栄養分を与えてくれる。熱量に関しては、ジャガイモはコメを除くすべての主要作物にまさる。これはジャガイモの恩恵であると同時に呪いでもあった。ジャガイモによって飢えを克服することができたが、一方で、ジャガイモに頼りたいという誘惑のせいで、不作のときには全住民が飢饉の脅威にさらされたのである。ジャガイモはまずバスク地方に持ちこまれ、ついでアイルランドに入った。一六八〇年代、ルイ十四世がフランスの〝自然の国境〟に向かってすすんでいるころに、ジャガイモはベルギーで栽培が試され、その後苦労して東へすすみ、北ヨーロッパの平原からロシアにかけての広大な地域の基本食品として、ライ麦に取って代わった。ジャガイモを広めたのは戦争だった。ジャガイモは地面の下に隠れているので徴発をまぬがれ、農民はほかの食べ物が不足すると、ジャガイモを食べて生き延びたのである。ジャガイモは、十八世紀に相次いだ戦争によってドイツとポーランドに植えられ、ナポレオン戦争によってロシアへ運ばれた。ナポレオンが大陸軍をもってしても征服できなかった領土を、ジャガイモが征服したのだった。

ジャガイモの分布域はヨーロッパで戦争が起こるたびに広がり、それは第二次世界大戦までつづいた。その過程に手を貸したのは学者や君主で、彼らの後援により、蔑まれていた野菜に威厳が添えられた。すでにみたように、カウント・ランフォードはバイエルンの救貧院の収容者にジャガイモを食べさせるにあたり、ジャガイモだということがわかって拒絶されることがないように、ゆでてどろどろにした。エカチェリナ二世はジャガイモを賞賛した。マリー・アントワネットは――一般には、大衆にケーキを勧めた人という不当な役を与えられているが――ジャガイモの花をドレスにあしらって、ジャガイモのよさを宣伝した。ところで、ジャガイモは、ヨーロッパで十八世紀にはじまった人口の爆発的増加の〝原因〟だったのだろうか。この問題が重要なのは、人口増加が頂点に達したときにはヨーロッパの人口は世界の人口の五分の一を占め、ヨーロッパ諸国の帝国建設の維持に明らかな影響を与えたからである。しかし、答えは簡単には決められない。人口の増加がジャガイモの増加を引き起こしたのかもしれず、その逆ではないかもしれないからだ。ジャガイモは、ゆっくりと、ところどころに侵入した。また、ジャガイモのない多くの地域でも人口は増加した。[28] それでも、この新参の塊茎が新たに生まれた人口の一部を養い、十九世紀と二十世紀にはドイツやロシアで産業化と都市化がすすむ社会の維持を助けたのは間違いない。アイルランドでは、一八四五年から翌年にかけてのジャガイモの不作で一〇〇万人が死亡し、イギリスや北米の産業革命の労働力として移民する者が出たため、全体として島の人口が半分近くに減少した（四一八ページ参照）。したがって、十九世紀の西洋に世界での競争力を与えた新しい生産手段の実現には、ジャガイモも一役買ったといえる。

主要作物になることはなかったが世界に広まったブラジル原産の食物に、〝ピーナッツ〟（直訳すると「エンドウ豆の木の実」）という不適当な名前で呼ばれるマメ科の植物があった。これは三〇パーセントが炭水化物、五〇パーセントまでが脂質で、タンパク質と鉄分が豊富な人間の食べ物だ。実際、重量比ではほかのどの作物よりもタンパク質の比率が高い。収穫は容易で、台所での用途はかなり広い。にもかかわらず、理由ははっきりしないのだが、食物の歴史の中ではずっと周辺的な地位に甘んじてきた。極端な場合は、過小評価されて家畜の餌にされる——有名なバージニアハムは、ピーナッツで太らせたブタでつくられる。その一方で、中国で見られるように、珍味とされることもある。おそらく中国へは、スペインのガリオン船がフィリピン諸島経由でもたらしたのだろう。ピーナッツは中国人の興味をそそった。〝地中の実は地面に落ちた花から生まれ〟、種子は蚕の繭に似ていたからだ。ピーナッツは揚子江南部の砂質ロームに植えるのには理想的だったし、基本食品となってもおかしくないだけの栄養がある。だが、「おそらくその神秘的な実り方のために、中国では魔法の力があるとされる贅沢品にとどまり、十八世紀の北京では「長寿の実」として歓迎された。一方、世界の大半の地域では、ピーナッツはちょっとした名産品になり、ふつうは軽食、料理の飾り、菓子、ソースに好んで使われた。フランスの地理学者ラ・コンダミーヌは、エクアドルのキトではポケットにピーナッツを持ち歩いて少しずつ食べたといい、「それはアメリカで目にした最高の宝だと断言した」(29)。東南アジアでは、ピーナッツは食通には好評で、辛いトウガラシと組み合わせてサテーのたれに使われた。ポルトガルの船がピーナッツを運んだインドとアフリカでは、今日、ピーナッツが重要な農産物になっている。アメリカ合衆国で収穫されるピーナッツの半分はピーナッツバターになる。これは、コロンブス以前の美食が生き残って現代のアメリカで広く評価されるようになった、数少ない例のひとつである。

甘味の使用

砂糖はおそらく、その味に慣れていない市場を宣伝の力で征服した最初の食物である。中世末期から近代初期にかけて市場が世界的に拡大する中で一連の〝供給側重視〟現象が起きたが、砂糖はその最初の例だった。砂糖のあとにはコーヒー、紅茶、チョコレートがつづいたが、市場の規模としては、砂糖がこれらすべてにまさっていた。その理由のひとつは、これらの飲み物が市場で成功するには砂糖が欠かせなかったからである。これらの飲み物を最初に飲みはじめた人びとは砂糖を加えなかったが、ヨーロッパでは砂糖を入れずに飲むことは珍しかったのである。砂糖は十八世紀の〝ホットドリンク革命〟の先駆者だった。今日では、砂糖は小麦をもしのぐ世界最大の食品となっている。

だが、砂糖はもともと料理に使う調味料として注目されたのであって、三大ホットドリンクとは関係がなかった。ヨーロッパの料理に砂糖が使われるようになった経緯は、むしろ中世末期のヨーロッパの香辛料ブームと関係がある。すでに見たように、当時、砂糖は外来の調味料であり、当然のことながら、コショウ、シナモン、ナツメグ、クローブ、メースと同じ種類――食べ物をありふれたものから高級なものに変える東洋の調味料――に分類されていた。新世界に移植されると、砂糖はたちまち海洋貿易の最重要商品になった。一五一三年には、最初の製糖工場がイスパニョーラ島につくられ、一五三〇年代には、ポルトガルの進出によってブラジルに砂糖産業が生まれた。一五八〇年代になると、三つの影響が明らかになる。一つ目は、ブラジルが世界の主要生産国となり、東大西洋の砂糖諸島の経済（三二五ページ参照）が衰退したこと。二つ目は、砂糖生産地の獲得をめぐる競争がヨーロッパ列強の対立の主な原因となったこと。三つ目は、砂糖プランテーションと製糖工場に労働力が必要だったために、大西洋奴隷貿易が急増したことである。だが、砂糖貿易の最大の革命はまだこれからだった。砂糖を世界で最も人気のある食品のひとつに変えたその革命とは、砂糖を入れたホットドリンクの味がヨーロッパで普及したことだった。

コーヒーは一六四四年、ジャン・ド・ラ・ロックによってフランスにもたらされた。彼は使節としてコンスタンチノープルを訪れ、非常に美しい古い磁器のカップや、金糸や銀糸や絹で刺繍がほどこされた上等の綿モスリンの小さなナプキンといっしょに、コーヒーをマルセイユに持ち帰った。トルコ式にコーヒーを飲む彼の習慣は「実に珍しいこと」とされた。コーヒーは「五〇年かかってあらゆる障害を克服し」、飲み物として一般に受け入れられるようになる。だが、この新しい習慣には、数年もしないうちに前衛的なパトロンが現われた。ジャン・ド・テブノ[30]は一六五七年に、パリの貴族はムーア人やイタリア人のコーヒー商を雇っていると書いた。また、アルメニア人の輸入商や街のカフェがコーヒーを普及させた。フランチェスコ・プロコピオ・ディ・コルテッリが開いたカフェはコーヒーで評判になったが、この店は、それまでは「日光の露」——ブランデーにウイキョウ、アニス、コリアンダー、ディル、キャラウェイを入れたもの——や「完璧な愛」といったリキュールを専門にしていた[31]。コーヒーはロココ時代の西洋の感情を逆撫でし、バッハの《コーヒー・カンタータ》では家族の崩壊につながりかねないものとして風刺された。人気が定着すると、次の段階は、ヨーロッパ人が供給を支配できる新しい土地への移植だった。十八世紀と十九世紀のコーヒーの大ブームにのって、コーヒーはブラジル、インド洋のフランス領の島々、サントドミンゴへと運ばれた。この島は、黒人が反乱を起こして一八〇二年にハイチ共和国を宣言するまで、コーヒーでも砂糖でも世界最大の生産高を誇った。新たにコーヒーを生産するようになった地域のうち、最も永続的な成功をおさめたのはジャワ島だった。ジャワ島では、一六九〇年代にオランダ人によってコーヒーが持ちこまれ、十八世紀にはしだいに生産を拡大して、十九世紀になるとさらに周辺の土地でも生産を高めようと奮闘した。農民は過酷な制度で土地に合わない作物を栽培するように強制された。その主な作物がコーヒーだったのだ。一八六〇年にエドゥアルト・ダウエス・デッケルがムルタトゥーリというペンネームで書いた、オランダの小説の中で最も有名な『マックス・ハーフェラール』では、このことが非難されている。

政府は農民に、その土地で政府の思いどおりのものを栽培するように強要する。そうやって栽培した作物を政府以外の誰かに売ると、農民は罰せられる。そのうえ、政府が農民に支払う価格は固定されている。特権的な貿易会社を介してヨーロッパへ輸送する費用は高くつく。指導者たちには奨励金が与えられるが、それが購入価格をさらに押し上げる……なんといっても、このビジネス全体で利益をあげなければならないので、ジャワ人には飢えないだけの金しか支払わないことで利益を出すほかないのだが、それはこの国の生産力を低下させるだろう。……こうした政策の結果としてしばしば飢饉が起こるというのはほんとうだ。だが……オランダを豊かにするための収穫物が積み込まれている船の上で……旗が愉快そうにはためいている。[32]

コーヒーは、食料源とはとても呼べない。チョコレートをそう呼ぶのが適切かどうかは、長いあいだ論争の的だった。チョコレートを飲んでみた西洋人が最初のころに抱いた疑念をよく表わしているのは、断食中にチョコレートを飲んでもかまわないかどうかをめぐる十七世紀の論争である。トマス・ゲージは、イギリスにチョコレートのよさを伝えたとされる一六四八年の作品で、この論争が遠く離れたニュースペインの司教区におよぼした影響を報告した。そこの司教は、ミサの途中で女性がチョコレートを飲むのをやめさせようとしたという。破門するといっても効き目がないと見ると、チョコレートを出すのをやめさせるように司祭に命じたため、大聖堂で暴動が起こった。彼が死ぬと、毒入りのチョコレートで死んだのだという意味深な噂がたった。「それ以来、『チアパのチョコレートに気をつけろ』というのがその土地の諺になった」[33]

ゲージ自身は原産地でチョコレートを知ったので、チョコレートは安価でおいしい興奮性飲料だと思っていたが、チョコレートが高級品市場で売れるものだということも伝えた。彼の本には、現地の伝統的な飲み方として、苦みの強いチョコレートと辛いトウガラシを煮込んだもののほかに、ヨーロッパで気に入られそうなシナモン、クローブ、アーモンドを混ぜた飲み物についての記述があった。チアパの森林地帯に住むラカンドン族はいまも、征服以前の記録にはっきり示されているのと同じように、チョコレートを木の棒で泡立てている。[34]征服以前は苦いまま飲んだり、塩味や香辛料のきいた材料を加えて飲んだりするのが好まれたが、砂糖やバニラを入れて甘くする習慣によってヨーロッパ市場の発展が助長された。ほぼ十八世紀を通じて、ヨーロッパ市場にチョコレートを供給したのは主にベネズエラだった。十八世紀のヨーロッパではチョコレートの地位が高まったため、チョコレートの消費は社会的分化の儀式や富のイメージと結びついた。バルセロナの陶器美術館に展示されている、チョコレートが流行した当時の彩色された装飾タイルには、パビリオンのある〝閉ざされた庭〟の噴水のかたわらで、かつらをつけた紳士がひざまずき、チョコレートの入ったカップを贅沢な装いの婦人たちに差し出している様子が描かれている。チョコレートが贅沢な飲み物から濃厚なエネルギー源に変わり、西洋で大量に消費されるようになるには、飲めるだけでなく、食べられるようにする加工法が必要だった。この加工法が完成するのは、十九世紀半ばになってからである――食品加工の工業化にまつわるこのエピソードは次章で紹介する。一方、生産の中心地も移りはじめたが、その理由は、前世紀にコーヒー栽培が新しい土地に広まった理由とはまったく違っていた。コーヒーと競合した結果、需要が落ち込んだせいだったのである。そのため、ベネズエラのカカオ産業は衰退し、エクアドルで栽培されていた安価な品種が市場で売買されるようになった。カカオを新しい環境に順応させるのは簡単ではない。授粉には小さな虫の助けを借りなければならないし、コーヒーと同様に、気温は高いが日光の当たらない環境が必要となるからだ。すぐれた品種を安価に栽培できる場所を探すという問題が解決したのは、一八二四年のことだった。当時、南アメリカでは、のちの共和国誕生につながる独立戦争がはじまり、スペインの貿易は行き詰まっていた。そこでポルトガルの投機家が、かつて砂糖諸島だったギニア湾のサントメ島やプリンシペ島にカカオを植えたのである。[35] 最終的に、西アフリカは世界の主要なカカオ生産地になる。とくに一九二〇年代以降、貪欲なイギリス市場に供給するために黄金海岸が開発されはじめてからは、その重要性が高まった。一方、供給の拡大のおかげで、砂糖を入れた紅茶やコーヒーや〝ココア〟は上流階級が独占する飲み物ではなくなり、プロレタリアの飢えを癒やす飲み物として産業革命の労働力を養った。[36]

太平洋のフロンティア

太平洋は、海上輸送による大規模な食品貿易の最後のフロンティアだった。一七七四年、スペインの遠征隊がタヒチ島の占領を試みた。それは失敗に終わったが、彼らがあとに残したスペインのブタは、まず在来種を改良し、ついで在来種に取って代わった。一七八八年にブライ艦長がこの島にやってきたとき、小さくて足と鼻の長い在来のブタは姿を消し、スペインのブタだけになっていた。その結果、タヒチは豚肉の交易で有利になった。豚肉の交易は、二つの新たな進展の結果、たちまち太平洋を一変させた。ひとつは、キャプテン・クックが、長い航海のあとでも食べられるように豚肉を塩漬けにする方法を完成したこと。もうひとつは、オーストラリアが流刑地として開発されたことである。一七九二年、ジョージ・バンクーバーは囚人の食料供給源にしようと、八〇頭の生きたブタをタヒチからシドニーへ船で運んだ。だが、オーストラリアではブタを飼育するより、塩漬けにされた豚肉を輸入したほうが経済的だということがわかった。交易の最初の年、一八〇二年から翌年にかけては、シドニーの独立商人たち——オーストラリアの最初のブルジョア——が扱った肉は三〇万ポンドだったが、四半世紀が過ぎてこの交易が衰えたころには、その一〇倍の量が取り引きされていた。ブタの代金として支払われたマスケット銃に刺激されて内戦が起こり、タヒチは君主国になった。(37)

クックは太平洋の歴史では独創性を発揮して数々の有名な貢献をしたが、ニュージーランドにブタとジャガイモをもたらしたのも彼だった。だが、最初の試みはマオリ族の抵抗を受けた。マオリ族には自分たちの食べ物のほうがよかったのだ。「この地に有用な動物を入れようとするわれわれの努力はすべて、われわれが役立とうとしているまさにその人びとによって挫折に追い込まれる可能性が大きい」。だが、一八〇一年にはジャガイモが北島で取り引きされ、一八一五年ごろにはブタも取り引きされるようになった。そのほかにもヤギ、ニンニク、牛、キャベツなどを取り入れようとしたが、これらはマオリ族の伝統的な農学では育てられなかったため、失敗した。しかし、ジャガイモはクマラ（ニュージーランドで長いあいだ親しまれていたサツマイモ）とよく似ていたし、ブタは草を食べさせ、間引くことができた。クックに同行した科学者のヨハン・ラインホルト・フォルスターは、ニュージーランドにヒツジとヤギを持ちこもうというクックの企てのせいで、たいへんな思いをした。とくに、荒天から守るために動物が彼の隣の船室に入れられたときはひどかった。

牛と悪臭で両側をかこまれた。わたしと彼らのあいだには、割れ目だらけの薄いモミ材の仕切り以外は何もない。キャプテン・クックがわたしに与え、頑固な艦長様がわたしから取りあげた部屋は、とても穏やかにメエメエ鳴く動物に与えられた。彼らはわたしのベッドと同じ高さに上げられた台の上で、一方では糞や尿をし、反対側では五匹のヤギが同じことをしていた。[38]

しかし、この遠征では、いくつか新しいものを持ちこむことに成功した。

われわれはタヒチにヤギを持ちこみ、この島の内陸部を占める山地に最もよく合う、多くの種類の動物の基礎を築いた。ヤギとブタとニワトリをニュージーランドのさまざまな場所に残してきたし、南島にはガチョウをおいてきた。……この島々のすべてに庭園用の種子を贈り、クイーンシャーロット湾にはジャガイモとたくさんのニンニクを植えた。将来この海を航海した者は、予想以上に元気を回復できるだろう。[39]

しかしマオリ族は、ラインホルトが陸へ送ったヤギを「非常に腹立たしかった」として殺した。[40]一八二〇年にニュージーランドを訪れたリチャード・クルーズは、「どこへ行ってもジャガイモと豚肉、豚肉とジャガイモだった。豚肉とジャガイモには飽きてきた」と書いている。[41]だが結局、一八三〇年代になって、ニュージーランドの白人移民のためにオーストラリアからヒツジが持ちこまれた。すると結局ここはヒツジに理想的な土地だということがわかった。気候は羊毛に適していたし、海水をかぶりやすい牧草地は肉に適していた。オタゴの新聞によれば、一八五〇年代には、ヒツジを飼育すれば「目もくらむほどの財産が手に入りそうな」予感がしたという。一八六七年には、この動物は八五〇万頭になっていた。ニュージーランドはアルフレッド・クロスビーが「新ヨーロッパ」と呼んだものの顕著な例だった。つまり、違う半球にありながら、その環境がヨーロッパと似ていて、ヨーロッパからの移住者が繁栄し、ヨーロッパの動植物が根をおろし、ヨーロッパの生活様式をそのまま持ってくることが可能な土地である。だが、いくら気候が似ていても、これほど離れた鏡では、そこに映る故郷の姿をみとめるのは簡単なことではない。ニューサウスウェールズでは懸命な努力が必要だったことが、はっきりと記録されている。一例として、ジェームズ・ルーズのケースをとりあげてみよう。彼は、もとはイギリスのコーンウォールの農夫で、恩赦された囚人だった。一七八九年に、パラマッタに三〇エーカーの農場を与えられ、「まずまずの土地」だと思ったものの、肥料を充分にやらなければ失敗するのがおちだった。そこで、木を燃やし、灰を掘り入れ、鍬で耕し、土をこね、草を掘り入れて、種まきのために日光にさらしておいた。そして、「土地を肥やし、翌年のためによい土をつくってくれる」カブの種を植え、穴の中で腐らせた藁でつくった堆肥で根覆いした。こうした仕事のすべてを、彼と妻の二人の努力でなしとげたのである。[42] 耕作されたことのないこうした土で成功するには、さまざまな植え付け方法を試してみるしかなかった。初期のオーストラリアは、当初は奇妙な種類の新ヨーロッパだった。ヤムイモ、カボチャ、トウモロコシが植えられていたのだ。最初の移住者が住みついた沿岸の温暖な低地では、入植船団がイギリスから運んできたライ麦、大麦、小麦よりもトウモロコシのほうがうまくいった。モミやオークが植えられたが、食用の木はもっと異国情緒があり、オレンジ、レモン、ライムとならんで、インディゴ、コーヒー、ショウガ、トウゴマが栽培された。往路の航海では、船団はバナナ、カカオ、グアバ、イペカック、ヤラッパ、サトウキビ、タマリンドなどの熱帯の標本を手に入れた。一八〇二年には総督公邸の庭で「アジアの竹」が鑑賞された。最も成功した初期の家畜はカルカッタと喜望峰から連れてきたもので、そこからは新しい環境に順応した果樹も運ばれた。最後にはヨーロッパのモデルが浸透したが、それは主として地中海のモデルだった。入植遠征の装備をしたジョゼフ・バンクス卿は、南半球はそのほとんどで、どの緯度でも北半球よりも約十度気温が低いと考えていた。そのため、ボタニー湾はトゥールーズと同じような気候だと考えて、柑橘類、ザクロ、アンズ、ネクタリン、桃を送った。一七九〇年代には「ヨーロッパのあらゆる野菜」が四人の食料となったが、その地を訪れた人の記述では地中海の特徴が目立った。初代総督は庭にオレンジを植え、「スペインやポルトガルでそれまでに食べたものと同じくらい上等のイチジク」と「一五〇キロのブドウがとれる一〇〇〇本のブドウの木」を植えた。ワトキン・テンチの土壌研究は植民地の成功にとってきわめて重要だった——彼の標本はいまも、乾燥させて粉にしたものがシドニーの博物館で見られる。彼は「あらゆる種類のブドウの木のできばえを」ほめた。「その果汁がおそらく、今後ヨーロッパの食卓にのぼる贅沢品として欠かせないものになることは、熱心な投機ですでに予想されていた」。彼はオレンジ、レモン、イチジクにも将来性を見出した。一八〇二年にひとりのフランス人が訪れたときには、桃があまりにもたくさん実るので、ブタを太らせるために使われていたという。そのフランスの司令官は、総督公邸の庭で「ポルトガルのオレンジとカナリア諸島のイチジクが、フランスのリンゴの木の陰で熟しているのを」目にした[43]。地中海世界はこの植民地に、輸出向けの作物も提供した。メリノ種のヒツジが最初にニューサウスウェールズへ送られたのは、一八〇四年のことだった。この旅では五頭の雄羊と一頭の年取った雌羊しか生き残らなかったが、この土地で家畜の飼育をはじめるには充分だった。

オーストラリアでのこの経験は、十九世紀に植民地化された新ヨーロッパの手本となった。「ものいわぬ大陸」では「ヨーロッパの根から成長した木は、まったく別なかたちになる」のだ。北アメリカ西部やニュージーランド、それほど大規模ではないが南アメリカのチリはみな植民地となり、土着の文化に代わって、精力的で、外向きで、比較的人口密度の高い経済圏を生んだ。どの地域もみな、最初の計画者の思惑を裏切り、予想もしなかった独自の特徴を帯びた——経験したことのない環境のるつぼで、入植の錬金術がいたずらをしたのだ[44]。

第八章

巨人の食料——十九世紀と二十世紀の食べ物と産業化

終わりのない宴会はない。

——中国のことわざ(1)

食べ物、輝かしい食べ物、
缶詰、パック、冷凍物、
食べ物、輝かしい食べ物、
あなたが選んだのはどれ？
プラスチックの袋に入った粉末スープ、
磨きあげた木のように固いステーキ、
北極の岩山のような魚のカツレツ、
密封されたプリン。
食べ物、輝かしい食べ物、
調理済み、すりおろし済みの、
食べ物、輝かしい食べ物、
血を抜いてゼラチン化した……

——J・B・ブースロイド『オリンピア・ナウ』

産業化する環境

ビクトリア女王に執事長兼コック長として仕えたシャルル・エルメ・フランカテッリが一八五二年に出版した『労働者階級のためのプレーン・クッキング』には、胸が悪くなるような節約料理も載っていた。彼自身が紅茶嫌いだったということもあるのだろうが、紅茶代を節約するために、朝食には沸かしたミルクにスプーン一杯の小麦粉を入れて「塩を少々加え、パンかジャガイモといっしょに食べる」ことを勧めている。[2] ごちそうにはヒツジの足の煮込みが、病みあがりの人にはお湯に浸したトーストがいい。キャベツは一時間じっくり煮込めば充分だ。臓物は「必ずしも安い食料品ではないが、この種のごちそうが食べたくなったときのために、最も経済的な調理法を教えよう」（その調理法とは、簡単に言うと、一時間牛乳で煮て、マスタードをつけて食べるというものだった）。[3] こうした料理は、産業化がすすむイギリスに現われはじめた都会の大衆が、簡単につくれるものだったのかもしれないし、またフランカテッリの本には、都会で安く買える食品について言及している箇所もある。だが、フランカテッリの関心は主に、過去の田園貴族や農民の家族に向けられていた。フランカテッリのレシピの多くは、動物の真っ赤な爪牙の血しぶきを浴びる厳しい田園生活にふさわしかった。たとえば、

田舎に住んでいる勤勉で聡明な少年はたいてい、冬のあいだ、ちょっとした暇に小鳥をつかまえるうまい方法をよく知っている。だから、若い諸君は、幸運にも鳥を二、三ダースもつかまえたときは、まず羽をむしり、頭と爪を切り落とし、小型のナイフの先を使って両側から内臓を取りだしてから、お母さんのところへ持っていきなさい。そうすれば……夕食においしいソーセージをつくってくれるだろう。(4)

「貧しい人に分け与えるための、経済的で栄養豊富なスープ」というフランカテッリの考えは、田園の邸宅のシェフをしていたころの思い出からきていた。彼はそこで、「貴族など身分のある人の邸宅の近くに住む貧しい家族に、健康によくて栄養のあるスープを分けあたえるという慈善の習慣」になじんでいたのだ。このレシピは古いおとぎ話の「石のスープ」を思い出させる。最初は数本の古い骨だったのが、少しずつ肉のくずと野菜が大量に加えられていった話である。

しかし、フランカテッリの言葉にも産業革命は忍びこんでいた。フランカテッリは、工業生産によって安くなりはじめた調理用レンジや鍋やフライパンを、少なくとも読者の一部は

用意するだろうと思っていた。だが、それらは厳密にいえば都会の日用品だった。田舎では、貧しい料理人の熱源はまだ炉であり、数世代のちにフローラ・トンプソンがオックスフォードシャーの村の生活を描写したときもそれは変わっていなかった。そこの村人も、フランカテッリの想定した読者のように、肉を買わなかった。ラーク・ライズというその村では、どの家でも子ブタのときからブタを飼い、残飯を無駄にする〝発育の悪いブタ〟にならないよう、太ってくるのを待ちこがれた。また、どこの家でも、クリスマスの贈り物として〝大邸宅〟から牛肉の大きな塊をもらっていた。都会に話を戻すと、フランカテッリがレシピの経済性を気にしたのは、産業革命が抱える大きな経済問題のひとつを反映したものだった。つまり、需要が増大して供給が追いつかないために食品の価格が上がるという問題である。そのため、鍋に残った煮汁を捨てずにオートミールにする。子どもたちには「肉をあまり与えなくてもいいように、ソーセージを食べさせる」。新鮮な骨と牛の頰肉（ほおにく）はひときわ目立った。フランカテッリは読者に「ときどきは、若鶏でない鶏肉も食べてもらいたい」と書いている。最後に、フランカテッリはひそかに進行する産業化の兆候のひとつを示した。巨大食品企業の台頭である。彼のレシピの多くはブラウン・アンド・ポールソンの製品をあからさまに持ちあげたものだった。ブラウン・アンド・ポールソンの「調理済みトウモロコシは、クズ粉と同じくらいすぐれた経済的な食品であり、試してみればわかるが、栄養豊富で、どんなに胃の弱い人でも消化できる」。これは、当時のコピーライターが書く典型的な言葉だった。

この本の見返しには、同種の商品の長所を謳う広告が掲載されていた。たとえば、コールマンのマスタードは「名高い技術とすすんだ機械設備」によってつくられた製品だとされた。一八五八年以後の版の広告では、製品に「混ぜ物がない」ことを医学的根拠にもとづいて強調するようになる。(5)これは、ますます明白になる産業化の影響――混ぜ物を使った粗悪な特許食品――に対して大衆の不安が高まっていたことの表われである。産業都市は人口が過密で衛生状態が悪く、伝染病の温床となるという新たな健康問題の発生が、こうした広告の行間から読みとれる。大きな字で書かれた「食べるものに気をつけて」というキャッチフレーズは、ボーウィック・ベーキングパウダーのものだった。ロビンソンが特許を取ったひき割り小麦は「風邪やインフルエンザによく効く大衆の処方箋」だった。肝油の特許商品は「めんどうな吸入をしなくても、生命維持に必要な酸素の効果を……肺結核患者の肺に人工的に」送りとどけることを約束した。また、輸送技術の向上によって広い地域で製品が手に入るようになったことを誇る広告もあった。たとえば、エップスのココアはロンドンだけでなく「全国の食料雑貨店、菓子店、薬店」で販売され、コールマンのマスタードは「全国の食料雑貨店、薬局、イタリア系の問屋で」購入できた。(6)フランカテッリの本は要するに、あらゆる面が変わりつつあった食品工業化の過渡期の状況をとらえたものだったのである。

市場の性格は変わり、いわゆる〝大衆化〟がすすみつつあった。既存の生産・供給の構造を受けつけない新たな集中のパターンと、それにともなう量の急増である。世界の人口、とりわけ発展途上諸国の人口は、産業化の影響を受けて、先例のない持続的な増加の初期段階にあり、同じく先例のない水準の生産を必要としていた。世界の人口は、十九世紀初頭にはおそらく一〇億人に達していた。それが、この世紀の終わりには一六億人にふくれあがった。世界の六〇億番目の赤ん坊の誕生は、西暦二〇〇〇年に報告された。巨大な産業都市や産業化の途上にある都市の発展により、食料供給の新たな方法が必要となっていた。

ある意味では、この時代の初期に、フランス革命戦争で国民総動員令が出されたときから、近代ヨーロッパ史上かつてない規模の軍隊がこの傾向を先取りしていた。都市と同様、軍隊でも、往々にして食料供給地から遠く離れた場所におびただしい数の人間が集中する。戦時の兵站術は、十九世紀のヨーロッパで新たな食料生産・供給法を案出する際の手本となり、ときには考案の場となった。たとえば、食品工場の発想のもとになったのは、海軍用の堅パンを製造する国営製パン所に最初に導入された、大規模な流れ作業だった。また、軍事行動の糧食のために缶詰が開発された。銃砲の手入れにはグリースが必要だったため、新たな油脂源開発が緊急の課題となった。マーガリンは、最初はまぎれもなくフランス海軍のために考案されたものだった。

産業化は戦争の遠因となった。この時代、産業化がすすむ国で起きた主要な紛争——アメリカ南北戦争、イタリアやドイツの統一戦争——ではいずれも、産業化が進行する地域で中央集権化をはかる政府が、産業化されていない周辺地域の自主独立主義や自治と争った。だが、十九世紀のヨーロッパと北米の大半では軍隊の活動は比較的静かで、短期間の局地戦争をするか、産業化のすすむ地域を出て帝国の辺境に出撃する程度だった。一八一五年から一九一四年までのあいだに、ヨーロッパの変化の原動力は軍隊の拡大から都市の発展に変わった。一九〇〇年には、人口が一〇〇万を超えるヨーロッパの都市は九つを数えた。食料の生産地は、食料の消費地である都市部に労働力を奪われた。十九世紀末には、イギリスの住民の大半が農業を捨てて産業に従事し、田舎を捨てて都会で暮らすようになっていた。産業化のすすむヨーロッパの他の地域でも、同様の傾向は明らかだった。一九〇〇年のサンクトペテルブルクでは、住民の三分の二がかつての農民だった。今日では、国によって異なるが、世界の〝先進〟地域で依然として農業に従事している人の数は全人口の二～四パーセントであり、統計的に農村地域と見なされる地域に住んでいる人の数はせいぜい二〇パーセント程度である。

都市部では食料を自給できない。そのため食料が不足するおそれがあり、それをおぎなうには産業化に頼るしかなかった。このため、市場の拡大と集中が起こり、食料そのものが産業化した。食料生産はますます集約的になり、食品加工は耐久消費財製造業の手本にならうようになった。供給は機械的になり、流通は再編成された。また、仕事日のパターンが変化するのにともなって食事の時間も変わった。今日までの過去半世紀ほどは、食べ物にかける時間がより短縮され、家でとる食事も均一な規格でつくられた調理済み食品が増えて、〝食事が産業化した〟と言えるほどになっている。

生産、加工、供給

食料生産増大の第一段階は、十八世紀の農学界が〝改善者〟に与えた精巧な印刷の証明書に記録されている。しだいに〝科学的〟な畜産と土壌管理が最も好まれる活動分野となり、そのあとに植え付け、収穫、排水、施肥への新技術の導入がつづいた。こうした業績は、筆者の世代の教科課程の素材として使われた。ある者は〝農業革命〟を、新しい方法の理論家と考案者――フランスの重農主義者、スペインの王立経済協会、イギリス農業委員会、多収穫品種の開発者、ポンプや種蒔き機、輪作法の考案者――のすぐれた業績という観点から研究した。彼らの努力により、ジャガイモ、ビート、カブ、クローバー、アルファルファの収穫量が増加し、家畜の冬期飼料が入手しやすくなり、休閑地は大幅に減ったのである。

少しずつ、農業は準産業化した。事情はさまざまなので、標準的なパターンはなかった。南北アメリカとオーストラリアの草原の植民地につくられた〝新ヨーロッパ〟では、機械化のすすむ大規模な農業や牧畜が盛んになる傾向が見られ、古いヨーロッパの各地では、新ヨーロッパと対抗する必要上、専門化と統合がすすんだ。かつてプランテーションで奴隷が働いていた地域では、奴隷制度の廃止にともなって労働危機が発生し、場所によって程度は異なるが、機械化、下級労働者（クーリー）の移住、農民の小作という〝原始的な〟土地保有パターンへの逆行も見られた。だが一般的に見れば、大陸西ヨーロッパの大半のように産業時代に伝統的な土地所有のパターンが残っていたところでも、他と同様、農業の〝ビジネス化〟がすすんだ。

十九世紀の農業企業家として最も際立った存在だったのは、ルーサー・バーバンクである。彼はその発明、投資、宣伝、経営の才能を仕事に活かした。バーバンクは小さな農場の経営から身を起こして、一八七五年、二十六歳のときにカリフォルニア州サンタローザで市場向け菜園の事業をはじめ、一八八〇年代に入ると新種の実験に取り組みはじめた。交配に対する彼の姿勢は、食べることに対するローマ皇帝ヘリオガバルスの姿勢と同じで、野生の感覚と規模の大きさをひたむきに追求した。バーバンクが大好きだったのは、白いブラックベリー、種なしプラム、プラムとアプリコットをかけあわせた新しい果物といった、奇妙で人目を引く新しいものと、数字の大きさだった。彼が開発した新種は一〇〇〇種類にのぼるとされた。そのひとつであるバーバンク・ポテトから、現代の食卓に欠かせないアイダホ・ポテトが生まれた。彼はいつも「自然とともに働く」と言っていたが、実業家としては生産の速度を熱心に追求した。自伝では「数量を基準にした、スピーディーな」人生を送ってきたと得意げに公言している。数千人にのぼる信奉者にとって、彼はアメリカの理想を体現した人物だった。信奉者のひとりのおおげさな言葉によれば、将来指導者となり億万長者となるこの人物が「サンタローザに入ったときは、たった独りで知る人もなく、携えているものは一〇ドルと、一〇個のジャガイモ、選りすぐった数冊の本、一着の服、健康証明書だけだった」らしい。バーバンクは、アメリカの精力的な活動家の見本であるだけでなく、擁護者でもあった。彼はこう言明した。「アメリカでは、全身全霊でうちこめば何でもできる」

しかし、彼の名声は疑わしいものだった。この熱心な独学者は、多くの崇拝者が言うように「ファラデーと同等の科学者」だったのだろうか。それとも、できの悪いえせ学者――「植物の魔法使い」や魔術師見習い――だったのだろうか。彼の実績は無駄の多い方法で得られたものだという批判はもっともに聞こえる。うまくいったどの実験でも、数千の植物が薪の山になったというのである。成功は数字のトリックだった。バーバンクは非常にたくさんの交配を試みたので、平均の法則からいって、そのうちのいくつかは、うまくいくにきまっていた。バーバンク自身は、自分には絶対と言っていいほど間違いはなく、独特の才能、有用な植物を見分けるたぐいまれな「天賦の才」を持っているのだと主張して、当時の科学上の大論争に巻き込まれた。実際には今日もまだつづいているこの論争は、進化はすべて自然淘汰で充分に説明されるとするダーウィン説支持の正統派と、ランダムな突然変異が起こると主張する異端者のあいだの論争である。

バーバンク自身には、科学の知識も素質もなかった。彼が言うには、園芸に対する適性を自覚したのは八歳のとき、緑の野原の美しさと神秘に圧倒され、雪の中に不意に現われた、季節はずれの春の息吹に抑えきれないように感動してからのことだった。彼が好きだったのは、「宇宙の魂」という神秘的な問題について思いをめぐらせ、獲得形質の遺伝力について無知な推量をし、「われらが救世主たる科学」に祈ることだった。また、彼は汎神論的な独特の信仰をもっていて、「母なる自然」をこの世の知的な力として擬人化する傾向があった。

彼はときどき、自分のことを「母なる自然の驚異がつまった戸棚から」盗みをはたらく泥棒だと言い、優生学はいい加減に扱ったが、環境要因がきわめて重要であることを力説した。彼はこう述べている。「おそらく、わたしほど『環境』という言葉を多用した人間はこれまでいなかっただろう」。バーバンクは二つの点で食物の歴史に良い影響をおよぼした。ひとつは、種の発達を生態学的に研究する後継者の励みになったこと、もうひとつは、彼のまねをして新種を開発する者が現われたことである。彼を手本にして、人の命を救う新種がつくられ、それがのちに〝緑の革命〟のきっかけとなった(7)(四二一〜四二二ページ参照)。

十九世紀末から二十世紀にかけて、肥料や加工飼料を製造する巨大工業会社が、生産高の増大に必要な資本を出すことが多くなった。最初に化学肥料を発明したのはジョン・ローズで、彼は一八四二年、リン酸塩を豊富に含む鉱石を硫酸に溶かす方法を考案した。この方法はあまり使われなかったが、十九世紀があと数年で終わるというころにリン鉱山が発見され、大規模に開発されはじめてから使われるようになった。一方、大量のグアノ（鳥糞石）とカリが、世界各地のやせた畑に栄養を与えていた。肥料技術における真の化学革命が起きたのは一九〇九年のことだ。この年、フリッツ・ハーバーが、硝酸肥料の原料となる窒素を空気中から取り出す方法を発見したのだ。彼の信奉者たちは、ハーバーは「空気からパンをつくった」と言った(8)。

最終的に、農場は一種のコンベヤーベルトになった。一方の端から化学肥料や工場で加工された飼料を入れてやると、もう一方の端から食べられる——ときには、かろうじて食べられる程度の――工業規模の製品が出てくるというわけである。この傾向が頂点に近づいたのは、一九四五年、アメリカで〝チキン・オブ・トゥモロー〟コンテストが発表されたときである。その結果、三年後には養鶏場で飼育される品種が生まれた。(9) 一九四九年に売り出された「成長ビタミン」や、一九五〇年に発売された抗生物質入り飼料の影響もあって、たちまち四万羽のブロイラーを飼育する鶏舎が現われた。一九五四年には、アメリカ全土の養鶏会社は五〇〇万から六〇〇万を数えた。(10) 農場経営者のなかには一〇〇〇万羽のニワトリを飼っている者もいた。ワシントン州の養鶏場経営者の妻ベティ・マクドナルドは、昔の「イタチが出没する、血にまみれた鶏小屋」を淡々とふりかえった。当時は〝ばかな〟ひよこが自分から水飲み場にはまったり育雛器の下敷きになったりし、「たがいの目をつつきだしたり、血だらけになるまでたがいの脚をつついたりした」(11)という。新方式の支持者は、ニワトリには独特の長所――何でも見境なく食べる食欲と、体を覆う羽毛という自前の〝冷暖房装置〟――があるので、やがて「地球を覆いつくす」ようになるだろう、などといういい加減なことを言った。(12) 無情な新生産方式によって、鶏肉は現代世界の安価なごちそうになった。二十世紀後半の産業社会に肉、卵、乳製品の大半を供給した〝工業式農場〟では、動物は機械のように扱われた。人間工学にもとづいて単位原価あたりの生産高が最大になるように計算された最小限のスペースに、これといった特徴のない生産設備として閉じ込められたのである。そうした習慣は、人間味のある豊かな感受性を傷つけるものだったが、胃は慰められた。そして、結局、人間にとっては胃のほうが感受性よりも重要だということがわかった。

流通の革命もまた、ときに残酷な習慣をともなう。生きたまま輸送されることは、家畜にとっては非常につらい状態だ。だが現在では、生きたまま輸送することはほぼなくなり、冷蔵車による高速輸送などの新技術が導入されて、家畜の肉の長距離運搬が可能になっている。なかでも、産業化以前や産業化初期の社会では、牧畜業者は処理場まで家畜を追ったものだった。十九世紀半ばのアメリカ西部で鉄道の保線作業員に食料を運んだカウボーイたちは、歴史上最も長い距離を最も苦労して家畜を追った、目を見張る例だといえるだろう。だが彼らは、それと同時に、長年にわたる自分たちの生き方の終焉に力を貸していたわけだ。鉄道網が完成すると、牛は生きたまま運ばれた。一八七〇年代以降、冷蔵技術が使われるようになると、鉄道さえ通っていればどんなに長い距離でも、家畜を食べられる状態で運べるようになった。一方で、当然のことながら、輸送革命の影響は冷蔵しなくても運べる腐敗しにくい食品にもおよんだ。最も重要だったのは小麦である。十九世紀後半の北米の大草原では、鉄道と小麦生産地の両方が開発されたからだ。筆者がミネソタ大学の客員教授だったころ、ミネアポリスの中心部にある家のバルコニーから、かつては勢いのあったこの二つの見捨てられた跡が見えた。ピルズベリー社やゼネラルミルズ社の使われなくなった工場は、ホテルやマンションに変わりつつあり、そこでつくられていた小麦粉のすばらしさを謳う広告も色あせていた。その横では、取り壊しをまぬがれたミルウォーキーロード鉄道の駅が、高級ショッピングモールに生まれ変わろうとしていた。昔の産業は町の中心から移ったものの、移転先の近代化した製粉場、サイロ、計量場はいまなお活気を見せている。線路はまだ錆びついてはおらず、乗客はほとんど運ばないが、穀物輸送の大動脈であることに変わりはない。

十九世紀末、鉄道と蒸気船の航路がつながった。一八八三年以降、イギリスの蒸気船の総トン数は帆船を上回った。また、遠洋航路は天候の影響を完全にまぬがれることはなかったが、自然の力に左右される度合いは弱まった。ミネソタの鉄道王ジェームズ・ヒルは、単独の寄付で大理石造りのセントポール大聖堂を建てるほどの富豪で、蒸気船の船団を所有していた。この汽船が、ロッキー山脈を越える最速の鉄道の終着駅と、一九〇〇年に開業したシベリア鉄道の終着駅をつないだのである。この連結の完成には、象徴的な意味を超えた重要性があった。これで、陸上輸送は海上輸送と同じくらい容易に、大陸を横断して大量の積み荷を運べるようになったのである。バンクーバーからウラジオストクにいたる、北半球の食料生産と食料消費の一大地帯が蒸気輸送でつながり、「貿易の流れはもはや自然に支配されなくなった」のだ。[13] その結果のひとつとして、食料を消費地の近くで生産する必要がなくなり、世界規模で新しいかたちの専門化が起こった。工業化のすすむ地域では農業は衰退し、イギリスの農業は十九世紀最後の数十年で事実上崩壊した。西ヨーロッパ各地で、遠隔地からの安価な輸入物を前に、小麦の生産が放棄された。ニューイングランドの岩だらけの農地は、食料生産が西へ移ると、少しずつ森林に戻りはじめた。

だが、流通はまだ地域的なものでなければならなかった。新たに生まれた大都市の環境では、新しい買い物のしかたが生まれ、市場は市の管理下におかれた。たとえば、マンチェスターの市場の所有権は、一八四六年まで、伝統と相続によって荘園領主モーズリー家のものとされていた。一八三〇年代には大都市が発達したため、この資産の価値はあやしくなった。近隣の町区に自由な市場ができたため、モーズリー家がもつ権利の価値が低下するおそれがあったのだ。手に負えないほど成長する市場の管理はむずかしく、モーズリー家の力や資産では歯が立たなかった。市当局による管理を求めて奮闘するうちに、モーズリー家は消耗していく。一八三六年に、この町の歴史家はこう書いている。「市場は、巨大な富と規模を誇る都市が所有するようなものではない」。一八四〇年代初めには、オズワルド・モーズリー卿は二〇万ポンドという高額で権利を売り払いたいと考えていた。自分のおかれた状況を正当化するために、つきつめればカエサルの『ガリア戦記』にたどりつく雄大な文体で、彼自身が三人称でこう書いている。「先祖から受け継いだ領地の権利を守るために避けられないとはいえ、気がかりな訴訟が何年もつづいたのち、彼はついに、それを管理できる唯一のものにゆだねるという満足を得た」(14)。こうして撤退は美化された。

新しい市の体制のもとでつくられた市場は、その建造物が、すばらしい工業技術の顕著な実例になり、水晶の壁や屋根をもつ豪華な建物が、鋳鉄製の優美なアーケードにならんでいた。産業化のすすむヨーロッパでは、そのほかに鉄道の駅、ウィンターガーデン、ショッピング・アーケードなどがつくられたが、これらは古代でいえば水路橋や市民の広場に相当するものだった。最も壮麗なもののいくつかは失われた。たんなる愛国心から言っていると思われたくないのだが、こうした建造物がきわめて良好な状態で残っている場所としてスペインを推薦したい。マドリードのラ・セバダ市場は一八七〇年につくられ、その後の市場のモデルになった。ガラスでできた変則的な三角形がのっている柱は、イギリスから輸入されたもので、設計は市長のニコラス・マリア・リベロによる。彼は工学や美術の素養はなかったが、町を近代化したいという意欲に燃えていた。敷地は五〇〇平方ヤードで、その中央には噴水がつくられた。スペインではどの都市にもこうした市場がある。大都市には複数の市場があり、それらはいまも、その構造だけでなく中身でも注目に値する。H・V・モートンはこう書いている。「マドリードの裏通りには、世界で最も気品にあふれ、最も美しいつくりの市場がある。バレエやミュージカルで目にするような理想の市場だ。ありふれた物の魅力をこれほどまでに引き出して魚、果物、野菜、肉がならべられているのを、わたしはこれまで見たことがない[15]」

急速に発展する町では、市場だけでは流通の需要を満たせなかった[16]。市場は、小売商と、たまたまその近くに住んでいる買い物客が集まる場所だった。市場と近隣地域のあいだの隙間を埋めるには商店の存在が不可欠であり、商店ほどではないが行商人も重要な役割を果たしていた。それまでは食料品や調理済み食品を専門に販売していた食料品屋が、一般的な商品を扱うようになり、そのなかから、大量生産が可能にした規模の経済を追求してチェーンストアのシステムを発達させる者が現われた。先頭に立ったのはグラスゴーのトーマス・リプトンで、彼のホーム・アンド・コロニアル・ストアーズは、一八七〇年代と八〇年代にイギリス各地の主な人口密集地につくられた。リプトンの自社ブランド紅茶は、今日でも国際的な名声を保っているが、残りの事業は姿を消した。この流れの最終段階に位置するのがスーパーマーケットだが、これはやや逆説的である。スーパーマーケットは、その規模と便利さから、それ以外の食品小売業を呑みこんでしまうおそれがあるのだ。一九六〇年代から八〇年代までは、スーパーマーケットはおそろしく巨大化し、郊外に出店することが多く、買い物客はそこで買った品物を車で家まで運んだ。だが一九九〇年代になると、この傾向は逆戻りする気配を見せた。ヨーロッパやアメリカのいくつかの主要都市では、スーパーマーケット・チェーンが市の中心部に戻り、宅配を導入しはじめたのである――宅配は、かつては地域の食料雑貨商がふつうにおこなっていたが、もうすたれかけたと思われていた。

地方での生産規模が拡大したり、流通や供給に新たな方法が取り入れられたりしたこともあって、加工の機械化によって食料品は格段に手に入りやすくなった。食品製造業はほかの産業をまねて、十九世紀には蒸気、二十世紀には電気を生産の動力として使い、流れ作業による生産工程を機械化して、標準的な製品を製造した。この話はふつう、英雄、発明家、企業家の観点から語られ、彼らは独創的なパイオニアであり、自助の精神の体現者だとされる。だが実際には、食品が工場で製造されるようになった過程はもっと地味で、模倣にもとづいて、徐々に進行した。実際に起こったことを示すよい例として、四つの製品を挙げることができる。そのうちの三つ――板チョコ、マーガリン、固形の肉エキス――は産業化時代に新しく発明されたものだが、残りの一つ――工場でつくったビスケット――は昔から広く食べられていた食品が新しく生まれ変わったものだった。これには、感覚に訴える新しい種類の魅力があった。板チョコや固形スープの素と同様、一定の寸法どおりのかたちで、すべてが均一で、予想のつくかたさと味だったのである。こうした製品は、独立した職人が個々に手作りしたものとの違いを、誇らしげに示していた。

十九世紀に商業的に最も成功したビスケットは、田園風景が描かれた缶に入っていた。その絵では、きちんと舗装された通り沿いに、古風で趣のある張り出し窓のついた店があり、とびきり上等の服をきた上品な将校が、フープスカートを優雅に着こなした淑女をエスコートしていた。実際には、一八二二年にジョゼフ・ハントリーがビスケット会社をはじめたレディングのロンドン街道は、ロンドンからの大型四輪馬車が西へ向かう途中で停車する泥道だった。馬車は事実上、客を店先まで運び、イギリスの馬車街道沿いに得意客を広めた。この会社はすぐに評判になって、ロンドンからブリストルにいたる各地の客が商品を買い求めるようになり、代理人のネットワークをはりめぐらして、遠くはリバプールの小売業者にまで商品を販売するようになった。しかし、これはクエーカー教徒が興した時代遅れの会社で、家族で経営しており、社員は親類だった。建物は昔ながらの狭いパン屋で、家族は文字どおり店の上で暮らしていた。使われている技術は原始的といってよく、唯一の例外は、ハントリーの息子のひとりがつくった、商品を新鮮に保つ金属性の箱だった。大量生産という考えをロンドン街道にもたらしたのはジョージ・パーマーという人物で、彼は一八四六年に共同経営者になる。とはいえ、工業化という考えはジョージの頭の中から湧き出たものではなく、時代背景や先例から生まれたものだった。堅パンはずっと、十八世紀の海軍造船所で人間が流れ作業でつくっていた。一八三三年、英国海軍はこれらの施設に、パン生地をのばすための蒸気を動力とする機械を導入した。一八三〇年代末、やはりクエーカー教徒であるカーライルのジョナサン・ディクソン・カーが、ビスケットの型抜きできる機械を発明した。のばした一枚の生地から、最小限の力でたくさんのビスケットを型抜きできる機械である。今日にいたるまで、レディングとカーライルは、ビスケットの大量生産がはじまった町という名誉をめぐって争っている。(17) パーマーが新しく考案したものは、それほど画期的ではなかった。彼は、堅パン製造用の既成のオーブンを使い、生地づくりには、ほかの発明家が既存の技術を応用したやりかたを取り入れた。さらに、生地をのばす工程を反転可能にしたことにより、ローラーが速い動きで往復するため、かかる時間が半分になった。彼の成功は、技術的な独創性というよりはむしろ、製造だけでなくマーケティングや資金調達も視野に入れた、ビジネスに対する総合的な取り組みのおかげだった。

しかし、パーマーをはじめとする代表的なビスケット製造業者がおこなった小さな改善の積み重ねは、目を見張る結果をもたらした。一八五九年には、すべてイギリスに本拠をおく世界の三大メーカーが製造するビスケットの量は六〇〇万ポンドだったが、一八七〇年代末には、同じ三つの会社が三七〇〇万ポンドのビスケットを生産するようになっていた。レディングのビスケットとハントリー・アンド・パーマーのビスケットの缶は、その特徴的な青い色で、世界に広まるイギリスの工業と帝国主義のシンボルになった。レデスデール卿は一八六〇年代に、モンゴルの族長の妻がこの缶を植木鉢代わりにつかっているのを目撃し、一八九〇年代には、この缶がセイロンの礼拝堂で祭壇の容器として使われているのを目にした。

また、マフディーの支持者はこの缶を剣のさやとしてリサイクルし、ウガンダのキリスト教化がすすめられた時代には、聖書をシロアリから守るための入れ物としてこの缶が使われた。一八七九年にカンダハールに入ったイギリス軍は、ハントリー・アンド・パーマーの広告がバザールの壁に飾られているのを見つけた。イギリスの探検家ヘンリー・モートン・スタンレーは、中央アフリカを探検したとき、このビスケットで栄養をとり、現在のタンザニアに住む好戦的な部族に缶をいくつか贈って彼らをなだめたという。また、一九〇〇年代初頭に海軍の上陸部隊がファン・フェルナンデス諸島——ロビンソン・クルーソーの島——に上陸したときには、この会社の社史によれば「そこでみつけたのは数頭のヤギと、レディングのビスケットの空き缶だけだった」(18)そうだ。

ハントリー・アンド・パーマーはビスケットを変えたわけだが、そのほかの業界は、人間がこれまでまったく経験したことのない食品をつくりだした。たとえば、チョコレートは徹底的につくり変えられた。贅沢な飲み物から、大衆向けの固形食品になったのである。この変化をもたらすのに必要なのは、ココア豆をすりつぶす機械化された工場をつくることだけではなかった。このような工場は十八世紀末にはバルセロナとボローニャにできていたが、そこでは依然として、前章でチョコレートの消費者として挙げたような上流階級の顧客層のための高価な製品をつくっているだけだった。新製品の開発は、新しい文化的風土、嗜好の革命を待たなければならなかった。技術についてはヨーロッパ大陸からもたらされた。スペインとイタリアでは、ココア豆をすりつぶす工程が初めて機械化され、オランダでは、クンラート・ファン・ハウテンがココアパウダーをつくった。スイスでは、カイエ家とネスレ家が婚姻によって結びつき、共同でミルクチョコレートをつくる事業をはじめた。だが、嗜好に革命を起こすのに最も貢献したのは、イギリスのクエーカー教徒のココア製造業者だった。十八世紀から十九世紀初頭にかけてのイギリスでは、クエーカー教徒は法的に資格を制限されたため、事業をはじめるしかなかった。アルコールを含まない飲み物としてココアに将来性を見出したクエーカー教徒たちは、チョコレート・ビジネスにとくに引きつけられた。製品の価格を下げて入手しやすくし、大衆市場向けの商品にすることは、ヨークのフライ家やボーンビルのキャドベリー家などにとっては、神と利益を結びつける大望だった。その結果できたのが板チョコである。

飲み物ではなく食べ物としての、ほんとうの板チョコ――すぐにかたちが崩れることはなく、水気がなく、型に入れてつくることはできないものの、現代の消費者になじみのあるかたさを確かに持っているチョコレート――を初めて売り出したのはフライ社で、一八四七年のことだった。これは、バン・ホーテンのカカオパウダーに砂糖とカカオバターを混ぜてつくったものだった。[19] この新しい製品はとくに大量生産に向いており、製造工程に若干変更を加えるだけで、新しい味や歯ごたえを生みだすことができたため、その後の一五〇年間でさらに無限とも思われる変貌をとげた。イギリスの小説家ロアルド・ダールが書いた架空のチョコレート工場には、植民地の作物から工業製品になるまでのチョコレートの歴史全体が凝縮されている。その工場では、超近代的な魔法のような技術が使われる一方で、小種族の奴隷が働いていた。主人公の企業家ウィリー・ウォンカは、チョコレートで財をなしたアメリカのミルトン・スネーブリー・ハーシーがモデルである。雇用主としてのハーシーは非常に情け深く、その温情を超えるのは、社会に寄付をする気前のよさと、実業家としての才能だけだった。ハーシーはアメリカン・ドリームの体現者であり、不屈の努力によって、たびかさなる不幸や破産から立ち上がった。三十代にはまだ手押し車の物売りだったが、「生まれついての甘い物好き」で、彼を賞賛する従業員によれば「キャンディーづくりをやめることはなかった」。ハーシーが大成への階段をのぼりはじめたのは、一九〇四年、一家がもっていた古い農場の敷地にチョコレート工場を開いたときだった。この工場は発展して、やがて住宅、病院、公園、動物園までつくられる。世界大恐慌のあいだも、ハーシーはそのモデル・コミュニティの施設を拡張することで、従業員の仕事を確保した。慈善事業のなかで彼が最も心をくだいたものは、個人的な悲劇から生まれた。彼には子どもがいなかったために、孤児の友人になることが自分の使命だと感じるようになったのである。ハーシーは彼の孤児院の子どもについてこう語っている。「ここにいる少年のひとりを我が子と呼べるなら、もてるもののすべてを与えるだろう」[20]。彼は非常に気前よく寄付をしたため、遺品を処分しても二万ドルにしかならなかった。彼が遺したものは現在、ペンシルバニアの酪農地帯の真ん中に、ハーシー・パーク（ディズニーランドのようなスタイルの巨大なテーマパークで、もともとはチョコレート工場で働く従業員のピクニック場だった）、ミルトン・ハーシー・スクールとメディカル・センター、フィレンツェの宮殿を模して建てられたハーシー・ホテルとして残っている。

ハーシーがはじめた事業の影響が充分に感じられるようになったのは、彼の工場の流れ作業で最初の板チョコができてから一世紀近くたってからだった。第二次世界大戦中、ハーシーの板チョコは熱帯の気温に耐えられるように改良され、膨大な数の板チョコが食糧として支給されて、熱帯で軍事行動をおこなうアメリカ軍の成功を助けた。カカオの生態は、新たな征服者(コンキスタドール)がかたちを変えたチョコレートとともに熱帯地方に戻ってきたことで、完全な螺旋を描いた。他方、チョコレートの製造と社会的慈善とのつながりは消えはじめた。チョコレート業界の企業家には急進的なプロテスタントが多く、イギリスではほぼ全員がクエーカー教徒であり、彼らは節制、友愛、兄弟愛、倹約に異常なほどの執着心をもっていた。しかし会社が大きくなり、家の伝統が消え、利益追求がそれに代わると、こうした特性はすっかりなくなってしまった。初期には、ハーシーはできたばかりのマーズ社に仲間のよしみでチョコレートを提供した――エム&エムズのMのひとつは、ハーシーの友人のR・ブルース・ミュエリのMだったのである。マーズ社の記録を自由に見ることを許された唯一のジャーナリストによれば、今日でも、マーズとハーシーの「激しいチョコレート戦」の「チョコバー対チョコバー」の争いは、ひそかに、情け容赦なくつづいている。マーズ社は、市場では手ごわい敵だが、チョコレート業界の現在の巨人の中で唯一、産業資本主義の一般的基準から脱却すると例外的な倫理基準をいまでももっている。マーズ社はファミリービジネスから脱却しようとはしなかった。売上高はマクドナルドより大きいにもかかわらず、株式市場に登録されたことはなく、公開買い付けや吸収合併にかかわったこともほとんどない。生真面目でひたむきで、抑えきれない大望を抱いた家長フォレスト・マーズが、いまもこの会社を経営する現在の世代に伝えたのは、個人としては極端なまでに簡素な生活を貫くこと、従業員には気前よくすること、顧客にはサービスすることだった。マーズ社が目標とする税引き後の収益はわずか三パーセントである。従業員はみな「仲間」であり、会社の利益が増えれば彼らの給料も上がる。この一家の経営スタイルは部族の君主政治と同じだが、マーズの「仲間」は同種のほかの会社の従業員よりも稼ぎがいい——もっとも、重役の稼ぎはかなり少ないが。[21]

チョコレート製造の工業化がもたらした副次的な影響として、チョコレートを自然の状態から驚くほどかけ離れたものに変えたことが挙げられる。この種の変化を実現する工業の力は、十九世紀の食品化学者の興味をそそった。とくに、肉をどうやって消費者に見せるか、つまり、この血まみれの自然のままの食料源をどうやってきれいに見せかけるかという問題に取り組むようになると、工業の力は魅力的だった。解体された動物の美しさは、十七世紀と十八世紀の静物画家にとっては歴然としていて、一流の画家を引きつけた。もともとは解剖の芸術的表現の練習として描かれた習作は、驚嘆の的、創造の神秘の暴露となり、聖餐のシンボルにさえなった。レンブラントが血のにじみ出る牛の肉を描いたとき、あるいはカラッチが、吊るされ、しずくがたれ、きらきら光る大きな肉の塊と生々しい骨や膜のある肉屋の店先を描いたとき、見る人が不快に感じる可能性はなかった。十八世紀末に生まれたロマンチックな感性と菜食主義の宣伝（九九ページ参照）が、肉に対する見方を変えたのだ。十九世紀に入ると、衛生的だと感じられるかたちで肉の栄養分を利用する方法が探し求められた。「動物の化学」の主唱者として最も大きな影響力をもつユストゥス・フォン・リービヒ男爵は、肉エキスの研究を、当時の勇敢な探検家の冒険に匹敵するものだと考えていた。その最先端の領域には、

あらゆる種類の冒険家が放浪している。この地域に関するわれわれの知識の大半は、こうした冒険家が探検旅行に出た際の観察や、彼らが語る話にもとづいている。だが、彼らが通った小さな地域についてさえ、あとにつづく者たちが道に迷う危険がないほど正確な知識を得た者はなんと少ないことか！　ある国を旅することと、そこに我が家をつくることとは、まったく別のことである。[22]

リービヒ自身はそこを我が家にすることをめざした。彼は変化にとりつかれていた。実際、彼は変化と栄養摂取を同一視し、栄養摂取は食物が〝有機的な組織の構成要素〟に変わるプロセスだと定義していた。[23]彼の研究以前から、濃縮した肉汁――一部の科学者はこれをもったいぶって〝オスマゾネ〟と呼んだ――の栄養価はすでに一般に重んじられていた。肉のブイヨンには病人食としての立派な歴史がある。ゼリー状のコンソメは同じ栄養を半固体のかたちで与え、充分なゼラチンを使えば〝携帯用のスープ〟にすることができた。十八世紀末

の陸軍や海軍では、病気の兵士や負傷した兵士の栄養源としてこれを利用した。また、ビーフティー（生のくず肉を湯で煎じたもの）を勧める者もいた。十九世紀初頭、フランソワ・マジャンディによって窒素を含む食物が成長にいいことが発見されたため、一八四〇年代には、リービヒは——彼自身の実験で誤りが証明されるまで——窒素が〝肉になる〟と信じていた。初期には生肉を絞って〝肉の汁〟をとることに専念したが、これは水を加えて〝抽出する〟方法にくらべて不経済であり、できあがった液体では栄養分がとくに濃縮されているというわけでもなかった。だが、リービヒは失望にくじけずに研究をつづけた。成功すれば莫大な報酬が手に入ることがわかっていたからである。冷蔵技術が開発される前は、南半球では充分に活用されない牛が大量に余り、北半球には需要が満たされない巨大な市場があった。一八六五年、リービヒは、南半球で余っている牛を流通させて北半球の市場に供給するために牛肉の固形エキス〝オクソ〟をつくった。これは、どろどろにした生の牛肉を水に浸し、その汁を濾して煮立て、水分を蒸発させて、キューブ状に押し固めたものだった。ついで、一八七四年にカナダでジョン・ローソン・ジョンソンが〝ボブリル〟を発明した。これも同じようなものだったが、押し固めたもろいキューブではなく、ペースト状で売られた。これらの製品は、牛肉にするとずっと多くの量に相当するとして販売されたが、低タンパク質食を推進する人びとの非難の的となった（一〇三ページ参照）。ハリバートンは、それからできるスープを「カップに入っただの牛の尿」だと評し、ケロッグは「腐敗菌」と呼んだ。(24)

肉エキスは判断のむずかしい製品である。便利だと思う人もいれば、不快きわまりないと感じる人もいる。だが、マーガリンが発明されて利用されるようになった状況はもっとわかりにくい。マーガリンは十九世紀――十九世紀の後半に入ってまもなく、油脂の供給が不足して危機に陥った短い期間――のものである。脂肪の不足をおぎなうため、ヨーロッパ列強はヤシ油がとれそうな地域の植民地支配に乗り出した。捕鯨技術の発達もうながされ、一八六五年には爆発銛(もり)を装備した産業捕鯨船が初めて登場した。また、石油の利用もすすんだ。まず一八五八年に、オンタリオで土壌にしみ出た石油をすくい取って利用するようになり、一八五九年にはペンシルバニアでポンプでくみあげる方法が使われるようになった。しかし、工業国でますます深刻化する食用油脂の不足は、こうした方法では解決できなかった。ナポレオン三世はこの問題を解決するため、「海軍やあまり裕福でない国民のためのバターの代用品」を発明した者に賞金を出すことにした。くわしい条件はこうだった。「その製品は製造にあまり費用がかからず、保存してもいやな味になったり臭いがきつくなったりしないものでなければならない」[25]。一八六九年、メージュ＝ムーリエがこの難題に挑戦してみごと賞金を獲得した。彼がとった方法は、科学的というより魔法じみたものだった。牛脂を脱脂乳と混ぜ、少量の乳房からの抽出物を加えて攪拌(かくはん)したのである。ムーリエは、その油の弱い光沢がマルゲリットと呼ばれる小さな真珠に似ていたことから、できた物をマーガリンと名づけた。

だが、市場に出回る食用油脂の量はわずかに増加したにすぎなかった。もっと洗練された現代の製法でも、バターの代用として納得のいくマーガリンはできていない。菓子職人が特定の菓子をつくる際に好んで使うマーガリンがあるくらいである。最初のマーガリンは植物性油脂をバターに似た物質に変えるモデルとなり、おそらくこれに刺激を受けて、綿の実、ヒマワリ、大豆など、今日マーガリンの原料として一般に使われている油脂の開発がすすんだ。マーガリンの製造には数回の加熱、水和、脂肪酸の沈殿、水素添加、濾過、混合、味付けという工程があり、そのために広いスペースと大量の機械類が必要となるため、マーガリンの発明を活用できたのは資本金の多い大企業だけだった。

それでも、マーガリンは安い材料でつくって大量に売ることができたため、投資を呼んだ。工業化の時代を通じて、原動力となったのはコストだった。食料の生産と供給が需要を満たすようになるまでは、都市や工場には食料が高く売れた。それが一時的に刺激となって食料生産が人口増加を上回り、その結果、工業経済地域で暮らす恵まれた人びとにとって食料は安くなった。これは偶然でもなければ副産物でもなく、あらゆる活動分野で単価を下げて市場を拡大しようとする産業化推進者の意図的な戦略だった。人口が増加傾向にある時代には、この戦略は功を奏した。食品が安ければ安いほど、利益は大きくなったのである。

ごちそうと飢饉

欧米で食品の産業化にともなって起こった〝栄養革命〟は、ある意味では嗜好や流行の移り変わりの問題であって、あまり重要でないように思われる。しかし、そのうちのいくつかの傾向はかなり長期にわたってつづいている。たとえば近年、経済の発達した地域で赤身の肉を控える傾向が、まるで新しい現象のように多くの注目を集め、関連産業では大きな懸念を呼んでいる。だが実際には、これは歴史的な傾向である。アメリカの牛肉消費は、一八九九年には一人あたり年平均七二・四ポンドだったのが、一九三〇年には五五・三ポンドに低下している。[26]この種の変化は、説明するより証拠を示したほうがはやい。嗜好の多様化がひとつの原因だが、産業化も原因のひとつである。養鶏や魚の養殖が産業規模でおこなわれるようになり、安くて効率のよい動物性タンパク質が手に入るようになったことと、もっと一般的には、産業が効率のよいタイプのエネルギー変換に集中したこと、つまり食料源として野菜を重視する傾向が強まったことが影響していると考えられる。

また、産業化につづく社会の変化も関係している可能性がある。先進地域で栄養革命の傾向より目立ったのは、地域や階級のあいだで食事の内容が均一化したことだった。十九世紀半ばのパリでは、一日の肉の消費量はカーン、ルマン、ナント、トゥーロンの二倍であり、マルセイユ、トゥールーズ、ランス、ディジョン、ストラスブール、ナンシー[27]などの他の都市より二〇～四〇パーセント多かった。だが今日では、こうした差はなくなった。買い物のブルジョア化――大衆市場向けの食料品店の飽くなき高級指向――は、ここ五、六〇年ほどの社会によく見られる目立った特徴のひとつである。R・シーボーム・ラウントリー――やはりクエーカー教徒でチョコレート製造業を家業とする一家の御曹子――は、生まれ故郷のヨークで一八九九年と一九三五年に貧困層の生活の調査をおこなったが、最初の調査から次の調査までのあいだに、労働者階級は雇用主との栄養の差を驚くほど縮めていた。ラウントリーは、調査した家の大半は充分な食物をとっていないと断定した。だがそれは、彼の基準が非現実的なほど高かったからだ。ラウントリーが充分な栄養の基準としたカロリー摂取量は、全階級の平均よりずっと高かったのだ。そのうえラウントリーの研究は、当時の大半の社会科学者が共通して持っていた指針によってゆがめられていた。比較的収入の多い家でも、買い物習慣を変えるためには栄養についての教育が必要だという結果を示したいと考えていたのである。ともかく、ラウントリーの調査結果でほんとうに注目に値するのは、調査対象の家ではかつて、定期的にごくわずかな動物性タンパク質をとるだけの単調な食事をしていたというのに、一九三〇年代に彼が集めた献立では、最も貧しい家でさえ多少変化のある食事をし、ローストビーフを週に一度、魚を週に一度、少なくとも週に二度はそのほかの新鮮な動物性タンパク質源――レバーやウサギやソーセージなど――をとることができるようになったという事実である。(28)

しかし、ラウントリーの調査では、ヨークの失業者や最も貧しい暮らしをしている使用人の中に、本物の栄養失調が見つかった。職のある世帯主の最低ランクを代表するのはトラックの清掃人で、その稼ぎでは家族に標準的な食事をさせるのがやっとだった。近年のブルジョア化が生んだ皮肉な結果のひとつは、取り残された人びとの苦しみが深まっていることである。ラウントリーと同様の調査がおこなわれたあとしばらくは、社会民主主義的な福祉援助の実験によって〝貧富の差〟は小さくなった。しかし一九八〇年代になると、先進世界の大半で、経済成長をうながすために政府が積極的な自由市場政策をとったため、ふたたび貧富の差が広がりはじめた。隣人に遅れをとらないこと、つまり〝下層階級〟の収入で中流階級の食事をすることは、ますますむずかしくなった。そこそこの食料貯蔵室やレンジ、料理鍋が家にある場合は、安上がりに充分な食事をとる方法は従来と変わらない——季節の野菜、たくさんのジャガイモ、ニンニク、タマネギ、豆類、調理済みでない製粉した穀物を買い、残った物はなんでもごちそうに使うことである。アメリカ政府は食費節約プランを実施して、保護世帯が一日一人あたり三・五三ドルの予算で充分な食事をとれるようにすることをめざした。ジェフリー・スタインガーテンはこのプランを検証して、注目すべき四つの発見をした。第一に、平均的なアメリカの世帯が家でつくる食事にかける費用は、最貧困層世帯よりわずかに多い程度であり、そのため最貧困層はまだ標準的な食事をしているということ。第二に、政府のこのプランは「アメリカの世帯の現在の食事パターンからできるだけ離れないこと」をめざしていること。言い換えれば、最貧困層も中流階級の食習慣をまねることを期待されているのである。そのため、このプランで提案されたのはおそまつな食事だが、しきたりによる偏見を捨ててまったく新しい発想で取り組めば、独創的なだけでなく質や量もすぐれた、より健康的な食事ができると思われた。第三に、このプランにはイデオロギー的なところがあること。スタインガーテンはこう書いている。「メニューの「目玉は薄味のエスニック料理もどきで、アメリカの栄養学者はこうしたものを好むが、わたしは嫌いだ。どんな料理にもピーマンがこっそり入り込んでいた」。スタインガーテンはコラードの葉が多用されることとの裏に人種差別的な仮定があるのを察知した。このプランの考案者は明らかに、福祉に依存する人の大半は黒人だと仮定していた。第四に、提案されたメニューは押しつけがましい栄養主義によって台無しになっていること。「提案されたレシピは、現代の栄養学の迷信を全部そろえたカタログのようだった。塩や調理油はばかばかしいほど少量しか使われず、ときには砂糖の量も減らされた。七面鳥は、もったいないことに、最も誇るべき部分である皮を取り除かれた。バターは完全に排除された（マーガリンのトランス型脂肪酸も飽和脂肪と同じくらい害があるというのに）。ミルクはかならず脱脂粉乳で、それでブレッド・プディングをつくると灰色の水っぽいものができあがった」[29]。ひとつ長所を挙げるなら、調理済みのインスタント食品がすべて排除されたことである。だが、恵まれた欧米では、最貧困層でさえブルジョア化から逃れることはできないようだ。

階級や収入の差がいつまでもなくならないことを考えれば、欧米における栄養面での大きな変化は、先進世界の人びとが食べる量の平均が全体的に絶えず増加していることである。平均的な摂取量は、十八世紀末にはおそらく二〇〇〇カロリー以下だった。それが今日では、三〇〇〇カロリーをはるかに超えている。第二次世界大戦時にきわめて不自由な生活を強いられて以来、工業化の時代と脱工業化の時代を通じて、欧米世界の下層階級は栄養不良から栄養過多に転じた。アメリカや北西ヨーロッパの一部の地域では、いまや栄養不良よりも肥満が大きな社会問題になっている。肥満は、社会的に恵まれないことを示す見た目に明らかな証拠なのだ。ゼネラルミルズ社の製品開発の専門家アーサー・オデルは一九七八年にこう述べている。「栄養を売ることはできない。いまいましいことに、世間の人が欲しがるのはコーラとポテトチップスなのだ！」[30]食べ過ぎる欧米の苦境を非常に生々しく描いた映画がある。マルコ・フェレーリの魅惑的なほど不快な《最後の晩餐》は、登場人物自身が食べ過ぎて死んでしまうサドのようなファンタジーだし、《モンティ・パイソン》の映画に出てくる何もかもをむさぼり食うクレオソート氏は、最後に食後のミントチョコを食べて死んでしまう。しかし、こうした映画をつくった人びとは皮肉の矛先を向ける相手を間違えていた。欧米の社会では、過剰な食べ物の犠牲になるのは往々にして貧困層に分類される人びとなのだ。食料品の安さが生命を脅かしているといえる。一方で、世界の大半の人びとには、豊かさの病にかかる機会はなかった。

今日にいたる歴史では、飢饉と豊かさは表裏一体の関係にあった。産業化の恩恵にあずかれなかった地域がどうなるかを暗示する出来事として、一八四五年から四九年にかけてのアイルランドのジャガイモ飢饉がある。このときの死者は一〇〇万人にのぼり、移民として海外に渡る人も一〇〇万を数えて、人口稠密国としてのアイルランドの歴史は終わりを告げた。一種類のジャガイモだけに——完全に——頼っていたために、疫病が発生してこの作物が全滅すると、アイルランドは存亡の危機に立たされた。ロンドンの帝国政府はこの危機に対する対処を誤ったが、飢饉の対処にあたって無能なのはイギリス特有の、あるいは帝国特有の欠点ではなかった。一八六七年から六八年にかけて、ベルギーとフィンランドも同様のジャガイモ飢饉で荒廃する。けれども、産業化の時代には、世界は持てるものと持たざるものにはっきりと分かれていた。工業化社会では食糧供給の問題が解決されたのに対して、世界の残りの大半は飢えていたのだ。

ヨーロッパと北米、そのほか若干の幸運な地域を除けば、十九世紀最後の三〇年は飢饉の時代だった。死亡率でも、おそらく他のどんな過酷さの尺度でも、これにまさる飢饉はなかった。一八七六年から七八年にかけて、インドにモンスーンが到来しなかったため、公式発表で五〇〇万人、客観的な推計で七〇〇万人が飢えで死んだ。同じころ中国を苦しめた飢饉は、正式に「二一代の王朝の歴史で最も悲惨な災害」とされた。[31]一連のエルニーニョ現象——太平洋の海水が逆流する現象で、この結果、ペルーでは周期的に洪水が、他の熱帯地域の大半では干魃が発生する——に関連する同様の厳しい状況が、一八八〇年代末ごろと一八九〇年代後半にも発生した。[32]チャド湖の大きさは半分になり、ナイル川の洪水時の最高水位は三五パーセント低下した。これによる死亡者数は、たとえばインドではおよそ一二〇〇万人から三〇〇〇万人、中国では二〇〇〇万人から三〇〇〇万人と推定された。[33]

もちろん、いつの世にも貧しい暮らしをする者はいる。どの農耕社会も周期的に発生する飢饉をまぬがれることはなく、世界の気候は相互に関連しているため、つねに驚くような手に負えないかたちで破壊をもたらす。とはいえ、十九世紀後半の飢饉は食物の歴史の新しい特徴を表わしていた。世界中の豊かさと地球規模の効率的な交通によって、飢饉は技術的に回避できるようになりはじめていたのだ。それにもかかわらず飢饉は発生し、その後も起こった。一部の学者はこれを自由貿易のせいだとし、自由貿易は「リバプールの小麦の価格とマドラスの降水量を……人類の生存というひとつの大きな方程式の変数」にすると非難した。(34)帝国主義は確かに飢饉を利用したし、もしかすると飢饉を引き起こす一因となったかもしれない。ある宣教師は「ヨーロッパ人は空を覆うハゲワシのように飢饉の跡を追う」という言葉を耳にした。(35)大英帝国を打ち破ろうとしたズールー族の王ケッチワーヨは、「イギリスの首長が雨を止めた」と考えた。(36)また、「ロンドン市民は事実上インドのパンを食べていた」といわれてきた。(37)白人の帝国主義者は、飢饉をたくらんだとはいわないまでも、対処を誤った。彼らの国には食べ物と同様、人道的な感情があふれていたが、彼らはどちらの余剰についても実際に活かす道を見出さなかった。「総督の客車の窓から見た」眺めはいつも、彼らの問題の深刻さ、責任の重さ、解決策の有効性を見えにくくしていたようだ。(38)

もちろん、いくつかの点では帝国主義や自由貿易は有益だった。少なくとも、有害だったと断定することはできない。ヨーロッパ産の安価な鉄は、西アフリカの人びとの食料供給に多大な影響を与えた。西アフリカには古くから製鉄業があったが、鉄は高価だった。ヨーロッパからの輸入品が入ってくる前は、鍬の刃は牛一頭の値段がしたので、人びとはその道具を交替で使わなければならなかった。(39)だが、飢饉で死者が出たのは帝国主義の罪だとするもっともな論拠が二つある。以前は、非常に深刻なエルニーニョの現象に現地の国々はわりとうまく対処していた。一七四三年から四四年にかけて、穀物の供給を安定化する清朝の政策はうまくいった。一六六一年には、ムガル帝国皇帝アウラングゼーブが「みずからの宝物庫を開けて」数百万人の命を救い、イギリス人を感嘆させた。[40]そのうえ、欧米諸国はその気になれば国民を飢えから守ることができた。一八八九年から九〇年にかけての干魃で、アメリカ中西部は世界の他の地域と同じくらい深刻な被害を受けたが、救済策がゆきとどいていたため餓死者はほとんどでなかった。

食料の急増と飢饉が同時に存在する状態は、二十世紀後半になっても繰り返し見られた。不公平な分配のため、先進世界では生産過剰や過食が見られ、一方、他の地域では飢饉が発生しやすかったのである。長いあいだ、この問題は悪化すると思われていた。一九六〇年代には、専門家はみな二、三〇年のうちに飢饉が世界を変えるだろうと確信していた。一九六〇年から六五年まで、貧困国の食料増産率は人口増加率の半分だった。一九六〇年代半ばのインドの備蓄食料は「カンザスの小麦畑」だった。一九六七年にはモンスーンが到来しなかったインドに、アメリカは小麦収穫高の五分の一を食料として輸送した。[41]だが、緊急の飢饉救済策を効果的に実施できた場合でも——通常は戦争、腐敗、イデオロギーの対立などの理由でこれは実現しなかった——長期的な解決策ではなかった。飢饉の罠を解決できるのは農業の革命だけだったのだ。

「新石器革命」の最終段階

「新石器革命があったのだとすれば、それはいまもつづいている」と、フランスの歴史学者フェルナン・ブローデルは書いた(42)。専門化、栽培品種化、品種改良、栽培型植物の増加など、農業の黎明期に取り入れられた変化は確かに今日までつづいている。一番新しい段階を〝緑の革命〟と呼ぶと、環境にやさしいように聞こえる。だが実際には、それは大量の肥料や殺虫剤の使用をうながす運動なしにはありえないものであり、化学的農業革命と呼ぶのがふさわしい。あるいは、農薬や農業機械を製造する新たな巨大産業が後押ししていることから、農工業革命と呼ぶべきかもしれない。

その大きな功績は、一九六〇年代の〝奇跡の〟小麦やコメの開発だった。伝統的な交配技術を使って、熱帯の日光を活用する種子が開発されたのだ。これは、赤道付近では太陽からの放射エネルギーの五六～五九パーセントを利用できるからである。アメリカの大草原では、この数字は五〇パーセントに満たない。近代の農学者たちは第二の目標として、雑草に負けてまばらに成長する従来の品種に代わって、施肥や除草の効果があがる品種を開発しようと打ちこんだ。その選択肢と方法は、一九一六年に、歴史上きわめて影響力の大きい教科書の著者によってみごとにまとめられた。そのなかで米植物産業局主任穀類研究員のマーク・カールトンは、新しい穀物品種の導入、交配、選択に関するそれまでの知識を説明している(43)。まず、第二次世界大戦以前は、収穫前に倒れてしまう品種の対策として、品種改良によって茎を強くする試みがなされた(44)。ついで、背丈の低い日本の小麦が高く評価されはじめる――これをつくった栽培者たちは「小麦の矮小化を芸術にした」と長く認められている。研究の中心となったのはダルマという品種とそれから生まれた農林一〇号で、農林一〇号の半矮性遺伝子は交配後も受け継がれた。同様に、コメの研究の中心となったのは、台湾とインドネシアの背の低いイネをかけあわせた低脚烏尖という品種だった。この品種は肥料を与えても倒れず、昼の長さに関係なく植えてから一三〇日で実がつくため、一年あたりの収穫高を増やすことができる。[45]

一九六一年に、実験の結果、ゲインズという品種が生まれた。ワシントン州の実験農場で生産関連のあらゆる記録を破った秋まき小麦の品種である。一方、メキシコでも、降水量の多い中央高原にあるチャピンゴ試験場と北部海岸沿いの灌漑平地にあるソノラ試験場で小麦の品種の実験がおこなわれ、めざましい進歩をみせはじめていた。[46]メキシコでは一九八〇年までに小麦の交配が二〇万回おこなわれた。[47]メキシコで開発された小麦の品種は、いまでは世界各地で栽培されている。まるで、世界にトウモロコシをもたらした土地からのおいしい皮肉のようだ。

技術の進歩ではいつもそうだが、実際には先進世界が最も多くの恩恵を受けた。病気に強い品種と肥料のおかげで、アメリカの小麦収穫高は二五年余りで二倍に増えた。[48]新しい農学の主要な専門家や代弁者がまとめた数字によれば、一九七七年から七九年にかけて、イギリスの農家は一エーカーあたり平均一三・八八トンの収穫をあげることができた。これは、小麦の栽培に最も適したメキシコのヤキ川流域と同じ数字である。この地域の収穫高は、日照時間からするとイギリスの約五分の三程度でもおかしくない。当時の収穫高の世界記録は一エーカーあたり三二・八八トンで、これはワシントン州の広さ二ヘクタールの実験農場で集約的に栽培されたものである。これに対して、全開発途上国の平均収穫高は、当時の最高の年で一エーカーあたり三・九五トンだった。しかし、一九五〇年の平均から見ればこの数字は二倍だった。[49]

苦闘する地域に〝奇跡の〟作物が持たらされると、すぐに効果があったようだ。インドでは、飢饉の起きた一九六七年には一一三〇万トンだった全国の収穫高が、六八年には一六五〇万トンに増加した。[50]フィリピンで一九六九年に〝ファーマー・オブ・ザ・イヤー〟に選ばれた人物は、翌年はどのイネを植えるつもりかと聞かれて「わからない」と答えた。「もっと新しい品種ができるのを待っているところだ」。[51]一九七〇年には、国連食糧農業機関は数年前の悲観的な予想をひるがえし、地球の農業がもつ潜在的な力では一五七〇億人分の食料を供給できるだろうと推定した。パキスタン、トルコ、インド、フィリピン、ケニア、メキシコの農業革命とくらべると「それ以前のアメリカや日本の農業の急成長は小さく思える」と言われた。[52]一九九〇年代初頭には、第三世界の穀物生産地の四分の三以上が新しい品種を栽培していた。中国では新品種が生産高の九五パーセントを占めた。[53]

緑の革命は、人類最大の功績のひとつとして記憶にとどめるに値する。そうでなければ飢えていたにちがいない数百万の人びとに食料を供給したのである。だが、応用科学による問題解決の大半では、古い問題を解決したはいいが新しい問題が生まれるというやっかいなことになる。緑の革命によって従来の品種は追放された。これは、生物の多様性にとっては脅威だった。生物の多様性は本来、自然に変化する状況にはうまく対処するものなのだが。二種類の交配種がトウモロコシ生産高の九〇パーセントを占めるジンバブエで、一九九三年、ある老人が農学者たちにこう語った。

あなたがたは、魔法使いだ。あなたがたはわれわれに昔を思い出させる。われわれを発展させてはいない。昔は伝統的な小さな穀物を育てていたから、家族に問題はなかった。あなたがたはいま、われわれを殺しかけている。ふさわしくない作物を育てろと言って、われわれに昔を思い出させる。あなたがたは土地が肥沃なほうがいいと言うが、それでさえ小さな穀物にはよくない。われわれは、小さな穀物が一番だと信じている。小さな穀物はわれわれの祖先の魂であり、われわれの銀行なのだ。……ああ、あなたがたは、われわれにそれを捨てさせる。(54)

反動的で狂信的な言葉に聞こえるかもしれないが、この言葉には実は多くの常識的な考えが表われている。そのうえ、農業改革計画は往々にして暴政の口実になり、土地の収用、官僚による強制、ぐずぐずしている人に対する冷酷な扱いが横行する。これを裏づけるように、ある国連職員が報告したところによると、あるアジアの国の元首は、訪問者に自分の役割を説明する際に指で電話をこつこつとたたいてこう言ったという。「小麦革命の最も大きな効果をお教えしましょう。スタッフがぐずぐずしていると聞いたら、わたしは電話をとってそのスタッフに電話します。彼がすみやかに行動することを約束したとしても、わたしはこう言います。『約束が欲しいわけではない。明日までに、どういう成果をあげたかを電話で知らせてくれ』[55]

緑の革命は、その最悪の欠陥がおよぼす影響が明らかになると、色あせた。新しい作物の栽培には化学肥料や殺虫剤が必要だったため、生態系のバランスが崩れるおそれがあり、害虫だけでなくそれを餌とする動物も含めて、耕作地に生息する無数の種の存続が危うくなったのである。このプロセスがはじまってまもない一九六二年に、レイチェル・カーソンが『沈黙の春』を出版した。これはおそらく、これまで書かれた本のなかで最も影響力の大きいもののひとつに数えられるだろう。殺虫剤で枯れた死の風景のなかで鳥たちが飢えて絶滅するという、その黙示録的な光景は、何十万もの人びとをエコロジー運動に駆り立てた。「緑の革命の生みの親」として世界的な賞賛を受けている科学者ノーマン・E・ボーローグはこれを、「科学のことを知らない間抜け」による農薬反対の「悪意のあるヒステリックなプロパガンダ」だと非難した。[56]だが、問題となっているのは科学だけではなかった。イギリスでは一九九〇年代に、

秋になると、ふつうの農民はジャベリンなどの有効範囲の広い除草剤を散布して、草やハコベ、パンジー、クワガタソウ、ヒメオドリコソウなどの雑草を枯らす（殺虫剤にはミサイル、レピアー、インパクト、コマンドーといった男っぽい名前がつけられる傾向がある。それによって製品に対する信頼を農民に与えようと化学薬品会社は考

えているのだ)。次に、冬になるまで野生のオート麦が生えないようにアバデックスを散布する。それから矢継ぎ早に、ナメクジ殺虫剤(商標はドラザ)と、アブラムシ殺虫剤リプコードをまく。(57)

リプコードではテントウムシは死なないが、そのほかの昆虫やクモ、魚は死ぬ確率が高い。だが、これははじまりにすぎない。ふつうの農民はたぶん、年内にふたたび殺菌剤、除草剤、成長調節剤、殺虫剤を散布するだろう。世界保健機関(WHO)によれば、一九八五年までに、殺虫剤による急性中毒は一〇〇万件にのぼり、そのほとんどは農業労働者だったという。(58)また一九九〇年には、同じ原因による死者は二万にのぼると発表された。そのうえ、化学肥料や殺虫剤は、限界耕作地では灌漑の助けがないと効き目がない。二十世紀には、大規模水力プロジェクトの運営のまずさから、灌漑による侵食や汚染で、灌漑で開拓された農地とほぼ同じくらいの農地が失われたと考えられる。大型ダムは蒸発、塩化、「乾燥地帯」の原因になるのである。緑の革命はまだつづいているが、長期的には持続不可能だと思われる。そこで使われる技術は環境をそこない、大衆を憤慨させるものだからだ。

緑の革命で生まれた種子に世界が頼るのは危険なことである。それは、殺虫剤の大量散布による計り知れない影響のためばかりでなく、新たな害虫や作物の病気が急速に進化する危険があるからだ。次の段階として最も広く論じられているのは、遺伝子組み換え食品への転換である。遺伝子組み換え食品が栄養や健康増進、効率向上以外の影響をおよぼすと推測する理由はない。しかし、緑の革命の作物と同様、予期しない結果がもたらされる可能性がある。予測できる結果としては、遺伝子組み換えでない種との偶然の交配によって、種の絶滅を招いたり、新たな生態的地位が生まれて有害となる生物相が出現することが考えられる。悪さをはたらくランダムな影響はいつも、因果関係にしばられない。遺伝子操作はまず局地戦として、主にわれわれ自身の種と、すでに栽培品種化された種ではじめられるだろう。自然界の大軍は依然として人間の力ではどうすることもできず、進化は依然として、変化をもたらす力としては人間の革命をはるかにしのぐだろう。たとえば、人間が病気を根絶すると、それに代わって微生物が進化するだろう。食料とする種に変化を加えようとすれば、これまで人間が環境に介入したときと同じことになるだろう。解決策を見つけると同時に、問題が発生するのだ。われわれが手にしているのが、世界の食糧問題から逃れる手段なのか、それともたんに危機を増大させる手段なのかは、まだはっきりしない。

長期的には、世界の人口は安定し、おそらく減少に向かうだろう。人口についての人騒がせな推測は、きわめて短期的な統計解釈にもとづいたものである。長期的な将来を予測するには、過去をじっくりふりかえる必要がある。過去の人口増加をみると、人口の増加はかならず安定期に達するか、分岐点を迎える。この逆転はふつう、〝マルサスの抑止力〟によるものではないが、そうした抑止力がはたらく場合もあった。ほとんどの社会は人口の増加を調節するために、状況に応じて、結婚の習慣を変えたり女性の出産間隔を変えたりする。経済的な成功は世界で最も効果的な抑止力である。貧困と多産のあいだには、長期にわたってかなり直接的なつながりが認められるのだ。真価のほどはわからないが、短期的な傾向のいくつかはこの分析と一致する。世界で最も富んだ国のいくつかでは、すでに出生率が低下して、実際に人口が減少しはじめたり、減少のきざしが現われたりしている。また、歴史的に出生率の高いアジアや南米の各地でも、地域の発展とともに同様の傾向が見られるようになった。われわれは、伝統農法で世界の人口を養うことのできる未来を楽観的に待つことができる。当面は、緑の革命や遺伝子工学の恩恵に浴することができるだろう。だが、ある点まで来ると、緑の革命や遺伝子工学は世論の反対を受けるようになり、後戻りを余儀なくされると思われる。一方、賢明なやりかたは、緑の革命や遺伝子工学に頼らないことではなく、極端なほどの慎重さを忘れることなく、いっそう根本的な改革を取り入れることだと考えられる。当面は、世界が食料不足に陥る可能性はなく、適切に分配すれば飢饉の危険もない。あわてふためいてリスクを冒す必要はないのである。

保存という幻想

生産地と消費地のあいだの距離が広がると、食べ物の新鮮さを保ったまま輸送するのはきわめてむずかしくなる。古代ローマでは、これが都市住民の悩みの種だった。セネカの描写によれば、食堂で魚が泳ぎ、心臓が動くのを見ないかぎり魚を食べようとしない食通のもとへ、生のカレイを運んで走る人は、「息を切らして叫びながら」道をあけさせたという。[59]産業化によって新鮮な食料を確保する問題が高まったとき、西洋社会が最初に頼みの綱とした伝統的な方法は保存だった。ほとんどの保存法は非常に古くからある。前述のように（三二三ページ）、ほとんどの人が最先端の技術だと思っているフリーズドライは、二〇〇〇年以上前に、古代アンデス文明でジャガイモの保存法として完成していた。この技術は手が込んでいた。夜のあいだに凍らせ、踏みつけて残っている水分を絞り出し、天日乾燥するという手順を、数日にわたって繰り返すのである。凍らせた食品の持ちのよさは、北極地方の人びとには大昔から知られていた。風乾は、前にも書いたように（二四ページ）おそらく加熱調理よりも古い調理技術だった。文書が残っている食物の歴史では、どの時代でも、保存技術として記録されたもののなかに塩漬け、発酵、燻製が入っている。

そのうえ、試行錯誤の結果、ほぼすべての社会で、空気に触れないようにすることで食べ物の腐敗を遅らせることができるという事実がよく知られている。古代メソポタミアの貯蔵用のかめにはオイルシールが使われていた。中世のヨーロッパでは、パイの空洞を埋めて中身が空気に触れないようにするために、バターやアスピック（肉汁などからつくるゼリー）が好んで使われた。瓶詰の魚や肉は、同じ伝統につらなるものである。瓶詰の食品は、実際に瓶で加熱調理すれば、冷蔵したり保存料を加えたりしなくても数カ月は持つ。中世には、長距離航海に出る船員はみな、バクテリアの活動を抑えるため、強く味付けしてしっかりと詰めた樽を欲しがった。当時の水質保全技術についてはほとんどわかっていないが、船上の飲料水の寿命を延ばすために酢が使われていたことはわかっている。中世末、ポルトガルがインド洋に遠征隊を派遣して、連続して海洋上で過ごす期間がそれまでの記録の三倍に伸びたが、この長距離航海への飛躍は、樽の気密性を高める設計の改善なしには不可能だった。

しかし、バクテリアの活動が抑えられる現象を説明する理論はまだ知られていなかった。食品保存の科学は、昔の科学革命の天才たちを魅了した。最初の殉教者はフランシス・ベーコンだった。鶏肉が低温で〝硬化する〟現象の実験をしているときに伝染病にかかり、それがもとで死んだのである。十七世紀末には、煮た砂糖の保存性に関するドニ・パパンの実験にヒントを得たライプニッツが、その発見に改良を加えて戦場の軍隊の食料に応用しようと思いついた。(60) そのころには、アントン・ファン・レーウェンフックが発明した顕微鏡によって微生物の活動が明らかになっていた。常識的な仮説では、明らかに腐敗と関係のあるかびや虫が自然に発生するのであり、それらが生き延びるには、地球上のその他多くの生命体と同様、空気が必要なのだとされた。

だが、微生物がどうやって繁殖するかという問題は、実際には科学のなかで最も深遠な問題のひとつだった。地球上で最も原始的な生物は古細菌であり、そのすぐあとに真核生物と原核生物という若干複雑な有機体——単細胞の生物で、前者は核を持ち、後者は核を持たない——がつづく。実際、たいていの計算によれば、およそ三五億年ものあいだ、これらが唯一の生物だった。だが、これらの生物が出現したのは、地球が誕生して以来すでに一〇億年がたったときだったため、ずっと存在していたとはいえない。これらの生物は最初、ある種の〝化学的偶然〟によって自然に発生し、その後、繁殖能力を身につけたにちがいない。あるいは、神の創造の行為か、何かほかの、科学の領域を超えた介入によって、進化のプロセスがはじまっていたにちがいない。十八世紀の論争では、微生物が古くから存在したという結論はまだ出ておらず、進化論も非常に初歩的なかたちでしか提示されていなかったが、神の存在——少なくとも、生命の創造という神だけが持つ力に関する主張の正当性——が問題になっているという感覚が、自然発生についての議論に活気を与えた。だが、現在わかっているかぎり、自然界には自然発生の事例は存在しない。しかし当時は、とくに自由思想家のあいだで、自然発生説が非常に洗練された学説とされていた。だが、イタリアの生理学者ラザロ・スパランツァーニが、顕微鏡で分裂——分裂による細胞の増殖——の観察に成功する。スパランツァーニは、微生物はどこからともなく〝現われる〟のではなく、すでに存在する環境で増殖することしかできないと結論づけた。

スパランツァーニは、バクテリア——当時好まれた用語では〝極微動物〟、スパランツァーニ自身は〝細菌〟と呼んだ——を熱で殺してから食品を密閉すると、バクテリアが自然に発生することはないことを証明した。しかし、加熱そのものに効果があることを確実に示すことはできなかったため、この証明は不完全だった。批判的な人びとは、加熱で効果が得られるのは、加熱によって物質から空気が奪われるためだと主張した。それでも、スパランツァーニの実験から食品業界が学んだことは明らかだった。加熱と密閉を組み合わせれば、食品をいつまでも保存することができるのだ。その結果、当時までの食品保存の歴史で最も重要な新機軸が生まれた——缶詰の登場である。スパランツァーニの発見は戦争中のことだったため、彼の研究を応用して実用化することが緊急の課題となった。

たんなる偶然の一致かもしれないが、ほぼ時を同じくして、パリの菓子製造業ニコラ・アペールが瓶詰を導入した。アペールは一七八〇年ごろから砂糖の保存効果を研究していた。一八〇四年、アペールは従業員五〇人の工場をマッシーに開き、缶詰を熱湯で加熱して微生物の活動による膨張の兆候が見られるかどうかを観察する実験をはじめた。しかし実際の製造では、長年にわたってほとんどガラス製の容器しか使わなかった。その一方で、圧力釜を利用するようになる。一八一〇年に本を出して製法を公開すると、食通や主婦に歓迎されたが、現実には、軍隊での需要が最優先事項だった。やがて、アペールの名にちなむ〝アペルティゼーション〟という言葉が加熱による殺菌を意味するようになる。[61] ほぼ同じころ、イギリスでブリキの缶に詰めてはんだ付けで密閉する方法が使われはじめた。アペールも一八二二年にはこの方式に切り換える。当初、缶詰は完全に信頼できるものではなかった。北西航路を探すジョン・フランクリン卿の遠征は失敗に終わり、乗組員全員が死亡したが、その原因はおそらく寒さではなく、ボツリヌス中毒だった。皮肉なことに、外気にさらされた食品は何もしなくても新鮮なまま保たれるほど寒冷な環境で、遠征隊の缶のなかで致死性のバクテリアが繁殖したのだった。他方、一八二〇年代につくられた缶詰で、まだ食べられるものも見つかっている。

缶詰産業は当初、主に軍部の需要を満たす製品をつくっていたが、いくつかの製品はすぐに世間で大成功をおさめた。その最初の製品は、一八二〇年代にナントで製造されたイワシの缶詰である。一八三六年には、ジョゼフ・コランの工場で生産される缶詰は年間一〇万個だったが、一八八〇年には、フランス西海岸のいくつかの缶詰工場で年に五〇〇〇万個のイワシの缶詰が生産されるようになっていた[62]。生産量から見ると、初期のこの産業で次に重要な製品はおそらく牛乳だった。アメリカのゲイル・ボーデンはタイミングよく牛乳の缶詰の製造をはじめて、南北戦争を戦う連邦軍に提供した。こうした製品で非常に興味深いのは、味や特性が新鮮な状態とはまったく異なることだった。イワシは水気が多くなり、ざらざらした舌触りになった。牛乳の缶詰――一般にはコンデンスミルク――は保存性を高めるために砂糖が加えられ、独特な甘味があって濃度が高かった。

缶詰は事実上、たんなる保存法ではなく調理法だった。偉大な食通グリモ・ド・ラ・レイニエールは初期の食の指導者であり、アペールの瓶詰製法を普及させた人物であるが、彼は瓶詰にしたグリーンピースは旬のものと同じくらいおいしいと断言した[63]。だが、彼は間違っていた。それは違うものであり、それはそれで、旬のものよりおいしかったのだ。ジェローム・K・ジェロームの小説『ボートの三人男』で三人男が缶詰のパイナップルを食べるために悪戦苦闘する話は、イギリスの喜劇文学の伝説的なエピソードのひとつとなっている。マストを武器に使っていたところ、ハリスは「ちょっと負傷しただけで」すんだ。

ぼくたちは、パイナップルの缶詰を平べったくなるまで打ちのめした。そして次にはそれを四角にし、その次には……というふうに、幾何学において知られているあらゆる形にしたのだが、ただしそれに穴をあけることはできなかったのである。ジョージがマストを取り上げて殴りはじめると、異様で無気味で野蛮で醜悪で非現実的で、何とも形容のできない変な形になったので、こわくなってしまい、マストを捨てた。そこでわれわれ三人はそれをとり囲んで草の上に座り、じっとパイナップルの缶詰をみつめた。そのてっぺんには、大きな凹みができていて、人を馬鹿にした笑いを浮かべているような感じであった。（『ボートの三人男』（中公文庫）丸谷才一訳）

この無益で戦利品も得られない闘いに価値があると思わせたのは、「甘い汁のことを考えた」からだった。[64]十九世紀の最も有名なシェフのひとり、ジュール・グッフルは、独創的な料理の追求に専心したが、缶詰のグリーンピースのやわらかさと、缶詰のサケのテリーヌの後味を絶賛した。[65]

ここで、著者自身の関心をはっきりさせておくべきだろう。わたしが好きなのは新鮮な食べ物であり、保存するなら変化があらわな保存法がいい。新鮮なふりをした古い食べ物は好きではない。したがって、冷凍や放射線照射による殺菌保存は好きではない。こうした加工を正当化する理由として挙げられるのは、風味がまったくといっていいほどそこなわれないことである。蒸気が充満した中で少なくとも一五分間、一二〇度で加熱する圧力調理では、微生物や胞子が死滅するだけでなく、多くの食品の味や舌触りが大きくそこなわれる。蒸したりゆでたりする方法ではほとんどの微生物が死滅し、わかっているかぎりすべての病原菌が死ぬが、胞子は生き残り、食品が冷めると生育をはじめる。そのため二度か三度、煮沸を繰りかえす必要がある。これをしなかったことが、スパランツァーニの試みが不完全だった理由のひとつである。二、三回ゆでると、ほとんどの青菜は味がなくなってしまう。こうした方法はどれも、明らかに、食品を変化させずに保存する方法を求める科学者や企業家を満足させるものではない。牛乳は特殊な例である。七〇度まで加熱する低温殺菌によって、風味にそれほど大きな影響をおよぼすことなく殺菌できるのである。この殺菌法で、腐るのを遅らせるには充分である。また超高温加熱処理では、四秒間一気に激しく沸騰させて、そのあと急激に冷却する。こうして処理された牛乳は何ヵ月も持つが、多くの人の舌は、質が影響を受けていないという主張を却下する。また、化学的な保存法は危険をともなう。十九世紀末から二十世紀初頭にかけては、保存加工された魚や肉のほとんどにホウ砂が加えられ、また乳製品の品質保持期間を延ばす目的でもホウ砂が使われていたが、現在ではホウ砂は有毒とされ、使用を禁じられている。化学的な方法でバクテリアの活動を抑えることは、さらに害を加えることはないとしても、食べ物の味に影響をおよぼすのは避けられない。

放射線照射による殺菌保存は、保存法としてはきわめて効果的である。ガンマ線を照射しても生き延びることが知られている細菌は一種類しかない。だが、この方法は不快きわまりない。放射線照射によっても、その後の長い品質保持期間にも、食べ物の繊細な味や香りは影響を受けないとされるが、そんなことはとても信じられない。畑や処理場を出てから何ヵ月もたっているのに新鮮さを装った食品を届ける保存法は、どれも嫌悪感をもよおさせる。

伝統的な保存法では、食品は加工によって変化する。そのため、ごまかしはない。ある点ではよい方に変わっているとさえいえる。酢漬け、発酵、乾燥、瓶詰、燻製、砂糖漬け、塩漬けなどの食品だけを食べるのは身を犠牲にするようなものだが、こうした食品は、新鮮な食べ物に完全に取って代わるのでないかぎり、暮らしを豊かにしてくれる。そのほかチーズやザウアークラウトなどは、それぞれある種のバクテリアを味方につけて、腐敗を起こさせる他のバクテリアの活動を抑えている。チーズはひとつの生態系であり、ロックフォール・チーズやスティルトン・チーズの系統では、役に立つバクテリアと有害なバクテリアが争う戦場を見ることができる。「生きるために食べるのではなく、食べるために生きるべきだ」という格言に従えば、保存加工は保存そのもののためではなく、調理のように、それ自体で心地のよい効果を生むためにおこなうべきである。ほんとうに新鮮な食品が豊富にあるというのに、加工後も長持ちする食品を新鮮だと偽ることで何が得られるのだろう。そうした食品は防腐処置をほどこした死体のように生気がなく、ほめられることといえば悪臭がしないことだけだ。

変化を起こさせず保存する方法を探すという問題の、最も不快でない答えは冷凍だった。一八〇六年から、ボストンの貿易業者が北極の巨大な氷塊の貿易を大規模に開始し、大西洋各地に氷を引いていった。一八五一年、天然の氷で冷やした初めての冷凍鉄道車両が、ニューヨーク州オグデンズバーグからボストンへバターを運んだ。だが世界の大半では、氷は依然として高価な商品であり、産業用の冷凍に氷を使うことはできなかった。充分な氷がなかったし、氷では充分な低温も得られなかったのである。これを解決したのが、圧縮ガスによる冷却装置だった。これは一八七〇年代に、主として醸造業のためにオーストラリアで完成された。だが、肉が大量に余り、近くには輸出先もない半球で、この技術がもっと広い範囲で役に立つことは明らかだった。冷凍肉の長距離輸送は、一八七六年に商船パラグアイ号がアルゼンチンからフランスへ、マイナス三〇度で肉を運んだのが最初だとされている。オーストラリアからロンドンへ初めて輸送されたのは一八八〇年のことだった。

この影響はきわめて大きかった。これによって産業化社会では、肉は比較的安価で豊富な商品になったのである。だがこの影響も、一九三〇年代と四〇年代の技術の影響にくらべればささやかなものだった。北極地方でイヌイットの調理法を観察したクラレンス・バーズアイは、セロハンの包装紙を発明し、食品を新鮮なうちに素早く冷凍することを可能にした。[66]また、食品が解けても溶解しない、ロウを塗ったボール紙の包装紙を導入したのもバーズアイだった。人間によるこの「驚くべき発明が起こした奇跡は……食物の歴史の流れをすっかり変えるかもしれない」。これは、バーズアイの「冷凍食品」の最初の広告にゼネラルフーズ社のコピーライターが書いた一文である。アメリカのミュージカル作曲家コール・ポーターの〝一流品〟リストには、スペインの夏の夜、ナショナル・ギャラリー、グレタ・ガルボのギャラとならんでセロハンが含まれていた。一九五九年には、アメリカ人は年間二七億ドルを冷凍食品に使い、そのうち五億ドルは〝温めるだけ〟の調理済み食品に使っていた。[67]バーズアイは、産業化のさらなる段階——生産、加工、供給の産業化だけでなく、食の産業化

——への道を開いたのだった。

便利さを求める食習慣

列車がシカゴに着く一時間前、移民たちはその臭いに気がつきはじめた。それは自然のままの、生の臭いだった。濃厚な、腐ったような、官能的な、強い臭いだった。酒でであるかのように飲みこむ者もいれば、ハンカチを顔にあてる者もいた。新しく来た移民たちは驚きに我を忘れて、まだその臭いを味わっていた。そのとき突然列車が停まり、ドアが勢いよく開いて、どなるように声が響いた——「家畜収容場！」[68]

アプトン・シンクレアの小説『ジャングル』の旅行者を迎えるこのシーンは、食品加工が産業化を模倣し、産業化とともに歩む様子を象徴している。シンクレアの描写には地獄のような響きがある。家畜収容場からでる煙は「地球の中心からわきあがってきたかのようだ」。二万頭の家畜がうめく。魔王の収容所の空気はハエで真っ黒だった。それは、一箇所に集められた労働力と資本としては最大のものだった。そこでは三万人の男が雇われていた。近隣の二五万人を直接養い、間接的には五〇万人近くを養っていた。生産物は文明世界のあらゆる国に送られ、それを食料とする人間の数は少なくとも三〇〇〇万人にのぼった(69)!

そこでは、年老いて体が悪くなり、体中おできで覆われた牛から食べ物が生みだされた。「ナイフを突き刺すと破裂して、くさい物が顔にかかるだろう。……それは、スペイン人の全弾丸の何倍ものアメリカ人兵士を殺した『防腐処置をほどこした牛肉』のような物だった」。死んだネズミは床のごみといっしょに肉のなかに無造作にほうり込まれた。「こうしたものからソーセージがつくられ、できたソーセージ全体からみれば毒殺されたネズミはほんのひと口にすぎなかった(70)」

産業化は不潔、退廃、粗悪品を生んだ。だが産業時代には、受け入れられる解決策はさらなる産業化だけだった。十九世紀末になると食品科学は清潔さにとりつかれ、食品業界の発展の流れは画一的で、意外性のない、安全な食品へと向かっていった。伝統的な料理で大切にされた喜び、個性、文化的独自性といったものはみな、こうした特徴に取って代わられた。先見の明のある食品製造業者は、清潔さという法律のもとでは、単価を上げることによってスケールメリットが追求され、多額の資本が投じられたこの業界により多くのビジネスが集まるだろうということを悟った。衛生は、あらゆるブランドの価値を高めるセールスポイントだった。

十九世紀末の〝清潔王〟は業界屈指の大立者のひとりだった。その人、ピッツバーグのへンリー・J・ハインツは、ルーテル教会の牧師になるはずだったが、八歳のころから両親の菜園でとれた作物の余りを売り歩き、真の天職を見つけた。ハインツはまだティーンエイジャーだった一八六〇年代に、清潔さが売り物になりることを学んで、菜園でとれたホースラディッシュを、買う人の目に触れるように透明なガラス瓶に入れて売り歩いた。一八六〇年代の終わりには、ノートにピクルスのレシピを集めるようになる。その中で特徴的だったのはクルミのケチャップに関するデータや、彼が〝チャウチャウ〟と呼んだ野菜のピクルスで、そのほかに洗浄液や馬の疝痛治療の分析も記されていた。また、聖書から引用した一五〇の句が随所に書かれていた。一八七五年に倒産したあと、ハインツは多角化をはかってピクルスも扱いはじめ、缶詰にも手を広げ、包装と広告の力でハインツを、アメリカの鉄工業の中心地ピッツバーグで有数の大企業家にした。〝五七種類〟という宣伝文句を思いついたとき、製品の数はすでに六〇を超えていた。彼がその数字に引かれたのは、ニューヨークの高架線列車で幻覚のような体験をしたときの〝神秘的な理由〟のせいらしい。

ハインツはロマネスク様式の工場を建てた。その工場には大きな講堂があり、そこのステンドグラスの窓にはハインツの哲学——労働や資本より経営がまさる——が示されていた。一八八八年に時給五セント、一日一〇・五時間労働という契約で入社した従業員には、制服が無料で支給され、内科や歯科の治療、毎日のマニキュア（食品を扱う場合）も無料だった。また、ホットシャワーつきの化粧室、プール、ジム、屋上庭園、読書室、オーフェニオンのオルゴールが置かれ、壁に一〇〇枚の絵が掛けられた食堂も自由に使えた。慰安行事としては、ときどき会社の遊覧馬車で公園を走る機会があり、講演やリサイタルに出かけたり、洋裁、帽子造り、料理、絵画、歌、市民権などの自由講座に参加することもでき、年に四回ダンスパーティも開かれた。ダンスパーティでは「ハインツ氏はバルコニーからみなに手を振ってくれた」。家族も参加できる行事には、年に一度のクリスマスパーティ――そのパーティではハインツ氏がサンタと握手をした――と、年に一度の地元の景勝地への小旅行があった。小旅行の際には特別列車が出て、最大で四〇〇〇人の浮かれ騒ぐ人たちを運んだ。創立者が手に入れたもののひとつに「ピッツバーグの最も富裕な地区に建つ豪壮な大邸宅」があり、バスルームの壁画にはほら貝を口元と足にあてた等身大の裸のナイアスが描かれていた。また、ハインツはすばらしい私設美術館も所有していた。ハインツは死後、〝予言者〟とか〝パイオニア〟と呼ばれるようになったが、もしかするとその名には値しなかったかもしれない。だが、清潔さを売り物にしたことは間違いない[71]。

機械化は、〝人間の手が触れていない〟清潔さというレトリックによって神聖視された。工業規模の食料生産と画一性は、味を台無しにしてしまった。低温殺菌されたチーズでは、独創性や個性は煮沸されてなくなった。危険と引き換えに風味をもたらす微生物の活動のバランスは崩れた。大衆市場で最もよく売れるリンゴは、魔女の贈り物のように大きくてつやがある、見た目のいい品種である。果物は、保存期間を延ばすため、熟さないうちに販売される。果物の中には冷凍してもあまり味が落ちないものもあるが、イチゴやバナナなどは冷凍するとだめになる。現代の食品業界は、不潔さとの闘いと並行して、健康面の不安を利用して〝いんちきな食品〟を生みだした。砂糖やバターの代用品として売れる物を探すことが、食品業界の究極の目標になっている。砂糖とバターは、塩とともに、流行の食の正統派によって呪われた不浄な三位一体を形成する。健康についてデマを飛ばして世間を騒がす人たちはこの三つを悪く言うが、そうした悪口はあたらない。どれも、ほとんどの食品と同様、ふつうの量を摂取するぶんには健康にいい。塩によって血圧に深刻な悪影響がでる人はごく少数であり、統計の信頼性が最も高いと思われるアメリカでは、人口の八パーセントだとされる。バターも含めた飽和脂肪は統計的に心臓病との関連が指摘されているが、通常の摂取率では、並はずれてコレステロール値の高い少数の人を除けば害はない（一二三～一二四ページ参照）。砂糖はふつう肥満、過剰運動、虫歯などの原因とされるが、その確率は、ほかの発酵性の炭水化物がそうした不調の原因となるのと同じ程度でしかない。たいていの人は、おせっかいな栄養学者や栄養士に止められなくても、健康にいい量しか食べていないと思われる。人工甘味料、マーガリン、蔗糖ポリエステルなどの、実験室で混ぜ合わせてつくった食品の摂取によって健康が守られるというのは、脳にも舌にも不快な考えだ。政府や保健衛生教育機関がこうした問題について出す、目標の定まらない健康上のアドバイスは、受益団体以外には役に立たない。長期的に見れば、人騒がせな嘘をつく傾向を助長し、保健衛生運動一般の信用を落とすことになり、合理的な健康政策が成り立たなくなる。その結果、人びとは衛生、喫煙、性行動などについての公式な勧告に注意を払わなくなるだろう――これらはどれも、ほんとうに重要な問題なのだが。

大衆が代用食品をすすんで受け入れることには驚かされるが、そうしたことをいつまでも繰りかえしていると悪夢に襲われることになりかねない。すでに、肉をまねた〝大豆タンパク製品〟がつくられている。肉を拒否する人がなぜ、肉に見せかけた植物性タンパク質を欲しがるのだろう。高リジン穀物は、従来の穀物に不足している必須アミノ酸の多い穀物で、肉の代用の安いタンパク源としての可能性が探られている。究極のまがいものはおそらく、微生物からつくった食品だろう。微生物は有機体であり、順応性があり、無尽蔵に存在する。すでにこの目的に利用されている微生物もある。クロレラは大量栽培された藻からつくられ、ケーキ、ビスケット、アイスクリームづくりによいとされる。シアノバクテリアは日干しにして、ビスケットとしてかじることができる。一九八〇年代には、流行を追う熱心な支持者がいた。(72)微生物学者J・R・ポストゲートは次のように報告している。

一九七〇年代のアメリカで、肉の残りかすで（近代的に処理される肉のおよそ四分の三が捨てられているようだ）キノコの菌糸体を培養する方法が開発されたが、その後どうなったかは知らない。キノコスープか？……きっと、クロレラ・ビスケットやメタノ・バーガーが当たり前のおいしい食事になり、乾燥させたシャトー・ラトゥール（特別なブレンドによって最高の年、一九三七年を再現したエステル系溶液）を水で戻しながら、大きな動物を育てて殺し、実際にその肉を食べていた祖先の野蛮な習慣を不思議に思う日が来るだろう。(73)

一方、工業的に加工された食品が、前世紀の主唱者たちの約束どおり衛生的なものかどうかははっきりしない。食品が大量生産されると、ひとつのミスが多くの人に害をおよぼす可能性がある。調理後の保存期間は、健康に対して重大な危険をもたらす。加工食品を解凍するたび、調理済みの食事を温めなおすたびに、細菌がはびこるための生態的地位が生まれる。リステリア菌は冷蔵庫の中で増殖する。一九八八年、ニワトリに新種のサルモネラ菌が見つかった。これはほぼ間違いなく、家畜の飼料に抗生物質を濫用した結果だった。バクテリアは、ほとんどの生化学者が予測できなかった速さで抗生物質に反応して、うまく適応し、遺伝物質を交換し、抵抗力のある新しいかたちに生まれ変わる。一九九〇年五月、貿易博覧会のビュッフェでサルモネラ菌による食中毒が発生し、一五〇人の客のうち一〇〇人が症状を訴えた。不充分に凍った状態で届けられた鶏の脚を冷蔵庫に入れ、翌日調理して、卵とパン粉で包み、二日間冷凍庫に入れ、三時間半かけて解凍し、たっぷりの油で揚げたあと冷まし、三時間冷蔵庫で冷やし、温めてから出したのだという。(74)一年後に起きた食中毒では、前の夜に冷やした肉で同じ学校の数百人の子どもに症状がでた。同じころ、結婚式の客が、抗生物質に耐性のあるブドウ状球菌による食中毒にかかった。このブドウ状球菌は、七面鳥とハムを切った人の鼻汁と化膿した部分から見つかったものと同じ種類だった。食品を加工するとき衛生状態が不充分だと、危険なのは明らかである。だが、細菌の突然変異はつねに警戒の裏をかき、科学をしのぐおそれがある。一九六四年にアバディーンで腸チフスが発生したときは、原因が突き止められる前に四〇〇人が感染した。塩素以外では死なない新種の腸チフス菌が、通常は加熱後の缶を冷やすためにおこなわれる塩素洗浄の工程を通らなかった缶を汚染し、その牛肉がスライサーの刃を汚染して、ほかの肉にも広まったのだった。[75]

産業化した食習慣が健康におよぼす影響は、せいぜい、いいとも悪いともいえないといったところである。だが、それによって社会がむしばまれていることは確かだ。少なくとも、現代の欧米で伝統となった家庭生活のパターン、キッチンの暖かさと香りがもたらす家庭生活の中心、食事をともにすることで生まれる友愛はむしばまれている。家族の食習慣を変える産業化の力は、ある点では、それを経験したすべての人にとって明白である。新しい仕事のパターンに合わせて食事時間が変わったのだ。現代のフランスでは、スープは〝夜のもの〟である。[76]アメリカやイギリスでは、一日に四回食事をする習慣はとうの昔になくなった。日中の軽食と夜の〝ディナー〟が優先されるため、昼食が一日のメインの食事になることはほとんどなくなった。イギリスでは、お茶のために何もかもが止まる五時のお茶の習慣はなくなった。昼食を一日のメインの食事とするドイツやイタリアでさえ、出勤日の時間を節約するためにオフィスのカフェテリアで食べなければならない。スペインで食事時間が乱されたなら、この国の文化が生き残ることはまずなかっただろう。一九二〇年代には、プリモ・デ・リベラ将軍が、産業化時代の仕事のパターンに合わせてスペインの食事時間を〝近代化〟する計画を立て、午前一一時に簡単な昼食をとることを定めたが、その時点で彼の独裁政権は運が尽きた。今日のスペインでは、現代経済のニーズは二つのもので満たされている。

ひとつは集中勤務日の制度で、この場合は午前八時から午後三時まで連続して働いたあと退社して、昔からの習慣どおり家族といっしょに食事をすることができる。もうひとつは携帯電話で、これがあれば、昼食のための午後の休憩を延ばしても、いつでも連絡がつく。もし家族が一日一度しか食事をともにしないのがふつうになったとしても、伝統的なかたちの家庭生活はきっと生き残ることができるだろう。だが、それでさえ、ますます疑わしくなってきているようだ。一八八八年、エドワード・ベラミーの『顧みれば』が出版された。彼の描く社会主義のユートピアでは、キッチンのある家はなかった。その代わりに、人びとは新聞に印刷されたメニューからディナーを注文し、巨大で荘厳だが居心地のよい人民宮殿でいっしょに食べる。こうした軽食堂は現在、民間企業が提供するものではあるが、ファーストフード店というかたちで実現した。人びとはいまも家で食事をするが、その時間はますます不規則になり、食事時間は個別化している。家族のそれぞれが、別の時間に別の物を食べているのだ。

ファーストフードがもともと新しい現象ではないと考えると、ほっとする。すぐに食べられる温かい食品は、歴史上ほぼすべての都市社会で、都会に住む貧しい人びとの食事だった。[77] 古代ローマの共同住宅には、料理をするスペースや器具はまずなかったので、みな物売りから出来合いの食事を買って食べていた。ベケットのロンドンの通りでは、パブリック・キッチンが昼も夜も開いていて、誰の懐具合にも合う食べ物をつくり、猟獣の肉、魚、家禽の肉を焼いたり炒めたり煮たりして売っていた。十三世紀のパリで買うことができたのは、子ウシ、ウシ、ヒツジ、ブタ、子ヒツジ、子ヤギ、ハト、食用雄鳥、ガチョウの肉を煮たり焼いたりした料理と、細かく刻んだ豚肉や鶏肉やウナギを詰めて香辛料で味をつけた肉入りパイ、やわらかいチーズや卵を詰めたタルト、温かいワッフルやウェハース、ケーキ、パンケーキ、シムネルケーキとタルト、すりつぶしたエンドウ豆、ガーリックソース、シャンパーニュとブリーのチーズ、バター、温かい肉入りパイなどである。十四世紀に、農夫ピアズは物売りが声を張り上げるのを聞いた。「熱々のパイだよ、熱々だよ！ 上等の子豚にガチョウだ！ さあ、食事だ食事だ！」(78)

ある意味では、一九二八年まで状況は何も変わっていなかったようだ。その年、《レディーズ・ホーム・ジャーナル》誌はまるで歴史上〝初めてのこと〟を発表するみたいに、自慢げにこう書いた。「今日では、すぐに食べられる状態で買えないものは、半熟卵くらいのものだ」(79)。とはいえ、伝統的な食べ物でファーストフードと呼べるようなものと、今日の便利な食事のあいだには、はっきりとした違いがある。古代や中世の街頭の物売りは、たいていは職人が個人でやっている小さな商売であり、家族が同じ食事を食べられる手段を提供する地域的なサービスだった。これに対して今日のファーストフード業界では、テレビやコンピュータの画面の前で〝すぐに〟食べられるような、工場で加工した製品が主流になっている。食事は、人と人とを結びつけるものではなく、人と人をへだてる障壁になりつつある。文明生活や喜びや栄養よりも〝便利さ〟が優先されるようになってきたのだ。各種の調査ではかならず、みな加工食品の味は新鮮な食品より落ちることを知っているという結果が出る。また、加工食品は栄養面でも劣ると考えられている。それでも、みな便利さのために喜んで犠牲を払うのだ。

犠牲者たちは、背筋がぞっとするほどの冷静さでこの革命を記録し、耐え抜いた。第二次世界大戦中、コラムニストのエレナー・アーリーは読者にこう約束した。「女性たちが煮込み料理を買ってバッグに入れて家に持ち帰ることのできる日が、すぐそこまで来ている……その日がくれば、女の子たちにブリッジ・ランチョンをふるまって、乾燥させた肉やジャガイモを出し……デザートには粉末の卵と粉ミルクでつくったカスタードを出すのだ」[80]。一九三七年、ディックとマックのマクドナルド兄弟がカリフォルニア州パサデナにドライブイン・レストランをオープンした。これは、産業革命でまだつくられていなかったコンベヤーベルトにのった食事にきわめて近いものだった。彼らは一九四八年以降、食事の時間から皿やナイフやフォークを排除しはじめる。これは、長いあいだ求めてきてやっと手に入れた文明生活の逆行だが、客は抗議することもなく受け入れている。マクドナルド兄弟の一五セントのハンバーガーは、食品業界でフォード方式を実現したものだった。一九五三年に、メリーランド州ベルツビルで、アイゼンハワー大統領に「リサーチ・ランチ」が出された。そのランチの特色は、粉末のオレンジジュース、「ポテトチップ・バー」、乳清を加えたチーズ・スプレッド、「乾燥冷凍したエンドウ豆」、ホルモンと抗生物質を飼料に混ぜて飼育したウシやブタの肉、低脂肪乳を使っていることだった[81]。

この時代はちょうど、外国の料理の目新しさが価値を持ち、アメリカ市場に影響を与えはじめたころだった。外国の料理が最初におさめた成功はささやかなものだった。マッカーシーの時代には、アメリカ的でない食事を売り込むのは無謀なことだったからだ。ただしスパゲティのミートボール添えは許容され、チャプスイや焼きそばも許された。戦時中に材料を混ぜ合わせるこうした料理がつくられたが、ハインツはこうした料理向けに自社のクリーム入りマッシュルーム・スープを使ったレシピを宣伝した。(82) だが、外国の力もファーストフードの勢いを止めることはできなかった。一九七八年に発行された雑誌にはこう書かれていた。

外国料理やエスニック料理がこのところ大流行している。……けれど何かをドイツ風にするためにドイツ人のコックを雇う必要はない。ローストビーフの上にドイツ風のザウアークラウト、つまり缶詰のザウアークラウトをのせて、キャラウェイの種を少し添えればいい。オレガノとバジルとニンニクを缶詰のトマトと混ぜて、鶏肉を加えれば、珍しいイタリア風のヒーローサンドイッチができあがる。中華料理なら、ショウガ、アニスの種、ニンニク、タマネギ、トウガラシ、ウイキョウの種、クローブ、シナモンのなかから適当に加えればいい。(83)

今日、バーガーキングは〝一五秒で完璧な食事〟を約束し、客に出すことによって、マクドナルドに対する挑戦をなんとか持続している。公平を期すなら、バーガーキングが二〇〇〇年に展開した新しい宣伝キャンペーンでは、〝あれよりおいしい〟というキャッチフレーズが使われた——これは暗に、マクドナルドの製品を指している。筆者はこの主張を検証したいわけではない。今日の食品市場に活気を与えているのは創意に富んだ異国風の料理を好む傾向だという証拠として、広く認められているのが〝フュージョン料理〟だが、筆者はその台頭をこころよく思っているわけでもない。(84)それどころか、この新しいスタイルの料理が現代の風潮を象徴していると思うと暗澹とした気分になる。フュージョン料理は料理のレゴみたいなものだ。いわば集合場所である台所に——しばしば加工されたかたちで——運ばれてくる材料を混ぜ合わせ、組み合わせるのを可能にするのは、入手しやすさの革命だけである。これは自動車やコンピュータの〝工場〟と似ている。そこでは実際には何もつくられず、世界中で最も安く生産できる場所から運ばれた部品が組み立てられるだけだ。現在では、かつてないほど多くの人が、かつてないほど多様な食品を手に入れられるようになった。だが、みなこの特権をすすんで放棄し、安い規格品を選んでいるようだ。

第一章で書いたように、料理は文明の基礎だと考える人たちにとって電子レンジは最後の敵である。一九六〇年代のタッドのレストランでは、プラスチック容器に入った完全に凍ったディナーを出していた。客はそれを、テーブル脇の電子レンジで解凍して食べた。(85)この新しい方式は、幸いなことに流行しなかった。それはたぶん、電子レンジが最もふさわしいのは社会の敵、ひとりで孤独に食べる人だからだ。食事をともにすることによる親しい交わりは、食事時間を待つことから家族を解放する装置によって簡単に崩れ去る。プレタポルテの食事と電子レンジは、社会的な行為としての料理と食事の終焉を現実のものにする。これは、食べ物の歴史における最初の大革命が取り消される危険にさらされているということだ。焚き火や鍋やひとつのテーブルをかこんだ親密な交わりは、少なくとも一五万年にわたって、協力して暮らす人間同士を結びつけるのに役立ってきたが、いまやそれが打ち砕かれようとしているのである。

とはいえ、西洋の歴史の工業時代には脅迫的な兆候がついてまわったにもかかわらず、食の未来について楽観的でいられる充分な理由がある。工業時代はすでに終わったか、あるいは終わろうとしている。工業時代には、次々に打ち出される生産、加工、供給の新機軸によって、徐々に世界規模の市場が生まれ、それを巨大企業や多国籍業が支配してきた。これは食べ物の歴史の中では新しい現象だが、これまでのところ、食の世界全体を席巻するような兆候を実際に示しているわけではない。つまりこれは、最大の力をもつ資本主義者と最も熱狂的な反資本主義者の空想の産物なのだ。すでに職人の反発が起こっている。規格化された味の食品の受け入れを迫る圧力に対して各地で反発が強まり、それが伝統的な料理の復活をうながしている。マクドナルドやコカコーラでさえ、地域の味や異文化に対する偏見に合わせて、売り込み方を変えている。消費者の好き嫌いを決定する大きな要素のひとつとして、アイデンティティがふたたび注目を集めている。食品は、マーケティング担当者が〝ネクタイ〟製品と呼ぶもの、つまり食べる人の自己認識、その人が属する社会や国や階級を示すものが縞模様を織りなす製品なのである。景気のいい市場では、安さから品質、珍しさ、職人芸の尊重へと重点が移っている。すでに見たように、食品業界は人口が増加傾向にある時代に価格を下げることで繁栄した。だが、先進世界ではその時代はもう終わった。現在工業化がすすんでいるほかの地域でも、先進世界に追いつけば、同じような重点の移行が目につくようになるだろう。歯磨きのチューブや粉の入った包みから栄養を摂取する世界という幻想は、現代主義者のその他の幻想と同じ運命をたどるだろう。社会主義のユートピア、サイバロクラシー、原子力を利用した社会、コルビュジエの都市、『宇宙家族ジェットソン』の世界。こうした幻想はすべて、歴史によって誤りであることが証明されてきた。未来は、未来学の専門家の予言よりもずっと過去に近いものになるだろう。すでに、ファーストフードは未来派や渦巻派と同じくらい時代遅れなものになったようだ。これらはみな、スピードの目新しさに浮かれていた、過ぎ去った時代のものである。一五秒のハンバーガーは一五セントのハンバーガーといっしょに歴史のごみ箱に入れられるだろう。アメリカ人の口は効率のために多くのくずを呑みこんできたが、インスタントコーヒーについてはたいていのアメリカ人が拒絶する。この好みのうるささは、過去の遺物であると同時に、未来を示すサインなのかもしれない。

規格品に征服されたにもかかわらず、食べ物は依然として芸術であり、現代の先進世界の食文化の中には、他の芸術のポストモダニズムと同じ特徴をもつものもある。味覚の国際化とフュージョン料理の台頭は、多文化主義を反映している。流行のダイエットや現代病である拒食症など、食卓のたそがれの行動様式である〝食べないこと〟は、食べ物にとって、いわば、音楽にとってのジョン・ケージの静寂、映画にとっての《ブレア・ウィッチ・プロジェクト》のようなものである。過食症は過剰と強迫観念が出会う皮肉な食べ方である。過食症の人は人目を避けてがつがつ食べて、みずから嘔吐する。キャンベルのスープ缶はポストモダニストの聖像になった。これは二重の皮肉である。缶詰はもはや食の巨人のこぶしではないし、かつて新鮮な食品と争ったときには機械論者の脅威を感じさせたかもしれないが、いまではそれもすっかり失われた。缶詰は、昔ながらのほっとする家庭料理の一部になり、急速冷凍や放射線照射された食品、インスタント食品などを拒んでいる。実際、それはキャンベルの宣伝どおりである。生の食べ物の流行は、未開への逆戻りではなく、加工に対する反乱であり、〝新鮮さ〟という産業的な概念の拒絶なのである。

ポストモダニズムの気むずかしさは、貪欲さやエコロジカルな傲慢さに対する健全な反応である。栄養過多の西洋では、よい食事とは少なめの食事である。理性にもとづく自然の利用は、略奪の一歩手前で思いとどまらなければならない。われわれ人間は、この地球上のあまりにも多くのものからあまりにも多くの食べ物をつくり、資源を無駄にして、種を絶滅の危機にさらしてきた。気むずかしさと〝健康食主義〟は、工業時代の有害な影響——安物の氾濫、環境の悪化、無残な味——に対する社会の自己防衛の手段である。バタリー方式の養鶏をやめ、化学肥料や殺虫剤を使わない有機農業の運動は、市場に驚くべき影響をもたらしている。消費者の目から見ると、有機農業の産物の主な特徴は、ふつうの農産物より高い値段ということなのだ。この運動の最も雄弁なスポークスマンであり、最も模範的な実践者であるイギリスのチャールズ皇太子は、昔ながらの農民が「堆肥と魔法を訴える変人」や「善意の……産業化以前の牧歌的な過去にあこがれる破滅論者」を受け入れないことについて、しかたがないと感じているようだ。[86] だが、産業主義の行き過ぎは後戻りさせる必要がある。産業主義の行き過ぎを逆戻りさせなければならないと、理性と本能がいやおうなく団結をはじめている。食の歴史の次の革命の役割は、最後の革命をくつがえすことだろう。

解説

東京農業大学名誉教授（発酵学・食文化論）小泉武夫

著者のフェリペ・フェルナンデス＝アルメストは英国人の歴史家で、とりわけ人類の文明史の研究においては、世界的に知られた著名な学者である。その著者が、生きるための原点となり不可避の行為である「食」に焦点を当てて、人類史的にどのような過程を歩んで今日まで来たかを、身近な食べものや料理を例にして論述したのが本書である。二〇〇一年に初版が出版されたとき、たちまち話題になり、すぐにニューヨーク・タイムズやウォール・ストリート・ジャーナルなどが讃辞を掲載している。

フェリペ・フェルナンデス＝アルメストの名は、実は日本でも前々から知られていて、例えば『ミレニアム――文明の興亡　この一〇〇〇年の世界』（NHK出版）や『世界探検全史――道の発見者たち』（青土社）などが刊行されている。そのように注目されている歴史家が、人類が生きるための原点である食に関して、人類の本質を中心にこれを論述したのであるからその内容は秀逸で、早速日本でも二〇〇三年に早川書房が単行本として刊行し、それを文庫化したのが本書である。

ところで、私の専門分野の一つが食文化で、大学では長く「食文化論」を講義し、人類の食の文化の発展過程や、さまざまな民族の食文化について研究してきたので、本書を読んで新たな知見が幾つか湧いてきた。以下に私の見解を含めて本書を解説する。

さて本書の構成は、食こそが人類史に大きな影響を及ぼしたとして、「八つの食の革命」を提案、そのひとつひとつの革命を第一章から第八章に置きかえて述べるスタイルをとっている。従ってここでは、第一章から第八章までの革命を個々に解説し、最後に本書を総合的に説くことにしよう。

第一章すなわち最初の革命は「調理の発明」で、そこには「火の変質作用」「最初の食品技術」そして「侵食する波」の三つに項目分けされている。食に対して人類が最初に革命的行為に出たのは調理の発明で、その中心は火を使うこととしたのは正にその通りで、劇的な革命と言ってもよいほどである。この論述の中で、大変面白い考え方がなされていて、「人間が火を自由に使うようになる以前から、一種の加熱調理がおこなわれていた可能性」を示唆している点である。それは野火のような自然発火によるものだとしているが、これを人類の調理行為と見てよいか否かは少々の疑問が残る。しかし、著者は「(火を使った)調理革命は(人類の)最初の科学的な革命だった。実験と観察によって、風味を変え、消化を助ける生化学的変化が発見されたのだ」としているのは説得力があり、ほっとした。原始の時代は想像の世界でもあるので、そのような推測は当然できるのである。そして「熱が食べ物におよぼす効果が人間の眼前に明らかになりはじめるとすぐに、調理の将来が予示された」としている点は、人間の思考の奥深さを仄めかしているようで同調させられた。このように、人類は火を使うことによって脳の容積が大きくなり、そこに知恵が重なって、どんどん進化していったのであろうが、著者がここで「火」で留まっているのは少々残念で、さらに一歩踏み出して「灰」まで論考して欲しかった。火を燃やせば必ず灰がでるが、その灰は第二の火とも言われ、次の調理への埋火の役割を担い、また食べものをゆるやかに加熱したり、食べものを保存するのに有効なものだからである。

しかし一方では、火を使うことは「最初の食品技術」であり、また次の技術の出発点であるとして、食べものを葉に包んで火の中に入れて焼くことや、石を熱くしてその石の上で食べものを焼くといったことの進化も革命に含めて論じていることは、さすがに文化人類学的論述で納得できるものである。

そして第一章の最後には、なんと現代の電子レンジからの論述で、火を使わずに電磁波を使って調理するのは便利さと（調理からの）人間の解放だとしている。火と電子レンジを比較しながら人類の調理を比較論考しているのはこれまでほとんどの文献になく、注目されることである。

第二章は「食べることの意味──儀式と魔術としての食べ物」である。ここでは、食べものは人間の生命を維持するだけのものではないとして、カニバリズム（人肉食）を導入口として展開している。そしてこの革命から食べものの生産、分配、調理、消費が生まれ、儀式

（神への饗応）や病気を治す魔法の食べものを生むことにつながるとしている。それが最終的には医学や生理学、栄養学へと進んでいく革命だという考え方は、やや遠まわしながら、説得性のあるものになっている。

第三章は「食べるための飼育」として牧畜を革命として挙げている。即ち食の革命の中で人間は食用に適した動物の家畜化を行ない、以後はそれを管理しながら肉や乳を利用しはじめた。その背景には、人間の高度な知恵と計算があったことや、人間のＤＮＡに内蔵してきた群れを追う本能なども、革命を起こした重要な要因になっていたことを述べている。著者はそこで、「餌う」ということと「捕る」ということの一体性を述べ、その論述を水産物の食料化（漁業）にまで含めている点はとても説得力があり、正に食の人類史上の立派な革命と位置付けて間違いない。次の第四章の農耕の始まりに、この考え方がすんなりと移行できる展開は無理がなくともスムーズだ。

その第四章は「食べられる大地」で、「食べるための植物の管理」、すなわち農業の始まりである。しかし、ここで疑問が生じるのは、農業革命の始まりのほうが牧畜革命より早いのではないという点である。どうしてここで逆になっているのかと読者はこぞって戸惑うだろうし、実は私もそうであった。ところが、それは著者の計算ずくで、この章を読んでいくと、畜産より農業のほうが早い時期に導入されていることがわかる。つまり互いは一体であることを、著者は食を通じた人類の知恵の深さとして諭しているように見えるのである。その辺りを語る場面で面白い記述は、昔の牧畜民族の火を使わない肉の調理法を例示しているところだ。切り取ったぶ厚い肉に塩を振り、それを馬の鞍の下に置いて、その馬に乗って駆ける。すると肉は繰り返し叩かれた状態になるのでやわらかくなる。その上、馬の汗も加わって、こなれた味付けになるという箇所である。しかし、一見この動物性中心の牧畜民族の食事（牧畜）は、基本的に植物性の食事（農業）を否定しているのではなく、穀物や栽培野菜を得ることも一大願望としていたからこそ、牧畜も農耕も発達してきたのだという。そのためこの章では、狩猟採集民族が次第に農耕へと発展する過程も述べていて（火を使っての開墾、肥沃な土、特定品種の種まき、そして収穫とそれを喜ぶ儀式などへの発展）、これはとても新鮮な論考だと思えた。

第五章の革命は「食べ物と身分――不平等と高級料理の出現」である。その内容は、旧石器時代に、すでに食べものをめぐる争いで階級が生まれ、それ以後、食べものは社会分化の手段や指標として使われるようになったという論述である。つまり私なりにそれを咀嚼し直せば、原始集落では力のある者が食べものを多く得ることのできる構図で、ある集落が他の集落を呑み込んで肥大化するにつれ、それは原始国家前期状態となって、その頂点に立つ者が王あるいは長で、力の順位によってその下に組織が組まれていくのである。そして力のある者は、食べものを多く取るだけでなく質、すなわち美食も手に入れることができるという革命である。本文ではそれが、現代の宮廷料理にまで論考し、食べもので社会分化が起こったことを示している。食べものが勝者と敗者をつくり、また人間の階級までつくり上げたという革命は確かに頷ける。

そして第六章の革命が「食べられる地平線」と題した、食べものの消費地と遠隔地間の交流である。人間社会はどんどん発展し、地域上の海路や陸上の道は異民族間の物質交流、とりわけ食べものの交易に重要な役割を果たして今日を迎えている。著者はこの革命を、中世を舞台に説いているが、実は日本でもこの食の交流革命が同じ中世で行なわれていたことは、著者の持論を裏付ける一例として注目したい。即ち元和五年（一六一九年）に江戸と上方（かみがた）間に「菱垣廻船（ひがきかいせん）」と呼ばれる千石船（せんごくぶね）が就航し、大坂から酒、醬油、油などが積まれ、途中寄港した知多半島（今の愛知県）の半田（はんだ）や武豊（たけとよ）、常滑（とこなめ）からは酢や味噌、味醂（みりん）、大豆、漬け物などを積んで江戸に運ばれてきたことである。それまでは、陸路とぼとぼと馬車や人力で食料を輸送していたのに比べ、その速さと輸送量とでは比べものにならないほどの変化を遂げ、海運や食料に関わる日本の歴史上、革命的現象と解釈されているからである。

第七章では「挑戦的な革命」、すなわち「食べ物と生態系の交換」を挙げている。これはひと口で言えば、種子やさまざまな生態系が一国にとどまらずに他国にまで伝播交流していくことで、穀物の種子、果物や野菜、根茎などの種子、香辛料や甘味系物（砂糖、チョコレート、コーヒーなど）の種子や苗木、家畜動物などが地球のあちこちに広まっていった革命である。例えば日本では、昔はなかったメロンやレモンなどが今では当たり前に栽培されていることなどで、確かにこれは人類の食の歴史から見れば大きな変革あるいは革命と位置付けされよう。本文では過去五〇〇年間のこの生態系革命を克明に述べていることに、著者の自信すらうかがえる。

そして最後の第八章の革命は「巨人の食料」と題して、十九世紀から二十世紀に及ぶ食べもの産業の巨大化を挙げている。地球人口が爆発的に増え（十九世紀に十億人だったものが二十一世紀には六十億人に増加している）、それに伴って人類は食料をどんどん増産してきた。そのため農水産業は肥大化し、食品の加工や冷凍、運搬、流通システムもそれに対応して巨大化した革命である。スーパーマーケットやコンビニエンス・ストアーの台頭、フードマイレージの風潮など食のグローバル化は留まるところを知らず、正に今日は、著者のいう食料革命の最終章が現実となっているのである。

以上のように本書は、人類の食を取りまく社会的発展を、火を使った原始の時から今日の巨大食産業化の現実までを八つの革命に仕分けし、さまざまな事例を駆使して論述していることは、これまでに見られなかった人類誌として最大級の評価ができよう。ただ、本文に加えてもらいたかったのは、人類の食の文化の中でも避けて通れないであろう「食べものの保存」のことである。人類は乾かす、灰に埋める、塩蔵する、煙で燻す、葉で包む、発酵させるなどの方法で、貴重な食べものを保存し、それを常に生活の場の周りに置いてきた。このことは、人類にとってとても大きな食の革命であったと私は思うからである。また、目にも見えない微細な生きもの・微生物を使って、あたかもその生物体を家畜化するようにして、すばらしい食べものである発酵食品をつくり上げてきたことも加えて欲しかった。地球上に発酵食品のない国は皆無で（北極に近いイヌイット族までもがキビャックという発酵食品を持っていて、貴重なビタミンの補給食となっている）、この食品は人類の食卓にあって常にアクセントとしての役割を演じ、また滋養食となり、さらに保存まで可能にした革命的食法であるからである。

しかしいずれにしても、本書『食べる人類誌』は、近年の食の文化論書として、珠玉の書である。多くの人が本書から食を通じて歩んできた人類の知恵や発想、さらにはその実践、そしてそこから伝承されてきた今日の食の現状や姿などを知ることは、とても意義深いことだと思う。

また、この類の本はこれまで専門語も多く、往々にして読みづらい感があったが、本書は全般を通して実に読みやすくなっているのは、すばらしい翻訳があったからでもあろう。私自身も本書を読んで、とても勉強になったので、著者並びに訳者に感謝する次第だ。

65. Capatti, "Le goût de la conserve", p. 801.
66. Toussaint-Samat, *History of Food*, p. 751.
67. Levenstein, *Paradox of Plenty*, pp. 107-08.
68. U. Sinclair, *The Jungle* (Harmondsworth, 1965), p. 32. アプトン・シンクレア『ジャングル』木村生死訳／三笠書房 , 1950.
69. 同書 , p. 51.
70. 同書 , p. 163.
71. R. C. Alberts, *The Great Provider: H. J. Heinz and His 57 Varieties* (London, 1973), pp. 7, 40, 102, ii, 130, 136-41; *A Golden Day: A Memorial and a Celebration* (Pittsburgh, 1925), pp. 17, 37.
72. J. R. Postgate, *Microbes and Man* (Cambridge, 1992), pp. 139-40, 146, 151. ジョン・ポストゲイト『社会微生物学：人類と微生物との調和生存』関文威訳／共立出版 , 1993.
73. 同書 , pp. 238-40.
74. Gaman and Sherrington, *The Science of Food*, pp. 242, 244-45.
75. Postgate, *Microbes and Man*, p. 68.
76. J. Claudian and Y. Serville, "Aspects de l'evolution récente de comportement alimentaire en France: composition des repas et urbanisation", in Hemardinquer 編 , *Pour une histoire de l'alimentation*, pp. 174-87.
77. M. Carlin, "Fast Food and Urban Living Standards in Medieval England", in M. Carlin and J. T. Rosenthal 編 , *Food and Eating in Medieval Europe* (London, 1998), pp. 27-51, at p. 27.
78. 同書 , pp. 29, 31.
79. Levenstein, *Revolution at the Table*, p. 163.
80. 同書 , p. 106.
81. 同書 , p. 113.
82. 同書 , pp. 122-23.
83. *Fast Service* magazine, 1978, Levenstein, *Paradox of Plenty*, p. 233. の中の引用から .
84. Levenstein, *Revolution at the Table*, p. 227.
85. 同書 , p. 128.
86. *Highgrove*, pp. 30, 276.

40. Davis, *Late Victorian Holocausts*, pp. 283, 286.
41. L. R. Brown, *Seeds of Change: The Green Revolution and Development in the 1970s* (London, 1980), pp. xi, 6-7.
42. F. Braudel, "Alimentation et catégories de l'histoire", *Annales*, xvi (1961), pp. 723-28.
43. M. Carleton, *The Small Grains* (New York, 1916).
44. H. Hanson, N. E. Borlaug and R. G. Anderson, *Wheat in the Third World* (Epping, 1982), pp. 15-17.
45. Heiser, *Seed to Civilization*, p. 88.
46. Hanson, *Wheat in the Third World*, pp. 17-19, 31.
47. 同書 , p. 40.
48. Heiser, *Seed to Civilization*, p. 77.
49. Hanson, *Wheat in the Third World*, pp. 6, 15.
50. 同書 , p. 48.
51. 同書 , p. 23.
52. Brown, *Seeds of Change*, p. ix.
53. McNeil, *Something New under the Sun*, p. 222.
54. J. Pottier, *Anthropology of Food: the Social Dynamics of Food Security* (Cambridge, 1999), p. 127 の中の引用から.
55. Hanson, *Wheat in the Third World*, p. 107.
56. Levenstein, *Paradox of Plenty*, p. 161.
57. H. R. H. The Prince of Wales and C. Clover, *Highgrove: Portrait of an Estate* (London, 1993), p. 125.
58. McNeil, *Something New under the Sun*, p. 224.
59. *Quaestiones Naturales*, Book 3, Chapter 18.
60. G. Pedrocco, "L'industrie alimentaire et les nouvelles techniques de conservation", in Flandrin and Montanari 編 , *Histoire de l'alimentation*, pp. 779-94, at p. 785.
61. A. Capatti, "Le goût de la conserve", in Flandrin and Montanari 編 , *Histoire de l'alimentation*, pp. 795-807, at p. 798.
62. Goody, *Food and Love*, p. 160.
63. Capatti, "Le gûut de la conserve", p. 799.
64. J. K. Jerome, *Three Men in a Boat* (to say nothing of the dog) (London, 1957), pp. 116-17. ジェローム・K・ジェローム『ボートの三人男』丸谷才一訳／中央公論社 , 1979.

14. R. Scola, *Feeding the Victorian City: The Food Supply of Manchester, 1770-1870* (Manchester, 1992), pp. 159-62.
15. H. V. Morton, *A Stranger in Spain* (London, 1983), p. 130.
16. J. Burnett, *Plenty and Want: A Social History of Diet in England from 1815 to the Present Day* (London, 1966), p. 35.
17. Goody, *Cooking, Cuisine and Class*, pp. 156-57.
18. T. A. B. Corley, *Quaker Enterprise in Biscuits: Huntley and Palmers of Reading, 1822-1972* (London, 1972), pp. 52-55, 93-95.
19. Coe, *The True History of Chocolate*, p. 243.
20. S. F. Hinkle, *Hershey* (New York, 1964), pp. 8-15.
21. J. G. Brenner, *The Chocolate Wars: Inside the Secret World of Mars and Hershey* (London, 1999), pp. 9, 20, 42, 47-59.
22. J. Liebig, *Researches on the Chemistry of Food* (London, 1847), p. 2.
23. 同書, p. 9.
24. Levenstein, *Revolution at the Table*, pp. 107-08.
25. Toussaint-Samat, *History of Food*, p. 221の中の引用から.
26. Levenstein, *Revolution at the Table*, p. 194.
27. R. Mandrou, "Les comsommations des villes françaises (viandes et boissons) au milieu du XIXe siècle", *Annales*, xvi (1961), 740-47.
28. R. S. Rowntree, *Poverty and Progress: A Second Social Survey of York* (London, 1941), pp. 172-97. R・スイボーム・ラウントリー『最低生活の研究：貧困と進歩』厚生大臣官房総務課訳／厚生大臣官房総務課, 1951.
29. Steingarten, *The Man Who Ate Everything*, p. 37.
30. Levenstein, *Paradox of Plenty*, p. 197.
31. M. Davis, *Late Victorian Holocausts: El Niño Famines and the Making of the Third World* (London, 2000), pp. 4-5, 111.
32. B. Fagan, *Floods, Famines and Emperors: El Niño and the Fate of Civilizations* (London, 2000), p. 214.
33. Davis, *Late Victorian Holocausts*, p. 7.
34. 同書, p. 12.
35. 同書, p. 139.
36. 同書, p. 102.
37. 同書, p. 26.
38. 同書, p. 146.
39. Goody, *Cooking, Cuisine and Class*, pp. 60-61.

East Asia (Minneapolis, 1976), pp. 137-39.
38. 同書 , p. 233.
39. 同書 , p. 409.
40. 同書 , p. 418.
41. J. Belich, *Making Peoples: A History of the New Zealanders* (Auckland, 1996), pp. 145-46.
42. F. Crowley, *A Documentary History of Australia*, i (1980), pp. 10, 24, 32.
43. A. Frost, Fernández-Armesto, *Millennium*, pp. 641, 747 より．A. Frost, *Sir Joseph Banks and the Transfer of Plants to and from the South Pacific* (Melbourne, 2002) を参照 .
44. Fernández-Armesto, *Millennium*, pp. 640-41.

第八章　巨人の食料

1. Cheng, *Musings of a Chinese Gourmet*, p. 147 の中の引用から .
2. C. E. Francatelli, *A Plain Cookery Book for the Working Classes* (London, 1977), p. 16.
3. 同書 , pp. 44-45.
4. 同書 , p. 22.
5. J. M. Strang, "Caveat Emptor: Food Adulteration in Nineteenth-century England", *Oxford Symposium on Food and Cookery, 1986: The Cooking Medium: Proceedings* (London, 1987), pp. 129-33.
6. 同書 , pp. 13-19, 31-32, 89.
7. L. Burbank, *An Architect of Nature* (London, 1939), pp. 1, 5, 27, 32, 34, 41; F. W. Clampett, *Luther Burbank*, "Our Good Infidel" (New York, 1926), pp. 21-22; K. Pandora, in *American National Biography*.
8. McNeil, *Something New under the Sun*, p. 24.
9. Levenstein, *Revolution at the Table*, p. 109.
10. W. H. Wilson and A. J. Banks, *The Chicken and the Egg* (New York, 1955), p. 10.
11. B. MacDonald, *The Egg and I* (Bath, 1946), pp. 65, 115. ベティ・マクドナルド『卵と私：ベティ・マクドナルドの生き方』龍口直太郎訳／晶文社 , 1988.
12. Wilson and Banks, *The Chicken and the Egg*, p. 38.
13. C. Wilson, in F. H. Hinsley 編 , *New Cambridge Modern History*, xi (Cambridge, 1976), vol. 11, p. 55.

1991).

19. A. de Tocqueville, *Writings on Empire and Slavery*, J. Pitts 編 (Baltimore, 2001).

20. F. Fernández-Armesto, *The Canary Islands after the Conquest* (Oxford, 1982), p. 70.

21. B. D. Smith, "The Origins of Agriculture in North America", *Science*, CCXLVI (1989), pp. 1566-71.

22. B. Trigger and W. E. Washburn 編 , *The Cambridge History of the Native Peoples of the Americas, I : North America*, (Cambridge, 1996), p. 162.

23. G. Amelagos and M. C. Hill, "An Evaluation of the Biological Consequences of the Mississippian Transformation", in D. H. Dye and C. A. Cox 編 , *Towns and Temples along the Mississippi* (Tuscaloosa, 1990), pp. 16-37.

24. Lafitau, *Moeurs des sauvages amériquains*, i, 70.

25. Fernández-Armesto, *Millennium*, p. 353.

26. Battara's *Prattica agraria* (1798), i, p. 95, Camporesi, *The Magic Harvest*, p. 22 の中の引用から .

27. Fernández-Armesto, *Millennium*, p. 353.

28. M. Morineau, "The Potato in the XVIIIth Century", in Forster and Ranum 編 , *Food and Drink in History*, pp. 17-36.

29. Juan de Velasco, Coe, *America's First Cuisines*, p. 38 の中の引用から .

30. J. Leclant, "Coffee and Cafés in Paris, 1644-93", in Forster and Ranum 編 , *Food and Drink in History*, pp. 86-97, at pp. 87-89.

31. 同書 , p. 90.

32. R. Edwards 訳 (Harmondsworth, 1987), pp. 73-74.

33. T. Gage, *The English-American his Travail by Sea and Land*, (1648), p. 7.

34. S. D. Coe, *The True History of Chocolate* (London, 1996), p. 65. ソフィー・D・コウ , マイケル・D・コウ『チョコレートの歴史』樋口幸子訳／河出書房新社 , 1999.

35. 同書 , p. 201.

36. J. Goody, "Industrial Food: Towards the Development of a World Cuisine", in Counihan and van Esterik 編 , *Food and Culture*, pp. 338-56; S. W. Mintz,"Time, Sugar and Sweetness", 同書 , pp. 357-69 より .

37. E. S. Dodge, *Islands and Empires: Western Impact on the Pacific and*

pp. 303-39.

第七章　挑戦的な革命

1. A. Davidson 編 , *The Oxford Companion to Food* (Oxford, 1998), s.v.
2. Philibert Commerson in 1769, R. H. Grove, *Ecological Imperialism: Colonial Expansion, Tropical Island Edens and the Origins of Environmentalism, l600-1860* (Cambridge, 1996), p. 238の中の引用から .
3. E. K. Fisk, "Motivation and Modernization", *Pacific Perspective*, i (1972), p. 21.
4. Dalby, *Siren Feasts*, p. 140.
5. 同書 , p. 87.
6. C. A. Dery, "Food and the Roman Army: Travel, Transport and Transmission (with Particular Reference to the Province of Britain)", in Walker, *Food on the Move*, pp. 84-96, at p. 91.
7. McNeil, *Something New under the Sun*, p. 210.
8. Grove, *Ecological Imperialism*, p. 93.
9. Coe, *America's First Cuisines*, p. 28.
10. 同書 , p. 96.
11. C. T. Sen, "The Portuguese Influence on Bengali Cuisine", in Walker, *Food on the Move*, pp. 288-98.
12. McNeil, *Something New under the Sun*, p. 173; F. D. Por, "Lessepsian Migration: an Appraisal and New Data", *Bulletin de l'Institut Océanique de Monaco*, no. spéc. 7 (1990), pp. 1-7.
13. Fernández-Armesto, *Civilizations*, pp. 93-109.
14. F. Cooper, *The Prairie* (New York, 出版年不明), p. 6.
15. A. W. Crosby, *Ecological Imperialism: The Biological Expansion of Europe* (Cambridge, 1986). アルフレッド・W・クロスビー『ヨーロッパ帝国主義の謎：エコロジーから見た10～20世紀』佐々木昭夫訳／岩波書店 , 1998.
16. P. Gerhard, "A Black Conquistador in Mexico", *Hispanic American Historical Review*, viii (1978), pp. 451-59.
17. C. M. Scarry and E. J. Reitz, "Herbs, Fish, Scum and Vermin: Subsistence Strategies in Sixteenth-century Spanish Florida", in D. Hurst Thomas 編 , *Columbian Consequences*, ii: (Washington, 1990), pp. 343-54.
18. W. Cronon, *Nature's Metropolis: Chicago and the Great West* (New York,

23. 1850年ジョン・フランクリンを捜す北極圏遠征の軍医Elisha Kaneの言葉．Levenstein, *Paradox of Plenty*, p. 228の中の引用から．
24. A. Lamb, *The Mandarin Road to Old Hue* (London, 1970), p. 45.
25. G. West and D. West, *By Bus to the Sahara* (London, 1995), pp. 79, 97-100, 149.
26. Goody, *Food and Love*, p. 162.
27. Cheng, *Musings of a Chinese Gourmet*, p. 24.
28. F. Fernández-Armesto, "The Stranger-effect in Early-modern Asia", *Itinerario*, xxiv (2000), 8-123.
29. Hermippus, Dalby, *Siren Feasts*, p. 105の中の引用から．
30. Brillat-Savarin, *Philosopher in the Kitchen*, p. 275.
31. H. A. R. Gibb and C. F. Beckingham編, *The Travels of Ibn Battuta, A. D. 1325-1354*, 4 vols. (London, 1994) iv, pp. 946-47.
32. J. Israel, *The Dutch Republic and the Hispanic World* (Oxford, 1982), pp. 25, 45, 92, 123-24, 136, 203, 214, 288-89.
33. M. Herrero Sánchez, *El acercamiento hispano-neerlandes, 1648-78* (Madrid, 2000), pp. 110-25.
34. F. Fernández-Armesto, *Columbus* (London, 1996), p. 87. フェリペ・フェルナンデス＝アルメスト『コロンブス：不可能を征服した男』永井淳訳／草思社, 1977.
35. E. Naville, *The Temple of Deir el Bahari* (London, 1894), pp. 21-25; Fernández-Armesto, *Civilizations*, pp. 224-26.
36. S. M. Burstein編, *Agatharchides of Cnidus on the Erythraean Sea* (London, 1989), p. 162.
37. L. Casson, "Cinnamon and Cassia in the Ancient World", in *Ancient Trade and Society* (Detroit, 1984), pp. 224-41; J. I. Miller, *The Spice Trade of the Roman Empire* (Oxford, 1969), p. 21.
38. Miller, *Spice Trade*, pp. 34-118; Dalby, Siren Feasts, p. 137.
39. Dalby, *Siren Feasts*, p. 137.
40. C. Verlinden, *Les Origines de la civilisation atlantique* (Paris, 1966), p. 167-70.
41. F. Fernández-Armesto, *Before Columbus* (Philadelphia, 1987), p. 198.
42. J. -B. Buyerin, *De re cibaria* (Lyon, 1560), p. 2.
43. A. Reid, *South-east Asia in the Age of Commerce*, 2 vols. (New Haven, 1988-93), vol.2, pp. 277-303; Fernández-Armesto, *Millennium*,

編 , *Food on the Move*, pp. 44-51, at p. 47.

90. Goody, *Food and Love*, p. 2.

91. Goody, *Cooking, Cuisine and Class*, pp. 40-78.

第六章　食べられる地平線

1. M. Douglas 編 , *Food in the Social Order: Studies of Food and Festivities in Three American Communities* (New York, 1984), p. 4.
2. Goody, *Food and Love*, p. 134 の中の引用から .
3. R. Warner, *Antiquitates Culinariae* [1791], Goody, *Cooking, Cuisine and Class*, p. 146 の中の引用から .
4. Levenstein, *Paradox of Plenty*, p. 45.
5. 同書 , p. 140.
6. Liebling, *Between Meals*, pp. 8, 16, 131.
7. R. Barthes, "Towards a Psychology of Contemporary Food Consumption", in Forster and Ranum 編 , *Food and Drink in History*, pp. 166-73.
8. M. L. De Vault, *Feeding the Family: The Social Organization of Caring as Gendered Work* (Chicago, 1991).
9. Dalby, *Siren Feasts*, p. 21.
10. Menander, 同書 , p. 21 の中の引用から .
11. Archestratus, 同書 , p. 159 の中の引用から .
12. Jansen, *Food and Nutrition in Fiji*, ii, pp. 191-208.
13. Levenstein, *Revolution at the Table*, p. vii.
14. Coe, *America's First Cuisine*, p. 28 の中の引用から .
15. 同書 , p. 126.
16. F. Fernández-Armesto, *The Empire of Philip II: A Decade at the Edge* (London, 1998).
17. S. Zubaida, "National, Communal and Global Dimensions in Middle Eastern Food Cultures", in Zubaida and Tapper 編 , *Culinary Cultures of the Middle East*, pp. 33-48, at p. 41.
18. A. de Bernáldez, *Memorias del reinado de los Reyes Católicos*, A. Gómez-Moreno and J. M. Carriazo 編 (Madrid, 1962), pp. 96-98.
19. A. E. Algar, *Classical Turkish Cooking* (New York, 1991), pp. 57-58.
20. 同書 , p. 28.
21. Van der Post, *African Cooking*, pp. 131-51.
22. Darwin, *Variation of Animals and Plants*, i, p. 309.

67. Goody, *Cooking, Cuisine and Class*, p. 101.
68. J. P. Aron, "The Art of Using Leftovers: Paris, 1850-1900", in Forster and Ranum, *Food and Drink in History*, pp. 98-108, at pp. 99, 102.
69. Camporesi, *The Magic Harvest*, pp. 80-81, 106.
70. Peterson, *Acquired Tastes*, p. 92.
71. Dalby, *Siren Feasts*, p. 64.
72. Camporesi, *The Magic Harvest*, p. 90.
73. Montanari, *The Culture of Food*, p. 31.
74. 同書 , p. 51.
75. Forster and Ranum 編 , *Food and Drink in History*, p. x.
76. Prakash, *Food and Drinks*, p. 100.
77. Peterson, *Acquired Tastes*, pp. 84-88.
78. Montanari, *The Culture of Food*, p. 57.
79. J. Revel, "A Capital's Privileges: Food Supply in Early-modern Rome", in Forster and Ranum 編 , *Food and Drink in History*, pp. 37-49, at pp. 39-40.
80. Montanari, *The Culture of Food*, p. 143.
81. Dalby, *Siren Feasts*, p. 200.
82. John Byng, J. P. Alcock, "God Sends Meat, but the Devil Sends Cooks, or, A Solitary Pleasure: The Travels of the Hon. John Byng Through England and Wales in the Late XVIIIth Century", in Walker 編 , *Food on the Move*, pp. 14-31, at p. 22 の中の引用から .
83. M. Bloch, "Les aliments de l'ancienne France", in J. J. Hemardinquer 編 , *Pour une histoire de l'alimentation* (Paris, 1970), pp. 231-35.
84. Remedi, *Los secretos de la olla*, p. 81.
85. B. Díaz del Castillo, *Historia verdadera de la conquista de la Nueva España*, J. Ramírez Cabañas 編 , 2 vols. (Mexico City, 1968), i, p. 271. ベルナール・ディーアス・デル・カスティーリョ『メキシコ征服記』小林一宏訳／岩波書店 , 1986-1987.
86. T. de Benavente o Motolinia, *Memoriales*, E. O'Gorman 編 (Mexico City, 1971), p. 342.
87. F. Berdan, *The Aztecs of Central Mexico: An Imperial Society* (New York, 1982), p. 39.
88. Sahagún, *Historia*, pp. 503-12.
89. P. P. Bober, "William Bartram's Travels in Lands of Amerindian Tobacco and Caffeine: Foodways of Seminoles, Creeks and Cherokees", in Walker

41. D. Durston, *Old Kyoto* (Kyoto, 1986), p. 29.
42. J.-C. Bonnet, "The Culinary System in the Encyclopédie", in R. Forster and O. Ranum 編, *Food and Drink in History* (Baltimore, 1979), pp. 139-65, at p. 143.
43. Hu Sihui, *Yinshan Zhengyao–Correct Principles of Eating and Drinking,* Toussaint-Samat, *History of Food,* p. 329 の中の引用から. 忽思慧『飲膳正要　薬膳の原典』金世琳訳／八坂書房, 1993.
44. Gowers, *Loaded Table*, p. 51.
45. Dalby, *Siren Feasts*, p. 122.
46. Antiphanes, 同書, p. 113 の中の引用から.
47. L. Bolens, *Agronomes andalous du moyen age* (Geneva, 1981).
48. Brillat-Savarin, *The Philosopher in the Kitchen*, pp. 54-55.
49. Steingarten, *Man Who Ate Everything*, p. 231.
50. F. Gómez de Oroxco, in M. de Carcer y Disdier, *Apuntes para la historia de la transculturación indoespañola* (Mexico City, 1995), pp. x-xi.
51. Montanari, *The Culture of Food*, p. 58.
52. M. Leibenstein, "Beyond Old Cookbooks: Four Travellers' Accounts", in Walker 編, *Food on the Move.* pp. 224-29.
53. Wright, *Homes of Other Days*, pp. 360-61.
54. Bober, *Art, Culture and Cuisine*, p. 154.
55. J. Goody, *Food and Love: A Cultural History of East and West* (London, 1998), p. 131.
56. Bonnet, "Culinary System", pp. 146-47.
57. Goody, *Food and Love*, p. 130 も参照.
58. Peterson, *Acquired Tastes*, pp. 109-10.
59. J.-R. Pitte, *Gastronomie française: histoire et géographie d'une passion* (Paris, 1991), pp. 127-28. ジャン＝ロベール・ピット『美食のフランス：歴史と風土』千石玲子訳／白水社, 1996.
60. 同書, p. 129.
61. Wright, *Homes of Other Days*, p. 167.
62. Dalby, *Siren Feasts*, p. 25.
63. A. Beardsworth and T. Keil, *Sociology on the Menu* (London, 1997), p. 87.
64. Montanari, *The Culture of Food*, p. 86.
65. Camporesi, *The Magic Harvest*, p. 95.
66. 同書, p. 119.

フリー・スタインガーテン『美食術』柴田京子訳／文藝春秋 , 1999.

21. M. F. K. Fisher and S. Tsuji in *S. Tsuji, Japanese Cooking: A Simple Art* (Tokyo, 1980), pp. 8-24.
22. I. Morris 編 , *The Pillow-Book of Sei Shonagon* (Harmondsworth, 1967), pp. 69, 169 (清少納言『枕草子』第 49 段「あてなるもの」より).
23. L. Frédéric, *Daily Life in Japan at the Time of the Samurai, 1185-1603* (London, 1972), p. 72.
24. Captain Golownin, *Japan and the Japanese, Comprising the Narrative of a Captivity in Japan*, 2 vols. (London, 1853), ii, p. 147.
25. R. Alcock, *The Capital of the Tycoon: A Narrative of a Three Years' Residence in Japan*, 2 vols. (London, 1863), i, p. 272. R・オールコック『大君の都 : 幕末日本滞在記』山口光朔訳／岩波書店 , 1962.
26. J. Street, *Mysterious Japan* (London, 1922), pp. 127-28.
27. Tsuji, *Japanese Cooking*, pp. 8-14, 21-22.
28. Bober, *Art, Culture and Cuisine*, pp. 72-73.
29. Flandrin and Montanari, *Histoire de l'alimentation*, p. 72.
30. A. Waley, *More Translations from the Chinese* (New York, 1919), pp. 13-14, J. Goody, *Cooking, Cuisine and Class* (Cambridge, 1982), p. 112 の中の引用から .
31. Athenaeus, *The Deipnosophists*, iv, p. 147, C. B. Gulick 訳 , 7 vols. (London, 1927-41), ii (1928), pp. 171-75. アテナイオス『食卓の賢人たち』柳沼重剛編訳／岩波書店 , 1992.
32. A. Waley, *The Book of Songs* (New York, 1938), X, 7-8.
33. Goody, *Cooking, Cuisine and Class*, p. 133.
34. Juvenal, *Satire* 4, p. 143. ユウェナーリス『サトゥラエ : 諷刺詩』（四の巻）藤井昇訳／日中出版 , 1995.
35. T. S. Peterson, *Acquired Tastes: The French Origins of Modern Cuisine* (Ithaca, 1944), p. 48.
36. C. A. Déry, "Fish as Food and Symbol in Rome", in Walker 編 , *Oxford Symposium on the History of Food* (Totnes, 1997), pp. 94-115, at p. 97.
37. E. Gowers, *The Loaded Table: Representations of Food in Roman Literature* (Oxford, 1993), pp. 1-24, III.
38. Montanari, *The Culture of Food*, p. 164.
39. O. Cartellieri, *The Court of Burgundy* (London, 1972), pp. 40-52.
40. 同書 , pp. 139-53.

4. M. Girouard, *Life in the English Country House* (New Haven, 1978), p. 12. マーク・ジルアード『英国のカントリー・ハウス：貴族の生活と建築の歴史』森静子・ヒューズ訳／住まいの図書館出版局：星雲社（発売），1989.
5. B. J. Kemp, *Ancient Egypt: Anatomy of a Civilization* (London, 1989), pp. 120-28.
6. Fernández-Armesto, *Civilizations*, pp. 226-27.
7. Flandrin and Montanari, *Histoire de l'alimentation*, p. 55.
8. Montanari, *The Culture of Food*, p. 22.
9. O. Prakash, *Food and Drinks in Ancient India from Earliest Times to c. 1200 A. D.* (Delhi, 1961), p. 100.
10. T. Wright, *The Homes of Other Days: A History of Domestic Manners and Sentiments in England* (London, 1871), p. 368; J. Lawrence, "Royal Feasts", *Oxford Symposium on Food and Cookery, 1990: Feasting and Fasting: Proceedings* (London, 1990) も参照 .
11. H. Powdermaker, "An Anthropological Approach to the Problems of Obesity", *Bulletin of the New York Academy of Medicine*, XXXVI (1960), in C. Counihan and P. van Esterik 編 , *Food and Culture: A Reader* (New York, 1997), pp. 203-10.
12. S. Mennell, *All Manners of Food* (Oxford, 1985), p. 33. ルイ 14 世の食習慣については , B. K. Wheaton, *Savouring the Past: The French Kitchen and Table from 1300 to 1789* (London, 1983), p. 135 を参照 . スティーブン・メネル『食卓の歴史』北代美和子訳／中央公論社 , 1989.
13. Brillat-Savarin, *The Philosopher in the Kitchen*, pp. 60-61.
14. 同書 , p. 133.
15. A. J. Liebling, *Between Meals:An Appetite for Paris* (New York, 1995), p. 6.
16. *The Warden* (London, 1907), pp. 114-15.
17. Levenstein, *Revolution at the Table*, pp. 7-14.
18. *New Yorker*, 1944, J. Smith, *Hungry for You* (London, 1996) の中の引用から .
19. W. R. Leonard and M. L. Robertson, "Evolutionary Perspectives on Human Nutrition: The Influence of Brain and Body Size on Diet and Metabolism", *American Journal of Human Biology*, VI (1994), 77-88.
20. J. Steingarten, *The Man Who Ate Everything* (London, 1997), p. 5. ジェ

Southeast and East Asia", in Harris, *Origins*, pp. 413-41.
45. H. Maspero, *China in Antiquity* (1978), p. 382.
46. D. W. Lathrap, "Our Father the Cayman, Our Mother the Gourd", in C. A. Reed 編 , *Origins of Agriculture* (The Hague, 1977), pp. 713-51, at 721-22.
47. Coe, *America's First Cuisines*, p. 14.
48. Darwin, *The Variation of Animals and Plants*, i, 315.
49. Fernández-Armesto, *Civilizations*, p. 210.
50. Bober, *Art, Culture and Cuisine: Ancient and Medieval Gastronomy*, p. 62.
51. Heiser, *Seed to Civilization*, p. 70.
52. M. Spriggs, "Taro-Cropping Systems in the South-east Asian Pacific Region", *Archaeology in Oceania*, xvii (1982), 7-15.
53. J. Golson, "Kuku and the Development of Agriculture in New Guinea: Retrospection and Introspection", in D. E. Yen and J. M. J. Mummery 編 , *Pacific Production Systems: Approaches to Economic History* (Canberra, 1983), pp. 139-47.
54. Heiser, *Seed to Civilization*, p. 149.
55. D. G. Coursey, "The Origins and Domestication of Yams in Africa", in B. K. Schwartz and R. E. Dummett, *West African Culture Dynamics* (The Hague, 1980), pp. 67-90.
56. J. Golson, "No Room at the Top: Agricultural Intensification in the New Guinea Highlands", in J. Allen 他編 , *Sunda and Sabul* (London, 1977), pp. 601-38.
57. J. G. Hawkes, "The Domestication of Roots and Tubers in the American Tropics", in D. R. Harris and G. C. Hillman 編 , *Foraging and Farming* (London, 1989), pp. 292-304.
58. J. V. Murra, *Formaciones económicas y políticas del mundo andino* (Lima, 1975), pp. 45-57
59. J. Lafitau, *Moeurs des sauvages amériquains, comparés aux moeurs des premiers temps,* 2 vols. (Paris, 出版年不明), I, pp. 100-101.

第五章　食べ物と身分

1. M. Montanari, *The Culture of Food* (Oxford, 1994), pp. 10-11.
2. 同書 , pp. 23, 26.
3. Dalby, *Siren Feasts*, pp. 70-71 の中の引用から .

1990), p. 225. ブライアン・M・フェイガン『現代人の起源論争：人類二度目の旅路』河合信和訳／どうぶつ社, 1997.

29. D. Rindos, *The Origins of Agriculture: An Evolutionary Perspective* (New York, 1984).

30. K. F. Kiple and K. C. Ornelas 編, *The Cambridge World History of Food*, 2 vols. (Cambridge, 2000), i, p. 149.

31. C. I. Beckwith, *The Tibetan Empire in Central Asia: A History of the Struggle for Great Power among Tibetans, Turks, Arabs and Chinese during the Early Middle Ages* (Princeton, 1987), p. 100.

32. A. Waley, *The Book of Songs* 中国語より翻訳 (London, 1937), p. 17.

33. D. N. Keightley 編, *The Origins of Chinese Civilization* (Berkeley, 1983), p. 27.

34. K. C. Chang, *Shang Civilization*, (New Haven and London, 1980) pp. 138-41.

35. Waley, *The Book of Songs*, p. 24.

36. 同書, p. 242.

37. Chang, *Shang Civilization*, p. 70.

38. Te-Tzu Chang: "The Origins and Early Culture of the Cereal Grains and Food Legumes", in Keightley 編, *The Origins of Chinese Civilization*, pp. 66-68.

39. W. Fogg, "Swidden Cultivation of Foxtail Millet by Taiwan Aborigines: A Cultural Analogue of the Domestica of Serica Italica in China", in Keightley, *The Origins of Chinese Civilization*, pp. 95-115.

40. Waley, *The Book of Songs*, pp. 164-67.

41. Te-Tzu Chang, "The Origins and Early Culture", p. 81.

42. Chang, *Shang Civilization*, pp. 148-49; 中国のキビ・アワについての段落は, F. Fernández-Armesto, *Civilizations* (London, 2000), pp. 251-53 より.

43. A. G. Frank, *ReOrient: Global Economy in the Asian Age* (Berkeley, 1998) アンドレ・グンダー・フランク『リオリエント：アジア時代のグローバル・エコノミー』山下範久訳／藤原書店, 2000. ; J. Goody, *The East in the West* (London, 1996); F. Fernández-Armesto, *Millennium* (London, 1995). フェリペ・フェルナンデス＝アルメスト『ミレニアム——文明の興亡　この1000年の世界』別宮貞徳監訳／日本放送出版協会, 1996.

44. I. C. Glover and C. F. W. Higham, "Early Rice Cultivation in South,

ーリンズ『石器時代の経済学』山内昶訳／法政大学出版局 , 1984; *Stone-age Economics* (Chicago, 1972), especially pp. 1-39.

11. J. R. Harlan, *Crops and Man* (Madison, 1992), p. 27.
12. T. Bonyhady, *Burke and Wills: from Melbourne to Myth* (Balmain, 1991), pp. 137-39, 140-41.
13. Harlan, *Crops and Man*, p. 27.
14. 同書 , p. 8.
15. V. G. Childe, *Man Makes Himself* (London, 1936); *Piecing Together the Past* (London, 1956). ゴールドン・チャイルド『文明の起源 (上) (下)』ねずまさし訳／岩波書店 , 1957.
16. C. O. Sauer, *Agricultural Origin and Dispersals* (New York, 1952).
17. R. J. Braidwood and B. Howe 編 , *Prehistoric Investigations in Iraqi Kurdistan* (Chicago, 1960).
18. K. Flannery, "The Origins of Agriculture", *Annual Reviews in Anthropology*, Ⅱ (1973), 271-310.
19. E. S. Anderson, *Plants, Man and Life* (London, 1954), pp. 142-50.
20. Heiser, *Seed to Civilization*, pp. 14-26.
21. Binford and Binford 編 , *New Perspectives in Archaeology*; M. Cohen, *The Food Crisis in Prehistory* (New Haven, 1977).
22. B. Bronson, "The Earliest Farming: Demography as Cause and Consequence", in S. Polgar 編 , *Population, Ecology and Social Evolution* (The Hague, 1975).
23. B. Hayden, "Nimrods, Piscators, Pluckers and Planters: the Emergence of Food Production", *Journal of Anthropological Research*, Ⅸ (1953), 31-69.
24. B. Hayden, "Pathways to Power: Principles for Creating Socioeconomic Inequalities", in T. D. Price and G. M. Feinman 編 , *Foundations of Social Inequality* (New York, 1995), pp. 15-86.
25. Harlan, *Crops and Man*, pp. 35-36.
26. S. J. Fiedel, *Prehistory of the Americas* (New York, 1987), p. 162.
27. G. P. Nabhan, *The Desert Smells Like Rain: A Naturalist in Papago Indian Country* (San Francisco, 1982) G・P・ナブハン『雨の匂いのする沙漠』小梨直訳／白水社 ,1995.; *Enduring Seeds: Native American Agriculture and Wild Plant Conservation* (San Francisco, 1989).
28. B. Fagan, *The Journey from Eden: The Peopling of Our World* (London,

32. N. D. Cook, *Born to Die: Disease and New World Coquest, 1492-1650* (Cambridge, 1998), p. 28.
33. J. McNeill, *Something New under the Sun* (London, 2000), p. 210.
34. R. J. Adams, *Come an' Get It: The Story of the Old Cowboy Cook* (Norman, 1952), A. Davidson, *The Oxford Companion to Food* (Oxford, 1999) の中の引用から .
35. Diamond, *Guns, Germs and Steel*, pp. 168-75.
36. G. C. Frison, C. A. Reher and D. N. Walker, "Prehistoric Mountain Sheep Hunting in the Central Rocky Mountains of North America", in Davis and Reeves 編 , *Hunters of the Recent Past*, pp. 218-40.
37. M. Harris, *Good to Eat: Riddles of Food and Culture* , pp. 131-32.
38. McNeil, *Something New under the Sun*, p. 246.
39. 同書 , pp. 248-51; L. P. Paine, *Down East: A Maritime History of Maine* (Gardiner, 2000), pp. 118-33.
40. Jansen, *Food and Nutrition in Fiji*, i, p. 397.
41. Toussaint-Samat, *History of Food*, pp. 326-27.

第四章　食べられる大地

1. William Radice 訳 (London, 2000).
2. Brillat-Savarin, *The Philosopher in the Kitchen*, pp. 243-44.
3. Leo Africanus, M. Brett and E. Femtress, *The Berbers* (Oxford, 1996), p. 201 の中の引用から .
4. A. B. Gebauer and T. D. Price, "Foragers to Farmers: An Introduction", in *The Transition to Agriculture in Prehistory* (Madison, 1992), pp. 1-10.
5. Darwin, *Variation of Animals and Plants*, i, pp. 309-10.
6. Diamond, *Guns, Germs and Steel*, pp. 14-22.
7. C. A. Reed 編 , *Origins of Agriculture* (The Hague, 1977), p. 370.
8. J. R. Harlan, "The Origins of Cereal Agriculture in the Old World", in Gebauer and Price, "Foragers to Farmers", pp. 357-83, 363.
9. M. N. Cohen and G. J. Armelagos, *Paleopathology at the Origins of Agriculture* (New York, 1984), pp. 51-73.
10. L. R. Binford, "Post-Pleistocene Adaptations", in S. R. Binford and L. R. Binford 編 , *New Perspectives in Archaeology* (Chicago, 1968), pp. 313-41; M. D. Sahlins, "Notes on the Original Affluent Society", in R. B. Lee and I. DeVore 編 , *Man the Hunter* (Chicago, 1968), pp. 85-88. マーシャル・サ

16. Lévi-Strauss, *The Raw and the Cooked*, p. 82.
17. T. F. Kehoe, "Coralling: Evidence from Upper Paleolithic Cave Art", in L. B. Davis and B. O. K. Reeves 編 , *Hunters of the Recent Past* (London, 1990), pp. 34-46.
18. S. B. Eaton and M. Konner, "Paleolithic Nutrition: A Consideration of its Nature and Current Implications", *New England Journal of Medicine*, CCCXII (1985), pp. 283-89; S. B. Eaton, M. Shostak and M. Konner, *The Stone-Age Health Programme* (London, 1988), p. 77-83.
19. O. Blehr, "Communal Hunting as a Prerequisite for Caribou (wild reindeer) as Human Resource", in Davis and Reeves 編 , *Hunters of the Recent Past*, pp. 304-26.
20. B. A. Jones, "Paleoindians and Proboscideans: Ecological Determinants of Selectivity in the Southwestern United States", in Davis and Reeves 編 , *Hunters of the Recent Past*, pp. 68-84.
21. J. Diamond, *Guns, Germs and Steel: The Fates of Human Societies* (London, 1997), p. 43. ジャレド・ダイアモンド『銃・病原菌・鉄：一万三〇〇〇年にわたる人類史の謎』倉骨彰訳／草思社 , 2000.
22. L. van der Post, *The Lost World of the Kalahari* (London, 1961), pp. 234-40. L・ヴァン・デル・ポスト『カラハリの失われた世界』佐藤佐智子訳／筑摩書房 , 1982.
23. J. C. Driver, "Meat in Due Season: The Timing of Communal Hunts", in Davis and Reeves 編 , *Hunters of the Recent Past*, pp. 11-33.
24. G. Parker Winship 編 , *The Journey of Coronado* (Golden, Co, 1990), p. 117.
25. L. Forsberg, "Economic and Social Change in the Interior of Northern Sweden, 6,000 B. C. -1,000 A. D. ", in T. B. Larson and H. Lundmark 編 , *Approaches to Swedish Prehistory: A Spectrum of Problems and Perspectives in Contemporary Research* (Oxford, 1989), pp. 75-77.
26. Donner, *Among the Samoyed*, p. 104.
27. R. Bosi, *The Lapps* (New York, 1960), p. 53.
28. A. Spencer, *The Lapps* (New York, 1978), pp. 43-59.
29. P. Hadjo, *The Samoyed Peoples and Languages* (Bloomington, 1963), p. 10.
30. Donner, *Among the Samoyed*, p. 106.
31. J. H. Cook, *Fifty Years on the Old Frontier* (Norman, 1954), pp. 14-18.

第三章　食べるための飼育

1. F. T. Cheng, *Musings of a Chinese Gourmet* (London, 1962), p. 73の中の引用から.
2. Flandrin and Montanari, *Histoire de l'alimentation*, p. 776.
3. D. Brothwell and P. Brothwell, *Food in Antiquity* (London, 1969), p. 67.
4. P. J. Ucko and G.W. Dimbleby 編, *The Domestication and Exploitation of Plants and Animals: A Survey of the Diet of Early Peoples* (Baltimore, 1998).
5. Clark, *The Oysters of Locqmariquer*, pp. 39-40.
6. Brothwell and Brothwell, *Food in Antiquity*, p. 64; J. G. Evans, "The Exploitation of Molluscs", in Ucko and Dimbleby, *Domestication and Exploitation* (London, 1969), pp. 479-84.
7. Dalby, *Siren Feasts*, p. 38.
8. G. Clark, *World Prehistory in New Perspective* (New York, 1977), pp. 113-14.
9. Clark, *Oysters*, p. 39; M. Toussaint-Samat, *History of Food* (London, 1992), p. 385.
10. Flandrin and Montanari, *Histoire de l'alimentation*, p. 41.
11. K. V. Flannery, "Origins and Ecological Effects of Early Domestication in Iran and the Near East", in Ucko and Dimbleby, *Domestication and Exploitation*, pp. 73-100.
12. T. Ingold, "Growing Plants and Raising Animals: An Anthropological Perspective on Domestication", in D. R. Harris 編, *The Origins and Spread of Agriculture and Pastoralism in Eurasia* (London, 1996), pp. 12-24; H.- P. Uepermann, "Animal Domestication: Accident or Intention", 同書, pp. 227-37 より.
13. W. Cronon, *Changes in the Land: Indians, Colonists and the Ecology of New England* (New York, 1983), pp. 49-51. ウィリアム・クロノン『変貌する大地：インディアンと植民者の環境史』佐野敏行, 藤田真理子訳／勁草書房, 1995.
14. C. Darwin, *The Variation of Animals and Plants under Domestication*, 2 vols. (London, 1868), ii, pp. 207-9. チャールズ・ダーウィン『家畜・栽培植物の変異（上）（下）』永野為武, 篠遠喜人訳／白揚社, 1938-1939.
15. J. M. Barrie, *The Admirable Crichton*, Act 3, Scene 1. J・M・バリー『あっぱれクライトン』福田恒存, 鳴海四郎訳／河出書房, 1953.

101. 同書 , pp. 36-38.
102. 同書 , p. 18.
103. P. M. Gaman and K. B. Sherrington, *The Science of Food* (Oxford, 1996), p. 102. P・M・ゲイマン , K・B・シェリントン『食物科学のすべて』村山篤子 , 品川弘子訳／建帛社 , 1998.
104. Levenstein, *Paradox of Plenty*, p. 21.
105. 同書 , p. 22.
106. 同書 , p. 64.
107. 同書 , pp. 69, 71, 75-76, 95.
108. R. McCarrison, *Nutrition and Health* (London, 出版年不明), p. 18.
109. 同書 , pp. 23, 51, 75, 78.
110. J. LeFanu, *Eat Your Heart Out: The Fallacy of the Healthy Diet* (London, 1987), pp. 56-61.
111. J. Chang, *Zest for Life: Live Disease-free with the Tao* (Stockholm, 1995).
112. 同書 , p. 23.
113. G. B. Bragg and D. Simon, *The Ayurvedic Cookbook* (New York, 1997).
114. U. Lecordier, *The High-Sexuality Diet* (London, 1984), pp. 17-23.
115. H. C. Lu, *The Chinese System of Using Foods to Stay Young* (New York, 1996), p. 27.
116. J.- M. Bourre, *Brainfood* (Boston, 1990), pp. 57-65.
117. Jansen, *Food and Nutrition in Fiji*, ii, pp. 554-69.
118. Lu, *The Chinese System of Using Foods*, p. 9.
119. 同書 , pp. 10-18.
120. "The British are digging their own graves with their teeth", *Northants Chronicle and Echo* は , LeFanu, *Eat Your Heart Out*, p. 21. の中の引用から .
121. 同書 , pp. 8-9.
122. H. L. Abrams, "Vegetarianism: An Anthropological-Nutritional Evaluation", *Journal of Applied Nutrition*, xii (1980), pp. 53-87.
123. L. L. Cavalli-Sforza, "Human Evolution and Nutrition", in D. N. Walcher and N. Kretchmer 編 , *Food Nutrition and Evolution: Food as an Environmental Factor in the Genesis of Human Variability* (Chicago, 1981), p. 2.

75. Nissenbaum, *Sex, Diet and Debility*, p. 6.
76. 同書 , p. 127.
77. 同書 , pp. 151-152.
78. Levenstein, *Revolution at the Table*, p. 93.
79. E. S. Weigley, *Sarah Tyson Rorer: The Nation's Instructress in Dietetics and Cookery* (Philadelphia, 1977), p. 37.
80. 同書 , pp. 125, 138.
81. 同書 , p. 61.
82. 同書 , pp. 2, 63, 139.
83. 同書 , p. 48.
84. Levenstein, *Revolution at the Table*, p. 87.
85. 同書 , p. 88.
86. A. W. Hofmann, *The Life-work of Liebig* (London, 1876), p. 27.
87. 同書 , p. 31;Henry Chavasse は , 子どもには野菜を与えるべきでないと考えていた . *Advice to Mothers on the Management of Their Offspring* (1839), S. Mennell, "Indigestion in the Nineteenth Century: Aspects of English Taste and Anxiety", *Oxford Symposium on Food and Cookery, 1987: Taste: Proceedings* (London, 1988), pp. 153-66.
88. Brillat-Savarin, *The Philosopher in the Kitchen*, p. 304.
89. J. H. Salisbury, *The Relation of Alimentation and Disease* (New York, 1888), p. 94.
90. 同書 , pp. 145-48.
91. 同書 , pp. 97-98, 127, 135, 140.
92. Levenstein, *Revolution at the Table*, p. 41.
93. 同書 , p. 149.
94. D. A. Roe, *A Plague of Corn: The Social History of Pellagra* (Ithaca, 1973); E. H. Beardsley, *A History of Neglect: Health Care for Blacks and Millworkers in the Twentieth Century South* (Knoxville, 1987).
95. 同書 , p. 155.
96. 同書 , p. 159.
97. H. Levenstein, *Paradox of Plenty: A Social History of Eating in Modern America* (Oxford, 1993).
98. 同書 , pp. 11-12.
99. B. G. Hauser, *The Gayelord Hauser Cookbook* (New York, 1946).
100. L. R. Wolberg, *The Psychology of Eating* (London, 1937), p. x.

naval española, pp. 106-7.

58. M. E. Hoare 編 , *The Resolution Journal of Johann Reinhold Forster*, 4 vols. (London, 1981-82), iii, 454.
59. P. LeRoy, *A Narrative of the Singular Adventures of Four Russian Sailors Who Were Cast Away on the Desert Island of East Spitzbergen* (London, 1774), pp. 69-72.
60. J. Dunmore 編 , *The Journal of Jean-François de Galaup de la Pérouse*, 2 vols. (London, 1994), ii, 317, pp. 431-32.
61. M. Palau 編 , *Malaspina '94* (Madrid, 1994), p. 74.
62. Williams 編 , *The Voyage of George Vancouver*, pp. 1471-72.
63. S. Nissenbaum, *Sex, Diet and Debility in Jacksonian America: Sylvester Graham and Health Reform* (Westport, ct, 1980).
64. C. F. Beckingham 他編 , *The Itinerario of Jerónimo Lobo* (London, 1984), pp. 262-63.
65. C. Spencer, *The Heretics' Feast: A History of Vegetarianism* (London, 1993), p. 100 の中の引用から .
66. *Wealth of Nations* (1784), iii, 341. アダム・スミス『国富論』水田洋・杉山忠平訳／岩波書店 , 2000-2001 など訳多数 ; K. Thomas, *Man and the Natural World* (London, 1983) も参照 .
67. Henry Brougham; T. Morton, *Shelley and the Revolution in Taste* (Cambridge, 1994), p. 26 の中の引用から .
68. G. Nicholson, *On the Primeval Diet of Man* (1801), R. Preece 編 (Lewiston, 1999), p. 8.
69. 同書 , p. 33.
70. C. B. Heiser, *Seed to Civilization: The Story of Food* (Cambridge, Ma. 1990), p. 85. C・B・ハイザー Jr.『食物文明論：食料は文明の礎え』岸本妙子 , 岸本裕一共訳／三嶺書房 , 1989.
71. J. Ritson, *An Essay on Abstinence from Animal Food as a Moral Duty* (1802).
72. P. B. Shelley, *A Vindication of Natural Diet* (London, 1813); F. E. Worland 編 (London, 1922).
73. Morton, *Shelley and the Revolution in Taste*, p. 136.
74. 同書 , p. 29; M. Shelley, *Frankenstein* (Chicago, 1982), p. 142. メアリー・シェリー『フランケンシュタイン』山本政喜訳／角川書店 (角川文庫クラシックス), 1997.

Food System", in M. Douglas 編, *Food in the Social Order: Studies of Food and Festivities in Three American Communities* (New York, 1984), pp. 40-96.

38. M. Harris, *Good to Eat: Riddles of Food and Culture* (London, 1986), pp. 56-66. マーヴィン・ハリス『食と文化の謎：Good to eat の人類学』板橋作美訳／岩波書店, 1988.

39. M. Douglas, *Purity and Danger* (London, 1984), p. 31 の中の引用から. メアリ・ダグラス『汚穢と禁忌』塚本利明訳／思潮社, 1985.

40. 同書, p. 55.

41. Jansen, *Food and Nutrition in Fiji*, pp. 632-34.

42. Douglas, *Purity and Danger*, p. 155.

43. Sahagún, *Historia*, p. 280.

44. Brillat-Savarin, *The Philosopher in the Kitchen*, pp. 92-3.

45. T. Taylor, *The Prehistory of Sex* (London, 1996), p. 87.

46. Flandrin and Montanari, *Histoire de l'alimentation*, p. 72.

47. C. Bromberger, "Eating Habits and Cultural Boundaries in Northern Iran", in S. Zubaida and R. Tapper 編, *Culinary Cultures of the Middle East* (London, 1994), pp. 185-201.

48. E. N. Anderson, *The Food of China* (New Haven, 1988), pp. 187-90.

49. A. Beardsworth and T. Keil, *Sociology on the Menu* (London, 1997), p. 128.

50. Flandrin and Montanari, *Histoire de l'alimentation,* p. 261 の中の引用から.

51. Galen, *De bonis malisque sucis*, A. M. Ieraci Bio 編 (Naples, 1987), pp. 6, 9.

52. Galen, *Scripta minora*, J. Marquardt, I. E. P. von Müller and G. Helmreich 編, 3 vols. (Leipzig, 1884-93).

53. S. de Champlain, *Voyages*, W. L. Grant 編 (1907), pp. 33-42.

54. F. López-Ríos Fernández, *Medicina naval española en la época de los descubrimientos* (Barcelona, 1993), pp. 85-163. 本段落からの引用文, ならびに続く二段落の引用は, J. Lind (*A Treatise of the Scurvy*, 1753, の複製書 [Edinburgh, 1953]) より.

55. 同書, pp. 109-11.

56. G. Williams, *The Prize of All the Oceans* (London, 2000), pp. 45-46.

57. Lind, *A Treatise of the Scurvy*, p. 148; López-Ríos Fernández, *Medicina*

は, 中国の歴史のなかでも, あちこちで確認されている. K. C. Chang 編, *Food in Chinese Culture* (New York, 1977) を参照した.

17. *Memoirs of Sergeant Burgogne, 1812-13* (New York, 1958).
18. Simpson, *Cannibalism and the Common Law*, 方々のページより引用.
19. 同書, p. 132.
20. 同書, p. 145.
21. Way, "The Cutting Edge of Culture", p. 135.
22. P. P. Read, *Alive* (New York, 1974). P・P・リード『生存者』永井淳訳／新潮社 (新潮文庫), 1982.
23. これらの文章については, F. Lestringant, *Le Huguenot et le sauvage* (Paris, 1990) と, *Cannibalism* (London, 2000) を参照した.
24. D. Gardner, "Anthropophagy, Myth and the Subtle Ways of Ethnocentrism", in Goldman, *the Anthropology of Cannibalism*, pp. 27-49.
25. T. M. Ernst, "Onabasulu Cannibalism and the Moral Agents of Misfortune", in Goldman, *the Anthropology of Cannibalism*, pp. 143-59, at p. 145.
26. P. R. Sanday, *Divine Hunger: Cannibalism as a Cultural System* (Cambridge, 1986), p. x. ペギー・リーヴズ・サンデイ『聖なる飢餓：カニバリズムの文化人類学』中山元訳／青弓社, 1995.
27. 同書, p. 6.
28. Ernst, "Onabasulu Cannibalism", p. 147.
29. Sanday, *Divine Hunger*, p. 69; A. Meigs, "Food as a Cultural Construction", in *Food and Foodways*, 2 vols. (1988), pp. 341-59.
30. Sanday, *Divine Hunger*, pp. 72-82.
31. R. A. Derrick, *A History of Fiji*, 2 vols. (Suva, 1957), p. 22.
32. Sanday, *Divine Hunger*, p. 21.
33. Sahlins, 同書, p. 22 の中の引用から. P. Brown and D. Tuzin 編, *The Ethnography of Cannibalism* (Wellington, 1983) を参照.
34. N. J. Dawood 編, *Arabian Nights* (Harmondsworth, 1954), p. 45.『完訳千一夜物語』豊島与志雄・他訳／岩波書店, 1988.
35. A. Shelton, "Huichol Attitudes to Maize", in M. Chapman and H. Macbeth 編, *Food for Humanity : Cross-disciplinary Readings* (Oxford,1990), pp. 34-44.
36. S. Coe, *America's First Cuisines* (Austin, 1994), p. 10.
37. W. K. Powers and M. M. N. Powers, "Metaphysical Aspects of an Oglala

1. "Gluttony", *Sunday Times*, December 31, 1961, は C. Ray 編 , *The Gourmet's Companion* (London, 1963), p. 433 に引用されていたもの .
2. E. Ybarra, "Two Letters of Dr. Chanca", *Smithsonian Contributions to Knowledge*, xlviii (1907).
3. B. de Sahagún, *Historia de las Cosas de la Nueva España* (Mexico City, 1989), p. 506. B・サアグン『神々とのたたかい (1) (2)』篠原愛人 , 染田秀藤訳／岩波書店 , 1992-1995.
4. A. R. Pagden, *The Fall of Natural Man* (Cambridge, 1982), p. 87.
5. 同書 , p. 83.
6. H. Staden, *The True History of His Captivity*, 1557, M. Letts 編 (London, 1929), p. 80.
7. Pagden, *The Fall of Natural Man*, p. 85.
8. P. Way, "The Cutting Edge of Culture: British Soldiers Encounter Native Americans in the French and Indian War", in M. Daunton and R. Halpern 編 , *Empire and Others: British Encounters with Indigenous Peoples, 1600-1850* (Philadelphia, 1999), pp. 123-48, at p. 134.
9. J. Hunt, *Memoir of the Rev. W. Cross, Wesleyan Missionary to the Friendly and Feejee Islands* (London, 1846), p. 22.
10. W. Arens, *The Man-Eating Myth* (New York, 1979) W・アレンズ『人喰いの神話：人類学とカニバリズム』折島正司訳／岩波書店 , 1982 ; G. Obeyeskere, "Cannibal Feasts in Nineteenth-Century Fiji: Seamen's Yarns and the Ethnographic Imagination," in F. Barker, P. Hulme and M. Iversen 編 , *Cannibalism and the Colonial World* (Cambridge, 1998), pp. 63-86.
11. L. Montrose, "The Work of Gender in the Discourse of Discovery", in S. Greenblatt 編 , *New World Encounters* (Berkeley, 1993), p. 196 の中の引用から .
12. Pagden, *The Fall of Natural Man*, p. 83.
13. G. Williams 編 , *The Voyage of George Vancouver, 1791-5*, 4 vols. (London, 1984), vol.2 , p. 552.
14. A. Rumsey, "The White Man as Cannibal in the New Guinea Highlands", in L. R. Goldman 編 , *The Anthropology of Cannibalism* (Westport, ct, 1999), pp. 105-21, at p. 108.
15. A. W. B. Simpson, *Cannibalism and the Common Law* (Chicago, 1984), p. 282.
16. こういった種類のカニバリズム , 特に " 復讐のカニバリズム " について

『火の精神分析』前田耕作訳／せりか書房, 1999.
28. C. Perlès, "Les origines de la cuisine: l'acte alimentaire dans l'histoire de l'homme", *Communications*, xxxi (1979), pp. 1-14.
29. P. Pray Bober, *Art, Culture and Cuisine: Ancient and Medieval Gastronomy* (Chicago and London, 1999), p. 78.
30. Homer, *The Odyssey*, E. V. Rieu 訳 (Harmondsworth, 1991), p. 43. ホメロス『オデュッセイア（上）（下）』松平千秋訳／岩波書店, 2001 など訳多数.
31. F. J. Remedi, *Los secretos de la olla: entre el gusto y la necesidad: la alimentación en la Cordoba de principios del siglo* XX (Cordoba, 1998), p. 208.
32. C. Perlès, "Hearth and Home in the Old Stone Age", *Natural History*, xc (1981), pp. 38-41.
33. H. Dunn-Meynell, "Three Lunches: Some Culinary Reminiscences of the Aptly Named Cook Islands", in H. Walker 編, *Food on the Move* (Totnes, 1997), pp. 111-13.
34. C. A. Wilson, *Food and Drink in Britain from the Stone Age to Recent Times* (London, 1973), p. 65.
35. M. J. O'Kelly, *Early Ireland* (Cambridge, 1989).
36. J. H. Cook, *Longhorn Cowboy* (Norman, 1984), p. 82.
37. C. Perry, "The Horseback Kitchen of Central Asia", in Walker 編, *Food on the Move*, pp. 243-48.
38. S. Hudgins, "Raw Liver and More: Feasting with the Buriats of Southern Siberia", in Walker, *Food on the Move*, pp. 136-56, at p. 147.
39. Homer, *The Odyssey*, Rieu 訳, pp. 274-76.
40. C. Lévi-Strauss, *The Origin of Table Manners* (London, 1968), p. 471.
41. A. Dalby, *Siren Feasts: A History of Food and Gastronomy in Greece* (London, 1996), p. 44.
42. H. Levenstein, *Revolution at the Table*: The Transformation of the American Diet (New York, 1988), p. 68.
43. C. Fischler, "La 'macdonaldisation' des moeurs", in J.-L. Flandrin and M. Montanari 編, *Histoire de l'alimentation* (Paris, 1996), pp. 858-79, at p. 867.

第二章　食べることの意味

11. C. E. McDonaugh, "Tharu Evaluations of Food", in Chapman and Macbeth, *Food for Humanity*, pp. 45-48, at p. 46.

12. A. A. J. Jansen 他編 , *Food and Nutrition in Fiji*, 2 vols. (Suva, 1990), vol. 2, pp. 632-34.

13. G. A. Bezzola, *Die Mongolen in abendländische Sicht* (Berne, 1974), pp. 134-44.

14. J. A. Brillat-Savarin, *The Philosopher in the Kitchen*, A. Drayton 訳 (Harmondsworth, 1970), p. 244. (M. K. Fisher 訳〔New York, 1972〕の方が，よく引用されるが，著者は Drayton の訳を好む)，ブリア・サヴァラン『美味礼讃』関根秀雄訳／白水社, 1996.

15. L. van der Post, *First Catch Your Eland: A Taste of Africa* (London, 1977), p. 28.

16. 同書 , p. 29; L. van der Post, *African Cooking* (New York, 1970), p. 38. ローレンズ・ヴァンダーポスト『アフリカ料理』タイムライフブックス編集部編／タイムライフブックス, 1978.

17. J. G. Frazer, *Myths of the Origins of Fire* (London, 1930), pp. 22-23.

18. G. Bachelard, *Fragments d'un poétique du feu* (Paris, 1988), pp. 106, 129. ガストン・バシュラール『火の詩学』本間邦雄訳／せりか書房, 1990.

19. *Current Anthropology*, xxx (1989) のこのテーマに関する論文集を参照；Goudsblom, *Fire and Civilization*, pp. 16-23.

20. A. Marshak, *Roots of Civilization* (London, 1972), pp. 111-12; A. H. Brodrick, *The Abbé Breuil, Historian* (London, 1963), p. 11.

21. H. Breuil, *Beyond the Bounds of History: Scenes from the Old Stone Age* (London, 1949), p. 36.

22. C. Lamb, *A Dissertation Upon Roast Pig* (London, 出版年不明), pp. 16-18. チャールズ・ラム『エリア随筆抄』より「豚のロースト談義」山内義雄訳／みすず書房, 2002.

23. 同書 , pp. 34-35.

24. Goudsblom, *Fire and Civilization*, p. 34.

25. 同書 , p. 36.

26. D. L. Jennings, "Cassava", in N. W. Simmonds 編 , *Evolution of Crop Plants* (London, 1976), pp. 81-84.

27. P. Camporesi, *The Magic Harvest: Food, Folklore and Society* (Cambridge, 1989), pp. 3-4 の中の引用から； G. Bachelard, *The Psychoanalysis of Fire* (London, 1964), p. 15. ガストン・バシュラール

原　註

はじめに

1. Anne Sebba, "No Sex Please, We're Peckish", *Times Higher Education Supplement*, February 4, 2000.

第一章　調理の発明

1. E. Clark, *The Oysters of Locmariquer* (Chicago, 1964), p. 6.
2. K. Donner, *Among the Samoyed in Siberia* (New Haven, 1954), p. 129.
3. W. S. Maugham, *Altogether* (London, 1934), p. 1122.
4. W. C. McGrew, "Chimpanzee Material Culture: What Are Its Limits and Why?", in R. Foley 編, *The Origins of Animal Behavior* (London, 1991), pp. 13-22; J. Goudsblom, *Fire and Civilization* (Harmondsworth, 1994), pp. 21-25. ヨハン・ハウツブロム『火と文明化』大平章訳／法政大学出版局, 1999.
5. Virgil, *Georgics* II, v. 260. ウェルギリウス『牧歌・農耕詩』河津千代訳／未来社, 1994; C. Lévi-Strauss, *From Honey to Ashes: Introduction to a Science of Mythology*, 2 vols. (London, 1973), ii, p. 303. クロード・レヴィ＝ストロース『神話論理II：蜜から灰へ』早水洋太郎訳／みすず書房, 2007.
6. B. Malinowski, *Magic, Science and Religion and Other Essays* (London, 1974), p. 175. B・マリノフスキー『呪術・科学・宗教・神話』宮武公夫, 高橋巌根訳／人文書院, 1997.
7. C. Lévi-Strauss, *The Raw and the Cooked* (London, 1970), p. 336. クロード・レヴィ＝ストロース『神話論理I：生のものと火を通したもの』早水洋太郎訳／みすず書房, 2006.
8. 同書, p. 65.
9. E. Ohnuki-Tierney, *Rice As Self: Japanese Identities Through Time* (Princeton, 1993), p. 30.
10. J. Hendry, "Food as Social Nutrition: The Japanese Case", in M. Chapman and H. Macbeth 編, *Food for Humanity: Cross-disciplinary Readings* (Oxford, 1990), pp. 57-62.

本書は、二〇〇三年七月に早川書房より単行本として刊行した作品を文庫化したものです。

訳者略歴　北海道生，京都大学文学部哲学科卒，翻訳家　訳書『父さんのからだを返して』ハーパー（鈴木主税との共訳，早川書房刊），『オックスフォード　イスラームの歴史１～３』エスポジト編など。

HM=Hayakawa Mystery
SF=Science Fiction
JA=Japanese Author
NV=Novel
NF=Nonfiction
FT=Fantasy

食べる人類誌
火の発見からファーストフードの蔓延まで

〈NF367〉

二〇一〇年六月十五日　発行
二〇一八年九月十五日　三刷

（定価はカバーに表示してあります）

著　者　フェリペ・フェルナンデス＝アルメスト
訳　者　小田切勝子
発行者　早川　浩
発行所　株式会社早川書房

郵便番号　一〇一－〇〇四六
東京都千代田区神田多町二ノ二
電話　〇三－三二五二－三一一一（大代表）
振替　〇〇一六〇－三－四七七九九
http://www.hayakawa-online.co.jp

乱丁・落丁本は小社制作部宛お送り下さい。
送料小社負担にてお取りかえいたします。

印刷・三松堂株式会社　製本・株式会社フォーネット社
Printed and bound in Japan
ISBN978-4-15-050367-3 C0120

本書は活字が大きく読みやすい〈トールサイズ〉です。